EIN REISEBUCH IN DEN ALLTAG
VON HELMUT STEUER
UND HERBERT NEUWIRTH

Schweden

W0058573

Inhalt

Originalausgabe

Veröffentlicht im Rowohlt Taschenbuch Verlag GmbH,
Reinbek bei Hamburg, Februar 1993
Copyright © 1993 by Rowohlt Taschenbuch Verlag GmbH,
Reinbek bei Hamburg
Umschlaggestaltung Alexander Urban (Foto: Urs Kluyver/FOCUS)
Layout und Grafik Alexander Urban
Satz Times, PostScript Linotype Library, QuarkXPress 3.1
(Linotronic 500)
Gesamtherstellung Clausen & Bosse, Leck
Printed in Germany
2290-ISBN 3 499 19071 0

Vorab

Kühle Nordländer und freizügige Blondinen, heftige Trinker und überzeugte Royalisten, Steuerflüchtlinge und Sozialstaatsparasiten – Vorurteile können tief sitzen, zumal, wenn in manchen von ihnen ein Fünkchen Wahrheit steckt. Erst durch intensivere Kontakte mit dem Land merkt man, daß sich achteinhalb Millionen Schweden nicht über einen Kamm scheren lassen. Dafür lieben sie die individuelle Freiheit, die ihnen ihr ach so großes Land beschert, viel zu sehr.

Freiheit, zumindest Bewegungsfreiheit, ist auch das, was die meisten Besucher des Landes im Norden suchen. Allein mit sich in einer Bucht oder an einem See zu sein – in Schweden geht das!

Wer sich dann noch über eine Alkoholpolitik aufregt, die aus manchem Schweden einen Meister im Schwarzbrennen hat werden lassen, ist selbst schuld. Schweden paßt in keine Schachtel, High-Tech und Mittelalter sind oft nur wenige Schritte voneinander entfernt, Bevormundung und Freiheitsliebe im hohen Norden kein Widerspruch. Das zu verdeutlichen, haben wir in diesem Buch versucht. Ein großes Dankeschön an Elisabet und Wiebke.

Stockholm, im Oktober 1992
Helmut Steuer und Herbert Neuwirth

Blick

WIKINGER, WASA,

zurück

WOHLFAHRTSSTAAT

gern – bewaffneten Handelsreisende – ab 800 gezeigte Expansionslust hielt auch nach der Gründung des Schwedischen Reiches an. Gerne stritt man sich mit den Nachbarländern, unter denen Dänemark jahrhundertelang der Lieblingsgegner war. Finnland und Norwegen wurden eher im Vorbeigehen einverleibt. Zur Zeit des Dreißigjährigen Krieges vollbrachte das kleine Land eine militärische Leistung, über deren Erfolg sich Historiker noch heute wundern: Auch im Baltikum, in Pommern, Stettin, Wismar sowie in den Herzogtümern Bremen und Verden herrschten damals schwedische Regenten. Im Großen Nordischen Krieg und im Napoleonischen Krieg platzten dann die Träume vom Nordostreich. Als Trost holte sich Schweden 1814 ein letztes Mal Norwegen, das 91 Jahre später in die Selbständigkeit entlassen wurde – ausnahmsweise ohne Blutvergießen. Erst danach entwickelte sich Schweden zum «Großen Bruder» der nordeuropäischen Länder, zur kriegsfreien Zone Europas und zum Friedensboten der Welt.

Am Anfang war das Eis

Als sich vor 12 000 Jahren das Inlandeis, das ganz Schweden bedeckt hatte, im Süden des Landes allmählich zurückzog, rückten die Menschen nach. Stämme drangen vom Kontinent nach Norden, die mit einfachen Steingeräten der Jagd und dem Fischfang nachgingen. Aus der Steinzeit sind Siedlungen und Gräber in großer Anzahl erhalten und zeugen davon, daß die Ur-Schweden ihre Utensilien zwar verfeinerten, aber immer noch relativ friedlich waren. In der Bronzezeit, die im Norden Europas etwa um 1800 vor

chweden gilt als Musterbeispiel für friedliche Politik. Tatsächlich war das Land seit fast 200 Jahren an keiner militärischen Auseinandersetzung mehr beteiligt. Zuvor allerdings sorgte das kleine nordeuropäische Königreich beinahe tausend Jahre lang für Gewalt und Gemetzel in Skandinavien und im Ostseeraum. Die von den Wikin-

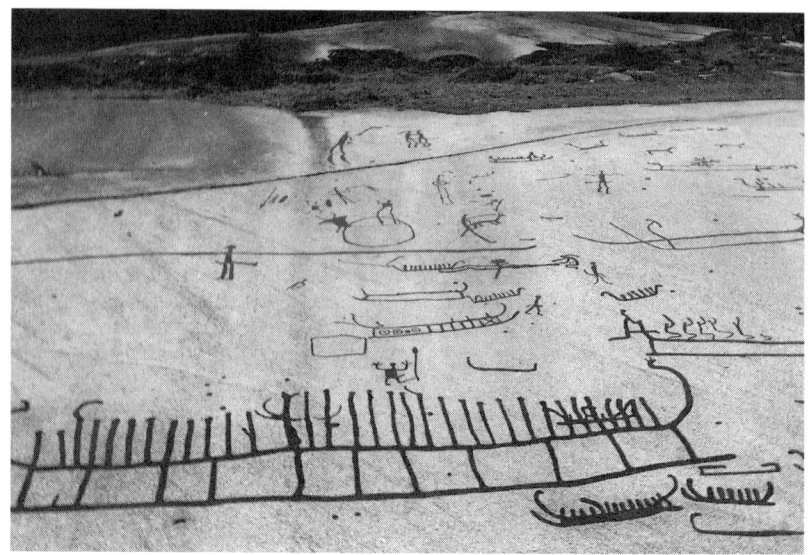

Handelnde Seefahrer: Felszeichnung Vitlycke bei Tanum

Christus begann, unterhielten die Skandinavier bereits Handelswege nach England und zum Kontinent und holten sich wertvolle Waren vom Balkan und aus Griechenland. Um diese Zeit fiel das indogermanische Reitervolk der Streitaxtleute in das Land ein. Sie wurden vermutlich recht schnell integriert und vereinten ihre Erobererlust mit den Handelsbestrebungen der ansässigen Bevölkerung.

Im Jahre 98 vermerkte der römische Geschichtsschreiber Tacitus in seiner «Germania», daß die Stämme der Suionen, der damaligen Schweden, «außer durch Männer und Waffen durch ihre Flotten mächtig» sind. Die Nordgermanen lernten auf ihren Reisen die Schrift kennen und entwickelten Runenalphabete, wovon noch heute Tausende von Runensteinen zeugen, die man vor allem in Süd- und Mittelschweden findet. Könnte der Reisende die oft schwer zu deutenden

Symbole entziffern, wäre das eine wunderbare Möglichkeit, sich durch dieses Geschichtsbuch der schwedischen Landschaft zu lesen. Doch selbst Schriftgelehrte streiten sich oft über die genaue Bedeutung der steinernen Tafeln, auf denen meist von Heldentaten und Reisen, später aber auch von den frommen Seelen der Stammeshäuptlinge zu lesen ist.

In der sogenannten Vendelzeit, die nach den prächtigen Bootsgräbern von Vendel in Uppland benannt ist, wurde die Bevölkerung endgültig seßhaft. Der Ackerbau entwickelte sich zur wirtschaftlichen Grundlage, und zwei regionale Zentren entstanden: In Uppland – oberhalb des heutigen Stockholm – herrschten die «Svear», im südlicheren Östergötland die «Götar». Sie kämpften im sechsten Jahrhundert in einem lange währenden Gemetzel um die Vorherrschaft. Die Mannen aus Uppland schlugen härter als ihre Gegner aus südlicheren

Gefilden, und deshalb heißt das Land heute Schweden (Svearike – Sverige, zu deutsch: Sveareich). Wäre der blutige Zwist damals anders ausgegangen, hieße es vermutlich Göten.

Die Bauernstämme legten sich den Firmennamen «Wikinger» zu und gingen ab dem neunten Jahrhundert als das Volk der handelnden Seefahrer in die Geschichte ein. Die Zeit der schrecklichen Hägars ist noch viel stärker als die Jahrhunderte zuvor von einer starken Expansions- und Expeditionslust geprägt. Von Schweden aus fuhren die Wikinger in einer Mischung aus Raubzügen und Handelsfahrten vor allem nach Osten. Über Flüsse gelangten sie bis weit ins heutige Rußland hinein. Dort gründeten die schwedischen Wikinger, die weniger kriegerisch waren als ihre norwegischen und dänischen Namensvettern, Handelsstationen und kurzlebige Reiche. Ihre Import-Export-Tätigkeit reichte bis zum Schwarzen und Kaspischen Meer, von Byzanz bis zur arabischen Welt. Außerdem entdeckten sie bereits um das Jahr 1000 herum Amerika und errichteten dort sogar kurzlebige Siedlungen. Importiert wurden übrigens nicht nur Waren, sondern auch Sklaven, eine Tatsache, die in der schwedischen Geschichtsschreibung nur ganz am Rande auftaucht. Vermutlich hatte während der Wikingerzeit fast ein Fünftel der Bevölkerung zumindest einen sklavenähnlichen Status.

Im neunten Jahrhundert versuchte eine kleine Schar Mönche – der bekannteste hieß Ansgar – vom Frankenreich aus die Wikinger zu missionieren. Ansgar landete auf der Insel Birka im See Mälaren, auf der die erste Hauptstadt Schwedens

und damals einer der wichtigsten Handelsorte des Nordens lag. Sein Erfolg war eher mittelprächtig. Kaum hatte er den bekehrten Heiden den Rücken gekehrt, um als Erzbischof von Hamburg-Bremen den gesamten Norden als Christenreich zu deklarieren, besannen sich die Hägars wieder auf ihre altnordischen Götter und mischten sich einen heidnisch-christlichen Glauben zusammen. Funde aus ein und demselben Wikingergrab brachten beispielsweise sowohl Kreuze als auch den Hammer Thors hervor. Helme mit zwei Hörnern kamen übrigens nie zutage, denn dieser Kopfschmuck wurde den Wikingern vermutlich erst im 20. Jahrhundert angedichtet. Hörner dienten in Wirklichkeit nur als Trinkgefäße für Met, das «Bier» der Wikinger. Die Christianisierung ging nur schleppend voran. Erst 1164 bekam Schweden seinen ersten Erzbischof mit Sitz in Uppsala. Zu dieser Zeit war der Wikinger-Konzern schon seit einem Jahrhundert der türkischen Konkurrenz zum Opfer gefallen.

Erste Königreiche

Magnus Eriksson hieß der Mann, der die Macht auf ein einziges Königshaus konzentrieren konnte. Er ersetzte 1350 die einzelnen Landschaftsverordnungen durch ein im ganzen Reich geltendes Landesgesetz. Rekordlange 46 Jahre verwaltete der erste echte Schwedenherrscher das damals größte Reich Europas, das neben Norwegen auch Finnland umfaßte. Die Expansionserfahrungen der Wikinger gen Osten und der Einzug des Christentums hatten dazu geführt, daß die heidnischen Finnen nach mehreren Kreuzzügen dem schwedischen

Reich einverleibt worden waren. Jedoch gelang es nie, das Land der tausend Seen so richtig schwedisch zu machen.

Die Christianisierung hatte aber nicht nur blutige Auswirkungen. Dominikaner- und Franziskanermönche sorgten für die Abschaffung der Blutrache und die Einführung von Schutzrechten für Frauen. Sie brachten Kenntnisse und Fertigkeiten zur Modernisierung der Land- und Forstwirtschaft sowie der Eisenproduktion mit. Dies und der wachsende Handel im Ostseeraum bescherte Schweden eine Stadtkultur mit Handwerkszünften und Handelsgilden.

Der Handel florierte vor allem mit den deutschen Städten, die sich unter der Führung Lübecks in der Hanse zusammengeschlossen hatten, und schon nach kurzer Zeit dominierten die Deutschen das Geschehen. Schließlich mußte per Dekret der Anteil der Deutschen in Stockholm und vor allem in der städtischen Verwaltung auf vierzig Prozent eingeschränkt werden. Die Handelsgemeinschaft war vielen Schweden zuviel des Guten geworden.

Dänemark war mittlerweile durch Heiraten und Erbschaften zur vorherrschenden Macht im Ostseeraum geworden. Auf Initiative der dänischen Königin Margarete entstand 1397 die Kalmarer Union, in der sich Dänemark, Norwegen und Schweden darauf einigten, denselben Regenten anzuerkennen. Dahinter steckten zwei Ziele: Zum einen sollte die Macht der Hanse durch eine starke skandinavische Führung im Zaum gehalten, zum anderen den nationalistischen Tendenzen vor allem in Schweden begegnet werden. Eine gute und sinnvolle Idee, doch in der Praxis wurde

daraus eine Tyrannei des Adels gegenüber den Untertanen. 1434 brach in Dalarna ein Aufstand von Bauern und Handwerkern gegen den dänemarkfreundlichen Hochadel los. Der Bergwerksmeister Engelbrekt Engelbrektsson leitete einen Siegeszug gegen die Ritterheere der mächtigen Blaublütigen und erzwang die Aufnahme des Bauernstandes in den neugebildeten Reichstag. An Leibeigenschaft, wie in deutschen Landen üblich, war gar nicht mehr zu denken: Die schwedischen Bauern hatten sich eine Position verschafft, wie sie sonst nur noch ihre Schweizer Kollegen hatten. Obwohl es dem Adel gelang,

Schlachtschiff «Wasa» kurz nach der Bergung

Dänemark erneut zur Oberhoheit zu verhelfen, blieb die Macht der Bauern bestehen. Engelbrektssons Aufstand leitete die Epoche der nationalen schwedischen Erhebung gegen Dänemark ein. Doch es sollte noch fast hundert blutige Jahre dauern, bis es Gustav Wasa 1521 gelang, Schwedens Abhängigkeit von Dänemark und der Hanse zu beenden – erneut mit Hilfe von Bauern und Bergleuten aus Dalarna.

Vater des Nationalstaates

Gustav Wasa brach die Macht der römischen Kirche, konfiszierte ihre Güter, erhob die lutherische Lehre zur geltenden Religion und machte sich zum Oberhaupt der Staatskirche. Noch heute muß die Wahl eines neuen Bischofs von der schwedischen Regierung gutgeheißen werden, die schwedische Kirche blieb vom Staat abhängig. Mit dem historischen Schachzug hatte Gustav Wasa zwei Fliegen mit einer Klappe geschlagen: Zum einen führte er dem Staatssäckel Unmengen an Barem zu, und zum anderen stärkte er die Macht der Krone. Statt der bis dahin geltenden Wahlmonarchie, nach der der Adel bei jedem Thronwechsel seinen Einfluß geltend machen konnte, setzte Wasa 1544 die Erblichkeit der Königsmacht durch.

13

Wasa sammelte Macht und Geld, um das Land nach innen und außen zu stabilisieren: Er baute eine leistungsstarke Verwaltung auf, stärkte das Heer und ließ eine imposante Flotte bauen. Seit dem Bruch mit Dänemark und Norwegen arbeitete er konsequent darauf hin, die Vorherrschaft im Ostseeraum auszudehnen. Seine drei Söhne führten diese Politik mehr oder minder erfolgreich weiter. Während ihrer Regentschaften blieben die Versuche Dänemarks und Lübecks erfolglos, die Vorherrschaft im Norden zurückzuerobern, aber durch die schwedische Besetzung Estlands, den Gewinn der polnischen Krone und Konflikte um Karelien gab es immer wieder Ärger mit Rußland. Schweden war von Feinden eingekreist. Aus dieser prekären Situation befreite sich Gustav II. Adolf mit dem Leitspruch: «Angriff ist die beste Verteidigung.» Der Enkel von Gustav Wasa nahm sich kurzerhand Karelien und Ingermannland und griff auch gleich in Lettland zu. Im Dreißigjährigen Krieg stellte er sich unter frommen Vorwänden mit großem Erfolg auf die Seite der Protestanten und avancierte zu einem der führenden Monarchen in Europa. Nach seinem Tod 1632 in der Schlacht zu Lützen kämpften seine Feldherren unbeirrt weiter: Dänemark wurde in zwei Kriegen besiegt, wodurch Skåne, Blekinge, Halland und die Insel Gotland an Schweden fielen. Norwegen mußte Bohuslän, Härjedalen und Jämtland abgeben, und da Schweden auch über große Teile Finnlands sowie eine Reihe von Provinzen im Baltikum und in Norddeutschland herrschte, war es Mitte des 17. Jahrhunderts die unbestrittene Großmacht im nördlichen Europa.

Man muß sich fragen, wie das bevölkerungsarme Land eine Expansion dieser Größenordnung schaffen und finanzieren konnte. Die Antwort liegt nicht nur in der von Gustav Wasa eingeleiteten Sanierung des Staatshaushaltes und dem gewissenhaften Aufbau der Streitmächte. Erstklassiges Eisen und Kupfer verhalfen Schweden zu gefürchteten Waffenschmieden, die Kriegsstrategien der Feldherren waren unkonventionell und die politischen Schachzüge des Kanzlers Axel Oxenstierna genial. Wie die Großmachtzeit Schwedens damals auf die Deutschen wirkte, zeigt ein alter Kindervers:
«Bet, Kindlein bet,
morgen kommt der Schwed,
morgen kommt der Ochsenstern,
wird die Kinder 's Beten lehr'n!»
Oxenstierna war es, der durch seine diplomatischen Künste den Dreißigjährigen Krieg in Westfälischen Frieden 1648 für Schweden zu einem idealen Ende brachte – auf Kosten Dänemarks und Deutschlands boxte er unter anderem Besitzansprüche auf die Mündungen von Oder, Elbe und Weser durch. Doch auf Dauer, daran konnten geniale Staatsmänner, einige Waffenschmieden und kurzzeitig gestraffte Finanzen nichts ändern, war die Großmacht mit der schmalen Substanz an Rohstoffen und Bevölkerung zum Scheitern verurteilt.

Abschied von der Vormacht

Nach Niederlagen im Großen Nordischen Krieg (1700 bis 1721) gegen Dänemark, Polen und Rußland verlor Schweden den größten Teil seiner Provinzen jenseits der Ostsee und wurde weitgehend auf seine heutigen Gebiete und Finnland reduziert. Verantwortlich für den rasend schnellen Machtverlust war König Karl XII.: Den letzten großen Kriegerkönig Schwedens hatte nach anfänglichen, legendären Erfolgen der Größenwahn gepackt, besonders sein Angriff auf Rußland wurde ihm zum Verhängnis. Absurderweise wird er heute von rechtsradikalen Gruppierungen in Schweden als Leitfigur für ein neues «Großschweden» benutzt.

Nach den außenpolitischen Rückschlägen galt das Interesse wieder stärker der Innenpolitik. Reichstag und Regierung setzten eine Verfassungsänderung durch, mit der die Alleinherrschaft des Königs abgeschafft wurde. Wegen der schwachen Stellung des Regenten werden die kommenden Jahrzehnte «Freiheitszeit» genannt. Bis 1789 formte sich ein parlamentarisches System nach englischem Vorbild, wobei zwei Parteien eine Hauptrolle spielen: Die «Hüte»-Partei propagierte die staatliche Kontrolle sämtlichen Handels und wünschte sich nichts mehr, als Rußland eins auf die Mütze zu geben. Ihre Widersacher, die sogenannten «Mützen», waren wesentlich liberaler: Sie sprachen sich für ein Bündnis mit Rußland und England aus, wollten den freien Handel und gewährten sogar Nicht-Adeligen den Eintritt in ihre Partei. Trotz der unruhigen politischen Lage war dies eine Zeit großen kulturellen und wirtschaftlichen Fortschritts: Der Eisenhandel blühte, die Landwirtschaft wurde effektiver, eine relativ freie Presse entstand, und in der Wissenschaft sorgten kluge Köpfe wie Carl von Linné und Carl Wilhelm Scheele (die Väter der systematischen Botanik beziehungsweise der organischen Chemie) für Weltruf.

1772 bestieg Gustav III. den Thron, ein Freund der Oper und großer Förderer der schönen Künste. Er gründete unter anderem die Schwedische Akademie, die heute für die Vergabe des Literaturnobelpreises zuständig ist. Gustav III. beschnitt die Befugnisse des Reichstages ganz gehörig, verpaßte der Presse einen Maulkorb, machte der Freiheitszeit den Garaus und führte mit Unterstützung des Bauernstandes erneut die königliche Alleinherrschaft ein. Seine Maßnahmen gegen den Adel sowie ein mißglückter Rußlandfeldzug führten 1792 zum spektakulären Ende des Kulturgönners: Er wurde bei einem Maskenball in der Stockholmer Oper erschossen.

Durch die Teilnahme an den Napoleonischen Kriegen auf Seiten Englands verlor Schweden Finnland sowie die letzten Besitzungen in Norddeutschland. In der neuen Verfassung von 1809, die im großen und ganzen bis 1971 galt, wurde der Versuch unternommen, ein Gleichgewicht zwischen König und Reichstag zu schaffen. Gleichzeitig holte man Napoleons Marschall Jean Baptiste Bernadotte ins Land und krönte ihn zum König Karl XIV. Johan. Er beschloß überraschend, ein schwedisches Heer gegen Napoleon zu schicken, vor allem um dem französischen Verbündeten und schwedischen Lieblingsfeind Dänemark eins auszuwischen. Das Vorhaben gelang, und Dänemark wurde 1810 gezwungen, Norwegen abzutreten. Vier Jahre später überredete Schweden die Norweger schließlich mit Gewalt zu einer «Union» – nach schwedischen Spielregeln. Seither war Schweden nie mehr direkt in einen Krieg verwickelt.

Reich durch Eisen

Armenhaus Europas

In der Zeit ohne Krieg konnte sich die Landwirtschaft erneut weiterentwickeln, und den großen Bauern gelang es, ihre wirtschaftliche und politische Lage zu festigen. Die Bevölkerung nahm rasch zu. Der Liberalismus brachte die Einführung der allgemeinen Schulpflicht und die Entstehung der Volksschule (1842) mit sich. Das Zunftwesen wurde abgeschafft, Gewerbefreiheit, Freihandel und kommunale Selbstverwaltung eingeführt. Nach einer Parlamentsreform im Jahre 1866 wurden die altertümlichen vier Stände des Reichstags durch zwei Kammern ersetzt.

All diese Fortschritte dürfen nicht darüber hinwegtäuschen, daß Schweden zum Armenhaus Europas heruntergekommen war: Die Not auf dem Lande war unerträglich. Durch das schnelle Anwachsen der Bevölkerung und die Stärkung der Großbauern wuchs das Heer verarmter Kleinbauern und Landproletarier. Den Tagelöhnern und Besitzlosen, den Ärmsten der Armen, blieb samt ihren Familien nur die Emigration. Zwischen 1866 und 1914 suchte ein Fünftel der Bevölkerung – über eine Million Menschen – seine Überlebenschance in der Fahrt über den großen Teich nach Nordamerika. Für sie kam der Einzug von Sägewerken, Papierfabriken und Metallunternehmen zu spät. Die Industrialisierung schuf für den Großteil der ländlichen Bevölkerung zu langsam neue Arbeitsplätze.

In den Städten bildete sich ein modernes Proletariat, das sich 1889 in der Schwedischen Arbeiterpartei organisierte. Gewerkschaften gab es schon seit 1869, daneben erwuchsen starke Abstinenzler- und Genossenschaftsbewegungen. Sie schlossen sich mit den Liberalen zusammen, um für das allgemeine Wahlrecht zu kämpfen, das schließlich 1921 eingeführt wurde. Der politische Einfluß der Volksbewegungen wuchs an, doch vorerst war es wichtiger, eine Art außerparlamentarisches Selbsthilfe-Schutznetz für das Stadt- und Landproletariat aufzubauen. Nur durch diese Initiativen von unten konnte Schwedens Weg hin zum modernen Industrie- und Wohlfahrtsstaat geebnet werden.

Anfang des 20. Jahrhunderts kam die Industrialisierung voll auf Touren: Textilfabriken, Zellulosewerke und Eisenhütten entstanden, und schwedische Erfindungen wie das Sicherheitsstreichholz, das sphärische Kugellager, die Milchzentrifuge oder der Gaskocher verhalfen der Industrie zu einer gesicherten Stellung auf dem Weltmarkt. Doch dann gab es Ärger im Westen des Schwedischen Reiches. Die Norweger wollten endlich wieder unabhängig sein und sagten sich 1905 von Schweden los. Das Land stand am Rande eines Krieges, doch der damalige König Oskar II. verhinderte in letzter Sekunde das Eingreifen schwedischer Truppen in Norwegen. Die Bevölkerung, vor allem im schwedisch-norwegischen Grenzland, war gegen Gewalt. Die Norweger erhielten also ohne Blutvergießen die volle Souveränität, und diese friedliche Linie schien den Schweden immer besser zu gefallen – zumal der wirtschaftliche Nutzen unverkennbar war.

Neutralität mit Vorbehalt

1914 erklärte das Land seine Neutralität gegenüber allen kriegführenden Staaten, lieferte aber Waren an alle, die zahlen konnten. Die Sympathien für das deutsche Kaiserreich waren so groß wie die Angst vor Rußland, deshalb gewährte man den Deutschen auf schwedischem Gebiet Bewegungsfreiheit und pflegte gute Kontakte. Schweden war – wie während des gesamten 20. Jahrhunderts – weniger neutral als nicht-kriegführend. Die Alliierten verhängten deshalb eine begrenzte Blockade und zwangen, allen voraus Großbritannien, die Schweden zu größerer Distanz gegenüber dem kaiserlichen Deutschland.

In den zwanziger Jahren entwickelte Schweden zunächst schrittweise sein eigenes System der modernen parlamentarischen Demokratie weiter. Zwar gab es in dieser unruhigen Zeit Europas noch viele Regierungswechsel, doch bereitete sich der Wohlfahrtsstaat bereits vor. 1932 gewannen die Sozialdemokraten die Mehrheit im Reichstag und bildeten unter Per Albin Hansson die erste sozialdemokratisch geleitete Regierung. Ihre Reformpläne umfaßten Beschäftigungsprogramme, die den Auswirkungen der Weltwirtschaftskrise entgegenwirken sollten, Zuschüsse zu den Einkommen der Bauern und langfristige Maßnahmen mit dem Ziel, den Lebensstandard kinderreicher Familien zu erhöhen. Geplant war außerdem, Armen, Kranken und Alten die volle soziale Sicherheit zu gewähren. Doch die Verwirklichung dieses «Volksheim»-Traumes verzögerte sich, denn der Zweite Weltkrieg stand vor der Tür. Es galt, sich erneut aus dem Krieg herauszuhalten und gleichzeitig möglichst geschickt ein glänzendes Geschäft daraus zu machen. Im September 1939

erklärte Schweden seine Neutralität, drei Monate später übernahm ein Allparteienkabinett unter Ausschluß der Kommunisten die Staatsgeschäfte.

Die Kommunisten galten als Gefahr für die Landessicherheit, viele von ihnen landeten wegen angeblicher Spionagetätigkeit in Internierungslagern, in denen auch Linkssozialisten, Syndikalisten und Anarchisten eingesperrt waren. Herbert Wehner beispielsweise, 1941 illegal aus Moskau eingereist, wurde nach zweijährigem Zuchthausaufenthalt in Schweden noch 1944 im Lager Smedsbo untergebracht. Die antikommunistische Stimmung war enorm, die Nazifreundlichkeit ebenso. Die offizielle Neutralität wurde diesmal noch extremer nach potentiellen Siegern und Verlierern ausgerichtet. Zunächst hieß der bevorzugte Handelspartner folglich Deutschland. Die schwedischen Eisenerzexporte an deutsche Waffenschmieden liefen auf Hochtouren, und der schwedische König Gustav V. gestattete ab Juli 1940 den nahezu fahrplanmäßigen Transport deutscher Truppen durch Schweden – vom und zum besetzten Norwegen. Den Deutschen wurde zudem erlaubt, schwedischen Luftraum zu überfliegen, und für den Truppentransport nach Finnland über schwedische Gewässer stellte man sogar Eskorten zur Verfügung.

Im Reichstag und in der Regierung rief dieses totale Entgegenkommen harte Diskussionen hervor, England und die norwegische Exilregierung protestierten aufs schärfste. Zwar mußte Schweden dem Druck deutscher Forderungen teilweise nachgeben, um die Gefahr einer Besetzung zu vermeiden, doch taten der schwedische Monarch und viele Politiker ein übriges, weil sie glaubten, auf der Gewinnerseite zu stehen, und sich das relativ risikolose Bombengeschäft nicht entgehen lassen wollten. Erst als der deutsche Totalsieg unmöglich erschien, begann Schweden, einzelne Forderungen der Deutschen abzulehnen. Ab 1943 gingen die Lieferungen zunehmend an die Alliierten, wenngleich der Handel mit Deutschland erst Ende 1944 völlig zum Erliegen kam.

Dieser Gesinnungswandel bereitete anscheinend kaum moralische Schwierigkeiten. Ehemalige Nazi-Sympathisanten konnten die wirtschaftliche Nachkriegsstärke Schwedens ohne Probleme ausnutzen, und so mancher baute sich aus den Provisionen für seine nationalsozialistische Schützenhilfe ein kleines oder großes Finanzimperium auf. Die Auseinandersetzung mit der Vergangenheit wurde vom raschen Aufbau des schwedischen «Volksheims» überrollt. Soziale Reformen und Wohlfahrtspolitik standen auf der Tagesordnung, das vom Krieg verschonte Schweden baute unter dem sozialdemokratischen Ministerpräsidenten Tage Erlander das «Schwedische Modell» auf. In der Verteidigungspolitik pflegten Schwedens Politiker und Militärs insgeheim enge Kontakte mit der Nato – auch wenn der Öffentlichkeit immer wieder suggeriert wurde, man stehe zwischen den Blöcken des Kalten Krieges.

Aufrüstendes Weltgewissen

Wie kein anderer prägte Olof Palme das Bild Schwedens als internationaler Friedensbote – zunächst als Verkehrs- und Bildungsminister, ab 1969 als jüngster Ministerpräsident Europas. Palme fiel durch radikale Gedanken, Äußerungen und Taten auf: Mit einer flammenden Rede initiierte er die schwedische Vietnamdebatte, indem er die Bombenteppiche der USA mit dem Effekt nationalsozialistischer KZs verglich. Er marschierte bei Vietnamdemos in erster Reihe mit und gewährte amerikanischen Kriegsdienstverweigerern politisches Asyl. Nixon zog aus Protest dagegen seinen Botschafter aus Schweden ab, und die schwedische Geheimpolizei observierte den eigenen Ministerpräsidenten, weil sie ihn als Agenten verdächtigte.

Palmes internationale Abrüstungsinitiativen paßten freilich nicht so recht mit der pragmatischen Politik in Schweden zusammen. Alle Jahre wieder schlug er die Erhöhung des Militärhaushaltes vor. Gemessen an den Rüstungsausgaben pro Einwohner lag das Land jahrzehntelang in der militärischen Weltrangliste gleich hinter den Supermächten! Diese Tradition gilt übrigens noch heute – Abrüstung scheint in Schweden ein Tabuthema zu sein. Auch Palmes Engagement in Sachen schwedische Waffenexporte und sein überzeugtes Eintreten für Atomkraft riefen starke Kritik hervor. Dennoch: In der Bevölkerung zehrte der internationale Friedensmittler bis zu seiner Ermordung 1986 von der eindeutigen politischen Linie seiner frühen Karriere und vom Friedensimage, das er Schweden international verschafft hatte. Als sein Leichnam auf dem Stockholmer Adolf-Fredrik-Friedhof beigesetzt wurde, war das Leben der Hauptstadt in Totenstille erstarrt. Die Trauerzüge in ganz Schweden waren die beeindruckendsten Demonstrationen, die das Land je erlebt hatte.

Politik und Gesellschaft

A m 28. Februar 1986 wurde der
schwedische Regierungschef
Olof Palme um 23.21 Uhr auf offener Straße in der Stockholmer
Innenstadt erschossen. Die Suche
nach dem Mörder war von grotes-
ken Pannen begleitet, sie blieb er-
gebnislos. Zehntausend Seiten sind
beschrieben, ein Minister, mehrere
Polizeichefs und Staatsanwälte ge-
feuert oder versetzt worden. Der
überwiegende Teil der Schweden
glaubt nicht mehr an eine Auf-
klärung des Verbrechens. Vielleicht
wollen viele auch gar keine Auflösung mehr.

Der Schock, daß in dem bis Februar 1986 so ruhigen Schweden
eine solche Tat geschehen konnte,
sitzt immer noch tief. Seither hat
sich das Land verändert. «Es ist so
merkwürdig ruhig geworden», findet
Ewonne Winblad, Chefredakteurin
der schwedischen Fernsehnachrich-
tensendung «Rapport». Ihr fehlt
Palme, der für eine Polarisation in
der schwedischen Innenpolitik
sorgte. «Er war ein großer Rhetori-
ker, er reizte die Opposition mit seinen verbalen Spitzen bis aufs Blut.»
Der Historiker Peter Englund meint
dagegen: «Schweden blieb sich treu,

Politik

nach

Palme

allzu treu.» Nach einigen aufregenden Tagen der Angst, nun könne es mit der schwedischen Offenheit vorbei sein, kehrte der normale Alltag wieder ein. Dennoch: Die meisten Schweden denken mit Grauen an die Nacht des 28. Februar. Bislang kannte man Attentate nur aus Südamerika, allerhöchstens waren sie noch in Südeuropa und Deutschland vorstellbar. Aber hier in Schweden, das Kontroversen verabscheut und auf Gleichheit und Solidarität bedacht ist?

Die Rosen am Sveavägen sind verwelkt. Die Sightseeing-Busse fahren den Mordplatz nicht mehr an. «Business as usual», wie Peter Englund die Zeit nach dem 28. Februar 1986 beschreibt. Der brutale Mord an Schwedens Ministerpräsident hat dennoch vielen drastisch vor Augen geführt, daß der einstige Modellstaat Schweden seinen Vorbildcharakter verloren hat.

Modell Schweden

Der von Olof Palme proklamierte «dritte Weg» zwischen Kapitalismus und Sozialismus hatte dem Land über zwei Jahrzehnte einen beson-

23

deren Ruf verschafft. Solidarität wurde nicht nur in den Schulen gelehrt, sie galt schlechthin als oberstes Prinzip. Was für die einen «soziale Gerechtigkeit» war, nannten andere «Gleichmacherei». Doch trotz dieser Gegensätze kam es nie zu einem offenen Streit: Schweden konnte seinen Bürgern einen der höchsten Lebensstandards auf der Welt bieten; damit gab es für handfeste Kritik am System kaum eine Angriffsfläche. Ein engmaschiges soziales Netz sicherte der überwiegenden Mehrheit der Schweden ein nahezu sorgloses Leben: Der Staat hilft, wann immer Not am Mann, der Frau oder dem Kinde ist. Ein perfektes Krankenversicherungssystem, das dem Betroffenen neunzig Prozent des Arbeitseinkommens sichert, eine Elternversicherung, die der Mutter, dem Vater oder beiden insgesamt einen bis zu fünfzehnmonatigen Elternurlaub zu neunzig Prozent finanziert, sowie eine staatliche Rente, die etwa drei Viertel des Gehalts ausmacht – der Staat plant «von der Wiege bis zur Bahre».

Arbeitslosigkeit war ein Fremdwort. Im ideologischen Wettstreit zwischen Beschäftigungspolitik und Inflation siegte in den knapp sechzig Jahren sozialdemokratischer Herrschaft immer das Vollbeschäftigungsziel. Kein anderes Land in Europa gibt ganze sieben Prozent des Staatshaushaltes für arbeitsmarktpolitische Maßnahmen aus. Ein umfangreiches Programm zur Umschulung und Fortbildung wurde immer dann erfolgreich eingesetzt, wenn sich konjunkturelle Schwankungen auch in der Arbeitslosenstatistik bemerkbar machten. Im Unterschied zu den meisten anderen Ländern betrieb man in Schweden eine vorausschauende Beschäftigungspoli-

tik: Mit Hilfe von ständig aktualisierten Bedarfsanalysen der Arbeitsmarktbehörde AMS (arbetsmarknadstyrelsen) konnten so schon frühzeitig Engpässe, aber auch «Überkapazitäten» entdeckt werden.

Das Prinzip der Vollbeschäftigung und der sozialen Gleichheit, das Anfang der dreißiger Jahre vom sozialdemokratischen Ministerpräsidenten Per Albin Hansson als Fundament des «Volksheimes» entwickelt wurde, ist tief in der schwedischen Seele verwurzelt. Dabei spielt es kaum eine Rolle, welche politischen Vorlieben man hat. Ob die kleine Linkspartei (vor dem Zusammenbruch der Sowjetunion Linkspartei Kommunisten), die jahrzehntelang die sozialdemokratischen Minderheitsregierungen unterstützt hat, oder die Moderata Samlingspartiet (Konservative Partei) – niemand will ernsthaft an diesen Grundpfeilern rütteln. Skizzierte Hansson zunächst nur die Grundzüge des späteren Modells, so setzte sein Nachfolger, Tage Erlander, nach dem Zweiten Weltkrieg diesen einzigartigen Reformkatalog in die Praxis um. Ob jung, krank, alt, arm oder reich – vor dem Gesetz war jeder gleich und kam in den Genuß des umfassenden sozialen Netzes.

Dieser Grundkonsens über die Struktur des Wohlfahrtsstaates mag zu einer Parteienlandschaft beigetragen haben, die oft als zu homogen angesehen wird. Gewerkschaften und Arbeitgeberverband haben sich im Abkommen von Saltsjöbaden 1938 sogar «vertrauensvolle Zusammenarbeit» gelobt, die bis auf wenige Ausnahmen bis heute gut funktioniert. Die politischen Parteien sind sich in den grundsätzlichen Fragen wie der Neutralität, der EG-Mitgliedschaft und selbst der Verteilungspolitik im großen und ganzen einig. Gestritten wird meist auf Nebenschauplätzen: Ob die ohnehin schon restriktive Alkoholpolitik noch weiter verschärft oder ob der festgelegte Ausstieg aus der Atomenergie vielleicht doch noch etwas verschoben werden sollte. Selbst die Monarchie ist unumstritten, wenngleich die Sozialdemokraten deren Abschaffung seit langem schwarz auf weiß in ihrem Programm haben. Seit Schweden mit Silvia wieder eine Königin hat, ist auch Carl XVI. Gustav beliebt. Viel zu sagen hat der Monarch nicht, doch wenn er einmal etwas sagt, gibt es meistens Streit: Ob Schulsystem oder Umweltschutz – der König möchte sich nicht den Mund verbieten lassen. Das Volk ist ihm dankbar und schwenkt die zusammenklappbaren blau-gelben Fähnchen.

Kehrseite der Medaille

Die fast paradiesischen Zustände hatten ihre Schattenseiten. So kannte die elektronische Erfassung des einzelnen keine Grenzen, Eigeninitiative galt fast als unlauterer Wettbewerb. Ohne die zehnstellige Personennummer, die jeder Schwede verpaßt bekommt, läuft nichts. Ob beim Arbeitsamt, im Krankenhaus oder auf der Bank – die aus dem Geburtsdatum sowie einer vierstelligen Zahl zusammengesetzte Ziffer ist der Schlüssel zu allem. Nennenswerter Widerstand gegen diese Erfassung hat sich kaum gezeigt. Dank der friedlichen Politik des Staates seit 200 Jahren hat die Bevölkerung kaum Anlaß zu Mißtrauen gegenüber den Machthabern gehabt.

Dennoch hat sich nach dem Palme-Mord einiges getan. Das übergroße Vertrauen in alles, was von oben kam, ist einer bislang unbekannten Skepsis gewichen. Zum ersten Mal wurde das bei der Volkszählung 1991 deutlich, als fast einhunderttausend Bürger die Abgabe eines Fragebogens, in dem sie Auskünfte über Wohnungsstandard, Arbeitsweg und Ausbildung geben sollten, verweigerten. Auch in der Politik wurde plötzlich Gegenwind spürbar: War noch wenige Jahre zuvor das Konsens-Denken vorherrschend, so polarisierten sich nun die Sozialdemokraten zusammen mit der kleinen Linkspartei und den Grünen in den linken Flügel, die Konservativen zusammen mit der kleinen christdemokratischen Partei in einen linken und einen rechten Flügel. Was dazwischenlag, Liberale und Zentrumspartei, bekam ernsthafte Profilierungssorgen. Der Tonfall in der Debatte wurde schärfer, parlamentarische Angriffe häuften sich.

Die Zeiten haben sich also geändert, jedenfalls ein wenig, denn eine radikale Kursänderung mußten Schwedens 8,5 Millionen Einwohner auch nach dem Machtwechsel nicht fürchten. Allerdings wurde bereits in den ersten Monaten nach dem Regierungsantritt der Konservativen 1991 die neue bürgerliche Politik spürbar: Zwar handelt es sich zumeist um ideologische Lippenbekenntnisse, doch die Richtung läßt sich ablesen: weniger staatliche Verantwortung, größerer individueller Einsatz. «Leistung soll sich wieder lohnen!»

Im kommunalen Bereich waren die Veränderungen nach dem Machtwechsel am deutlichsten zu spüren. Die Gemeinden, die seit

Jahrzehnten die Verantwortung für die Versorgung ihrer Einwohner mit Krankenhaus- und Kindergartenplätzen, mit Bibliotheken und Fahrdiensten für Behinderte trugen, sollten nun auf einmal diesen sozialen Service selbst finanzieren. Eine Erhöhung der Kommunalsteuern wurde jedoch von den Politikern in Stockholm abgelehnt. Blieb also nur der Weg über die Privatisierung: In Nacka, einem Stockholmer Vorort, wurde bereits ernsthaft über eine «Schul GmbH» nachgedacht, anderenorts konnten Sponsoren für Schulbücher gewonnen werden. Kindertagesstätten – bisher eine staatliche beziehungsweise kommunale Angelegenheit – dürfen seit 1992 in privater Regie geführt werden. Die Eltern haben zwar nun die so lange geforderte Wahlmöglichkeit, der Preis dafür ist allerdings mitunter hoch.

Tief verwurzelt

Noch sitzt das «schwedische Modell» tief im Bewußtsein eines jeden Schweden. «Was sechzig Jahre gut funktioniert hat, kann nicht gänzlich falsch gewesen sein», meint die Mehrheit der Bevölkerung. Der Denkzettel für Palmes Nachfolger, den farblosen Ingvar Carlsson, und seine Sozialdemokraten hatte seine Ursache nicht in der Unzufriedenheit mit dem sozialen Netz. Im Gegenteil, das möchte auch heute niemand missen. Vielmehr ist es die von vielen als Gleichmacherei empfundene Politik des sozialen Ausgleichs. Ob Putzfrau oder Akademiker – in der Lohntüte gab es bis vor wenigen Jahren kaum einen Unterschied. «Wer viel verdient, soll dafür auch bezahlen», lautete einer der sozialdemokratischen Grundsätze.

Bei den Spitzenverdienern war der Fiskus mit bis zu neunzig Prozent dabei! Kein Wunder: Irgendwie mußten die Sozialleistungen ja finanziert werden. Da der öffentliche Sektor sich aber mehr und mehr zu einem bürokratischen Monstrum aufblähte, sank die Toleranzschwelle. «Laßt uns die Hälfte des Lohnes behalten», lautete der Wahlspruch des schwedischen Bundes der Steuerzahler. Tatsächlich half bei der Erreichung dieses Zieles meist nur die weitverbreitete Schwarzarbeit.

Viele westeuropäische Nachbarn, so auch die Bundesrepublik, pickten sich die Rosinen aus dem schwedischen Modell heraus und überholten es. Heute kämpft das einstige Musterland um den Anschluß. Die Arbeitslosigkeit lag 1992 bei über sieben Prozent, Tendenz steigend. Mehrere internationale Vergleichsstudien wiesen eine viel zu niedrige Produktivität in schwedischen Betrieben nach. Die Wirtschaft konterte mit einer Standortdiskussion. Den Schuldigen für das zu lasche Anpacken in den Fertigungshallen zwischen Luleå im Norden und Ystad im Süden hatte man schnell gefunden: Das soziale Netz, einst der Stolz der Nation, sollte nun für den wirtschaftlichen Niedergang verantwortlich sein. «Wenn Blaumachen auch noch belohnt wird, ist etwas faul im Staate Schweden», wetterten die mächtigen Arbeitgeberorganisationen. Und sie fanden Gehör. «Arbeiten muß sich wieder lohnen» – mit solchen populistischen Aufrufen versuchte die bürgerliche Opposition Kapital aus der allgemeinen Unzufriedenheit mit dem System zu schlagen.

Im Herbst 1991 stellte der schwedische Wähler die Quittung aus: Die

När Moder Svea inte räcker till.

FOLKSAM

Nicht mehr genug für alle

mit zwei kurzen Unterbrechungen seit 1932 regierenden Sozialdemokraten mußten sich geschlagen geben. Mit Carl Bildt erhielt Schweden nach 1930 zum ersten Mal wieder einen konservativen Regierungschef. Bildts Mitte-Rechts-Koalition, aus Konservativen, Liberalen, Christdemokraten und der Zentrumspartei hatte den «Neuanfang für Schweden» in einem Wahlmanifest versprochen und offenbar die Wähler mit ihrer Privatisierungsideologie überzeugen können. Die Konservativen konnten glaubhaft machen, daß das «bürgerliche Intermezzo», das zwischen 1976 und 1982 allein zu vier verschiedenen Regierungen mit unterschiedlichen Koalitionspartnern geführt hatte, sich nicht noch einmal wiederholen werde. Die weltweite Wirtschaftsflaute sorgte im Herbst 1992 allerdings für ein ungewöhnliches Bremsmanöver der Koalition. Der Privatisierungsplan wurde vorerst

gestoppt. Um die unter Druck geratene schwedische Währung zu stützen, um den Forderungen der internationalen Märkte nach Einsparungen im öffentlichen Bereich Rechnung zu tragen, schlossen die bürgerliche Minderheitsregierung und die Sozialdemokraten einen als «historisch» bezeichneten Pakt! Mit zwei umfassenden Krisenpaketen, die unter anderem eine Erhöhung des Pensionsalters auf 66 Jahre sowie diverse Steuererhöhungen enthielten, sollte die Wirtschaft wieder angekurbelt werden. Positiver Nebeneffekt des großen Schulterschlusses: Die rechtspopulistische Partei Neue Demokratie, die zuletzt mit offen ausländerfeindlichen Parolen erfolgreich auf Stimmenfang ging, konnte durch die gemeinsame Aktion der großen demokratischen Parteien ins parlamentarische Abseits gedrängt werden.

Bosse, Kumpels und Genossen

A m 4. Oktober eines jeden Jahres marschierten sie: in einer Demonstration der Nadelstreifen, bei der es weder Vermummungsverbot noch Wasserwerfer gab. Schwedens Unternehmer gingen auf die Straße, um der «bevorstehenden Sozialisierung» der Wirtschaft Einhalt zu gebieten. Nach knapp sechzig Jahren mit einer sozialdemokratischen Regierung schien ihnen das Maß voll zu sein. Besonders suspekt waren den Bossen die sogenannten Arbeitnehmerfonds. Nach einem Beschluß der Sozialde-

mokraten unter Olof Palme wurden seit 1983 Unternehmensgewinne teilweise abgeschöpft und in fünf regionalen Fonds angelegt. Die Gewerkschaften verwalteten diese verordneten Rücklagen, von den angesammelten Geldern wurden Aktien erworben. Begleitet war die Einführung dieser Arbeitnehmerfonds von einer jahrelangen und für Schweden ungewöhnlich polarisierten Debatte. «Reiner Sozialismus» und «Verstaatlichung» schimpften die etwa 50 000 Unternehmer auf ihrer ersten Demo am 4. Oktober

1983 in der Stockholmer City.

Noch nie hat ein Thema in Schweden dermaßen die Gemüter erregt wie diese Gewinnabschöpfung. Ihr ursprünglicher Hintergrund, eine solidarischere Lohnpolitik, geriet schnell in Vergessenheit. Die Gewerkschaften wollten Vermögenszuwächse der Großunternehmen «kollektivieren» und die Arbeitnehmer an den Gewinnen teilhaben lassen. Die Fonds blieben bis zu ihrer Auflösung 1992 ein stetiger Stein des Anstoßes, und das nicht nur, weil die Verwalter die Gelder nahezu

ausschließlich in sichere Wertpapiere investierten und damit nicht dem eigentlich proklamierten Vorsatz entsprachen, Risikokapital für kleine und mittlere Unternehmen zur Verfügung zu stellen. Außerdem zeigte sich bald, daß man gerade Firmen mittlerer Größe durch die Gewinnabschöpfung eigenes Investitionskapital wegnahm.

Nach dem Regierungswechsel im Herbst 1991 einigten sich die vier bürgerlichen Koalitionsparteien unter dem Jubel der Wirtschaft auf die Abwicklung der Fonds. Die frei gewordenen Milliarden sollten das immer größer werdende Loch im Staatssäckel stopfen helfen. Auch wenn der Streit um die Arbeitnehmerfonds die klassischen Gegensätze zwischen Arbeit und Kapital einmal mehr deutlich gemacht hat, so war er dennoch nicht typisch für das Verhältnis der schwedischen Wirtschaft zur sozialdemokratischen Regierung. «Mit den Sozialdemokraten war alles viel, viel einfacher», schimpfte beispielsweise Volvo-Konzernchef Pehr G. Gyllenhammar Anfang 1992, als die relativ neue bürgerliche Regierung ein großes Fusionsgeschäft des schwedischen Automobilherstellers verhindern wollte. Ministerpräsident Carl Bildt wetterte zurück: «Die Sozialdemokraten haben immer nur ja und amen zu allen Vorschlägen gesagt.» Schwedens Wirtschaftsbosse hatten sich recht gut mit den jahrzehntelang regierenden Sozialdemokraten arrangiert. Studien der OECD bescheinigen den Schweden ein im internationalen Vergleich sehr angenehmes Unternehmerklima, in dem so mancher Welterfolg gedeihen konnte.

Nischendenken und Expansionslust

Frühzeitig hatten die Unternehmer des neutralen EFTA-Landes den richtigen Riecher für Nischen. Mit Japan, der Bundesrepublik Deutschland oder den USA konnte man nicht konkurrieren, denn die Lohnkosten waren zu hoch, die Transportwege zu lang, kurz: fürs Massengeschäft fehlten die Voraussetzungen. Die schmerzhafte Phase der wirtschaftlichen Umstrukturierung blieb den Schweden also größtenteils erspart – mit Ausnahme der

Werft- und Automobilindustrie. In der Hochtechnologie, beispielsweise bei digitalen Telefonanlagen oder in der Meß- und Regeltechnik, haben schwedische Unternehmen oftmals die Nase vorn.

Das Nischendenken hat eine lange Tradition: Leuchtfeuer, Kugellager, Streichhölzer, Reißverschluß – die Reihe spezieller schwedischer Exportschlager ließe sich fast beliebig fortsetzen. Ericsson mit seinen Telefonanlagen, die schwedische Kugellager-Fabrik SKF oder der Haushaltsgeräte-Hersteller Electrolux – sie alle sind in ihren Bereichen weltweit Marktführer. Electrolux, als Familienunternehmen vor über 100 Jahren gegründet, verlegte sich zunächst auf die Produktion von Staubsaugern. Den Vertrieb löste der Firmengründer auf unkonventionelle Weise: Er führte den Direktverkauf ein, das heißt, Scharen von Vertretern zogen los und versuchten die Kunden an der Haustür von der Vorzüglichkeit des schwedischen Saubermanns zu überzeugen. Mittlerweile ist das Unternehmen zum Multi herangewachsen – kaum ein Kühlschrank, eine Gefriertruhe oder ein Staubsauger, bei dem Electrolux nicht mindestens einen Finger mit im Spiel hätte. Alles, was nach ernstzunehmender Konkurrenz aussah, wurde von den Schweden geschluckt: Zanussi aus Italien, Zanker und Progress aus Deutschland sowie die amerikanische Riese White Consolidated sind nur einige Beispiele für den unbändigen Expansionswillen der einstigen Familienklitsche aus einem Stockholmer Vorort.

Der Expansionsdrang schwedischer Unternehmen ist beachtlich. So ging der schwedische Elektro-

**Ja zu Europa: Wahlwerbung
der Moderaten**

und Kraftwerkhersteller ASEA in
der bislang größten europäischen
Fusion mit dem Schweizer Unternehmen Brown Boveri zusammen.
Der Papierkonzern Stora aus dem
nordschwedischen Falun übernahm
1990 die Feldmühle AG, Swedish
Match schluckte den Küchenherstel-
ler Poggenpohl, und schwedische
Versicherungsunternehmen kauften
in großem Stil Immobilien in der
Frankfurter, Düsseldorfer und
Hamburger Innenstadt. Die Aus-
breitung hatte einen guten Grund:
Die sozialdemokratischen Regierungen hatten unter Hinweis auf die
Neutralität des Landes eine Mit-
gliedschaft in der Europäischen Gemeinschaft stets strikt abgelehnt.
Die Wirtschaft fürchtete, daß der
bevorstehende EG-Binnenmarkt die
mühsam aufgebauten Absatzmärkte
wieder verschließen würde. «Wenn
schon nicht direkt, dann durch die
Hintertür» – nach diesem Motto
kauften sich schwedische Unternehmer in einer selten beobachteten
Wirtschaftsoffensive in den EG-
Ländern ein. Dort wurden dann ei-
ligst Tochtergesellschaften gegründet, und so war man mit dabei. Als
die Sozialdemokraten im Sommer
1991 in einer blitzschnellen Kehrt-
wende das offizielle EG-Beitrittsge-
such einreichten, hatte Schwedens
Wirtschaft die «Europäisierung»
bereits vollendet. Es darf vermutet
werden, daß auch der Regierung das
muntere Treiben ihrer Wirtschaftsbosse auf internationalem Parkett
nicht verborgen geblieben war. Inso-
fern besiegelte sie eigentlich nur
noch das, was die Industrie schon
vollzogen hatte.

Das Auslandsengagement läßt
sich mit einer Zahl illustrieren: Von
den 147000 Beschäftigten bei Electrolux arbeiteten 1988 rund achtzig

Prozent im Ausland – für die schwedischen Gewerkschaften eine Horrorvision, denn grenzüberschreitende Konzerne ließen den Traum von einer geeinten Arbeitnehmerschaft zerplatzen. Abhilfe tat Not, und so machten sich die mächtigen schwedischen Gewerkschaften mit ihren ausländischen Partnerorganisationen an die Ausarbeitung eines internationalen Regelwerks, nach dem sich dann die multinationalen Konzerne richten sollten. Die ASEA-Brown-Boveri-Fusion hatte als Initialzündung gewirkt. Dieser schwedisch-schweizerische Riese versuchte nämlich eine Zeitlang, die internationalen Lücken des Gesetzes bei seiner Beschäftigungspolitik geschickt auszunutzen: Was in dem einen Land nicht ging, wurde halt in dem anderen gemacht.

Der Organisationsgrad in Schweden liegt auf weltrekordverdächtigem Niveau: An die neunzig Prozent aller Beschäftigten im Lande sind in einer Gewerkschaft. Das hat Tradition und einen guten Grund: Als Mitglied ist man automatisch auch arbeitslosenversichert. Wer partout keiner Gewerkschaft beitreten will, muß einen bürokratischen Spießrutenlauf auf sich nehmen, um selbst eine Arbeitslosenversicherung abzuschließen.

Der mächtige Arbeitergewerkschaftsbund LO (Landsorganisationen) hat jahrzehntelang die Politik in Schweden entscheidend mitbestimmt und die Ausformung des Wohlfahrtsstaates mitgeprägt. Sozialdemokratie und Gewerkschaften unterhielten eine sehr enge Liaison, die mehrfach sogar zu Lohnstopps führte; Gewerkschaften und Regierung einigten sich auf ein zeitlich befristetes Einfrieren der Löhne und Gehälter, um das Vollbeschäfti-

gungsziel weiter aufrecht erhalten zu können. Die Zweckehe ging sogar so weit, daß automatisch alle Gewerkschaftsmitglieder auch als Parteigenossen geführt wurden. Diese Zwangsmitgliedschaft wurde erst nach dem Regierungswechsel 1991 abgeschafft.

Der Einfluß der Gewerkschaften auf die Politik ist damit aber noch nicht gebremst. Über Mitbestimmungsgesetze, Umweltbeauftragte und Arbeitsmilieuspezialisten werden die Gewerkschaften die Arbeitsbedingungen weiter mitbestimmen. Die frühzeitige Einführung der Gruppenarbeit im Autmobilbau mag nur als ein Beispiel dienen. Auch eine bürgerliche Regierung kann und wird nicht ohne die Gewerkschaften regieren. Allerdings haben sich die mächtigen Gewerkschaftsverbände in den letzten Jahren sogar von den eigenen Mitgliedern vorwerfen lassen müssen, daß die gewerkschaftliche Einkommenspolitik Mitte der achtziger Jahre die Preis-Lohn-Spirale immer weitergetrieben hat. Lohnerhöhungen von bis zu fünfzehn Prozent waren keine Seltenheit. Unterdessen stieg jedoch auch die Inflation mit über elf Prozent auf europäisches Rekordniveau. Unterm Strich hatte niemand etwas von dieser Entwicklung.

Schweden ist ein Land des Wohlstandes. Dem Besucher fallen die vielen neuen und großen Autos auf, die meisten Schweden besitzen ein Motor- oder Segelboot sowie ein Sommerhäuschen. Dennoch verdienen die Schweden nicht übermäßig viel. Die schwedischen Haushaltseinkommen liegen in etwa auf deutschem Niveau, nur tragen in Schweden 82 Prozent der Frauen zum Einkommen bei, zu drei Vierteln mit einem vollen Job. Den Wohlstand gemehrt hat jahrzehntelang ein Steuersystem, das zwar die Spitzenverdiener ordentlich zur Kasse bat, auf der anderen Seite aber die private Verschuldung steuerlich begünstigte. Ein großer Teil der Häuser, Boote und Autos ist ganz einfach auf Pump gekauft. Ein lohnendes Geschäft: Die Schuldzinsen durften bis vor wenigen Jahren voll vom zu versteuernden Einkommen abgezogen werden. Heute liegt der Abzugssatz nur noch bei dreißig Prozent – aber immerhin.

Frauen im Beruf

Die Rolle der Frau in der schwedischen Gesellschaft ist oft überschwenglich beschrieben worden. Tatsächlich hat Schweden einen sehr hohen Beschäftigungsanteil an Frauen, doch mit Gleichstellung hat das nicht ausschließlich zu tun. Zwar ist das emanzipative Bewußtsein im hohen Norden weiter ausgeprägt als in vielen anderen europäischen Ländern, doch stecken hinter der Berufsarbeit der Frauen auch handfeste ökonomische Zwänge. Von einem einzigen Einkommen läßt sich schlecht leben in einem Land, das nicht gerade zu den billigen zählt. Im südschwedischen Malmö sorgte vor einiger Zeit ein Universitätsprofessor für Schlagzeilen, der Sozialhilfe beantragen mußte, weil seine Frau arbeitslos geworden war.

Dennoch: Auf dem Weg zur gesellschaftlichen Gleichstellung von Frau und Mann hat Schweden schon ein gutes Stück geschafft. Die Rahmenbedingungen für Frauenerwerbsarbeit sind vom Staat geschaffen worden: Ist das Kind krank, darf ein Elternteil bei Lohnfortzahlung zu Hause bleiben, ist es gesund, bringt man es morgens vor der Arbeit in den Kindergarten. Der ist am Abend so lang geöffnet, bis das letzte Elternteil nach der Arbeit wieder vorbeikommt und das Kind abholt. Vor allem alleinstehende Mütter, die Nachtschichten belegen, haben in größeren Städten sogar die Möglichkeit, ihre Kleinen in Nacht-Kindergärten unterzubringen.

Obwohl die Gewerkschaften seit langem für gleiche Bezahlung bei gleicher Arbeit kämpfen, ist dieses Ziel noch immer in weiter Ferne. Frauen verdienen auch in Schweden deutlich weniger als ihre männlichen Arbeitskollegen. Dafür haben mehr Frauen als anderswo hohe Positionen in der Wirtschaft erreicht. Einmal im Jahr wird die «Frau des Jahres» gekürt, und meist ist es eine erfolgreiche Unternehmerin.

Der Umgangston in schwedischen Unternehmen ist eher locker, und selbst wenn der Chef kommt, buckelt niemand. Mit einem freundlichen «Hej» begrüßt jeder jeden, und das «Du» ist allgemein üblich. Hierachien gibt es auch in Schweden – nur spürt man sie nicht so deutlich! Die schwedische Führungsphilosophie läuft auf das Motto hinaus, daß nur der, der auch Eigenverantwortung spürt und sich nicht ständig gegängelt fühlt, zuverlässig und schnell arbeiten kann. Dazu gehört nun einmal, daß firmeninterne Machtpyramiden transparent gestaltet sind. Ein jeder Beschäftigter soll und kann direkt zum Konzernchef gehen oder mit ihm die Probleme unten in der Montagehalle besprechen. Wer Hans Werthén, den früheren Electrolux-Chef, sprechen wollte, bekam ihn oft direkt an den Hörer. Eine Vorzimmerdame? Fehlanzeige!

Wald
für jeden

riesigen Wälder, auf deren Fläche von 24 Millionen Hektar die Bundesrepublik nahezu Platz fände. Ein jeder Besucher Schwedens kann es bestätigen: Keine Müllhalden, weggeworfene Bierdosen oder Autowracks in den Gräben stören das Bild einer intakten Natur. Sollte das alles ohne das ständige Engagement von Umweltschützern gelungen sein?

«Die Grünen», erklärt Per Gahrton, bekanntester Vertreter der Umweltpartei, «sind bereits seit Ende der siebziger Jahre aktiv. Allerdings haben wir es früher nie ernsthaft darauf angelegt, in das Parlament einzuziehen.» Als vor den Wahlen 1988 unter dem Eindruck der Atomkraft-Katastrophe von Tschernobyl und des Robbensterbens die Umwelt zum ersten Mal ein wichtiges Wahlkampfthema wurde, konnte die kleine Partei 5,5 Prozent der Stimmen erzielen. Im Wahlkampf 1991 waren die Umweltthemen wegen einer spürbar verschlechterten Wirtschaftslage wieder in den Hintergrund gerückt, die Grünen scheiterten nach nur drei Jahren parlamentarischer Arbeit an der Vier-Prozent-Hürde.

Die Ursachen für den Mißerfolg der Grünen sind vielschichtig. Neben einer mangelnden Personifizierung – die Grünen traten zu allen Wahlen ohne Vorsitzenden an und entschieden sich statt dessen für mehrere «Sprachrohre» – war es vor allem die kleine Zentrumspartei, die Stimmen wegnahm. Die 1913 als Bauernbund gegründete Partei zählt seit Mitte der siebziger Jahre zu den vehementesten Atomkraftgegnern. Das Zentrum, das seine Wähler zum überwiegenden Teil in der ländlichen Bevölkerung hatte, forderte zusammen mit den Kommuni-

ls die schwedischen Grünen (Miljöpartiet De Gröna) 1988 zum ersten Mal die parlamentarische Vier-Prozent-Hürde nahmen, wunderten sich im Ausland viele: «Wieso erst jetzt?» Das Land ist bekannt für seine unberührte Natur, seine rund 100 000 Seen und dreißig größeren Flüsse sowie seine

sten und nicht parteilich organisierten Umweltschützern den schnellen Ausstieg aus der strahlenden Energie. Konservative und die Wirtschaft traten für einen weiteren Ausbau ein, während sich Sozialdemokraten und Liberale auf ein befristetes Ja einigten. Der Bürger durfte seine «beratende Meinung» in einem Referendum kundtun. Knapp die Hälfte der Schwedinnen und Schweden entschied sich im März 1980 für den Mittelweg: Atomkraft ja danke, aber nur bis zum Jahr 2010.

Atomkraftkarussell

Seit dem Volksentscheid ist das Atomkraftkarussell nicht mehr zum Stillstand gekommen. Während die Industrieverbände in einer ungewöhnlichen Koalition mit dem mächtigen Arbeitergewerkschaftsbund (LO) die Vorteile der «sauberen» Kernenergie herauszuarbeiten suchten und den Teufel der wirtschaftlichen Stagnation mit wachsender Arbeitslosigkeit an die Wand malten, gab das Zentrum nicht auf. Wieder und wieder erhob es die Forderung nach einem schnellen Ende des schwedischen Atomzeitalters. Doch erst nach dem Reaktorunfall in Tschernobyl kam die Atomfrage erneut auf die politische Tagesordnung. Eine radioaktive Wolke hatte ein großes Gebiet etwa 200 Kilometer nördlich von Stockholm verseucht: 40000 Rentiere mußten wegen zu hoher Strahlenbelastung notgeschlachtet werden, noch heute kommen in unregelmäßigen Abständen Warnungen der Strahlenschutzbehörde, bestimmte Süßwasserfische wegen zu hoher Becquerel-Werte nicht zu verzehren. Der Schock saß tief, da halfen auch

die Beteuerungen der Behörde nichts, es sei alles nur halb so schlimm.

Auch an den damals regierenden Sozialdemokraten ging die Diskussion über die unabwägbaren Risiken der atomaren Energieversorgung nicht spurlos vorbei. Schnell wurde ein Umweltministerium gebildet, das jedoch mit dem Energieressort zusammengelegt wurde. Fortan versuchte Birgitta Dahl vergebens, die Wünsche der Industrie und der Umweltschützer unter einen Hut zu bringen. Konzepte für eine Energieversorgung nach 2010 fehlten völlig, ebenso blieb die Entsorgungsfrage weitgehend ungeklärt. Erst 1990 legte die sozialdemokratische Minderheitsregierung nach hitzigen internen Diskussionen einen Vorschlag über den vorzeitigen Ausstieg aus der Atomkraft vor. Nun sollten auf einmal die ersten beiden der insgesamt zwölf Reaktoren schon 1996/97 abgeschaltet werden. Allerdings fehlte es weiterhin an Ersatzenergieträgern, so daß auch diese Vorlage, die Schweden als erstes Atom-Ausstiegsland für kurze Zeit auf die Titelseiten vieler ausländischer Zeitungen brachte, wieder vom Tisch verschwand.

Alle Parteien betonen, daß das Ergebnis der Volksabstimmung über die Zukunft der Atomkraft verbindlich sei: Stillegung aller zwölf Reaktoren bis 2010. Wie das erreicht werden soll, ist freilich unklar. Alternative Energieträger sind weiterhin Mangelware. Zwar gibt es an der südschwedischen Ostseeküste mehrere Pilotprojekte mit großen Windkraftanlagen, doch der hohe schwedische Energiebedarf kann damit nicht gedeckt werden. Ein Großteil der Einfamilienhäuser wird noch immer mit Strom beheizt, da in den siebziger Jahren die Installation von elektrischen Heizungen steuerbegünstigt war. Auch der Bau von großen Wasserkraftwerken im Norden des Landes erwies sich als schwieriges Unterfangen. Schwedische und norwegische Umweltschützer haben bislang das Aufstauen einiger reißender Flüsse verhindert. Die Begründung für die Ablehnung: Durch die Errichtung von Staudämmen würde die einzigartige Wildmark in Nordeuropa zerstört werden. Da die Sonnenenergie im hohen Norden keine echte Alternative bilden kann, blieb es bisher bei Kohlekraftwerken.

Unter Kontrolle

Die schwedischen Umweltschützer, obwohl im Parlament nicht vertreten, sind keinesfalls ohne Macht. Im Gegenteil: die jüngste Vergangenheit hat gezeigt, daß sie ihren Einfluß auf Politik und Wirtschaft, aber auch auf den Verbraucher deutlich vergrößern konnten. Die größte Organisation, die angesehene Naturskyddsföreningen (Naturschutzvereinigung), startete zum Jahreswechsel 1991/92 eine großangelegte Kampagne gegen das meistverkaufte Waschmittel in Schweden. Die Aktion bekam eine ungewöhnlich große Publizität, der multinationale Waschmittelkonzern drohte und sprach von wettbewerbsschädigendem Verhalten – und änderte schließlich die chemische Zusammensetzung des Produkts. Das Beispiel steht stellvertretend für eine Reihe ähnlicher Aktionen und macht deutlich, wie und wo Umweltorganisationen wie Greenpeace, WWF oder Jordens vänner (Freunde der Erde) ihr Betätigungsfeld gefunden haben.

Der schwedische Normalverbraucher agiert von sich aus höchst selten. Zu oft ist ihm eingetrichtert worden, daß Schweden in Sachen Umweltschutz weltweit führend ist. Mit dem Umweltbewußtsein ist es also nicht weit her. Das zeigen unter anderem der ständig steigende Verkauf von Einweg-Kunststoffflaschen und der rekordhohe Stromverbrauch. Sobald allerdings Konsumentverket, die Verbraucherbehörde, die Öffentlichkeit zu Verhaltensänderungen auffordert, wird der Aufruf brav befolgt.

Wird ein Umweltproblem erst einmal öffentlich diskutiert, dann wird es meist im Eiltempo in Angriff genommen. Die Debatte über Katalysatoren startete beispielsweise erst anderthalb Jahre später als in Deutschland. Doch bereits seit 1989 gibt es in Schweden eine Katalysatorpflicht für alle neuen Autos. Weitere Beispiele sind ein generelles Asbestverbot, die strengen Verordnungen bezüglich der Bildschirmstrahlung oder die Gesetze zum Schutz der passiven Raucher: In öffentlichen Gebäuden, bei Inlandsflügen und selbst als Taxigast muß sich der Nikotinsüchtige in Enthaltsamkeit üben. Und am Arbeitsplatz braucht sich nur ein Kollege durch den Qualm gestört zu fühlen, schon wird der in nahezu jedem Betrieb eingesetzte Umweltbeauftragte ein generelles Rauchverbot erlassen.

Die Oberaufsicht über die Einhaltung der strengen schwedischen Umweltgesetze obliegt der Naturschutzbehörde (naturvårdsverket) in Norrköping. Dort arbeiten mehrere hundert Beamte, doch wie so oft ersetzt Quantität nicht Qualität. Umweltschützer werfen der Behörde Laschheit, mitunter sogar Blindheit

bei der Kontrolle vor. Die Groß-
industrie findet immer wieder
Lücken, um die Verordnungen zu
umgehen. Oft müssen die Umweltschützer auf Mißstände aufmerksam
machen und den Beamtenapparat in
Norrköping in Bewegung bringen.

Große Probleme hat man bis
heute mit der wichtigsten Export-
branche, der papierverarbeitenden
Industrie. Sie hat sich zwar in den
vergangenen Jahren den härteren
Umweltgesetzen anpassen müssen,
doch alle gesteckten Ziele sind noch
längst nicht erreicht. Die Seen und
Flüsse in Nordschweden, aber auch
die Ostsee sind noch immer Auf-
fangbecken für organische Chlorver-
bindungen, die beim Bleichen des
Papiers entstehen. Die Naturschutzbehörde hat in ihrem Meeresaktions-
tionsprogramm 1988 festgeschrieben, daß bis zum Jahr 2000 die Chlo-
remissionen um 12 000 Tonnen auf
2000 Tonnen pro Jahr reduziert werden müssen, «eine harte Nuß», wie
ein Vertreter von SCA, einem der
größten schwedischen Papierherstel-
ler, meint. Bislang jedoch hat die Industrie – sobald die Verordnung des
Gesetzgebers da war – die Umstellung noch immer geschafft.

Bei weitem nicht aller Dreck
kommt aus dem eigenen Land.
Großbritannien und Deutschland
sind neben den osteuropäischen
Nachbarn die Hauptverursacher für
die Versauerung schwedischer Seen.
Neunzig Prozent des über Schweden
niedergehenden Schwefels stammen
aus dem Ausland. Die schwedische
Umweltschutzbehörde kalkt deshalb
seit Anfang der achtziger Jahre regelmäßig Seen und Wälder, doch
viel geholfen hat es nicht: Ungefähr
ein Fünftel der rund 100 000 Seen
hat bereits schweren Schaden erlit-
ten.

Die grenzüberschreitenden Ver-
schmutzungen waren denn auch
1990 Anlaß für eine von der schwedischen Regierung einberufene Ost-
seekonferenz. Sie sollte eine engere
Kooperation der Anrainerstaaten
beim Umweltschutz bewirken. Bislang allerdings haben die Ergebnisse dieses und vieler Folgetreffen
nicht den gewünschten Erfolg gebracht.

Greenpeace-Aktion gegen papierverarbeitende Industrie

Ein Recht für jedermann

Reisende in Schweden merken von den Umweltproblemen nicht viel, denn der Dreck «verteilt sich». Das Land präsentiert sich sauber, und im europäischen Vergleich ist es das sicherlich auch.

Damit alle eine saubere Natur genießen können, gibt es in Schweden das «allemansrätt», das Jeder-mannsrecht. Für die meisten Schweden ist der Umgang mit diesem Gewohnheitsrecht kein Problem. Dagegen ist besonders während der Reisezeit im Sommer in der Lokalpresse häufig von «rücksichtslosen Touristen aus Dänemark und Deutschland» zu lesen, die glauben, jedes Stückchen Natur erkunden zu dürfen, und dabei oft gegen die Spielregeln verstoßen. Daran ist

Tempo scharf unter Kontrolle

auch die schwedische Fremdenverkehrswerbung schuld: Zu eifrig hat man in der Vergangenheit die Kunde vom Jedermannsrecht verbreitet, ohne deutlich auf die Einschränkungen und Pflichten hinzuweisen, die es zu beachten gilt.

Aufmerksamkeit ist auch im Straßenverkehr geboten. Um die Schadstoffemissionen und die Zahl der Verkehrstoten nicht noch weiter in die Höhe schnellen zu lassen, beschloß die Regierung nach jahrelangen Diskussionen, die «freie Fahrt für freie Bürger» kräftig einzuschränken. Mit dem Höchsttempo 90 auf Landstraßen gab es kaum Probleme. Als jedoch im Sommer 1989 die bis dahin geltende Höchstgeschwindigkeit auf Autobahnen von 110 Stundenkilometern ebenfalls auf 90 gesenkt wurde, brach ein mittlerer Aufstand los. Angeführt von der Polizei, die eine Kontrolle der neuen Regelung wegen Perso

nalmangel für unmöglich hielt und den «allgemeinen Verfall der Verkehrsmoral» prophezeite, gingen Berufskraftfahrer und Automobilclubs die verantwortlichen Politiker an. Viele Autofahrer behaupteten, sie würden auf den schnurgeraden, nicht enden wollenden Autobahnen und Schnellstraßen Richtung Norden «aus Langeweile» am Steuer einnicken. Daß die wunderschöne Landschaft nur bei Tempo 90 zu genießen sei, nahmen die Schweden den Werbetextern des Verkehrsministeriums einfach nicht ab. Der Tempo-90-Versuch auf Autobahnen wurde dann auch nur einen Sommer durchgehalten, auf den Autobahnen um die Großstädte Malmö, Göteborg und Stockholm blieb er noch bis 1992 bestehen. Und die Polizei behielt Recht: Die Akzeptanz der nun geltenden Geschwindigkeitsbegrenzungen ist hoch, während sich so gut wie nie

40

mand an Tempo 90 auf Autobahnen hielt. Inzwischen wird wieder scharf kontrolliert: Dreißig Stundenkilometer mehr, als die Polizei erlaubt, und der Führerschein ist sofort weg.

Lex Lindgren

Zum 80. Geburtstag der großen alten Dame der Kinderliteratur, Astrid Lindgren, die sich in Schweden auch einen Namen als Tierschützerin erworben hat, machte die Regierung ihr 1987 ein Geschenk: ein neues Tierschutzgesetz. Als «Lex Lindgren» wurde es zunächst gefeiert, doch das Geburtstagskind selbst war von Anfang an skeptisch. Zwar sollen, folgt man den Buchstaben des Gesetzestextes, unter anderem alle Kühe aus den Ställen hinaus auf die Weide gebracht, die Legebatterien für Hühner abgeschafft und das Kupieren von Hundeschwänzen verboten werden. Doch das Gesetz sieht eine Übergangsphase von zehn Jahren vor, außerdem gibt es eine Reihe Schlupflöcher.

Drei Jahre später zog die Mutter von Pippi, Emil, Ronja und Karlsson Bilanz. Ihr Buch «Meine Kuh will es besser haben» ist eine kritische Abrechnung, aber auch der erneute Versuch, die Öffentlichkeit zu mobilisieren. «Warum», so fragte die weltberühmte Autorin, «warum hocken unsere Kühe immer noch völlig vom eigenen Kot verschmutzt in viel zu engen Ställen, in denen sie nur beißende Luft einatmen können?» Frische Luft und grüne Weiden – das bleibt den Kühen in Astrid Lindgrens Büchern vorbehalten. «Unsere Tiere sind doch lebende Geschöpfe, die Schmerz und Angst genauso wie wir Menschen empfinden.»

Als die «Lex Lindgren» eingeführt wurde, glaubten noch viele an einen Durchbruch im Tierschutz. Heute ist man klüger: Die vielen Ausnahmeregelungen haben dazu beigetragen, daß in Großschlachtereien weiterhin 180 Tiere in der Stunde ohne Betäubung getötet werden, daß man weiterhin die verschreckten Tiere die letzten Meter bis zum endgültigen Aus mit Elektroschocks treibt, daß Hühner immer noch zusammengepfercht in «Eierfabriken» hocken. Und wenn selbst die 130 Kühe auf Gut Harpsund, dem offiziellen Feriendomizil des schwedischen Regierungschefs, nicht im Freien weiden können, kann etwas mit dem Gesetz nicht stimmen.

Immerhin aber hat die «Lex Lindgren» in Schweden zu einer großen Debatte geführt. Und das ist ein Erfolg für Astrid Lindgren, auch wenn sie sich ihr Geburtstagsgeschenk etwas anders vorgestellt hatte.

Bei allen Einschränkungen ist Schweden im Umwelt- und Naturschutz seinen europäischen Nachbarn immer noch ein gutes Stück voraus. Wo selbst der Chef des Volvo-Konzerns «autofreie Innenstädte» fordert, wo schneller als üblich auf neue wissenschaftliche Ergebnisse eingegangen wird, wo die Auseinandersetzung über unsere konsumorientierte Art zu leben sachlich geführt wird, da ist eine raschere Umsetzung umweltpolitischer Maßnahmen möglich. Schweden kann in Sachen Umweltschutz schon Vorbild für viele andere Länder sein, ein Modellfall ist es damit aber noch nicht.

eder achte Schwede ist Einwanderer oder das Kind eines Immigranten. Nachdem im 19. Jahrhundert etwa ein Fünftel der schwedischen Bevölkerung wegen Hunger nach Nordamerika ausgewandert war, hatte sich die Richtung insbesondere nach dem Zweiten Weltkrieg umgekehrt. Die Annahme, daß sich Schweden mit dieser geschichtlichen Erfahrung zu einem vorbildlichen Gastgeberland für Ausländer und Flüchtlinge entwickelt hat, ist vollkommen richtig

und völlig falsch. Das Verhältnis zum Fremden ist extrem, das Land im hohen Norden verfügt über dunkle Kapitel und Vorzeigegesetze zugleich.

J wie Jude

Eine pechschwarze Phase schwedischer Einwanderungspolitik waren die dreißiger Jahre: Bis 1941 wurden Juden, die vor den Nazis flüchteten, nicht als politische Flüchtlinge anerkannt. Viele von ihnen

Schweden
FLÜCHTLINGE
und die
UND
Fremden
EINWANDERER

schickte man zurück, doch damit nicht genug: «Die Schweden bauten eine Zusammenarbeit mit den deutschen Behörden auf, damit jüdische Asylsuchende leichter identifiziert und zurückgeschickt werden konnten – versehen mit einem großen ‹J› im Paß», hielt 1990 der staatliche Beauftragte gegen ethnische Diskriminierung, Peter Nobel, fest. Selbst die eingebürgerten schwedischen Juden machten sich damals nicht besonders stark für die semitischen Verfolgten aus Europa, nur dank der Zivilcourage von Einzelpersonen gelangten doch viele jüdische Flüchtlinge über Dänemark ins Land. Erst gegen Ende des Krieges, als die Nazi-Greuel nicht länger verdrängt werden konnten, wurden die Einreisebedingungen etwas gelockert. Ab Juli 1944 rettete Raoul Wallenberg in Budapest vermutlich Zehntausende von Juden mit schwedischen Schutzpässen vor der Deportation in die KZs, doch geschah dies eher durch den persönlichen Einsatz des

43

jungen Legationsrates als durch die Hilfe aus Stockholm.

Knüppel wurden bei der Einreise nach Schweden allen zwischen die Beine geworfen, die den Deutschen nicht paßten. Als Bertolt Brecht 1939 zusammen mit Helene Weigel aus dem dänischen Exil nach Schweden weiterfliehen wollte, verlangten die Behörden eine sechsmonatige dänische Aufenthaltsgenehmigung – obwohl sie genau wußten, daß im Nachbarland nur entsprechende Dokumente für drei Monate ausgestellt wurden. Auch Brecht kam allein durch das Engagement von Freunden nach Schweden, von wo aus er nach einem Jahr schon über Finnland in die USA weiterzog. Trotz der schwierigen Einreise kamen viele Persönlichkeiten aus Kultur und Politik ins nicht kriegführende Schweden: Hilde Rubinstein, Nelly Sachs, Kurt Tucholsky, Peter Weiß, Willy Brandt, Bruno Kreisky und Herbert Wehner sind nur einige von ihnen. Insgesamt 200 000 Flüchtlinge suchten während des Zweiten Weltkrieges Unterschlupf in Schweden, überwiegend Finnen, Norweger und Dänen.

Dazugelernt hatte die schwedische Regierung auch nach den Kriegsjahren nicht. Die sogenannte «Baltenauslieferung» 1946 bezeichnete 46 Jahre später sogar Oberbefehlshaber Bengt Gustafsson als Fehltritt und meinte, die schwedischen Soldaten hätten damals den Befehl verweigern sollen, die Flüchtlinge aus dem Land zu jagen. Der Hintergrund: im Strom fliehender Balten befanden sich etwa 160, die eine deutsche Uniform trugen. Das war der großen Koalition 1945 Grund genug, dem Begehren der Sowjetunion auf Auslieferung zuzustimmen. Ohne eingehende Prüfung

und ohne Rücksicht darauf, daß viele von ihnen durch Zwangsmobilisierung zu «deutschen» Soldaten geworden waren, setzte die sozialdemokratische Regierung einige Monate später diese Zusage in die Tat um. Trotz Hungerstreik und Selbstmorden einiger baltischer Flüchtlinge, trotz heftiger Kritik in der Öffentlichkeit schickte das «neutrale» Schweden die Balten einem ungewissen Schicksal entgegen.

Nordische Umzugsgarantie

1954 kam Bewegung in den Grenzbetrieb: Der Nordische Rat faßte einen seiner wenigen konkreten Beschlüsse und führte die Regelung ein, daß sich Schweden, Finnen, Dänen, Norweger und Isländer frei und ohne Paßkontrolle in den nordischen Ländern bewegen sowie dort wohnen und arbeiten dürfen, wo es ihnen paßt. Arbeitskräfte wurden in Jugoslawien, Griechenland und der Türkei angeworben, doch die größte Immigrantengruppe bildeten bis Ende der sechziger Jahre die Finnen, die zeitweise zwei Drittel der Einwanderer in Schweden stellten. Noch heute sind sie mit etwa 130 000 Personen die größte Ausländer-Gruppe. Mittlerweile hat man die sozialen Probleme fast vergessen, die in den fünfziger und sechziger Jahren selbst Einwanderer eines schwedischen «Brudervolkes» hatten. Schwedinnen, die einen Finnen heiraten wollten, bekamen oft Ärger mit den Eltern, denn die östlichen Nachbarn hatten die miesen Jobs und bald den Ruf weg, mit Messern und Wodka das friedliche schwedische Leben zu stören. Viele Kinder aus finnischen Familien wurden in der Schule immer wieder als «Finnen-Teufel» bezeichnet – ein

Schimpfwort, das noch heute oft zu hören ist, mittlerweile aber meist im Spaß. Erst die Flüchtlinge aus Iran und Chile nahmen den finnischen Einwanderern in den Siebzigern langsam die Sündenbockrolle ab.

Rechte für Ausländer

Die einwanderungspolitische Wende kam 1967. Der freie Zuzug von Arbeitskräften wurde gestoppt und per Gesetz geregelt: Seither braucht jeder Ausländer – ausgenommen die aus nordischen Staaten – eine Arbeitserlaubnis, wenn er in Schweden eine Beschäftigung sucht. Diese Genehmigungen wurden ohne familiäre Bindung so gut wie gar nicht erteilt, und so beschränkte sich die Einwanderung in den kommenden Jahren auf Asylsuchende, vornehmlich aus Eritrea, Chile und Iran.

Äthiopien war das erste Land, das von Schweden mit Entwicklungshilfe unterstützt wurde. Schon in den dreißiger Jahren organisierten Schweden den Bau von Schulen und Krankenhäusern im fernen Afrika. Schweden war für die Menschen aus Eritrea also ein Begriff, und es gab einige Verbindungen, auf die Flüchtlinge zurückgreifen konnten. Die chilenisch-schwedischen Kontakte entstammen vor allem dem außenpolitischen Engagement von Olof Palme: Er verstand Salvador Allende als Reformsozialisten und verurteilte Pinochets Putsch 1973 aufs schärfste. Schon früh hatte sich in Schweden ein Chile-Komitee gebildet, und an den Ereignissen in Südamerika waren nicht nur die Studenten interessiert. Über diese Kanäle wurde Schweden für die unterdrückten Linken in Chile zu einem Fluchtland.

Der damalige Ministerpräsident Palme spielte bei den Friedensbemühungen im Nahen Osten immer eine wichtige Rolle, und diese Kontakte erklären, warum schon vor dem Schah-Sturz Hunderte von Iranern vor allem in Stockholm und Uppsala studierten.

Bis 1989 unterschied man in Schweden drei Gruppen von Asylberechtigten: Die «Konventionsflüchtlinge», das heißt die Menschen, die entsprechend der Genfer Konvention aus 1951 aus politischen Gründen fliehen mußten. Außerdem gewährte man «De facto-Flüchtlingen» Unterschlupf, die in ihrem Heimatland zwar keiner direkten politischen Verfolgung ausgesetzt sind, trotzdem aber nicht dorthin zurückkehren können. Schließlich war Schweden das einzige Land der Welt, das Kriegsdienstverweigerern Asyl gewährte. Seit 1969 nahm die schwedische Regierung in der Bundesrepublik stationierte GI's auf, die nicht in den Vietnam-Krieg ziehen wollten. Für portugiesische Soldaten, die dem Kolonialkrieg in Afrika den Rücken kehrten, galt dieses Gesetz ebenso wie für iranische Flüchtlinge, die sich dem Krieg mit Irak verweigerten.

Mit der Begründung «außerordentlich hoher Zahlen von Asylbewerbern» setzte die sozialdemokratische Regierung im Dezember 1989 dem dreibeinigen Asyl-Modell ein Ende – «vorläufig», wie es hieß. Für diese radikale Wende mußten Bulgaren türkischer Abstammung herhalten, die in Schweden eine zweite Heimat suchten. Zu Hause herrschte zwar kein Krieg, aber sicher waren sie dort nicht. Eigentlich hätte man sie als «De-facto-Flüchtlinge» aufnehmen müssen, doch die Regierung schob viele von ihnen ab und sanktionierte diese Maßnahme mit einem neuen Gesetz: Danach erhalten nur noch Flüchtlinge entsprechend der Genfer Konvention Asyl und Menschen, bei denen ein «starkes Schutzbedürfnis» nachzuweisen ist. Kriegsdienstverweigerer etwa finden seither in Schweden keinen Unterschlupf mehr. Das hatten die Grünen in Deutschland noch nicht mitbekommen, als sie im Kuwait-Krieg amerikanischen Soldaten in deutschen Kasernen empfohlen hatten, nach Schweden zu desertieren. Die schwedische Regierung reagierte schnell und erklärte, daß Verweigerer im Normalfall nicht mit Asyl rechnen könnten.

Anfang der neunziger Jahre, als sich die Arbeitslosenzahlen innerhalb kürzester Zeit verdoppelten, führte das zu Tendenzen, die vorher in Schweden als unmöglich galten: In der Normalbevölkerung wurden ausländerfeindliche Argumente offen ausgesprochen, Neonazi-Gruppen verschafften sich lautstark Gehör, Anschläge auf Asylantenheime und Menschen, die nichtschwedisch aussahen, schockierten die Öffentlichkeit. Das Klima verschärfte sich, und die rechtspopulistische Partei «Neue Demokratie» nutzte die Gelegenheit, um bereits wenige Monate nach ihrer Gründung ins Parlament einzuziehen. In Sachen Ausländerfeindlichkeit hatte sich Schweden erstaunlich schnell dem übrigen Europa angepaßt, und die als «vorläufig» bezeichnete Gesetzesänderung wurde permanent festgeschrieben.

Die «Empfangszeremonie» an den Grenzen ist schon seit langem rauh: Polizeibeamte dürfen Personen direkt zurückweisen, die ohne Paß oder Ausweispapiere einreisen

wollen. Allein der Verdacht genügt, der Einreisende könnte kriminelle Handlungen begehen, um den Schlagbaum unten zu lassen. Bei Asylsuchenden darf solch eine Entscheidung allerdings nur die staatliche Einwanderungsbehörde treffen. Wer die Grenzhürde überwindet, muß zwar oft extrem lange auf die Bearbeitung der Anträge warten, doch der Großteil der Asylsuchenden darf bleiben, und eine Reihe von Gesetzen fördert ihre schnelle Eingliederung.

Schon in den sechziger Jahren führte man den kostenlosen Schwedischunterricht für Einwanderer ein.

Hohe Hürden für Einwanderer

Seit 1972 sind Arbeitgeber verpflichtet, ausländischen Angestellten mit mangelhaften Schwedischkenntnissen 240 bezahlte Arbeitsstunden im Jahr für Sprachunterricht zur Verfügung zu stellen. Kinder aus Immigrantenfamilien haben an den Schulen das Recht, Extrastunden in ihrer Muttersprache zu bekommen.

1976 war Schweden das erste Land in Westeuropa, das ein aktives und passives Ausländer-Wahlrecht einführte. Die Einwanderer müssen mindestens drei Jahre in Schweden gelebt und das achtzehnte Lebensjahr erreicht haben, um ihre Stimme bei lokalen und regionalen Wahlen abgeben zu dürfen. Die Reichstagswahlen sind weiterhin nur Personen mit schwedischem Paß vorbehalten, wobei es im Normalfall reine Formsache ist, nach fünf Jahren permanentem Aufenthalt die schwedische Staatsbürgerschaft zu erhalten.

Seit Juli 1986 gibt es einen vom Staat eingesetzten Ombudsmann gegen ethnische Diskriminierung, dessen Aufgabe es ist, der Benachteiligung von Ausländern am Arbeitsplatz und anderswo entgegenzuwirken. Vier Jahre später wurde ein Gesetz gegen ethnische Diskriminierung verabschiedet.

47

Leben
STADT
wie in
UND
Bullerbü
LAND

Wer kennt sie nicht, die kleinen, roten Häuschen mit den weißen Fenstern und Türen, aus denen jederzeit Pippi, Karlsson, Ronja und die anderen schauen könnten? Dieses Schweden wie im Bilderbuch gibt es immer noch, und das nicht nur an wenigen, den Eingeweihten vorbehaltenen Plätzen. Eine Fahrt auf der E 4 von Süden ins Land wird das bestätigen. Im Småland irgendwo, in Markeryd oder Gnosjö, ab von der Hauptstraße – und schon darf man eintauchen in die Märchenwelt.

449 964 Quadratkilometer ist das Land groß, 1574 Kilometer lang, 500 Kilometer breit – die nackten Zahlen mögen ein Gefühl für die Weite Schwedens geben. Von Stockholm nach Kiruna ist es weiter als von Hamburg in die schwedische Hauptstadt. Achtzig Prozent der Bevölkerung lebt im südlichen Teil des Landes, der Rest verteilt sich auf Mittel- und Nordschweden – ein dramatisches Nord-Süd-Gefälle. In der Region Stockholm leben etwa 1,5 Millionen Menschen, ungefähr ein Fünftel der Gesamtbevölkerung

48

(rund 8,5 Millionen). Göteborg und Malmö haben zusammen noch einmal etwa 1,5 Millionen Einwohner, so daß sich mehr als ein Drittel der schwedischen Bevölkerung auf die drei größten Städte des Landes verteilt.

Die Zentralisierung der Macht hat schon früh die Menschen aus dem hohen Norden in südlichere Regionen gezwungen. Das extrem dünnbesiedelte Nordschweden konnte selbst den wenigen Einwohnern keine ausreichenden Arbeitsplätze bieten, es fehlte an Schulen, Krankenhäusern und Verkehrswegen. Die Großstädte lockten mit alledem, und so setzte sich ein bis in die Gegenwart anhaltender Strom von Arbeitssuchenden Richtung Süden in Bewegung. Die Politiker reden zwar seit Jahren von enormen Investitionen im Norden des Landes, getan haben sie bislang aber wenig.

Wirtschaftlich hat der Norden eigentlich einiges zu bieten. Neben den bedeutenden Eisenerzgruben in Kiruna, nördlich des Polarkreises, spielen die Forstwirtschaft und damit die Papierindustrie sowie die Rentierzucht eine große Rolle. In diesen Bereichen arbeiten auch heute noch die meisten «Nordländer». Außerdem wurden – um ein Zeichen zu setzen – einige kleinere Behörden von Stockholm nach Umeå, Luleå und Kiruna ausgelagert. Dennoch ziehen vor allem die Jüngeren gen Süden. Das gilt auch für die Sami (die Bezeichnung «Lappen» sollte man unbedingt vermeiden, da die Volksgruppe selbst diesen Namen als Beleidigung empfindet): Die größte Gruppe der Sami lebt heute in der Hauptstadt Stockholm und nicht etwa in den Weiten Norrlands.

Kulturschock – die Ureinwohner

Die Sami, die im Norden geblieben sind, leben nicht nur von der Rentierzucht. Von den etwa 15 000 bis 17 000, die in Schweden beheimatet sind, haben nur noch rund 2500 mit den Herden zu tun. Auch bei den norwegischen, finnischen und sowjetischen Sami sinkt der Anteil der Rentierzüchter ständig, da die Lebensweise sich immer stärker an die Mehrheitenkultur assimiliert.

Die Herkunft der Sami ist bis heute nicht ganz geklärt. Vermutlich sind sie in vorchristlicher Zeit aus dem eurasischen Raum über Finnland nach Schweden und Norwegen gekommen. Es waren Nomaden, die von der Jagd und Fischerei lebten und sich über die gesamte Nordkalotte ansiedelten. Später versuchten die Sami mit Erfolg, wild lebende Rentiere einzufangen und zu zähmen. So entstand die Kultur der bunt gekleideten, fast exotisch anmutenden Ureinwohner Schwedens, an der die rentierzüchtende Minderheit noch immer festhält.

Der schwedische Staat hat bis heute nicht das Besitzrecht der Sami an ihrem Land anerkannt, obwohl sie die ursprünglichen Bewohner der nördlichen Gebiete waren. Selbst der Oberste Gerichtshof bestätigte 1981 den Erstbesitz der Sami: Der Staat habe sich sehr viel später das Land dieser ethnischen Minorität angeeignet, räumten die Richter nach einem fast fünfzehn Jahre dauernden Prozeß ein. Geändert hat dieses Urteil jedoch nichts: Noch immer haben die Sami nur ein Nutzungsrecht, der Staat kann über «seinen» Grundbesitz frei entscheiden. Ob ein Kraftwerk in Nordschweden auf bisherigem Weideland gebaut wird, ob Flüsse gestaut oder ein Wald gerodet wird – das ist Sache der Stockholmer Regierung.

In der schwedischen Gesellschaft wurde die Minorität lange offen diskriminiert. Ihre Lebensart, Kultur und Sprache unterschied sich stark vom übrigen Schweden. Viele Sami gaben ihren Widerstand gegen eine «Einverleibung» in die schwedische Kultur auf, zum Teil leugneten sie sogar ihre Herkunft, um sich vor Repressalien zu schützen. Ein kleiner Teil jedoch wählte die Abgrenzung, die in die Isolation führte. Erst mit Beginn der sechziger Jahre veränderte sich allmählich die Einstellung gegenüber den Sami. Kommissionen wurden eingesetzt, um Maßnahmen zum Minderheitenschutz auszuarbeiten. Schweden, das sich innerhalb der Vereinten Nationen durch Vermittlerdienste bei Konflikten, beispielsweise im Iran-Irak-Krieg, und durch humanitäre Einsätze hervorgetan hatte, konnte sich nicht erlauben, im eigenen Land den Minoritätenschutz zu vernachlässigen.

Auch die Sami selbst entwickelten mehr und mehr Selbstvertrauen. Sie intensivierten ihre Kontakte zu den verwandten Volksgruppen in Norwegen, Finnland und der Sowjetunion, versuchten stärker als früher auf ihre besonderen Probleme hinzuweisen und arbeiteten aktiv im Weltrat der eingeborenen nationalen Minderheiten mit. Im Kampf um ihre Identität haben sie zumindest einen Teilerfolg errungen: In den Schulen der Sami wird wieder Samisch als erste Unterrichtssprache gelehrt. Der Staat betreibt sogar noch acht Nomadenschulen für die wenigen, mit ihren Rentieren umherziehenden Ureinwohner. Darüber hinaus ist ein Muttersprachenprogramm realisiert worden, das auch den Kindern, die keine samische Schule besuchen können, das Erlernen ihrer ursprünglichen Sprache ermöglicht.

Wer heute seinen Schwedenurlaub in den Norden des Landes verlegt, wird kaum an den Überresten der Sami-Kultur vorbeikommen: ob Rentierfleisch im Restaurant, Kunsthandwerk in einem der Souvenirläden oder Ausstellungen, die Same-Ätnam, die kulturelle Vereinigung der Sami, organisiert, damit die alten Traditionen nicht ganz vergessen werden. Neben der Rentierzucht ist gerade das Kunsthandwerk für viele Sami wirtschaftlich wichtig. Doch als sich zeigte, daß mit den typisch geschwungenen Messern, den Lederstiefeln mit hochgebogenem Schnabel und diversen Schmuckgegenständen, Lederwaren oder Trachten Geld zu machen war, stiegen auch Produzenten in das Geschäft ein, die mit der Sami-Kultur überhaupt nichts zu tun haben. Auf Nummer Sicher geht der interessierte Tourist, wenn er direkt bei

den Sami kauft: In Kiruna oder Jokkmokk und selbst in Stockholm betreiben sie eigene Läden.

Die Zeit, in der die rentierzüchtenden Sami in bunten Trachten mit Hundeschlitten ihre Herden hinauf in die Weidegebiete der nordschwedischen Berge begleiteten, sind vorbei. Längst haben Schnee-Scooter die Schlitten ersetzt, mit dem Hubschrauber geht es in die abgelegensten Gebiete, und die Buchführung wird am PC erledigt. Gleichwohl halten viele Sami an ihren Traditionen fest: Nach einem arbeitsreichen Tag während des Rentierschlachtens im Herbst wird der Joik angestimmt, ein einförmiger Sprechgesang, der für mitteleuropäische Ohren wirklich exotisch klingt. Die Joiks erzählen von spannenden Abenteuern bei der Bären- oder Elchjagd.

Die Rentierschlachtung ist die arbeitsintensivste Zeit eines Züchters. Die Herde wird mit Hilfe von Schnee-Scootern in eine Art Reuse getrieben, aus der es kein Entrinnen gibt: Mit geschicktem Lassowurf wird Tier für Tier eingefangen und durch einen Bolzenschuß in den Kopf getötet. Das Fleisch mit dem zarten Wildgeschmack ist eine Delikatesse, die es frisch hauptsächlich im Norden, tiefgekühlt jedoch im ganzen Lande gibt.

Ob die Rentierzucht überleben kann, hängt nicht zuletzt von der Regierung in Stockholm ab. Mehr und mehr Weidegebiete werden abgeholzt, die Sami müssen mit ihren Herden in immer höhere Gebirgslagen ziehen, wo die Tiere noch ihre Grundnahrung, die Flechten finden. Als 1986 der Reaktor in Tschernobyl in Brand geriet und große Mengen Radioaktivität über Mittelschweden niedergingen, glaubten

Bedrohte Existenzgrundlage: die Rentierzucht der Sami

viele, das Ende der Rentierzucht sei gekommen. Die radioaktiven Partikel setzten sich vor allem in den für die Rentiere so wichtigen Flechten fest. Innerhalb weniger Wochen überstieg die radioaktive Belastung im Fleisch der Tiere den von der schwedischen Strahlenschutzbehörde festgesetzten Grenzwert von 1500 Becquerel per Kilo um ein Vielfaches. Zehntausende Rentiere wurden notgeschlachtet und vergraben. Noch heute sorgen immer wieder Meldungen über zu hohe Radioaktivität in Rentieren, Süßwasserfischen oder Pilzen für Aufmerksamkeit. Die Sami erhielten Entschädigungen vom Staat, doch damit war das Problem nicht aus der Welt. In den Cearru in Lappland, den Sami-dörfern, diskutierte man ernsthaft das Angebot einiger kanadischer Rentierzüchter, mit den Herden nach Nordkanada auszuwandern.

Die große Reise hat niemand unternommen, doch Tschernobyl wirkt weiter: Nicht zuletzt, weil die Verbraucher den beschwichtigenden Appellen der schwedischen Strahlenschutzbehörde nicht mehr glauben, ist das Rentierfleisch weit schwieriger zu verkaufen als früher.

Den Großstädtern sind die Probleme der Urbevölkerung kaum bekannt. Die Presse behandelt das Thema selten, und die Sendungen des Schwedischen Rundfunks in samisch kann außer dieser Volksgruppe niemand verstehen.

Rollende Versorgung

Entfernungen sind in Schweden im allgemeinen kein Thema. Damit es nicht sofort auffällt, daß man knapp südlich des Polarkreises wohnt, hat man gleich zehn Kilometer zu einer Meile, mil, zusammengefaßt. Es ist

keine Seltenheit, daß jemand über hundert Kilometer zum Arbeitsplatz fährt – täglich. Wer nicht in den Ballungszentren lebt, muß lange Strecken auf sich nehmen.

Bestimmte Dienstleistungen sind den dünnbesiedelten Gebieten – und das ist der überwiegende Teil Schwedens – angepaßt: Einmal die Woche fährt ein Bücherbus durch die weit verstreute Gemeinde. In der rollenden Bibliothek findet sich alles, was junge und erwachsene Leseratten wünschen. Wer Bares braucht, wartet auf den Bankbus, kleinere Wehwehchen werden im Arztbus kuriert. Der Postbote fährt in einem speziellen PKW, mit Lenkrad auf der rechten Seite, einmal am Tag seine Route ab, nicht selten mehrere hundert Kilometer. An den Stichstraßen zu kleineren Siedlungen stehen die Briefkästen. Kurz bremsen, Fenster runter, und – zack

– sind die Briefe drin. Der Landbriefträger nimmt auch bereitgelegte Post mit. In den Schären vor Göteborg und Stockholm ersetzt ein Helikopter das gelbe Postauto, damit die mehreren tausend ständigen Bewohner täglich ihre Zeitung oder Post bekommen. Hochprozentiges ist den Schweden recht wichtig, doch nicht jedes Dorf hat seinen eigenen Alkoholladen. Deshalb gilt dafür das gleiche Rezept wie bei der Arzneimittelversorgung: Man bestellt am Bahnhofskiosk oder im ICA-Laden, und einen Tag später ist die ersehnte Medizin für Geist und Körper da!

Hilfsbereitschaft und Freundlichkeit gegenüber Fremden – die gibt es auf dem Lande. In der Stadt erstickt die allgemeine Hektik oftmals das Interesse an anderen. Es geht unpersönlich zu, selbst Nachbarn grüßen sich kaum. Den Stockholmern hat dieses großstädtische Verhalten den Beinamen «Noll Åttorna», die Null-Achter, eingetragen, in Anlehnung an die Stockholmer Vorwahl 08. Die Null-Achter zählen nicht zu den Beliebtesten im Lande, vor allem auf dem Lande nicht. «Die aus der Metropole sind ganz einfach arrogant, halten sich für etwas Besseres», ist der typische Kommentar eines Bauern aus Östergötland. Bei dieser Beurteilung spielt sicher auch eine gute Portion Neid mit. «In der Stadt – da ist was los», und mit der Stadt ist immer die Hauptstadt gemeint. Für nahezu jeden Schweden, ob aus Norrbotten oder von der Westküste, steht mindestens einmal pro Jahr der Ausflug in die Hauptstadt auf dem Programm. Die unzähligen Reisebusse, die sich jedes Wochenende durch Stockholm quälen, sind ein Beleg dafür, die ständig ausver-

Viel Distanz zur Stadt

kauften Theater der Hauptstadt ein anderes. Die Metropole ist das politische, wirtschaftliche und kulturelle Zentrum, doch es ist auch die Stadt, in der die Politiker die Gesetze erlassen, die tausend Kilometer weiter nördlich gelten sollen, die Stadt, deren Presse das gesamte Land vesorgt. Das erzeugt zwiespältige Gefühle.

Stadtfluchten

Ein kleines Häuschen dicht am Wasser, mit Sauna, einem naturwüchsigen Garten, möglichst mit eigenem Wäldchen – diesen Traum haben sich in Schweden etwa 800 000 Menschen verwirklicht, jeder zehnte also. Fünfzig bis hundert Kilometer vom Wohnort entfernt, manchmal auch noch weiter, wird dort der Sommer genossen. Ein Blick ins Stockholmer Telefonbuch beweist: Viele Hauptstädter ziehen sämtliche drei Sommermonate, Juni, Juli und August, hinaus aufs Land. Die Kommunikation in der Abgeschiedenheit wird per Telefon und Telefax gesichert. «Sommarbostad», Sommerwohnung, heißt der entsprechende Eintrag im Telefonbuch.

Auf ihrer «Stadtflucht», die in den letzten Jahren ganze Sommerhaussiedlungen entstehen ließ, entdecken viele Großstädter zum ersten Mal, daß das, was sie bislang nur vom Hörensagen kannten, tatsächlich Wirklichkeit ist: Der Bauer, bei dem morgens noch die frische Milch geholt werden kann, die hilfsbereiten Dorfbewohner, die Hand anlegen, wenn der alte Volvo partout nicht anspringen will, oder die unvorstellbare Ruhe abends beim Angeln auf dem kleinen Binnensee. Dieses «andere» Leben vergessen die meisten nicht, nur weil der lange Sommer vorbei ist. Der

zeitlich befristete Umzug von der Stadt aufs Land läßt sich nur noch durch einen längeren Aufenthalt in den Schären steigern. Allein vor Stockholm gibt es fast 30 000 der winzigen Inseln, die meisten von ihnen sind unbewohnt. Die Schären an der schwedischen West- und Ostküste, die wir der letzten Eiszeit verdanken, sind mit nichts zu vergleichen. Diese abertausend Inselchen, die sich nördlich von Stockholm bis hinunter an die Nordspitze von Öland und an die Westküste rund um die zweitgrößte Stadt des Landes, Göteborg, erstrecken, üben eine Faszination auf den Besucher aus, von der er so schnell nicht loskommt. Die Schären – das ist die perfekte Synthese zwischen Land und Meer.

Daß auf einigen Inseln im Sommer Menschen leben, verwundert nicht. Aber im stürmischen Herbst oder klirrend kalten Winter? Über 6000 Menschen halten das ganze Jahr über aus, und die meisten der ständigen Schärenbewohner verteidigen ihr Paradies gegen alle staatlichen Versuche der Einmischung. Bislang waren sie recht erfolgreich: Ob im Kampf gegen neue Steuergesetze, die die Schärengrundstücke zu Luxuseigentum gemacht hätten, oder gegen die hemmungslose Bauwut in den siebziger Jahren – immer konnte sich die Schärenbevölkerung durchsetzen und die Inselwelt vor dem Zugriff der Großstädter retten. Ein Reservat sind die Schären allerdings nicht. In den Sommermonaten bevölkern mehrere hunderttausend Touristen und Stockholmer das Insellabyrinth. Doch trotz der 40 000 Sommerhäuser findet sich immer noch eine einsame Bucht für den, der seinen Mitmenschen nicht auch im Urlaub auf die Pelle rücken will.

Kultur und Konsum

Noch vor ein paar Jahren war eine Fahrt durch Schweden auch eine Fahrt durch eine höchst ungewöhnliche Medienlandschaft. Ein Spaziergang auf schwedischen Ätherwellen erwies sich als eine Reise durch eine verloren geglaubte Zeit: Kein Werbe-Spot störte den Hörgenuß, keine kommerzielle Station funkte dazwischen. Diese paradiesischen Zustände gehören jedoch seit Anfang der neunziger Jahre der Vergangenheit an. Schweden konnte und wollte

Weltmeister

im

Zeitunglesen

sich der «überirdischen» Mächte aus dem Weltall nicht länger erwehren. MTV, Sky und Super Channel, CNN und viele mehr ließen den Nordeuropäern via Kabel und Parabolantenne ihre bunten Bilder gratis ins Haus schneien. Das Monopol des Schwedischen Rundfunks und Fernsehens war gebrochen.

Der Sveriges Radio-Konzern betrieb bis Ende 1992 drei Hörfunkprogramme und zwei Fernsehkanäle, dazu Lokalradiostationen in ganz Schweden. Die Verantwortlichen des öffentlich-rechtlichen Kolosses waren allerdings nach dem Verlust der alleinigen Äthermacht so geschockt, daß sie den Konzern organisatorisch der neuen Konkurrenz anpaßten. Auslöser dafür war der private skandinavische Fernsehkanal TV 3, der von London aus via Satellit den Weg in dänische, norwegische und schwedische Stuben fand. Da das schwedische Mediengesetz private Anbieter im Land nicht erlaubte, war der Umweg über die Schüssel erforderlich. Eine ernsthafte Mediendebatte fand jedoch erst statt, als TV 3 die Übertragungsrechte für das Wimbledon-Tennisturnier und die Eishockey-Weltmeisterschaften dem öffentlich-rechtlichen Konzern vor der Nase wegschnappte. Als dann noch der Journalist Robert Aschberg mit frechen, zeitweise sehr engagierten und gewagten Diskussionssendungen die TV-3-Zuschauerzahlen in die Höhe schnellen ließ, war klar: Die Privaten sind auch in Schweden nicht mehr aufzuhalten.

Schon Ende der achtziger Jahre, zu Zeiten der sozialdemokratischen Regierung, zeichnete sich eine Abkehr von der bis dahin knallhart vertretenen öffentlich-rechtlichen Medienpolitik ab: Ein dritter, privat finanzierter Fernsehkanal mit Standort Schweden sollte zugelassen werden. Nach einigem Hin und Her bekam 1991 ein bis dahin recht unbekannter Anbieter die terrestrischen Frequenzen zugesprochen. Seit 1. März 1992 strahlt TV 4 sein durch Werbung finanziertes Programm aus. TV 3, das die radikale Änderung in der Medienpolitik ausgelöst hatte, ist an dem neuen Kanal beteiligt, sendet jedoch über Kabel und Satellit sein eigenes Programm weiter.

Werbung verpönt

Der Schwedische Rundfunk (Riksradion) finanziert sich weiterhin ausschließlich über die Gebühren, Werbung ist hier, wie auch im Schwedischen Fernsehen (Sveriges Television), ausdrücklich untersagt. Langeweile kommt dennoch nicht auf. Vor allem im Rundfunk haben die Programm-Macher ein Niveau erreicht, an dem sich ihre mitteleuropäischen Kollegen ein Beispiel nehmen könnten. Das Allheilmittel heißt nicht «Viel Musik und wenig Text», vielmehr gibt es neben der Musik ausführliche Wortbeiträge in einer eingängigen Mischung aus Stand-up-Comedy, Reportagen und persönlichen Ansichten. Kein Wunder, daß einer der erfolgreichsten Moderatoren in Radio-Unterhaltungsprogrammen, Pontus Enhörning, immer wieder auf Stockholmer Stand-up-Bühnen zu sehen ist.

Den schwedischen Rundfunkjournalisten ist es nicht nur in Musik- und Quizsendungen gelungen, informatives und unterhaltendes Radio zu verbinden. Wenn Ulf Elfving montags bis donnerstags um 15 Uhr sein dreistündiges Programm «Efter Tre» (Nach drei) startet, hören bis zu zwei Millionen Schweden zu, und das, obwohl die Sendung die harten Themen nicht ausspart: Robbensterben, Palme-Mord, Golf-Krieg oder Krisenherde in Europa – alles relativ seriös verpackt in einer ansprechenden Magazinsendung. Elfving ist oft mit dem schwedischen Kriminalschriftsteller Per Wahlöö verglichen worden: Auch er baute seine zum Teil harsche Gesellschaftskritik in eine leicht lesbare Story ein und konnte deshalb ein viel größeres Publikum erreichen als mit einem trockenen Sachbuch.

An die Unterhaltungsqualitäten des Rundfunks reicht das öffentlich-rechtliche Fernsehen nicht heran. Doch nach all den mittlerweile in Schweden zu empfangenden Kommerzstationen mit ihren Game-Shows und Softpornos per Pay-TV kann ein ernsthafter Dokumentarfilm oder eine Bergman-Inszenierung eine wahre Erholung sein. Alle ausländischen Filme, im Fernsehen wie im Kino, laufen übrigens in der Originalsprache mit schwedischen Untertiteln.

Auf Wellenjagd

Nach dem Verlassen der Fähre sind die einprogrammierten Heimatsender im Autoradio nicht mehr zu empfangen, die Suche nach einer akustischen Begleitung während der oftmals endlos erscheinenden Fahrt durch Schweden kann beginnen. Zwei Dutzend Lokalradios bieten ihre Dienste an: lokale Nachrichten, Verkehrshinweise und viel Musik. Radio Göteborg, Radio Stockholm, Radio Västmannland – jede Region leistet sich einen eigenen Kanal. Mit allergrößtem Erfolg übrigens: Den drei landesweiten Programmen, P 1 bis P 3, haben sie längst den Rang abgelaufen. P 1 («Program ett») ist ein reiner Informationskanal mit Hintergrundberichten, Reportagen und ausführlichen Nachrichten. P 2 wendet sich in erster Linie an die Freunde klassischer Musik, während P 3 die schwedische Public-Service-Welle ist: viel Musik, unterbrochen von stündlichen Nachrichten, Verkehrshinweisen und Phone ins, kurz ein Kanal, der sich mit guter Laune und spritziger Unterhaltung an die breite Masse wendet. Die meisten Schweden wechseln zwischen ihrem Lokalradio und P 3.

Daneben gibt es noch eine Unzahl von «Närradio»-Stationen, bislang ein Vereins- und Kirchenfunk, der in letzter Zeit bis auf wenige Ausnahmen in den Großstädten stark an Bedeutung verloren hat. Allerdings dürfte sich aus einigen dieser Nahradio-Stationen, die mit relativ schwachen Sendern arbeiten, in den nächsten Jahren das privatwirtschaftlich betriebene Radio entwickeln. Die Politiker haben den Weg zu mehr Kommerz bereits freigegeben.

Beim Wetterbericht mag es auch für den Sprachunkundigen noch möglich sein, ein «högtrycksområde» von «regn» zu unterscheiden, bei der Politik hört es dann aber auf. Auf Nachrichten, Land- und Seewetterbericht, Berichte aus und über Schweden muß er dennoch nicht verzichten. Das Auslandsprogramm des Schwedischen Rundfunks, Radio Sweden, sendet rund um die Welt in neun Sprachen, darunter Deutsch. Das deutsche Programm von Radio Schweden ist im Großraum Stockholm auf UKW 89,6 Mhz sowie landesweit auf der Mittelwelle 1179 Khz zu empfangen. Außerdem sendet man seit April 1992 über den Astra-Satelliten für ganz Europa. Während der Sommermonate übernimmt eine Mehrzahl der 24 Lokalradiostationen die deutsch- und englischsprachigen Nachrichten und Wetterberichte von Radio Sweden (Auskünfte erteilen die Fremdenverkehrsbüros).

Durch den Blätterwald

Die einzige Nachrichtenagentur des Landes, TT (Tidningarnas Telegrambyrå), versorgt in erster Linie die Zeitungsredaktionen mit News. Eine beneidenswerte Aufgabe, ist

Vom Nah-Radio zum Kommerzfunk

Schweden doch das Land mit den meisten Zeitungen im Verhältnis zur Bevölkerungsanzahl. Die großen Blätter – Dagens Nyheter, Svenska Dagbladet, Sydsvenska Dagbladet, Expressen, Aftonbladet, Idag, Arbetet und Göteborgsposten – bekommt man an nahezu jedem Kiosk. Der Rest der vielen hundert Zeitungen erscheint nur regional, oftmals mit einer Auflage von nur

einigen tausend Exemplaren. «Press-Stöd» macht es möglich: Die Regierung in Stockholm subventioniert kleine Zeitungshäuser, damit auch Bewohner in dünnbesiedelten, wirtschaftlich uninteressanten Landstrichen ihr eigenes Blatt mit Lokalberichterstattung beziehen können.

Obwohl die Schweden die fleißigsten Zeitungsleser der Welt sind, ist

jeder Schwede bekommt in aller Frühe seine Morgenzeitung in den Briefkasten. Am Nachmittag erwirbt er dann meist noch eine der großen Boulevardzeitungen, die zwar nicht so schlimm sind wie «Bild», aber auch nicht gerade die seriöse Berichterstattung favorisieren.

Schweden hat als erstes Land der Welt die Pressefreiheit eingeführt: Bereits 1766 nahm der schwedische Reichstag ein Pressegesetz in die Verfassung auf. Überdies hat jeder das Recht auf freie Einsichtnahme in die Dokumente staatlicher oder kommunaler Behörden. Ausgenommen sind nur Dokumente, die von der Regierung mit dem Geheim-Stempel versehen wurden, also brenzlige Informationen über die Staatssicherheit oder die Auslandsbeziehungen Schwedens. Dennoch gibt es nur wenige Journalisten wie Jan Guillou, die kritisch Skandale aufdecken. Insgesamt ist die Presse eher gutgläubig und teilweise schlampig in der Recherche. Spitze dagegen sind die Tageszeitungs-Layouter auch im internationalen Vergleich.

Schwedische Zeitungen erscheinen auch sonntags, sind gebunden (die Seiten sind im Falz miteinander verklebt) und haben einen recht ausführlichen internationalen Sportteil. Daß dann der Wetterbericht in allen Blättern recht ausführlich und graphisch leicht verständlich gebracht wird, macht die Sache nicht schlechter!

es bislang keinem Verlag gelungen, ein wirtschaftlich tragfähiges Nachrichtenmagazin herauszugeben. Einige Versuche Mitte der achtziger Jahre sind so kläglich gescheitert, daß sich niemand mehr an diese Aufgabe herantraut. Ein politisches Wochenmagazin gibt es also in Schweden nicht. Das Interesse der meisten Leser liegt offenbar in der taufrischen Berichterstattung. Fast

Das Bergman-
Syndrom
FILMJAHRHUNDERTS

eschränkt man sich auf die internationalen Größen schwedischer Filmkunst, kommt man mit wenigen Namen aus· Mauritz Stiller, Victor Sjöström und Ingmar Bergman waren legendäre Spielfilmregisseure, Greta Garbo, Ingrid Bergman und vielleicht noch Max von Sydow weltberühmte Schauspieler und Arne Sucksdorff einer der weltweit anerkanntesten Dokumentarfilmer. Diese Leinwand-Künstler haben in jedem besseren Filmlexikon ihren festen Platz, doch ansonsten findet man dort nur wenige schwedische Namen. Diese Tatsache zeigt die zwei Hauptprobleme. Die goldene Zeit des schwedischen Films liegt mindestens drei Jahrzehnte zurück und hinterließ ein Vakuum. Neidisch blickt man nach Finnland, wo die Brüder Kaurismäki mit ihren Low-budget-Produktionen Europa eroberten. Im anderen Nachbarland Dänemark brilliert der skandinavische Wunderknabe Lars von Trier als perfektionistischer Entwickler einer völlig neuen Bildsprache.

Da tröstet es die Filmfreunde nur wenig, daß Lena Olin 1988 durch ihre Rolle als Sabina in «Die unerträgliche Leichtigkeit des Seins» den Sprung auf die internationale Ebene schaffte: Die Schauspielerin mit der kühl-erotischen Ausstrahlung überzeugte in Philip Kaufmans Welterfolg als unwiderstehliche und unnahbare Liebhaberin. Danach folgten Angebote aus Hollywood: In «Feinde, die Geschichte einer Liebe» spielte sie mit Ron Silver und wurde für den Oscar der besten weiblichen Nebenrolle nominiert. Robert Redford hieß ihr Gegenspieler in «Havanna», und zwei Jahre später war Richard Gere der Leinwandpartner der dunkelhaarigen Schwedin. Trotz ihrer Erfolge geht Lena Olin die Hollywood-Karriere mit bemerkenswerter Zurückhaltung an: Nach den Dreharbeiten kehrt sie nach Stockholm zurück, um wieder Theater zu spielen.

In Schweden selbst wurden schon lange keine Stars mehr gemacht, gleichwohl aber hervorragende Filme produziert. Viele Regisseure hatten Probleme, im Schatten des großen Meisters Bergman Geld und Aufmerksamkeit zu bekommen. Viele junge Talente scheiterten bei dem Versuch, es dem international Gefeierten nachzumachen oder es völlig anders anzupacken. Die Liste guter Regisseure ist für ein kleines Land wie Schweden erstaunlich lang, doch an echten Trendsettern

fehlt es heute mehr denn je. Noch immer sind schwedische Filme entweder fast langweilig konventionell oder so ausgefallen, daß das breite Publikum ausgeschlossen wird.

Schuld daran sind nicht nur die Filmemacher selbst, sondern auch die Erwartungen des Auslands: Schwedischer Film wurde jahrzehntelang mit Ingmar Bergmans Stil gleichgesetzt, wichtige Anstöße anderer Filmer gingen schlichtweg unter. Ein Beispiel dafür ist Hasse Alfredson, einer der genialsten Regisseure Schwedens. Sein beeindruckender Film «Der einfältige Mörder» (1982) erhielt in Deutschland zwar einige Preise, doch gesehen haben ihn fast ausschließlich Schwedeninteressierte. Kaum einer

Bergmanns Familienepos «Fanny und Alexander»

weiß, daß Alfredson eine extreme
Themenbreite filmisch bearbeitet
hat – von wahnwitzigem Klamauk
(Abenteuer des Herrn Picasso,
1978) über Kinderfilm (Jim och pi-
raterna Blom, 1987) bis zum historisch inspirierten Stoff (Vargens tid,
1988). Alfredson ist zudem ein beg-
nadeter und vielseitiger Schauspieler sowie Drehbuchautor. Er besticht durch die besondere Gabe,
Geschichten witzig, gefühlvoll und
mitreißend zu erzählen. Obwohl
oder vielleicht weil Alfredson als
Allrounder jahrzehntelang eine
Kulturgröße war, sägten die Kritiker
an seinem Regiestuhl. Ausländische
Kinofilme werden von der Presse
gern gefeiert – vor allem englische,
amerikanische, italienische und

französische. Deutsche Streifen haben Seltenheitswert, und bei schwedischen Produktionen kennen die
Kritiker kein Pardon. Alfredsons
Film «Vargens tid» wurde verbal so
niedergemäht, daß er ein Flop werden mußte. Seither hat Hasse Alfredson leider kein Filmprojekt
mehr angerührt.

Lasse Hallströms «Mein Leben
als Hund» (1985) kommt mit seinem
unkomplizierten, ruhigen und dennoch mitreißenden Erzählstil den
Filmen Hasse Alfredsons am nächsten. Hallström hatte eine erfolgreiche Karriere als Fernsehproduzent
und einige peinliche Spielfilm-Ver-
suche hinter sich, bevor er mit diesem Streifen international den
Durchbruch schaffte und auch beim

67

deutschen Kinopublikum ein Begriff wurde. Ein Jahr später bewies er mit «Wir Kinder aus Bullerbü» zwar seine bestechende Fähigkeit, feinfühlig zu erzählen, doch ein Meisterwerk wie «Mein Leben als Hund» schuf er nicht mehr. Allerdings ist Lasse Hallström einer der wenigen schwedischen Regisseure, die in Hollywood einen relativ guten Film zustande brachten: «Ein charmantes Ekel» (1991) traf zumindest in einigen Szenen Zwischen- und Untertöne des ganz normalen Lebens.

Sezieren von Vorurteilen

Jan Troell entstammt einer ganz anderen Tradition: Er liebt schlicht geschilderte soziale Epen, die erstaunlicherweise gerade dadurch neue Ebenen der Gefühlswelt aufbrechen. Er steht fast immer selbst hinter der Kamera und will jeden Film zu einem Meisterwerk machen. Gelungen ist ihm das tatsächlich mehrere Male. Gleich sein erster Spielfilm «Hier hast Du Dein Leben» sorgte 1966 für Interesse im Ausland, und mit der Verfilmung von Vilhelm Mobergs Emigrantenroman «Die Auswanderer» und «Das neue Land» (1971/72) machte er sich endgültig einen internationalen Namen. Nach einem mißglückten Hollywood-Abstecher begann eine Zeit des Experimentierens, erst 1988 sorgte er erneut für einen echten Publikumserfolg mit seinem sehr persönlichen Dokumentarfilm «Märchenland», der allerdings für den internationalen Markt viel zu lang (drei Stunden) und langsam war.

1991 produzierte Troell dann nach zwanzig Jahren wieder einen Streifen, der seine Genauigkeit im Verfolgen von Vorurteilen und platten Denkweisen bewies. Selten hatte ein schwedischer Film schon vor Drehbeginn für so viele Schlagzeilen gesorgt wie «Il Capitano». Das lag am Thema: Im Sommer 1988 waren die Medien voll von einem bestialischen Mord an einem Ehepaar und dessen dreizehnjährigem Sohn. Sie waren auf dem Friedhof einer kleinen nordschwedischen Gemeinde von einem Fahrraddieb ermordet worden – nur weil sie ihren Drahtesel zurückhaben wollten. Troell schildert in seinem Film nicht die Tat, sondern versucht, das Leben des Täters feinfühlig und nüchtern zu beschreiben. Obwohl die Angehörigen der Ermordeten und das ganze Dorf Sturm gegen die Verfilmung liefen, setzte sich Troell durch und schuf ein Werk, das die Kinobesucher auffordert, weiter zu denken als die Schlagzeilen der Boulevardpresse. Wie gut ihm das gelang, zeigt der Silberne Bär, den der Regisseur 1992 von der Berlinale mit nach Hause brachte.

Spiegelbilder und Anti-Werbung

Der kommerziell erfolgreichste Filmregisseur in Schweden heißt nicht etwa Bergman, sondern Lasse Åberg: Jeder seiner Spielfilme lockte Millionen von Schweden in den Kinosaal. Der Graphiker und Regisseur Lasse Åberg zeichnet seinen Landsleuten ein Abbild ihrer selbst, indem er sie in die Ferien begleitet. Seit Mitte der achtziger Jahre verwandelt sich der Erfolgsregisseur in seinen unterhaltsamen Urlaubsfilmen in den schüchternen, naiv-tölpeligen Stig Helmer und schlittert von einem Abenteuer ins andere. Mal landet er auf Mallorca in einem Haufen trinkfreudiger

Schweden, mal folgt er der allwinterlichen schwedischen Alpeninvasion. Oder er erlebt beim sommerlichen Sport- und Freizeitvergnügen Nummer eins – dem Segelwahn der Schweden –, wie die Herren Kapitäne die ansonsten so gleichberechtigten Schwedinnen zu Matrosen degradieren. Über die künstlerische Qualität seiner Filme läßt sich streiten, doch Lasse Åbergs geschickte Art, das schwedische Innenleben bissig-humorvoll zu analysieren und damit einen Kassenschlager nach dem anderen zu landen, ist bemerkenswert.

Das Etikett «Trendsetter» oder «Erneuerer» verdient allerdings nur ein zeitgenössischer Filmer, der sich nach Dokumentarfilm-Experimenten und zwei relativ erfolgreichen Spielfilmversuchen seit den siebziger Jahren dem Werbefilm widmet: Roy Andersson bietet zwar Kommerzielles im wahrsten Sinne des Wortes, seine Werbespots brechen jedoch aus dem üblichen Raster völlig aus. Anderssons Streifen sind mehrfach auf internationalen Festivals mit Preisen belohnt worden. Sie bilden eine interessante Synthese aus Dokumentarfilm und Reklame. Kein Wunder, daß viele Auftraggeber das Endprodukt ablehnten, weil sie sich ihren Spot ganz anders vorgestellt hatten: Die Lebensmittelkette Konsum zum Beispiel hatte den Ruf weg, ihre relativ billigen Preise durch trostlos langweilige Läden möglich zu machen. Andersson wurde engagiert, und das Produkt schockte die Marketingleute: Da setzt sich eine gelangweilte schwedische Familie wortlos auf eine Wiese, um ein Picknick zu machen. Im Hintergrund ist eine S-Bahn zu sehen, die Farben sind blaß, den Ton liefert Volksmusik, von Dialog keine Spur.

Dann die Texteinblendung: «Konsum liefert billiges Essen – für den Spaß müssen Sie schon selbst sorgen.» Prompt weigerte sich die Lebensmittelkette, diesen Werbespot zu bezahlen.

Damit muß Roy Andersson bei seiner Produktionsweise immer rechnen: Er hört sich die Wünsche der Kunden an, und danach macht er, was er für richtig hält – ohne dem Auftraggeber Zwischenergebnisse zu präsentieren. So ging ihm auch das Honorar für einen Aids-Aufklärungsstreifen flöten, den Schwedens Sozialbehörde bestellt hatte. Anstatt vor den Risiken zu warnen, entwickelte Andersson die Theorie, daß der Virus durch amerikanische Mediziner mehr oder minder versehentlich in Umlauf gebracht worden sei. Den schwarzen Humor des Streifens bezeichnete die Sozialbehörde als zu depressiv, und da es für Andersson keine Kompromisse gibt, wurde der Film nie offiziell gezeigt. Dennoch: Etwa zwei Drittel von Roy Anderssons Kunden trauen sich, das Resultat seiner schöpferischen Spritzigkeit in den Kinos und über die privaten Fernsehstationen zu zeigen.

Anderssons Werbespots sind zu einem Kult geworden. Wie sehr er selbst von den Dokumentarfilmern des Landes geschätzt wird, zeigt die Tatsache, daß er 1991 als «Startläufer» eines Stafettenfilms auserkoren wurde: «90 Minuten über die 90er» heißt das Projekt, in dem jedes Jahr beim Göteborger Filmfestival (Ende Januar/Anfang Februar) ein schwedischer Filmemacher neun Minuten Zeit erhält, um seine Sicht des aktuellen Schweden auf Zelluloid zu bannen. Der 1943 geborene Andersson prangerte in der ersten Episode die Generation der Macher, seine eigene, an, die sich auf Kosten der Umwelt und der jungen Generation bereichert.

Roy Anderssons Werbespots haben in Schweden Nachahmer gefunden. Die Entwicklung des ganz eigenen, frischen Stils hängt auch zusammen mit der Isoliertheit der schwedischen Werbefilmer: Im Fernsehen kam die Möglichkeit für Werbung erst mit dem Privatkanal TV 3 Ende der achtziger Jahre, vorher war die Kinowerbung das einzige Betätigungsfeld. Und da dort die amerikanischen Produktionen dominierten, versuchte man, durch Antiwerbung aufzufallen.

Goldene Filmjahrzehnte

Das Kapitel «Schwedischer Film» fing in den zwanziger Jahren äußerst vielversprechend an: Mauritz Stiller, Victor Sjöström und der legendäre Kameramann Julius Jaenzon bescherten dem schwedischen Stummfilm Weltruf. Die beiden Regisseure waren gleichzeitig Schauspieler und ergänzten sich: Stiller behandelte das Leben und den Puls der Stadt, Sjöström die Kraft der Natur und der Seele. Mauritz Stiller drehte die Komödie «Erotikon» (1920), die in 45 Länder exportiert wurde, und er verfilmte Selma Lagerlöfs «Gösta Berling» (1923/24). Mit diesem Film wurde er auch zum Entdecker der ersten klassischen Schauspiel-Schönheit Schwedens, Greta Gustafsson alias Garbo. Mit ihr ging Stiller vier Jahre später nach Hollywood, wo die kühle Blonde aus dem hohen Norden im zarten Alter von neunzehn Jahren sich geschickt zu vermarkten begann und in einer Blitzkarriere zum internationalen Weltstar avancierte. «Die Göttliche» machte sich zur le-

benden Legende, indem sie ab 1942 keine Rolle mehr annahm. Ihr Regisseur Stiller litt unter dem Fehlen kreativer Freiheit und kehrte bereits 1928 nach Schweden zurück.

Victor Sjöström schuf 1920 ein Stück Filmgeschichte mit «Fuhrmann des Todes». Sein Kameramann Julius Jaenzon spielte dabei mit für diese Zeit unglaublichen Effekten, er setzte Doppelbelichtungen und expressionistische Elemente in meisterlicher Manier ein. Auch Sjöström lockte Hollywood, auch er wurde dort nicht glücklich. Als die beiden zurückkamen, wurden sie vom Tonfilm überrollt. Die neue Technik stürzte den schwedischen Film in die erste Krise, denn der Vorsprung der Konkurrenten aus Übersee war enorm.

Zwei Namen stehen für den Beginn einer neuen Blütezeit: Gustav Molander, der mit über sechzig Spielfilmen zum fleißigsten und eigenartigsten Regisseur der schwedischen Filmgeschichte werden sollte, und Ingrid Bergman, wohl die beeindruckendste Schauspielerin, die das Land hervorgebracht hat. Sie erwarb sich rasch den Ruf, nicht nur eine große schauspielerische Begabung, sondern eine technisch perfekte Mitarbeiterin zu sein. Das war wichtig zu Zeiten, als die Kameramänner noch immense Probleme hatten, kunstvolle Ausschnitte aufzunehmen. Wie Greta Garbo machte Ingrid Bergman in den dreißiger und vierziger Jahren in Hollywood eine rasante Karriere – ohne die Geheimniskrämerei und PR-Tricks ihrer Vorgängerin. Sie spielte in «Casablanca» mit Humphrey Bogart, Alfred Hitchcock wurde auf sie aufmerksam und gab ihr mehrere Hauptrollen, sie wurde dreimal mit einem Oscar ausge-

Die göttliche Garbo in «Gösta Berlings Saga»

zeichnet, drehte mit Jean Renoir und ihrem späteren Ehemann Roberto Rosselini. Als 1950 bei den Dreharbeiten zu «Stromboli» Gerüchte über eine Liebesaffäre mit Rosselini aufkamen und sie Mutter eines unehelichen Kindes wurde, entrüstete sich das puritanische Amerika, und ihre Zeit in Hollywood war vorbei. «Herbstsonate» (1978), der einzige Film, den sie mit Ingmar Bergman drehte, bildete den Abschluß einer Karriere, die 46 Filme und Zeiten voller Hochs und Tiefs umfaßt hatte.

Gustaf Molander war – anders als Stiller – seinem Schützling nicht nach Amerika gefolgt. Anfang der vierziger Jahre schwenkte er mit der schwedischen Filmindustrie auf Produktionen um, die die Bevölkerung auf den «drohenden Kriegsfall» vorbereiten sollte. Meist waren dies eher peinliche Streifen, doch Molander schuf 1942 mit «Reit heut nacht» nach Vilhelm Moberg ein Werk, das in eindrucksvoller Bildsprache die Würde des Widerstandes gegen Unterdrückung schildert. 1954 dann gelang ihm sein filmisches Meisterwerk: «Herrn Arnes Schatz» nach dem Roman von Selma Lagerlöf, eine großartige Folge phantastischer Bildsequenzen. Gerade dieser Ausnahmefilm wurde ein großer finanzieller Flop und trug zum baldigen Ende von Molanders Karriere bei.

Unterdessen hatte sich Ingmar Bergman einen internationalen Namen gemacht. 1944 verfilmte Alf Sjöberg sein Drehbuch «Die Hörige», die Geschichte des sadistischen Lateinlehrers Caligula, der eine Schülerin in den Tod treibt und nicht zufällig an Himmler erinnert. Im Sommer 1945 drehte Bergman seinen ersten Film als Regisseur:

«Krise» – eine Gefühlslage, die sein Schaffen immer begleitet hat. Mit Werken wie «Sehnsucht der Frauen» (1952), «Das Lächeln einer Sommernacht» (1955), «Das siebente Siegel» (1957), «Die Jungfrauenquelle» (1959), «Persona» (1965), «Szenen einer Ehe» (1973), «Herbstsonate» (1978) sowie «Fanny und Alexander» (1982) wurde er zum Erneuerer des schwedischen Films und zum großen Anreger für europäische Filmschaffende. Selbst in den USA fanden seine Arbeiten erstaunlich viel Anklang, nicht nur Woody Allen verehrt das Schaffen des schwedischen Meisters.

1990 schrieb Bergman für den dänischen Regisseur Bille August das Drehbuch zu «Die besten Absichten», ein erzählerisches, filmisch perfekt umgesetztes Meisterwerk, das im Herbst 1992 in die europäischen Kinos kam. Bergman war dem Verlangen der kritischen Nachwuchsfilmer nachgekommen, dem «ewigen Gejammere über die miese Kindheit ein Ende zu setzen». Er schilderte die Geschichte seiner Eltern versöhnlich und machte zugleich das Schweden der Jahrhundertwende anschaulich. Der Film gewann in Cannes die Goldene Palme, seine Großfassung, eine vierteilige Serie im Schwedischen Fernsehen, war die teuerste TV-Produktion in Schweden überhaupt.

Über vier Jahrzehnte hat Bergman den schwedischen Film geprägt. Unter seiner Regie wuchs eine neue Generation von Schauspielern heran: Max von Sydow, Bibi Andersson, Ingela Thulin und die Norwegerin Liv Ullman haben ihm einen Großteil ihrer Karriere zu verdanken. Eher im Schatten blieb Bergmans Kameramann Sven

Nykvist. Die Leistung des Mannes mit dem genialen Blick wurde vom Meister selbst zwar stets hervorgehoben, trotzdem vergaßen viele, wie sehr er an Bergmans Erfolgen beteiligt ist.

Dokumentar-Oscar

Auf eine Dokumentarfilmtradition konnte Schweden vor dem Zweiten Weltkrieg kaum zurückgreifen. Lediglich in Sachen Filmreportagen war das Land gesegnet: Die schwedische Kino-Wochenschau, 1914 begonnen, war 1960, als sie der Fernsehkonkurrenz weichen mußte, die älteste Wochenschau-Serie der Welt. Das Schwedische Fernsehen tat einen Glücksgriff, als es das unschätzbar wertvolle Material vier Jahre später aufkaufte. Die Tradition der aktuellen Reportage ist also reich, doch beim Dokumentarfilm gab es nur einen einzigen großen Namen: Arne Sucksdorff. Nachdem er in Berlin Theater und Film studiert hatte, machte er ab 1938 als Kameramann auf sich aufmerksam. Sucksdorff schilderte die Natur mit lyrischem Einfühlungsvermögen und entwickelte eine ausdruckskräftige Bildsprache, die ihm Ende der vierziger Jahre Weltruf verschaffte. Als er 1946 in einem Auftragsfilm der Natur den Rücken kehrte und das Geschehen in der Großstadt Stockholm durch verschiedene Episoden schilderte, zeigten sich die Geldgeber der Schwedischen Fremdenverkehrsbehörde nicht besonders begeistert. «Stockholm – der Rhythmus einer Stadt» bot viele Wahrheiten und feine Beobachtungen, aber zu wenig PR. Nachdem der Film aber mit einem Oscar belohnt wurde, stieg die Anerkennung. Sieben Jahre später gelang

Sucksdorff mit seinem ersten Langfilm «Das große Abenteuer» ein Kritiker- und Publikumserfolg, doch danach genügte ein einziger Spielfilmflop, um seine Arbeit in Schweden zu beenden. Sucksdorff zog nach Brasilien und revanchierte sich mit der eindrucksvollen Schilderung der Slumkinder Rios in «Meine Heimat ist Copacabana» (1965), einem Dokumentarfilm mit gespielten Szenen. Für dieses Werk wurde er mit dem schwedischen Filmpreis geehrt, doch Finanziers fand er deswegen in der Heimat noch lange nicht. Er blieb im halbfreiwilligen Exil in Brasilien.

Welten von Sucksdorff entfernt, dennoch aber dokumentarisch im weitesten Sinne waren die Experimente, mit denen Vilgot Sjöman in den sechziger Jahren einen Generationenwechsel einleitete. Sjöman bewunderte Ingmar Bergman und hatte eine recht erfolgreiche Spielfilmkarriere hinter sich, als er beschloß, neue Wege zu gehen. 1967 und 1968 lieferte er zwei Dokumentarfilme ganz neuer Art. In «Ich bin neugierig gelb/blau» vermischte Sjöman Interviews und echte Milieus mit gespielten Szenen zu einer einzigen Collage. Die inhaltliche Kombination aus Politik, Intimsphäre und Sex sorgte für Entrüstung und Proteste – aber auch für den Publikumserfolg. Stefan Jarl und Jan Lindkvist schilderten 1968 in «Sie nennen uns Provos» mit einer ähnlichen Erzähltechnik eindrucksvoll die Probleme der Jugendlichen.

Der agitatorische oder rein politische Film erlebte – trotz allgemeiner Krise durch das neue Medium Fernsehen – eine Hochkonjunktur. Das Filmförderungssystem durch das neugebildete Schwedische Film-

Sjöwall/Wahlöö im Film: «Der Mann auf dem Dach»

institut bescherte den Nachwuchsfil-
mern vergleichsweise gute Produktionsbedingungen. Die Kinos mußten
einen Teil ihrer Einnahmen ans Film-
institut abgeben, das die Mittel an
schwedische Produktionen weiterver-
teilte. Das verhalf gerade dem engagierten 68er Film zum Überleben.

Inzwischen berühmte Regisseure
wie Jan Troell und Roy Andersson
hatten damals ihren Start, auch Bo
Widerberg, der bei uns vor allem
durch die Verfilmung eines
Sjöwall/Wahlöö-Krimis bekannt
wurde: 1976 drehte er «Der Mann
auf dem Dach», acht Jahre später
den Polizeifilm «Der Mann aus
Mallorca». Kjell Grede, der 1967
mit dem Erstlingswerk «Hugo und
Josefin» nicht nur in Schweden
einen Publikumserfolg erzielte und
immer wieder durch einfühlsame
Filme aufgefallen war, lieferte 1990
mit «Guten Abend, Herr Wallen-

berg» einen formvollendeten doku-
mentarischen Spielfilm. Stefan Jarl,
früher ein bitterer Kritiker der
schwedischen Gesellschaft, schuf
ebenfalls sehr spät ein Meisterwerk:
In «Die Rache der Natur» (1983),
einem abendfüllenden Dokumentarfilm voller Intensität, brutaler und
beunruhigender Bilder, schildert er
die unbarmherzige Reaktion der
Natur auf die gedankenlosen Eingriffe des Menschen.

Zukunftschancen im Kinderfilm

Überlebt hat ob seiner steten Qualität seit Mitte der sechziger Jahre
der schwedische Kinderfilm mit
Olle Hellboms Astrid-Lindgren-
Verfilmungen als Basis. «Åke und
seine Welt» (1984) von Michels
Filmvater Allan Edwall und Tage
Danielssons «Ronja Räubertochter» aus demselben Jahr sind nur

zwei der international erfolgreichen Vertreter dieses Genres. 1991 wurde beim Stockholmer Filmfestival (jeweils Mitte November) ein moderner, schwedischer Kinderfilm von Claes Lindberg vorgestellt, der wegweisend sein könnte: «Geheimnis unter der Erde» beschreibt die Abenteuer zweier Jungen im Krankenhaus in einer Erzähltechnik, die Kinder ernst nimmt und den Zuschauern mehr Auffassungsgabe zu traut als viele der Kinderfilm-Vorgänger.

Die jüngste Garde der Spielfilmmacher verzagt im heutigen Schweden an einem System, das den Film zum Scheitern verurteilt hat: Die Regieplätze am Dramatischen Institut sind zwar die teuersten akademischen Ausbildungsstellen im Lande, bieten aber keinerlei Kontakte zur Berufswelt. Dieser Elfenbeinturm hat bislang keinen einzigen erfolgreichen Filmemacher hervorgebracht. Viele Absolventen drehen einfach am Publikum vorbei. Mitverantwortlich für das Tief des schwedischen Films ist der fehlende Mut der Produzenten, die nur auf sichere Pferde setzen – wenn überhaupt. Gleichzeitig spart der Staat an allen Ecken und Enden der Kultur. Bis auf die Ausnahme Kinderfilm kann Schweden mit Hilfe des Fernsehens vielleicht noch beim Dokumentarfilm mithalten, doch auch dort werden die Möglichkeiten immer enger.

Schlüpfrige Vorurteile

1951 zeigte Ulla Jacobssen in Arne Mattssons «Sie tanzte nur einen Sommer» ihren nackten Busen. Das reichte für einen Skandal und machte den Film zum internationalen Kassenschlager. Etwa zur gleichen Zeit begann die Produktion seichter Sexfilmchen, die einzig auf Kommerz ausgerichtet waren. Geschaffen hat die Mär vom lockeren Schwedensex jedoch nicht der Film, sondern die politische Propaganda: Seit Anfang der fünfziger Jahre benutzten Journalisten, vor allem in den USA, die antisozialistische Stimmung des Kalten Krieges, um das linke Schweden moralisch zu denunzieren «Time» und «Daily Sketch» führten den Chor derer an, die sich über den angeblichen Sittenverfall echauffierten. Tatsächlich wurden Scheidungen in Schweden als normales Recht zweier ehemals Verliebter angesehen, voreheliche Beziehungen sorgten selbst in ländlichen Gegenden nicht mehr automatisch für Probleme, Abtreibungen waren unter bestimmten sozialen Verhältnissen legal, alleinstehende Mütter wurden vom Staat unterstützt, und als erstes Land der Welt hatte Schweden an den Schulen Sexualunterricht eingeführt. Die ausländischen Beobachter folgerten: Der Staat sorge zwar für Wohlstand, verordne aber gleichzeitig eine ungesunde Antimoral! Selbst Präsident Eisenhower sprach 1960 von «einem europäischen Land», in dem der Sozialismus den Alkoholismus, Selbstmorde und verlotterte Moralbegriffe mit sich gebracht habe. Diese Propaganda zog ihre Kreise schnell auch in Mitteleuropa und prägte sich so stark ein, daß viele noch heute in Schweden gerne ein sündiges Land sehen. Der schwedische Film hatte und hat mit diesem Vorurteil nur am Rande zu tun. Der Verkaufsschlager «Schwedenfilm» trägt meist ein falsches Etikett: Die «Schwedinnen» in Hunderten von Sex- und Pornostreifen sprechen in Wirklichkeit kein Wort Schwedisch!

Krimi, Kinder- buch

und

Comic

Die bekannteste Romanfigur in Schweden heißt Carl Hamilton. Der Superagent operiert unter dem Decknamen «Coq Rouge» und ist nicht nur adelig, intelligent und gutaussehend, er hat auch eine marxistisch-leninistische Vergangenheit und eine militärische Spezialausbildung in den USA aufzuweisen. Als Topagent führt er brenzlige und streng geheime Missionen im Interesse der Nation aus. Sein Schöpfer, der Journalist Jan Guillou, dürfte der einzige Autor von Agentenromanen sein, der selbst wegen angeblicher Spionage hinter schwedischen Gardinen saß. Deswegen unterscheiden sich seine Bestseller markant vom gewöhnlichen James-Bond-Klischee. Sein Held ist ein Widerspruch in sich: Coq Rouge agiert bei seinen Aufträgen wie eine gefühllose Tötungsmaschine. Als Privatperson leidet Hamilton dagegen unter der Einsamkeit, die seine geheimen Aufträge erfordern. Er hat Probleme mit Beziehungen, sackt immer wieder in depressive Phasen ab und sucht ständig nach dem Sinn seiner Arbeit. Er quält sich mit der Frage herum, wo er politisch steht. Als junger Mann vertrat er linke Ideologien – und im Prinzip tut er das heute noch. Warum spielt er dann den Vollstrecker für einen Staat, von dessen korrupten Machthabern er beileibe nicht überzeugt ist? Genauso berechtigt wie das Zweifeln des Superagenten ist die Frage, wie ein Mann mit seiner Vergangenheit überhaupt beim Geheimdienst landen konnte. Die schwedische Sicherheitspolizei SÄPO haßt alle, die extremer als die Liberalen denken, und liebt es, unschuldige Kurden als potentielle Terroristen zu denunzieren und zu jagen. Doch Guillou setzt seinen Agenten bei einer militärischen Spionagetruppe ein, von der anfangs weder die SÄPO noch die Öffentlichkeit etwas weiß. Die Aufträge führen Hamilton nach Syrien, in den Libanon, nach Moskau, Italien und auch nach Hamburg. Er scheut keine Gefahren, sucht unorthodoxe Formen der Zusammenar-

beit und sammelt Narben, Leichen und Orden. Immer wieder aber überkommen den coolen Kämpfer für die Demokratie Skrupel, ob die Demokratie mit durch und durch undemokratischen Mitteln verteidigt werden kann. Seine inneren Spannungen machen ihn zu einem Menschen wie du und ich, und sie helfen dem Autor gleichzeitig, die faulen Spielchen nicht nur der schwedischen Demokratie zu kritisieren.

Wie im richtigen Leben

Jan Guillou weiß, wovon er spricht: Seit Jahrzehnten gilt er als der cleverste, frechste und engagierteste Journalist im Lande. Er gräbt gesellschaftliche Skandale aus und bringt sie per Zeitschriften und Fernsehmagazine an die Öffentlichkeit. Die geheime militärische Spionagetruppe etwa, von der sein Romanheld angeheuert wurde, ist kein Hirngespinst. 1973 deckte Guillou in der sogenannten IB-Affäre die Existenz einer solchen Gruppe auf und veröffentlichte sein Material. Der damalige Ministerpräsident Olof Palme bestritt, daß an der Geschichte etwas dran sei, Guillou wanderte als «Spion» und «Landesverräter» für ein Jahr in den Knast. Schuld an dieser Verurteilung war nicht allein das politische Establishment, sondern vor allem der Neid vieler schwedischer Journalistenkollegen. Einen positiven Aspekt hatte die Zeit hinter Gittern für Guillou allerdings: «Ich war aus Tradition ein Kultursnob, und Thrillern mißtraute ich grundsätzlich. Aber im Gefängnis hatte ich genug Zeit, um die Kriminalromane von Sjöwall / Wahlöö zu lesen.» Die Lektüre der legendären Krimis seiner Lands-

Thriller über das Machtspiel: Jan Guillou

leute hatte ihn auf die Idee gebracht, diese literarische Form für
politisch-journalistische Zwecke
auszunutzen. «Meine Bücher sind
am Ende Lügen, die aus tausend
kleinen Wahrheiten bestehen. Während Sjöwall / Wahlöö die Gesellschaft aus der Froschperspektive
beschrieben, wollte ich sie konkreter
und politischer aus der Vogelper-

spektive schildern!» Bei Guillou
sind nicht kleine Kommissare, sondern die Machthaber Hauptperso-
nen, und mittlerweile ist Carl Hamilton im Lande der bekannteste
Schwede nach König Carl Gustaf.
Erstaunlicherweise gelang es Jan
Guillou, sein politisches Hinter-
grundwissen und seine Kritik an der
Doppelmoral Schwedens durch

79

«Coq Rouge» (1986) und die folgenden Agentenromane millionenfach an den Mann und die Frau zu bringen – ein Erfolg, der ihm als engagiertem Journalisten in diesem Umfang verwehrt geblieben war.

Martin Beck & Co

Die Paten für Guillous Erfolg hatten die Kriminalliteratur Mitte der sechziger Jahre revolutioniert. Sie machten die Helden zu durchschnittlichen Antihelden und benutzten die Spannung von Kriminalfällen einzigartig geschickt für sozialkritische Zwecke. Das Ehepaar Per Wahlöö und Maj Sjöwall erreichte mit den Romanen um Kommissar Martin Beck weltweit Millionenauflagen. Wahlöö war als Journalist lange Jahre als Spanien-Korrespondent tätig gewesen und wurde 1956 vom Franco-Regime ausgewiesen. Danach schrieb er einige Polit-Thriller, die allerdings erst viel später Beachtung fanden. Außerdem übersetzte er zusammen mit seiner Frau, die als Journalistin und Verlagsredakteurin arbeitete, Kriminalromane von Ed McBain ins Schwedische. Beide arbeiteten in der kommunistischen Partei mit, und beide hatten für sozialdemokratische Wochenzeitungen geschrieben. Mit diesem politischen und literarischen Hintergrund machte sich das Autoren-Duo an die zehnbändige Serie, die im schwedischen Original den gemeinsamen Untertitel «Roman über ein Verbrechen» trägt. Zusammen ergeben die Krimis von «Die Tote im Götakanal» (1965) bis «Die Terroristen» (1975) eine Abrechnung mit den Schattenseiten des Wohlfahrtsstaates.

Per Wahlöö und Maj Sjöwall haben ihre Beeinflussungs-Strategie strikt verfolgt: Sie begannen mit relativ unpolitischen Motiven, um ein breites Publikum einzufangen. Dank des sympathisch-menschlichen Kommissars Beck und seiner Mitarbeiter, die alle ihre Typenrolle verpaßt bekamen, war der Leser von Anfang an nicht nur an der Auflösung von Verbrechen, sondern auch an den persönlichen Storys der Romanfiguren interessiert. Die Helden entwickelten sich im Laufe der Krimi-Serie, und die Lesergemeinde schöpfte schnell Vertrauen zu ihnen. So konnten die Autoren mehr und mehr Einschübe über die Hintergründe von sozialen Problemen in die spannende Handlung einbauen. Mit Hilfe des politisch eigentlich uninteressierten Polizeikollektivs kritisierten sie das System immer deutlicher. Spätestens durch die Ermordung des Ministerpräsidenten in «Die Terroristen» war klar, worauf die Beweisführung in ihren Romanen hinauslief und was sie mit ihrem Untertitel gemeint hatten: Der kapitalistische und bürgerliche Staat, den die Sozialdemokraten geschaffen hatten, war für die beiden Schriftsteller das eigentliche Verbrechen. Die Täter wurden in den Krimis von Beck & Co. zwar bestimmter Taten überführt, doch immer auch als Opfer beschrieben – als Opfer eines ungerecht organisierten Systems, in dem die Sozialdemokraten die Arbeiterklasse verraten haben.

Als Olof Palme elf Jahre nach Erscheinen des letzten Sjöwall / Wahlöö-Krimis tatsächlich ermordet wurde, konnten es sich die Medien nicht verkneifen, «Die Terroristen» als «Anleitung zum Mord am Regierungschef» zu bezeichnen. Doch dieser Vorwurf ist zu plump, ganz gleich, ob man die ideologische Argumentation des Autoren-Duos ganz, teilweise oder gar nicht unterstützt. Auch wenn Bürgerliche die Beck-Serie als kommunistische Propaganda kritisierten, so verfolgte sie eher aufklärerische Ziele, ohne radikale Tendenzen.

Für Krimi- und Schwedenfans sind die Romane trotz gewisser Alterserscheinungen immer noch und immer wieder Kultware. Zweifelsohne ist der «Roman über ein Verbrechen» ein zeitgeschichtliches Dokument – zwar unvollständig und subjektiv, trotzdem aber hilfreich für das Verstehen schwedischer Gegenwartspolitik. Literarisch haben viele versucht, den Stil des Ehepaars nachzuahmen. Nur wenigen wie Jan Guillou gelang es, die Neuerungen der beiden in eine eigene literarische Form einzubauen. Per Wahlöö starb 1975 an Krebs, und Maj Sjöwall versuchte sich erst 1990 wieder an einem Krimi – diesmal zusammen mit dem Holländer Tomas Ross. Doch selbst ihr gelang mit «Eine Frau wie Greta Garbo» (1990) nur ein Abklatsch der früheren Erzählqualitäten.

Ein weiterer in Schweden sehr bekannter Krimi-Autor ist Olov Svedelid. Er schuf mit Roland Hassel einen Helden, der stark an Deutschlands «Schimmi» erinnert, allerdings noch fehlerhafter und menschlicher geschildert wird. Ähnlich wie Sjöwall / Wahlöö konstruierte Svedelid um Roland Hassel herum eine witzige, typisch schwedische Personenkonstellation im Polizeimilieu, und auch er schildert immer wieder soziale Hintergründe. Dennoch bleibt Svedelid ein Schriftsteller ohne allzu starke politische Ambitionen. Vom Genuß zu vieler seiner Bücher muß abgeraten werden: Er schaffte es nicht, beizeiten auf-

zuhören, und so sind die Fälle des Roland Hassel mittlerweile nach Schema F geschrieben.

Weltberühmte Kinderbücher

Schwedische Kriminalliteratur ist teilweise legendär, die Kinderliteratur genießt zu Recht Weltruhm. Dafür zeichnet vor allem eine Dame verantwortlich: Astrid Lindgren, die Mutter von Pippi, Michel, Karlsson auf dem Dach oder Ronja Räubertochter. Kein Schriftsteller hat die internationale Kinderliteratur so maßgeblich erneuert wie sie. Man muß sich immer wieder ins Gedächtnis rufen, daß «Pippi Langstrumpf» bereits im Jahre 1945 erschien. Damals war die gefühlvolle und witzige Erzählerin 37 Jahre alt und hatte vorher nur ein konventionelles Mädchenbuch («Britt-Marie erleichtert ihr Herz») geschrieben. Die Personifizierung aller kindlichen Sehnsüchte in der Gestalt der Pippi Langstrumpf entwickelte sich schnell zu einem Bestseller, auch wenn konservative Pädagogen die «ordinäre Sprache» sowie den freien Lebensstil und die Schlampigkeit der kleinen Hauptfigur attackierten und mit Recht darauf hinwiesen, daß durch die Abenteuer des stärksten Mädchens der Welt die gesellschaftlichen Normen in Frage gestellt werden. Genau das macht die Pippi-Bücher aber so wirkungsvoll und zeitlos.

Astrid Lindgrens anspruchsvolle und dennoch unterhaltsame Geschichten haben eine unglaubliche erzählerische Bandbreite: In «Kalle Blomquist» (1946 bis 1953) schuf sie einen neuen Krimistil für Kinder. Mit «Im Wald sind keine Räuber» (1949) wendet sie sich einem poetischen, märchenhaften Stil zu, der in

«Beste Astrid der Welt»

«Mio, mein Mio» (1954) vollendet wird. Die Bullerbü-Bücher (1947 bis 1952) spiegeln den Gemeinschaftsgeist einer Gruppe von Kindern in einem idyllischen Bauerndorf, und Michels Lausbubenstreiche in Lönneberga sind burlesk geschildert. Michel heißt im schwedischen Original übrigens Emil, doch auf dem deutschen Markt war dieser Name bereits durch Erich Kästners «Emil und die Detektive» besetzt. «Ich dachte dann, daß der Name in der deutschen Übersetzung vor allem ein Kriterium erfüllen muß», erklärte die weltberühmte Kinderbuchautorin in einem Interview. «Wenn Emils Vater böse auf seinen Sohn ist, schreit er immer: ‹Eeeemil!› und ich finde, das klingt jetzt im Deutschen mit ‹Miiichel› genausogut.» So einfach diese Erklärung auch erscheinen mag, so sehr spiegelt sie doch die Besonderheit der Astrid Lindgren wider. Sie geht von gefühlsbetonten Ideen aus, und die Pädagogik scheint dann automatisch in ihre Erzählungen einzufließen. Nachdem sie mit «Michel in der Suppenschüssel» (1963) Triumphe gefeiert hatte, erprobte sie nach zehn Jahren Pause eine weitere Ebene in ihrem literarischen Schaffen: «Die Brüder Löwenherz» (1973) erscheint vielen als das dunkelste Buch der schwedischen Schriftstellerin, weil es eine Allegorie über den Kampf zwischen Leben und Tod ist. Gleichzeitig wird diese für viele Kinder so schwierige und oftmals unbeantwortete Thematik in eine Abenteuergeschichte gefaßt – sicher die mutigste und wichtigste Leistung der Astrid Lindgren.

Über 115 Bücher hat Astrid Lindgren herausgegeben, ihre Werke wurden in 57 Sprachen übersetzt. Wie beliebt sie in aller Welt ist, zeigte die Ausstellung «Beste Astrid der Welt» im Stockholmer Postmuseum. Dort wurde eine Auswahl der Briefe präsentiert, die ihre kleinen Leser an sie geschrieben haben – oft nur mit «Pippi Langstrumpf – Schweden» oder «Herrn Lars Eriksson – Bullerbü» als Adresse. Einige der Schreiber beklagten, daß sie beim Stockholm-Urlaub Karlsson auf dem Dach nicht entdecken konnten, andere lobten die Bullerbü-Verfilmungen als «fabelhafte Vorstellungen» oder boten einen Besuch zu Hause in Chicago an. Auch wenn es in der späten Karriere der Astrid Lindgren Auszeichnungen und Lob nur so gehagelt hat, waren ihr nach eigenen Worten «diese phantastischen Sympathiebekundungen doch das Wichtigste».

Vor Astrid Lindgren prägte Elsa Beskow die Kunst des Bilderbuchs. In fünfzig Jahren schuf sie rund dreißig Bücher. «Hänschen im Blaubeerwald» (1901) verhalf ihr zum Durchbruch. In diesem Buch schildert sie die Natur botanisch korrekt, läßt aber trotzdem genug Spielraum für Phantasie. Diesen Grundsatz behielt sie immer bei. Fast nostalgisch ist ihre Sicht des Kleinstadtidylls, dessen Bürgertum sie in den fünf Büchern «Tante Grün und Tante Braun und Tante Lila» (1918 bis 1947) auf recht charmante Weise beschreibt. Obwohl bei Elsa Beskow die Autorität der Großen nur ab und an in Frage gestellt wird, erleben ihre Bücher dank ihrer besonderen Wärme immer wieder Neuauflagen.

Ein Erdkunde-Lesebuch, das Kinder wie Erwachsene mit Schwedens Geographie, Natur und Geschichte bekannt macht, ist Selma Lagerlöfs pädagogisches und literarisches Meisterwerk «Wunderbare Reise des kleinen Nils Holgersson mit den Wildgänsen». Auch wenn die erste weibliche Literatur-Nobelpreisträgerin dieses Buch schon 1906 veröffentlicht hat und an schwedischen Schulen leider etwas in Vergessenheit geraten ist, können die phantasievollen Schilderungen noch heute als alternatives Reisebuch hervorragende Dienste tun.

In der moderneren Kinderliteratur gilt Maria Gripe neben Astrid Lindgren als wichtigste Erneuerin der Prosakunst. Mit ihren Büchern über Hugo und Josefin (1961 bis 1966) schaffte sie den Durchbruch. Darin beschreibt sie mit phantastischem Realismus den Wunsch der Kinder nach Gemeinschaft. Gunilla Bergström hat ab 1972 die Serie um Willi Wiberg geschaffen, in der vor allem Alltagssituationen zwischen dem gewitzten Kleinen und seinem alleinstehenden Vater erzählt werden. Barbro Lindgrens Werk bietet eine ungewöhnlich breite Palette der Ausdrucksformen: Gedichte, Prosa und Theaterstücke. «Streng geheim» (1971) heißt eines ihrer beliebtesten Bücher. Außerdem schuf sie zusammen mit Eva Eriksson reine Bilderbücher ohne Text, die auf charmant-lustige Weise von den ersten Abenteuern des kleinen Max berichten. Sven Nordqvist wurde mit seinen Bilderbüchern von alten Pettersson und dessen pfiffigem Kater Findus zu einem der populärsten Kinderbuchautoren der achtziger Jahre, und die modernsten Jugendbücher stammen von P. C. Jersild.

Phantasie und Realismus

Der einzige schwedische Dramatiker von Weltruf ist bereits 1912 gestorben: August Strindberg. Begriffe wie «Wahnsinn», «Schwermut» und «Frauenhasser» hängen ihm sicher zu Recht an, und außerdem war Strindberg ein äußerst wankelmütiger Zeitgenosse, der sich von allen möglichen neuen Ideologien überzeugen ließ und sie sofort selbst propagierte: Mal folgte er Marx, dann Nietzsche oder Ibsen, mal war er Atheist, dann wieder tief gläubig. Obwohl Strindberg nicht so recht wußte, was er eigentlich wollte, fungierte er um die Jahrhundertwende als der große Kulturdebatteur und Gesellschaftskritiker, dank seiner faszinierenden Persönlichkeit und immensen Vielseitigkeit: Er schrieb Prosa, Gedichte und Lyrik und war außerdem ein recht begabter Maler, Fotograf, Naturwissenschaftler und Alchimist. Sein umfangreiches literarisches Werk, vom realistischen Roman «Das rote Zimmer» (1879) über das Drama «Fräulein Julie» (1888) bis hin zu «Ein Traumspiel» (1903), wird noch heute viel gelesen und oft aufgeführt. Sein Lieblingsthema war der Machtkampf zwischen den Geschlechtern und Klassen, zwischen feinfühligen und willensstarken Menschen, oder in den Worten von August Strindberg: «Der Kampf der Gehirne».

Selma Lagerlöf, Hjalmar Söderberg und Hjalmar Bergman führten die schwedische Literatur ins 20. Jahrhundert, doch vor allem Pär Lagerkvist machte sich als Erneuerer in der ersten Jahrhunderthälfte einen Namen. Nach einer Phase expressionistischer Experimente arbeitete der spätere Literatur-Nobelpreisträger an antifaschistischen Themen. Die dunkle Epoche der Weltpolitik in den dreißiger und vierziger Jahren verarbeitete er in dem beeindruckenden Roman «Der

Zwerg» (1944), in dem ein Gnom den Haß und die Menschenverachtung verkörpert, die bei jedem Menschen vorzufinden und für Lagerkvist deshalb unüberwindbar sind.

Neben Lagerkvist prägte zu dieser Zeit eine ganze Garde von Arbeiterautoren die schwedische Literaturszene: Artur Lundkvist, Moa Martinson, die späteren Literatur-Nobelpreisträger Eyvind Johnson und Harry Martinson, vor allem aber Ivar Lo-Johansson, dessen Erzählungen von den Landarbeitern und Tagelöhnern handeln. Die ungewöhnliche Intensität seiner Geschichten trug mit dazu bei, daß das System der Tagelöhner abgeschafft wurde.

Einer der interessantesten Schriftsteller dieses Jahrhunderts, Vilhelm Moberg, gehört ebenfalls zu den proletarischen Autodidakten. Sein Werk trägt allerdings weniger klassenkämpferische als sozialgeschichtliche Züge. 1941 brachte er «Reit heut nacht!» heraus, einen Roman, der im Småland des 17. Jahrhunderts spielt. Ein deutscher Adeliger will sein Eigentum vergrößern und die freien Bauern unterwerfen. Zunächst gelingt ihm dies, doch langsam entwickelt sich ein Aufstand gegen den macht- und habsüchtigen Blaublütigen. Dieses Buch richtete sich gegen Hitler-Deutschland, aber auch gegen die oft extrem deutschlandfreundliche, schwedische Neutralitätspolitik. Mit seinen Romanen beweist Moberg, daß die Geschichte des Volkes durchaus modern und lebendig geschildert werden kann. Seine Recherchen waren überaus gründlich: Er las zum Beispiel Protokolle, Zeitungen und alte Briefe, er studierte Karten und Fotografien, besuchte Heimatmuseen und befragte alte

Menschen, um seine bekannte Serie über schwedische Emigranten so wirklichkeitsgetreu wie möglich zu gestalten. In Deutschland kennt man ihn vor allem durch die Verfilmung dieser Romane von Bauern und Landarbeitern, die Mitte des 19. Jahrhunderts aus Armut nach Amerika auswanderten («Die Auswanderer», «In der neuen Welt», «Die Siedler», «Der letzte Brief nach Schweden»). Vilhelm Moberg hat später auch sein eigenes Geschichtsbuch herausgegeben («Meine schwedische Geschichte»), das die Geschichte des Landes von unten erzählt – mit enormem Erfolg in Schweden.

Stig Dagerman heißt das Wunderkind der neueren schwedischen Literatur: ein Romanautor und Novellist, der mit stark pessimistischem Unterton in einem kreativen Kraftakt Angst und Schuld behandelte. Bis zu seinem Selbstmord 1954 bestach er durch eine einzigartig logische und gleichzeitig phantasievoll-symbolische Erzählweise. Mit 23 Jahren schrieb Dagerman «Deutscher Herbst», ein erstaunlich klarsichtiges Reportagebuch. Im Auftrag der Abendzeitung Expressen war der junge Mann 1946 im zerbombten Deutschland unterwegs. Er schilderte das Elend einer hungernden und frierenden Nation, deckte überraschend objektiv die Arroganz und Unfähigkeit der Siegermächte auf und erörterte anhand von Einzelschicksalen gefühlvoll und dennoch scharfsinnig die Frage nach den Schuldigen und Leidtragenden im Nachkriegs-Deutschland.

Per Wästberg und Sara Lidman entwickelten in den fünfziger und sechziger Jahren den Reportagestil weiter. Per Olov Enquist wurde ab Mitte der sechziger Jahre mit seinen oft pseudo-dokumentarischen Dramen einer der bekanntesten zeitgenössischen Autoren. «Der fünfte Winter des Magnetiseurs» (1964), «Die Ausgelieferten» (1968) oder «Der Sekundant» (1971) sind allesamt literarisch hochstehende Beispiele für dokumentarische Romane.

In den siebziger Jahren machten sich Kerstin Ekman («Bannkreise», 1974) und Lars Gustafsson («Herr Gustaffson persönlich», 1971) mit ihren Romanzyklen über die Grenzen Schwedens hinaus einen Namen. Der literarische Star dieser Zeit ist allerdings Per Christian Jershild. Der schreibende Arzt behandelt in phantasievollen und unterhaltsamen Erzählungen verschiedenste Gegenwartsprobleme. Der satirische Zukunftsroman «Die Tierärztin» (1973) greift das Thema Tierversuche auf. «Insel der Kinder» (1976) schildert die Erlebnisse eines kleinen Jungen, der sich einen Sommer lang durch den Großstadtalltag kämpft, während seine Mutter ihn in sicherer Verwahrung im Ferienlager wähnt. In Jershilds Roman «Das Haus zu Babel» (1978) erlebt der Leser das bürokratische Labyrinth eines Großkrankenhauses aus der Sicht eines Herzinfarkt-Patienten.

Karriere der Comics

Die schwedischen Erwachsenen-Comics erlebten in den achtziger Jahren eine Revolution. Joakim Pirinen beschrieb und zeichnete mit schwarzem Humor die Abenteuer von Großstadtkindern im Sandkasten («Välkommen till sandlådan», 1983), wobei er in den oft absurden und makabren Spielen der Kleinen auch die Welt der Erwachsenen

schildert. 1985 schuf er mit Zucker-Conny («Socker-Conny») eine durch und durch anarchistische Figur, die nicht nur bei Comic-Fans Furore machte. Der lebensfrohe Gesellschaftsschocker sorgte in Theaterstücken für Begeisterung, seine vulgären Lebensweisheiten verzierten jahrelang Stockholms Hauswände. Zucker-Conny wurde ein Radiostar und erhielt als Vorsitzender einer neugegründeten Partei sogar fast hundert Stimmen bei den schwedischen Parlamentswahlen 1988 und 1991. Obwohl diese Pirinen-Figur sämtliche gesellschaftlichen Tabus einriß, etablierte er Erwachsenen-Comics in der Welt der Literatur. Die größte Stockholmer Tageszeitung, Dagens Nyheter, rezensierte das Pirinen-Buch neben dem neuesten schwedischen Roman – Zucker-Conny hat Comics salonfähig gemacht.

Auch Ulf Lundkvist, ein weiterer Vertreter der neuen Generation literarisch ambitionierter Comic-Zeichner, beweist mit seinen Lang- und Knollennasen-Männchen genau wie Pirinen mit Zucker-Conny, daß gezeichnete Serien ein Medium für Gesellschaftskritik und die Reflexion sozialer Probleme sein können.

Neben diesen beiden bahnbrechenden Literaten wurde vor allem Charlie Christensen zum schwedischen Comic-Star. Sein Dieter Duck («Arne Anka») entwickelte sich Ende der achtziger Jahre schnell zur Kultfigur: Kein Roman hat das Lebensgefühl der Großstadtjugend so treffend, satirisch und selbstkritisch geschildert wie Christensens Comics. Der gezeichnete Enten-Schwede, ein verkannter Poet, ist permanent pleite, weil er auf der vergeblichen Suche nach weiblicher Begleitung ständig sein mühsam zu-

DET ÄR NÄR MAN KÄNNER
DOFTEN AV ENS EGEN AVFÖRING
SOM MAN BÖRJAR UNDRA VEM
MAN **EGENTLIGEN** ÄR...

Philosophisches über den Duft der Exkremente: Arne Anka

sammengekratztes Bares versäuft. Bei seinen nächtlichen Touren mit Freunden aus dem Künstlermilieu philosophiert Dieter über so tiefgreifende Probleme wie Türsteher am Disco-Eingang, die immensen Alkoholpreise oder das Fernsehprogramm. Zu allem Überdruß gab es auch noch Ärger mit Walt Disneys Firma, denn Dieter sieht genauso aus wie Donald Duck – oder umgekehrt –, und so mußte er seinen Entenschnabel zeitweise umoperieren lassen.

Einzig Jonas Gardell kann mit der jungen Comic-Garde mithalten. Gardell behandelt das Thema «Lieben und geliebt werden», Beziehungskisten, Elternhaus und Erziehung bewundernswert ehrlich und mit drastischem Witz. Anfangs nur einem kleinen Publikum geheuer, weil er sich in Romanen, Theaterstücken oder als Stand-up-Comedian offen als Homosexueller zu erkennen gab, gilt er inzwischen als eine der größten literarischen Hoffnungen dieses Jahrzehnts.

Sound des
MUSIKALISCHER
Nordens
SWEMIX

s ist Freitagabend in Kalmar. Vor dem Eingang des Stadthotels, einer schloßähnlichen Herberge dieser mittelgroßen Stadt am Kalmarsund, stehen etwa 300 Personen. Handelsvertreter im schicken Ausgehzwirn, gelangweilte Jugendliche und ältere Herrschaften, alle warten geduldig. Aus den umliegen-

den Ortschaften sind schon Stunden vor dem Konzert Busse mit zumeist älteren Leuten angereist. In feinster Garderobe stellen sie sich brav hinten in die Schlange vor dem Hotel. Der Portier gibt nur schubweise Einlaß, eine kurze Gesichtskontrolle und ein Schnaps-Geruchstest sind obligatorisch. Hier soll alles ordentlich zugehen, Randale ist beim Freitagstanz nicht gefragt. Und heute schon gar nicht, denn heute spielt Schwedens erfolgreichste Band, Vikingarna, die «Wikinger».

In kaum einem anderen Land haben Tanzkapellen eine solche Popularität erlangt wie in Schweden. Wenn die Vikingarna, Schytts, Jigs,

Wisex, Streaplers oder gar Sven-Ingvars aufspielen, ist der Teufel los. Ihre Musik orientiert sich am Rock'n'Roll und dem Schlager der frühen Sechziger. Das Saxophon treibt die Melodie, der oder die Sänger ersticken fast im Hall der Elektronik. Die überwiegende Mehrzahl der Gruppenmitglieder sind exzellente Handwerker, die nach kürzester Übungszeit die aktuellen Hits für «ihr» Publikum neu arrangiert haben. Die Vikingarna sind die unbestrittenen Kings, sie haben es mittlerweile auf zwanzig LPs gebracht, besitzen eine Schallplattenfirma und reisen zu entfernt gelegenen Konzerten mit dem eigenen Jet. Die Gruppe – alles gestandene Herren Mitte Vierzig – spielt an bis zu 250 Abenden im Jahr, bei Gagen um die 10 000 Mark pro Auftritt. Ihre Platten verkaufen sich im Schnitt 300 000mal, das ist mehr, als Abba je in Schweden unter die Leute bringen konnten.

Der Schwedische Rundfunk spielt diese Musik, hat sogar eine eigene wöchentliche Hitliste, Svensktoppen. Meist sind es Cover-Versionen gängiger internationaler Schlager, die auf den typischen Tanzbandsound getrimmt werden. Böse Zungen behaupten, nach Behandlung durch die Vikingarna klingt ein Lied wie das andere. Die Musik von Sven-Ingvars und all den anderen Bands würde in vielen Ländern höchstens auf Schützenfesten gespielt. In Schweden können diese Gruppen in den «folkparks», den Freiluftanlagen in fast allen größeren Städten, während der Sommermonate vor einigen tausend zahlenden Besuchern zum Tanz aufspielen.

Im Stadthotel von Kalmar sind alle Generationen zwischen 18 und 80 vertreten. Die Kalmarer schwingen heftig das Tanzbein, und nach jedem Song braust tosender Beifall los. Wünschen darf man sich auch etwas: Die Wikinger haben offenkundig das gesamte musikalische Repertoire seit den frühen Vierzigern drauf. Der Abend mit den adretten Herren im gleichen Outfit – schwarze Hose, weißes Hemd und gelber Sakko – ist feuchtfröhlich. Nach vier Stunden und drei Zugaben sind alle zufrieden. Die Reisebusse verlassen Kalmar nach Mitternacht mit ihrer beschwingten Ladung.

Kommerziell und alternativ

Schwedens Musik hat jedoch mehr zu bieten als tanzbaren Einheitssound. Tatsächlich hat sich eine eigenständige und für das kleine Land erstaunlich vielseitige Popszene herausgebildet. In den fünfziger Jahren bearbeiteten Texter und Arrangeure häufig ausländisches Material für den Heimatmarkt: Die auch bei uns bekannten Siw Malmkvist, Bibi Johns oder Lill Lindfors trällerten amerikanisches Liedgut mit schwedischen Texten. Ein wenig später traten die «hausgemachten» Schlager an, sie sangen von Herz und Schmerz und von der ach so guten, alten Zeit. Diese «Heimat-Nostalgie» erfreut sich bis heute einer steten Beliebtheit, wenn auch ihre kommerzielle Grundlage kleiner geworden ist.

Mit dem Aufkommen des Rock 'n' Roll wurde auch das schwedische Musikleben kräftig durcheinandergewirbelt. Überall bildeten sich Bands, die, so gut es ging, Bill Hailey und Fats Domino zu kopieren versuchten. Mit dem Fernsehen kam es gleichzeitig zu einer Art

Rückbesinnung auf die europäische Schlagerkultur. Der 1956 zum erstenmal veranstaltete Eurovisions-Schlagerwettbewerb entwickelte sich in Schweden rasch zum absoluten Fernsehknüller. Die ganze Nation fieberte und fiebert immer noch mit «ihren» schwedischen Stars mit. Und bis heute schickt man im Gegensatz zu den meisten anderen Ländern die erste Garnitur ins Rennen.

Anfang der sechziger Jahre gab die Monopolgesellschaft des Schwedischen Rundfunks ihren Widerstand gegen die Rockmusik auf. Hitparaden und Wunschkonzerte liefen fast täglich. Gruppen wie Ola & The Janglers, The Hounds, Tages oder die Hep Stars lieferten sich mit ihrem durch amerikanische und englische Vorbilder beeinflußten Beat in den Radio-Charts erbitterte Duelle. In Stockholm machten die ersten Beatschuppen auf, in denen man seine Idole live erleben konnte. In «Popband-Wettbewerben» stellten sich die beliebtesten Gruppen des Landes kritischem Publikum.

Die Abkehr von den eigenen musikalischen Wurzeln, die Internationalisierung und der ausufernde Kommerz riefen eine sozialistische Musikbewegung auf den Plan. Aus der Studentenbewegung und den Anti-Vietnamkrieg-Kundgebungen bildeten sich landauf, landab kleine, unabhängige Musik-Foren, die einen Gegenpol zur Musikindustrie schaffen wollten. Man schloß sich zu Kontaktnetzen zusammen und baute eigene Tonstudios, Labels und Vertriebsorganisationen auf, um die neue Musik unter die Leute zu bringen. Etwa dreißig Kilometer nördlich von Stockholm, in der reizvollen Festungsstadt Vaxholm, entstand die größte alternative Schallplatten-

firma, Musiknätet Waxholm (MNW), die bis heute besteht.

Bei MNW, aber auch bei Silence oder Nackswing nahmen Musiker wie Björn Afzelius, Rolf Wikström und Gruppen wie Ebba Grön ihre Platten auf – Künstler, die mit ihrer Musik aufbegehrten: gegen den Vietnam-Krieg, gegen den Konsumterror, gegen die Spießerwelt. Die alternative Musikbewegung war in Schweden bis Ende der siebziger Jahre außerordentlich gut organisiert, mit eigenen Konzerten, eigenen Festivals und eigenen Zeitschriften. Die Platten der alternativen Labels wurden zumeist über einen eigenen Postversand oder kleine Läden vertrieben. Gewinne wurden sofort zur Finanzierung neuer, kommerziell oft gewagter Projekte verwendet. So erhielten neue Bands und Interpreten die Chance, sich einem breiteren Publikum zu präsentieren. Die Alternativlabels förderten mehr als alle anderen die Entwicklung einer eigenen Rocktradition. Der Bluesmusiker Rolf Wikström, Pugh Rogefeldt, aber auch Gruppen wie Nationalteatern, die Hoola Bandoola Band oder Samla Mammas Manna waren die Pioniere schwedischsprachiger Rockmusik. Gerade die alternativen Sänger wollten mit ihrer Musik nicht nur unterhalten, sondern auch zur Diskussion anregen. So handelten die meisten Texte von sozialen Mißständen, dem Vietnam-Krieg oder den Atomkraftwerken in Schweden. Einige Folkrock-Gruppen konnten sogar Fans außerhalb des eigenen Landes gewinnen. Folk & Rackare (Volk & Schurken), Arbete & Fritid (Arbeit und Freizeit), Kebnekaise oder Norrlåtar orientierten sich an der schwedischen Spielmannsmusik mit Geige und Ziehharmonika.

Auch Liedermacher wie Björn Afzelius oder Mikael Wiehe erlangten in dieser Zeit eine große Popularität und festigten die schwedische Sprache in der Musik. Viele der damaligen Songs sind mittlerweile zu Klassikern in Schweden geworden, die einst fürchterlich provokativen Inhalte treffen heute auf breite Zustimmung. Wenn Wiehe in «Titanic» die Klassengesellschaft dem Untergang geweiht sieht, fällt es keinem Redakteur im Schwedischen Rundfunk mehr ein, das Lied wegen der deutlichen Stellungnahme aus dem Programm zu nehmen. Der Erfolg der alternativen Musik in Schweden ließ die etablierten Plattenfirmen nicht ruhen. Mehrere Gruppen verließen ihre kleinen Labels, um bei den Großen der Branche unter besseren Produktionsbedingungen ihre Platten herauszugeben. Nur wenige der unabhängigen Labels überlebten. Viele Musiker aus den einstmals erfolgreichsten Bands machten sich selbständig oder suchten in neuen Formationen ihr Glück. Zum Teil prägen sie die Musikszene der neunziger Jahre entscheidend mit. Coste Apetrea, der Gitarrist von Samla Mammas Manna, spielte mit der finnischen Jukka Tolonen Band vor vollen Hallen in Deutschland, als der skandinavische Jazzrock noch als Markenzeichen für Qualität galt. Auch Mikael Wiehe, Björn Afzelius und vor allem der Bluesman Rolf Wickström sind weiter überaus aktiv.

Abba hallo!

Das Geschäft mit der Musik erreichte 1974 in Schweden den absoluten Höhepunkt. Beim Eurovisions-Schlagerwettbewerb in Brighton / Großbritannien trat die bis dahin relativ unbekannte Gruppe Abba auf. Mit ihrem Titel «Waterloo» gewann sie den Wettbewerb und kam in den Folgejahren zu Weltruhm. Die vier haben, auch wenn es viele nicht zugeben wollen, der schwedischen Musik mehr geholfen als irgend jemand zuvor. Mit Abba hatte sich das ziemlich unbeschriebene Schweden auf der musikalischen Weltkarte plazieren können. Roxette, Army of Lovers oder auch Secret Service wären ohne Agnetha, Björn, Benny und Annfried nicht denkbar gewesen. Ohne Abba hätten sich vermutlich auch die alternativen Rockmusiker niemals so ins Zeug gelegt. Nach dem Welterfolg des Quartetts wollten sie zeigen, daß man in Schweden auch

Rockstars auf Briefmarken: Lena Phlipson, Roxette und Jerry Williams

andere Musik als nur den eingängigen Soft-Pop machen konnte.

Das Selbstbewußtsein der Musiker aus Nordeuropa stieg mit den Erfolgen von Abba. Musiker wie Janne Schaffer, einer der bekanntesten Vertreter des gitarrendominierten Jazzrocks, der Flötist und Keyborder Björn J:son Lindh oder Stefan Nilsson – sie wagten sich nach Heimerfolgen weit über die Grenzen Schwedens hinaus und veröffentlichten ihre Platten in den siebziger Jahren sogar in den Vereinigten Staaten. George Wadenius wurde Gitarrist bei Blood, Sweat and Tears. Mikael Rickfors spielte bei den Hollies und komponierte später für Santana. Die britische Blues-Rock-Röhre Carol Grimes

nahm sogar eine ganze LP mit schwedischen Musikern auf.

In Schweden selbst hatten die Musiker, die von vornherein auf schwedische Texte gesetzt hatten, immer größere Erfolge. Orientiert an Vorbildern wie Bob Dylan oder dem frühen Bruce Springsteen besang Ulf Lundell die «Öppna landskap», die offene Landschaft. Das Lied, das die Natur romantisiert und Abstand nimmt vom Großstadtleben, ist wohl für die meisten Schweden heimliche Nationalhymne geworden. Lundell war der mit Abstand erfolgreichste schwedische Musiker der siebziger Jahre und sorgt noch heute hin und wieder für Schlagzeilen. Begonnen hatte er als Schriftsteller. Sein Roman «Jack»

93

ist für den angesehenen Literatur-
kritiker Lars-Olof Franzén «der
Generationsroman der Siebziger».
In Lundells Fahrwasser tauchten Tomas Ledin, Anders F. Rönnblom
und Dan Hylander auf. Sie alle sind
bis heute aktiv, wenngleich nicht
mehr tonangebend in der Musikszene.

Ende der siebziger Jahre dröhnte
es aus Kellern und Garagen, aus
leeren Fabrikhallen und Jugendzen-
tren so schräg, daß manchem die
Ohren abfielen. Der britische Punk
hatte im Norden sofort einige Nachahmer gefunden. Die bekannteste
Punk-Gruppe Ebba Grön mit dem
schillernden Joakim Thåström als
Frontmann bezog mit kantig-schril-
len Tönen Stellung gegen das Establishment. «Staat und Kapital» hieß
einer ihrer bekanntesten Songs,
eine Cover-Version des gleichnamigen Titels der alternativen Gruppe
Blå Taget (Blauer Zug). Neben
Ebba Grön ritten Dag Vag mit einer
tanzbaren Mischung aus Rock und
Reggae ganz oben auf der neuen
schwedischen Welle. Beide Bands
brachten es auf ansehnliche Ver-
kaufszahlen. Aus Ebba Grön wurde
nach einiger Zeit Imperiet (Das Im-
perium), Dag Vag verschwand und
tauchte Ende der Achtziger als Kla-
maukgruppe wieder auf.

Die punkigen Altstars taten sich
schwer mit den neuen Klängen, die
wieder einmal aus England herüber-
kamen. Synthipop und Neonglamour
waren angesagt – auch in
Schweden, wo Gyllene Tider (Goldene Zeiten) mit dem späteren
Roxette-Kopf Per Gessle die Herzen der meist jugendlichen Fans
zum Schmelzen brachte. Auch die
Stars der Neunziger greifen am liebsten auf die Vorbilder aus vergangenen Tagen zurück: Ob Tomas Ledin

oder Eva Dahlgren, ob Wilmer X
oder Persson Pack – der gute, alte
Rock ist unverkennbar. Die Texte
sind fast ausschließlich schwedisch,
und wenn Eva Dahlgren auf Tour-
nee geht, bringt das Publikum
Feuerzeuge und Streichhölzer mit.
Ihre oft autobiographischen Lieder
handeln von Einsamkeit und Liebe,
das Ganze auf originelle und nie
peinliche Art in moderne Musik
verpackt.

Die Märkte scheinen aufgeteilt zu
sein: Während die Altstars die hei-
matlichen Gefilde beackern, orien-
tieren sich die jungen Bands jenseits
der Grenzen. Dabei vermeidet man
gern das «schwedische Image».
Wenn Dr. Alban losrappt, denkt jeder zunächst an die Bronx. Daß der
schwarze Zahnarzt aus Stockholm
kommt, wußte anfangs kaum jemand. Auch die Hip-Hop-Spezis
Papa Dee und Rob 'n' Raz geben
sich ganz international, Titiyo und
ihre Halbschwester Neneh Cherry
ebenso. Sie alle sind dem Paß nach
schwedische Staatsbürger, und bis
auf Neneh Cherry, die Tochter des
Jazz-Altmeisters Don Cherry, leben
alle im Land der Mitternachtssonne. Das gilt auch für die Popgrö-
ßen Roxette und Army of Lovers.
Nur die Hardrocker Europe trieb es
aus steuerlichen Gründen in die
Karibik.

In der musikalischen Hochburg
Stockholms sind in den letzten Jah-
ren modernste Studios entstanden,
die nicht nur von den einheimischen
Stars benutzt werden. Hier hat man
sich professionell auf den schwedi-
schen Sound eingestellt, der via
MTV zu einem echten Markenzei-
chen in Großbritannien und den
Vereinigten Staaten geworden ist.
Und auch die internationalen
Schallplattenmultis waren schnell

bei der Hand: Heute gibt es kaum noch eine rein schwedische Gesellschaft, die Branchenriesen Bertelsmann Musik GmbH und die Polygram-Gruppe haben alles fest unter Kontrolle.

Nationalsymbole und nordische Klassik

Kein anderer Komponist hat in Schweden eine solche Berühmtheit erlangt wie Carl Michael Bellmann (1740 bis 1795), der drastisch, manchmal vulgär, aber immer lebendig das Leben im Stockholm des 18. Jahrhunderts besang. Seine Episteln und Lieder werden auf jedem schwedischen Fest zu fortgeschrittener Stunde gesungen. Kein Wunder: Waren es doch Sauflieder, entstanden in den Kneipen der Stockholmer Altstadt, in denen Bellmann einen Großteil seines Lebens verbrachte. Fred Åkerström, Cornelis Vreeswijk und Sven-Bertil Taube sind die bekanntesten Bellmann-Interpreten, in Deutschland hat sich passenderweise Harald Juhnke an die Trinklieder gewagt. Gleich nach Bellmann kommt Evert Taube, der zumeist die schwedische Natur und das Seemannsleben besang. Sein Sohn Sven-Bertil führt die Tradition weiter. Wenn er im Sommer im Stockholmer Vergnügungspark Gröna Lund auftritt, kommen Tausende Stockholmer mit Kind und Kegel. «Ein Sommer ohne Bellmann und Taube» – so schwärmte ein Musikjournalist – «das ist wie Schweden ohne Mittsommer!»

Das gilt natürlich auch für den «gammeldans», die traditionellen Tänze. Wer im Sommer Schweden besucht, wird mit Sicherheit irgendwo zwischen Lund und Kiruna auf Polka, Walzer, Hambo oder Schottis stoßen. Fast jede Gemeinde hat eine Gammeldans-Gruppe, in der die Tänze in zeittypischen Trachten geübt werden. Spätestens zum Mittsommerfest sitzen die zum Teil komplizierten Schrittfolgen perfekt. Ein Spielmann begleitet die Tanzgruppe dann mit seiner Ziehharmonika oder der Fiedel. Soviel ist sicher: Es klingt exotisch!

Auch in der klassischen Musik hat Schweden einiges zu bieten. Zwar kann man sich nicht, wie die Norweger, mit einem Grieg rühmen, auch hat man nicht, wie die Finnen, einen Sibelius vorzuweisen, doch ein Hugo Alvén oder ein Wilhelm Petterson-Berger sind auch nicht schlecht. Alvéns «Midsommarvaka», die Mittsommernachtsfeier, und Petterson-Bergers Oper «Arnljot» gelten als die Klassiker schlechthin, die immer irgendwo auf einer der vielen Bühnen des Landes gespielt werden. Auch Lars-Erik Larssons «Pastoralsvit» klingt wie die beiden anderen Werke nordisch unterkühlt, obwohl mitteleuropäische Einflüsse nicht zu überhören sind. Wenn schon nicht die Komponisten, so waren und sind doch schwedische Interpreten klassischer Musik auf allen großen Bühnen der Welt zu Hause. Man denke nur an Jenny Lind, Jussi Björling, Birgit Nilsson, Silvia Lindenstrand oder Anne-Sofie von Otter.

Klassik hin, Pop her – die meisten Schweden eint der Hang zur Tanzmusik. Die Vikingarna und andere Schwofkapellen sind an jeder Tankstelle im Land auf Kassette zu erwerben. So leicht haben es die Liedermacherin Eva Dahlgren oder der Edel-Rapper Dr. Alban nicht. Von Bariton Håkan Hagegård ganz zu schweigen.

Objekt
KUNST UND
Alltag
DESIGN

nien sowie die Liebe zu Naturmaterialien schufen vor allem in den fünfziger Jahren das Markenzeichen «Swedish Modern». In Glasarbeiten wie im Möbel- und Textildesign gilt der «Triumph der schlichten Formgebung» noch heute. Die Resultate sind oftmals Alltagswaren, die sich jeder leisten kann. Natürlich gibt es auch in Schweden teure Designerstücke, doch die Formkultur schloß schon früh Produkte für den Durchschnittsbürger mit ein. Das hat seine Gründe nicht zuletzt in der Armut des Landes um die Jahrhundertwende und in der Liebe zur Natur: Man hatte kein Geld, um wertvolle Materialien zur Ausschmückung zu verwenden, und machte das Schönste aus dem, was vor der Haustür lag – Naturmaterialien. Andererseits sorgten die langen Winter dafür, daß den Schweden das Zu-

talienisches Design hat es noch schöner gemacht, reich zu sein – schwedisches Design dagegen weniger schlimm, arm zu sein.» Mit diesem Vergleich läßt sich der Charakter schwedischer Formgebung treffend beschreiben. Die Synthese funktionaler Formen und klarer Li-

hause ganz besonders wichtig war. Da fand man es schön, wenn wenigstens das Motiv der Tischdecke an den Sommer erinnerte.

Schönheit für alle

Bereits 1845 wurde die Gesellschaft für industrielle Formgebung gegründet, die heute unter dem Namen «Föreningen Svensk Form» aktiv ist. 1919 gab Gregor Paulsson, einige Jahre lang Direktor dieses Verbandes, ein Heft mit dem Titel «Schönere Alltagswaren» heraus. Darin forderte er unter anderem, daß in der Industrie Künstler angestellt werden müßten, um an den Arbeitsplätzen und in den heimischen vier Wänden gute und schöne Produkte zu fördern. Paulsson konkretisierte dabei die zwanzig Jahre alten Gedanken der sozialästhetischen Reformerin Ellen Key, die «Schönheit für alle» propagiert hatte. Sie war überzeugt, daß die Menschen glücklicher werden und lieber arbeiten, wenn sie von schönen Dingen umgeben sind. Auch der Deutsche Werkbund und die Bauhaus-Schule beeinflußten die frühen Industrie-Designer Schwedens. 1930 stellte der Verband der Formgeber in Stockholm «soziales Design für den besseren Alltag» vor. Dieses Streben ließ sich hervorragend in das politische Ziel des Wohlfahrtsstaates integrieren. Standardwohnungen mit Holzmöbeln, Blumenmotiven und Flickenteppichen waren das Resultat.

Spätestens in den fünfziger Jahren fand die breite Palette einfacher und praktischer Produkte Anerkennung im restlichen Europa und in Amerika. Von Möbeln über Bratpfannen, Kühlschränke, Bestecke und Keramik bis hin zu Teppichen

und Tapeten waren die schlichten Kunst-Stücke in den Kaufhäusern des ganzen Landes für nahezu jeden erschwinglich – und damit war das erste große Ziel erreicht. Architekten, Designer und Planer im Ausland sahen Schweden als ganzheitliches Vorbild in ihrem Bemühen, das vom Krieg verwüstete Europa wieder aufzubauen.

Exportschlager IKEA

Am nächsten kam dem Traum nach Gleichheit vor der Designware Ingvar Kamprad aus Elmtaryd / Älmhult. Die Anfangsbuchstaben dieser vier Worte verbergen sich hinter IKEA, das 1943 ganz bescheiden startete. Glaubt man dem Gründer des Großunternehmens mit der Abhol-Philosophie, dann lag IKEA wirklich ein sozialer Gedanke zugrunde. Zwar kann man diskutieren, ob der Alltag durch Ingvar Kamprads Geschäftsmasche mit den unmontierten Möbeln schöner geworden ist, und vor allem, ob die anfängliche Plagiat-Freude ideenreiche Designer gefördert hat. Tatsache ist allerdings, daß auf Qualität und Formgebung immer mehr Energie verwendet wurde. Die Produktserie unter dem Namen «Stockholm» etwa führt seit den achtziger Jahren die klassischen schwedischen Designer-Gebote weiter, und einigen der «Möbelstylisten», wie zum Beispiel Niels Gammelgaard oder Thord Björklund, ist es hervorragend gelungen, finanzielle Zwänge mit interessanten Formen und originellen Lösungen zu kombinieren. Gleichzeitig wurde bei den Stoffen auf witzige Muster gesetzt, die von jungen, unbekannten Designern wie von älteren, etablierten Formgebern geschaffen wurden.

Verkaufsschlager Ergonomie

Als sich IKEA langsam auf Designförderung besann, war es auch an der Zeit, die Formgebung in der Industrie anzupacken. «Designforschung» hieß das neue Zauberwort: Arbeiter wurden interviewt, Produktionsvorgänge gefilmt, Tests durchgeführt und Bewegungsabläufe analysiert. Die Arbeitsplätze sollten angenehmer werden, und zugleich machten sich die Designer daran, die Bedienung der Maschinen zu vereinfachen und die Werkzeuge dem Menschen besser anzupassen.

Erstaunlich viele Firmenleiter verstanden recht früh, daß Ergonomie auch zum Verkaufsschlager werden konnte. Die Werkzeuge von Bahco sind dafür ein blendendes Beispiel. 1892 hatte ein gewisser Johan Petter Johansson den verstellbaren Schraubenschlüssel erfunden, der bei uns fälschlicherweise Franzose heißt, und zusammen mit einem mutigen Geschäftsmann eine Firma in Enköping gegründet. Seither hat Bahco über achtzig Millionen der praktischen Universal-Werkzeuge in alle Welt verkauft. In den siebziger Jahren sah die Firma mit einer nunmehr breiten Produktpalette ein Stück voraus: Billigprodukte aus Hongkong oder Taiwan konnten den guten Ruf der Schweden zwar noch nicht gefährden, doch ganz sicher fühlte man sich nicht mehr. Folglich entschied man sich, neu über das perfekte Werkzeug nachzudenken. Nachdem Tausende von Handwerkern in die Suche nach neuen Lösungen mit einbezogen worden waren, stellten die Werkzeugproduzenten zum Beispiel bei Schraubenziehern aller Größen auf dickere, sphärisch geformte Griffe um. Beim Universal-Schraubenschlüssel machten die Designer nicht nur den Griff handgerechter, sie verschoben auch den Schwerpunkt und brachten an den verstellbaren Backen eine praktische Millimeterskala an. Die Ergo-Serie war geboren und sicherte Bahco die Zukunft.

In den Montagehallen, beispielsweise der Automobilindustrie, waren immer mehr Frauenhände am Werk. Doch die Werkzeuge für Arbeiterinnen und Arbeiter sahen exakt gleich aus, obwohl Frauen bekanntlich kleinere Hände haben. Mit Hilfe angepaßter Griffe konnten Designer viele Langzeiterkrankungen durch unnötigen Kräfteverschleiß verhindern. Streß und Fehlgriffe wollte dagegen ein Druckpressenhersteller vermeiden, der das oft chaotische Wirrwarr an Bedienungselementen gegen große, übersichtliche Knöpfe austauschte. Schwedische Ergonomie-Designer gestalteten anwenderfreundliche Computer, augengerechte Beleuchtungen, rückenschonende Staubsauger und einfach zu bedienende medizinische Apparate. Viele schwedische Produzenten konnten mit ihrer Hilfe und den Ideen industrieller Formgeber trotz billigerer Konkurrenz ihren Marktanteil sichern.

Einen guten Ruf haben sich auch die Hersteller von Produkten für Behinderte, Kranke und Senioren geschaffen. Der Dusch- und WC-Rollstuhl schwedischer Formgeber zum Beispiel, mit dem Krankenhauspatienten selbst ihre Körperhygiene besorgen können, hat viele Anwender, Abnehmer und Nachahmer gefunden. Bosse Lindkvist, der Goldmedaillengewinner etlicher Rollstuhl-Wettbewerbe, entwickelte mit Designern ein leichtes, zusam-

Evolution des Universal-Schraubenschlüssels

menklappbares Gerät für den Alltags- und Sportgebrauch. Ein Spezialstift für Rheumatiker oder federleichte Bestecke mit angepaßten Plastikgriffen für Personen mit Gelenkschmerzen haben sich zu ausgesprochen erfolgreichen Exportartikeln entwickelt. Das Brotmesser von Sven-Eric Juhlin, dessen ergonomischer Griff Menschen mit Bewegungsschwächen die Küchenarbeit erleichtert, ist inzwischen legendär. REHAB heißt das führende Unternehmen in solchen Produkten. «Wir wollen auf breiter Front das erreichen, was bei Brillen geschehen ist», erklärte Vertriebschef Sverker

Göthberg Anfang der neunziger Jahre die Firmenphilosophie für das neue Jahrzehnt. «Das sind ja die gewöhnlichsten Hilfsmittel gegen eine körperliche Schwäche, und dort nimmt man viel Rücksicht auf die Formen und Farben der Produkte, damit die Brillenträger ihre Sehhilfen auch mögen!»

Spitzendesign und Gebrauchskunst

Schwedisches Design widmet sich freilich nicht nur sozialen Aufgaben. Die südschwedische Glasmanufaktur Orrefors etwa präsentiert alle zwei Jahre eine exklusive Kollektion gläserner Kunstobjekte, und einigen Sammlern ist für die einzigartigen Werke kein Weg zu weit: Als 1988 die erste limitierte Edition vorgestellt wurde, flogen europäische Kunstliebhaber bis nach Tokio, um ihre Favoriten unter den Kristallgebilden zu erstehen. Ein Jahr zuvor bewies die Stockholmer Kunstauktion, wie stark das Interesse an Glasdesign gestiegen war: Die Vase «Cameleont» von Edvin Öhrström ging damals für umgerechnet 155 000 Mark weg.

Den Großteil ihrer Kreativität verwenden die Glaskünstler von Orrefors darauf, hochwertige Gebrauchsgläser zu kreieren. Die Designerin Helén Krantz ist überzeugt davon, daß «man die Freiheit und verrückte Ideen im Kristalldesign braucht, denn ohne diese Experimente wäre das normale Sortiment sicher nicht so erfolgreich ausgefallen!» Dieses zweigleisige Arbeiten praktiziert man auch bei der zweiten, großen Glasmanufaktur des Landes, Kosta Boda, beim Porzellanhersteller Gustavsberg und beim Möbelhersteller Dux. Dort wurde ein Stuhl-Modell, das Schwedens Design-Pionier Bruno Mathsson 1934 entwickelt hatte, noch Anfang der neunziger Jahre verkauft – für umgerechnet 1000 Mark. «Eva» heißt das edle Stück aus gekrümmtem Holz und einer Sitz- und Rückenfläche aus geflochtenem Sattelgurt. Designerware ist also selbst in Schweden nicht immer für jedermann, besonders nicht, wenn jüngere Möbelstars ihrer Phantasie freien Lauf lassen: Die limitierten Sitzkunstwerke von Mats Theselius beispielsweise bewegen sich in Preisklassen um die 20 000 Mark. Besonders ein Sessel in Aluminium mit einem Sitz aus geflochtener Birkenrinde sorgte international für Aufsehen.

Idylle und Wahnsinn

Die große Stärke des schwedischen Designs, die Fähigkeit, neue Ideen formvollendet in die Praxis umzusetzen, ist die große Schwäche der schwedischen Kunst. Kunsthistoriker bemängeln, daß die schwedischen Maler und Plastiker sich zu eng an ausländische Vorbilder angelehnt haben. Die bekanntesten Ausnahmen sind Carl Larsson und Anders Zorn. Beide entnahmen ihre Motive dem Alltag und der Natur. Larsson liebte es, die glückliche Familie zu Hause und bei Ausflügen ins Freie abzubilden, und wer annimmt, die Schweden hätten es satt, seine Idyllen auf jedem zweiten Kalenderblatt und jeder dritten Keksdose zu erblicken, irrt sich gewaltig. 1992 verbuchte das Nationalmuseum in Stockholm die höchsten Besucherzahlen seit 44 Jahren: 300 000 Besucher wanderten durch die heile Welt der Larsson-Bilder. Anscheinend hat der Traum vom romantischen und glücklichen Leben in der Natur die Schweden bis heute nicht losgelassen. Auch Anders Zorns farbige Fülle steht bei den Schweden hoch im Kurs. Seine Bilder von üppigen Badeschönheiten und verführerischen Landschaften erzielten bei Auktionen Ende der achtziger Jahre Höchstpreise.

Als Bahnbrecher der modernen schwedischen Kunst gilt heute Ernst Josephson, dessen Geisteskrankheit ab 1888 einen Stil provozierte, der viele Maler beeinflußte. Josephson schuf in souveräner Einfachheit und klaren Konturen verzerrte und grotesk deformierte Motive in extremer

Farbwahl: Entweder setzte er kräftige Lichtblitze oder er benutzte in seinen späten Werken eine betäubende, matte Dunkelheit.

Carl Fredrik Hill, ein Zeitgenosse Josephsons, ließ sich von Beginn seiner Künstlerkarriere an kaum von äußeren Einflüssen inspirieren. Seine einzigartige Verbindung klassischer Sichtweisen und realistischer Beobachtung mit der Leidenschaft für Farben war einzigartig in der Landschaftsmalerei. Auch er geriet in geistige Verwirrung, doch wie bei Josephson blieb seine schöpferische Kraft in dieser Lebensphase ab 1878 ungebrochen. Seine schizophrene Welt zeigte eine ungehemmte, jedoch technisch beherrschte Nacktheit. Diese wahnsinnige Kombination hatte für den experimentellen Willen späterer Künstler eine enorme Bedeutung.

Zu den Erneuerern um die Jahrhundertwende zählt auch John Bauer, ein Maler und Illustrator, dessen phantasievoll gestaltete Wichtel, Trolle, Elfen, Zwerge und Prinzessinnen noch heute faszinieren. Seine Bilder sind voller romantischer Mythologie und geprägt von einem starken Bewußtsein für die Macht der Natur. John Bauer kam 1918 bei einem Schiffbruch auf dem See Vättern um. Doch der Pionier der schwedischen Märchenillustration lebt im Schaffen vieler Buchkünstler weiter – von Jenny Nyström und Elsa Beskow über Niels-Christian «Fibben» Hald bis hin zu Anna Höglund, Sven Nordqvist oder Mati Lepp.

Unbestrittener Altmeister der Skulpteure ist Carl Milles. Klassische Stilisierungen und klare Formen bestimmen das Werk des 1875 geborenen Bildhauers. Durch die burleske Pracht seiner Skulpturen sowie Kompositionen, die Wasser als formendes Element einbezogen, wurde er nicht nur in Schweden schon zu Lebzeiten legendär. Vom frühen Reichtum des Bildhauers zeugt der «Milles-Gården» auf der Insel Lidingö vor Stockholm, wo ein wichtiger Teil seines Schaffens zu sehen ist – originell präsentiert, auf hohen Pfeilern gen Himmel gerichtet.

Moderne Antagonisten

In der neueren schwedischen Kunst erregten Öyvind Fahlström und Carl Fredrik Reuterswärd international Aufsehen. Seit den fünfziger Jahren verfolgten beide mit einer Vorliebe für den freien Stil, das Spielerische und Happenings das Ziel, Malerei, Poesie und Theater in einer Kunstwelt zu verschmelzen. Fahlström wollte die Grenze zwischen Kunst und Realität abschaffen, er hatte den Traum, die Welt zu verändern. Reuterswärd dagegen versuchte, die Gedanken über die Welt zu verändern. Er sah die Welt der Kunst als Freiraum für das Denken.

Der Maler, Zeichner, Graphiker und Schriftsteller Fahlström ging 1961 nach New York. Er griff Comic-Stereotypen, etwa aus «Crazy Cat» oder «MAD», auf und benutzte mit dadaistisch-surrealistischer Ironie die Zeichen, um das Konsumdenken und die Weltpolitik in Frage zu stellen. Ab Mitte der sechziger Jahre stellte er Spielgemälde aus, bei denen der Betrachter lose Bestandteile mit Magneten bewegen und so sein eigenes Kunstwerk schaffen konnte. Einige Spielbilder unter dem Titel «Suggestions for The Cold War» sollten die Strategien des Kalten Krieges symbolisieren, das Wesen des Vietnamkrie-

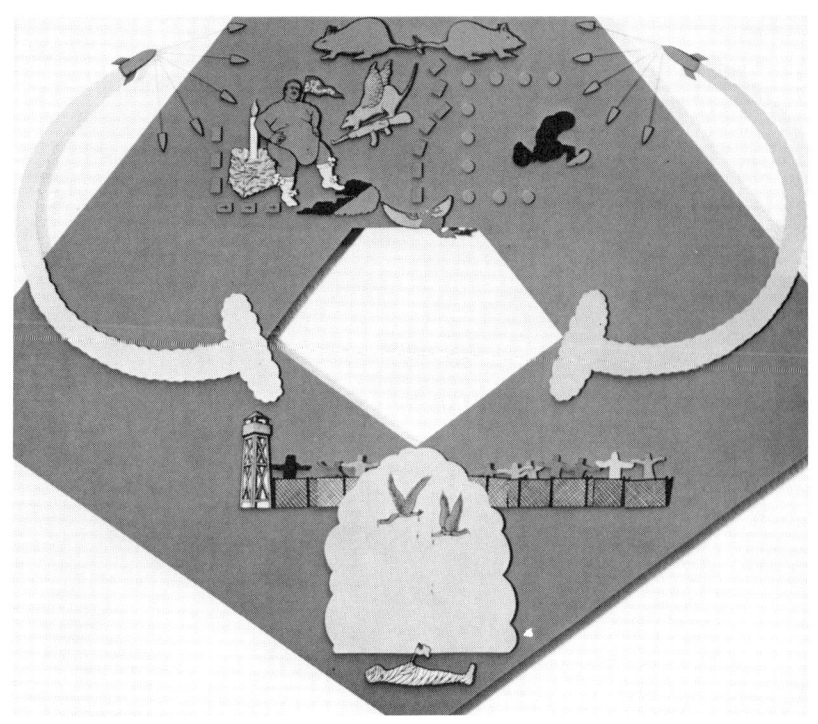

Fahlström 1970: «Pentagon Diptych»

ges oder des Putsches in Chile. Fahlström bewies, daß politische Ambition und moderne Kunst verbunden werden können, auch wenn er bald sah, daß sein Veränderungswille zum Scheitern verurteilt war.

Reuterswärd war nicht nur Maler, Filmer und Schriftsteller, er entwarf auch Bühnenbilder, was ihm Ideen gab für effektvolle Objekte, meist Schaufensterpuppen oder Wachsfiguren. Auch er arbeitete stark mit dadaistisch-surrealistischen Mitteln. 1968 führte er in der Ausstellung «Kilroy was here» bewegte Laserstrahlen und Hologramme als Kunstwerzeuge ein. Die Phantasiefigur Kilroy sollte ihn lange Zeit begleiten, genau wie das imaginäre Kommerzkunst-Genie Ar-

nold Forel Pratt-Müller. Reuterswärd selbst war, wie er in einer Anzeige in der New York Herald Tribune bekanntgab: «Closed for holidays 1963 – 1972».

Fahlström blieb bis zu seinem Tod – er starb 1976 im Alter von 47 Jahren – ein Bahnbrecher für neue Formen und ein Vermittler engagierter Kunstbotschaften. Reuterswärd erlebte 1988 einen erneuten Höhepunkt seiner Laufbahn, als sein Werk «Non-violence» – ein Revolver mit Knoten im Lauf – vor dem UNO-Hochhaus in New York aufgestellt wurde. Ein Jahr später setzte eine Gehirnblutung seiner künstlerischen Karriere ein Ende.

Ausgerechnet der kleine Bruder im Westen, Norwegen, macht den Schweden am 17. Mai vor, wie man den Nationalfeiertag feiert; im Vergleich dazu ist der schwedische 6. Juni ein Kindergeburtstag. Kein Wunder: Schließlich haben die Schweden ihren Nationaltag erst seit 1983, vorher nannte sich das Ganze «Tag der schwedischen Flagge». Außerdem wird ganz nor-

Tradition mit Wehmut

FESTE, ESSEN UND TRINKEN

mal gearbeitet, von Feiertag keine Spur. Das wirkliche Fest der Schweden ist seit Urzeiten «Midsommar», der Tag des Traditionsbewußtseins, aber auch des großen Nationalbesäufnisses. Damit richtig gefeiert werden kann, hat man 1952 im Zuge einer Kalenderreform beschlossen, das Mittsommerfest auf das Wochenende vor oder nach dem 21. Juni zu legen.

Idylle und Alk

Das Ganze fängt an wie ein Astrid-Lindgren-Kinderfilm: Während die Frauen mit den Kleinen auf den Wiesen Blumen pflücken und schöne Gebinde daraus flechten, machen sich die Männer auf, um im Wald einen geeigneten Stamm für den Mittsommerbaum zu finden. Bei jeder Feier, ob auf dem Fest-

105

Tanz um den Mittsommerbaum

platz der Gemeinde oder privat, steht ein mit Laubästen und Blumengebinden zu einem prächtigen Symbol der Fruchtbarkeit herausgeputzter Stamm. Die Feiernden haben sich fein gemacht: Viele kommen in den typischen Volkstrachten der jeweiligen Gegend zum Mittsommerfest. Groß und klein tanzt am Nachmittag um den Mittsommerbaum herum, den der Volksmund noch immer Maibaum nennt. Zur Freude vor allem der Kinder werden alte Volksweisen gesungen. Und alle sind dabei. Die Mittsommertradition ist den Schwedinnen und Schweden in Fleisch und Blut übergegangen.

Kulinarisch bedeutet Mittsommer: Frische Kartoffeln, leckere Heringe in verschiedensten Soßen, kleine Fleischbällchen, Knäckebrot, zur Nachspeise Erdbeeren – und dann ein erstes «nubbe», ein Schnäpschen. Die Skål-Rufe werden – je später der Abend – immer offenherziger und lauter. Von der Dunkelheit ist an diesem hellsten Wochenende des Jahres nur wenig zu sehen, und das Wetter an Mittsommer ist traditionell so feucht, wie die Feste fröhlich sind. Auf den Tanzböden, an Bootsstegen oder auf Festplätzen spielt normalerweise eine Volksmusikkapelle auf. Jugendliche haben die Wahl: Entweder sie tanzen dort die alten Tänze mit, oder sie organisieren ihr eigenes Fest irgendwo an einem der vielen Strände und bewegen sich zu moderneren Rhythmen.

Wer Kontakt zu den manchmal etwas zurückhaltenden Schweden bekommen will, der ist beim Mittsommerfest an der richtigen Stelle. Einige Schnäpschen lösen selbst die ansonsten angeschweißten Zungen der Nordschweden. Wo gefeiert

wird, zeigen Plakate – oder man fragt ganz einfach. An Mittsommer sind alle gut aufgelegt. Schließlich feiern viele gleichzeitig den Beginn der Schulferien, den Urlaubsanfang oder ganz einfach die Saison des Lebens unter freiem Himmel. Bei Mittsommerfeten in Strandnähe gehört das nächtliche Bad dazu. Es erfrischt und vertreibt manchmal auch das Zuviel an Alkohol. Wer versucht, an Mittsommer die Schweden unter den Tisch zu trinken, zieht meist den kürzeren. Besser hält man sich ein wenig zurück, um die Morgendämmerung noch wach zu erleben.

Die jungen Mädchen, die nach altem Brauch unter absolutem Schweigen sieben oder neun verschiedene Blumen auf ebenso vielen Wiesen gesammelt haben, stecken diese Blumen unters Kopfkissen, um vom zukünftigen Bräutigam zu träumen. Wer ihn schon gefunden hat, widmet sich der Liebe: An wohl keinem anderen Tag im Jahr wird für soviel Nachwuchs gesorgt – und an keinem anderen werden so viele Scheidungen vorbereitet.

Krustentiere und Stinkfische

«Kräftskiva», das Krebsessen, steigt ab dem zweiten Donnerstag im August. Verkauft werden dürfen die Krustentiere seit einiger Zeit zwar das ganze Jahr über, doch wenn es um traditionelle Feste geht, bleiben die Schweden standhaft. Krebsessen im Freundeskreis sind eine feste Institution im August. Lampions sorgen für die ganz besondere Stimmung, Hütchen und Lätzchen mit Zeichnungen der Schalentiere drauf machen nicht nur den Kindern Spaß. Serviert werden neben den in Bier- und

Dillsaft zubereiteten Krebsen auch Brot und Käse. Als Getränk passen Bier und Weißwein und natürlich auch einige Gläschen Nubbe. Die Krebspremiere gilt in Schweden als kulinarischer Feiertag, oder besser als Feierperiode: Etwa einen Monat lang wandert man von Krebsessen zu Krebsessen. Auch das Schalenknacken zu zweit soll seine Reize haben: Unter Verführungskünstlern gilt es als sichere Investition. Ob in trauter Zweisamkeit oder im Freundeskreis – wenn immer möglich feiern die Schweden dieses nicht billige Gaumenfest unter freiem Himmel. Man nimmt langsam Abschied vom Sommer und blickt wehmütig dem Winter entgegen.

Eine andere «Spezialität» steht eine Woche später an und sollte unbedingt im Freien verzehrt werden. Sie erfordert ein gewisses Maß an Gewöhnung für Gaumen und Nasen: Der «surströmming», wörtlich Sauerhering, stinkt gotterbärmlich. In den aufgeblähten Dosen, die vorsichtshalber unter fließendem Wasser geöffnet werden sollten, findet man halbverrotteten Fisch. In Sachen Surströmming sind sich die Schweden nicht ganz einig: Die einen lieben diese zweifelhafte Gaumenfreude, andere verabscheuen nicht nur den Gestank, sondern auch die sonderbare Konsistenz des Dosenfisches. Trotzdem: Probieren geht über Studieren, und viele, die zunächst die Nase rümpften, lernten diese Heringsart zu schätzen. Gegessen wird das Ganze mit Knäckebrot, der echte Liebhaber trinkt Milch dazu. Andere behaupten allerdings, daß Schnaps unbedingt dazugehört, um ein Surströmming-Fest überhaupt auszuhalten.

Licht ins Dunkel

Nach dem Sommer widmen sich die Schweden der Arbeit und vergessen beinahe, daß Feste das Leben viel schöner machen. Erst im Dezember ist es wieder soweit, doch diesmal geht alles viel besinnlicher zu. «Santa Lucia» schallt es am Morgen des 13. Dezember aus jedem Kindergarten, aus jeder Schule, jedem Betrieb und jeder Kirche. Die singende Lichterkönigin bringt das Kunststück fertig, die ansonsten gähnend leeren Gotteshäuser bis auf den letzten Platz zu füllen.

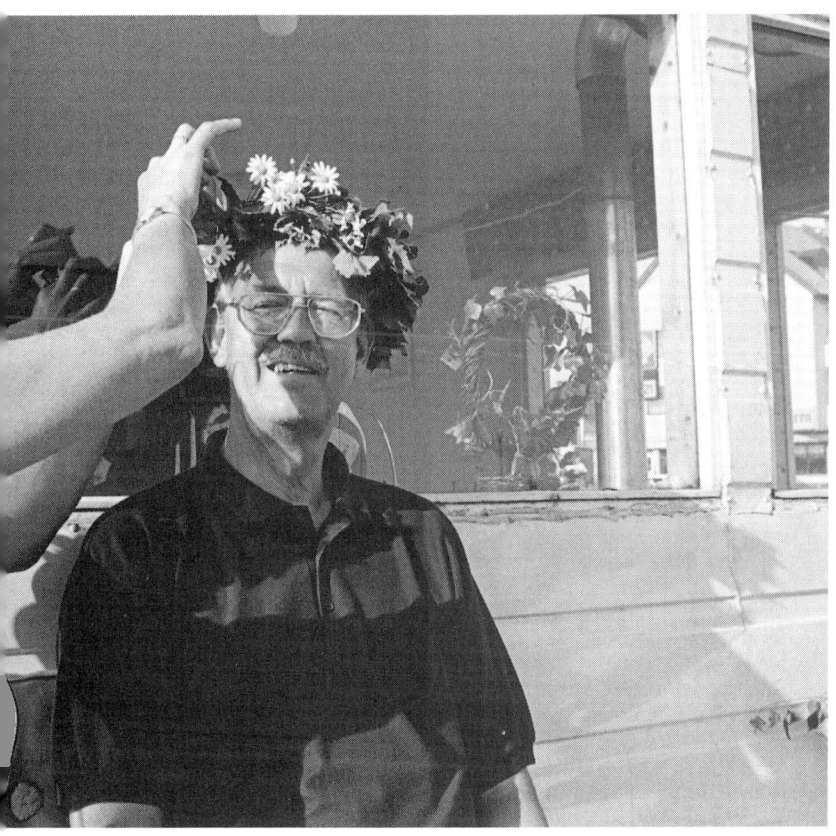

Midsommar – das Fest der Schweden

Woher der Brauch der heiligen Lucia genau kommt, ist umstritten. Fest steht, daß die Schweden sie aus Italien importiert und zur lichtbringenden Schönheit umfunktioniert haben. Eine Fassung ihrer Geschichte lautet: Lucia war eine gläubige, wunderschöne Jungfrau aus Syrakus auf Sizilien. Ein heidnischer Prinz verliebte sich in sie, und um ihn zu ihrem Glauben zu bekehren, opferte Lucia ihre strahlend schönen Augen. Das machte Eindruck auf den Jüngling, und er wurde sogleich Christ. Und Gott war so angetan vom Glauben der

Jungfrau, daß er ihr neue, noch schönere Augen schenkte. In einer anderen Version gab die Prinzessin ihr ganzes Vermögen an die verfolgten Christen. Das paßte dem künftigen Bräutigam überhaupt nicht, und er zeigte sie beim römischen Statthalter an. Keiner der römischen Soldaten konnte die schöne Lucia von der Stelle bewegen, und so wurde sie gleich mit dem Schwert hingerichtet. Aus der dritten Überlieferung stammt die Lichterkrone: Lucia brachte ihren Glaubensbrüdern in den Katakomben Roms Essen und Trinken. Um in den dunklen

Gängen alle Hände frei zu haben, trug sie Kerzen im Haar.

Der heutige Brauch mischt alle drei Geschichten. Lucia verwandelt den skandinavischen Hang zum Wehmütigen in ein besinnliches, fast religiöses Gefühl. Schon am ersten Advent haben die Eltern mit ihren Kindern die Weihnachtssterne hervorgeholt und an der Fensterscheibe befestigt. Oder man hat eine Lichterkette gekauft und sie in den Baum vorm Haus gehängt. Fast in jedem Fenster sind treppenförmige Kerzenständer mit sieben oder neun Kerzen zu sehen. So richtig sentimental wirkt diese Lichterpracht erst, wenn auch das Lucia-Lied dazu erschallt. Am 13. Dezember zieht erstmals der Duft von Weihnachtsgebäck durchs Haus: Die «lussekatter», etwa: Luciakätzchen, sind Kringel aus Zopfteig, der mit Safran schön gelb gefärbt und danach mit Rosinen vermischt wurde. Auch Pfefferkuchen werden ab diesem Tag fleißig gebacken und verzehrt, dazu trinkt man «glögg», eine Art süßer Glühwein mit Mandeln und Rosinen.

Die heilige Lucia muß langes, blondes Haar haben und möglichst gut aussehen. Vor einigen Jahren haben sich Lucia-Schönheitswettbewerbe eingebürgert, und dieser Trend zur Kommerzialisierung hält an. Die Lichterkönigin muß gut singen können. Schließlich wandert sie, Kerzen im Haar, zusammen mit ihren Sternsingern, durch Betriebe, Altersheime, Kirchen oder Schulen und trägt die Mär der Heiligen vor. Santa Lucia darf sich nicht aus der Ruhe bringen lassen, wenn ein Nobelpreisträger ausflippt und annimmt, sie sei ein Engel und er sei im Himmel. Einige der drei Tage vorher geehrten Wissenschaftler

kannten und kennen nicht den Brauch, nach dem Lucia frühmorgens Kaffee und ein kleines Frühstück am Hotelbett serviert. Nicht nur Nobelpreisträger, auch Professoren und Lehrer werden auf diese Weise von einer Lucia mit Kaffee versorgt.

So gestylt das Ganze auch wirken mag, so effektiv packt der Lucia-Tag selbst hartgesottene Wikinger im sentimentalen Innersten. Eine Lucia-Feier ist einfach schön – Kerzenlicht im ewigen Dunkel des nordischen Winters und dazu eine klare Stimme, die die Weise vom Schicksal der Heiligen aus Italien singt. Besonders rührend ist es, in einem Kindergarten mitzufeiern, denn dort dürfen – gut demokratisch – alle Mädchen im langen weißen Gewand mit einer roten Schärpe beim Lucia-Zug teilnehmen.

Hungrige Weihnachtswichtel

Zu Weihnachten ist das nahezu religiöse Gefühl des 13. Dezember allerdings meist schon wieder vergessen. Zugegeben: Auf schwedischen Weihnachtsmärkten ist Spielzeug aus Plastik und ähnlicher Schnickschnack verpönt – man setzt auf traditionelles Handwerk, und alles geht noch recht besinnlich zu. Doch wie die Bewohner des restlichen Westens, haben die Schweden am 24. Dezember Wochen voller Streß und Kaufrausch hinter sich. Einige markante Unterschiede gibt es trotzdem: Oft wird das Fest im weiteren Familienkreis begangen, und für eine schöne Bescherung sorgt der «jultomte», eine Art Weihnachtsmann, der im Norden Schwedens oder Finnlands haust. Der genaue Wohnort ist noch nicht geklärt, obwohl sich immer mehr nordeuropäische Gemeinden um das Recht des einzig echten Weihnachtsmannes streiten. Im Volksglauben ist der «tomte» ein übernatürliches Wesen, das früher im Haus oder im Stall lebte und dieselben Aufgaben innehatte wie etwa ein Heinzelmännchen. Mittlerweile begnügt man sich allerdings mit der gewöhnlicheren Vorstellung vom Weihnachtsmann, der per Rentierschlitten ankommt, um die Geschenke höchstpersönlich unter den bunt geschmückten Weihnachtsbaum zu legen, um den vorher die ganze Familie im Ringeltanz gehüpft ist.

Wie überall ist Weihnachten für die Kinder ein spannendes Abenteuer, und das, obwohl alle Jahre wieder dieselben Disney-Zeichentrickfilme über die Mattscheibe laufen. Für die Erwachsenen ist das Fest der Liebe nach all dem Adventsstreß fast ausschließlich ein Fest des Schlemmens. Eine spezielle Art des schwedischen Buffets hält «smörgåsbord» mit Fleischbällchen, Heringssalat, Leberpastete, frischgebackenem Brot sowie verschiedenen Wurst- und Käsesorten bereit. Zur Feier der Tage wird auch der gepökelte, gekochte und überkrustete Weihnachtsschinken aufgetischt, Lachs oder geräucherte Forelle gehören ebenfalls dazu, und manche stehen auf «lutfisk», getrockneten und gelaugten Stockfisch, oder «dopp i grytan», Brot in Schinkenbrühe. Der Schweinskopf mit dem Apfel im Maul dient auf dem Weihnachtstisch nur als Zierde. Eine echte Schlemmerei ist dagegen «Janssons frestelse», überbackener Kartoffelauflauf mit Anchovis (stark gesalzenen Sardellen), Zwiebeln und Sahne. Dieses Gericht war ursprünglich für einen schwedischen Opernsänger namens Jansson eine

echte Versuchung (frestelse) und gilt nicht nur an den Festtagen als Gaumenschmaus. Als typisch weihnachtliche Nachspeise gibt es einen dicken Reisbrei, der zwei Eigenheiten hat: Als der Jultomte noch als Heinzelmännchen aktiv war, stellte man ihm zu Weihnachten diesen Brei vor die Tür, damit er dem Haus auch im nächsten Jahr gut gesonnen war und nicht etwa auf seine bösen Kräfte zurückgriff. Heutzutage mischt man in den Reisbreitopf, der am Heiligen Abend verzehrt wird, eine einzige Mandel. Wer die erwischt, wird als nächster heiraten – behauptet der Volksmund.

Armer Lukull

Die traditionellen Feste bieten schon den Großteil schwedischer Gaumenfreuden, die fast alle eines gemein haben: Die schwedische Hausmannskost und das Smörgåsbord waren früher Arme-Leute-Essen. «Smörgåsbord» heißt wörtlich übersetzt Butterbrottisch und war nicht immer eine so reich geschmückte Tafel wie heutzutage. Als die schwedische Landbevölkerung noch arm war wie die Kirchenmäuse, kam außer Brot, Kartoffeln, Butter und vielleicht Käse nichts auf den Tisch. Die Butter wurde in Schweden übrigens immer gesalzen, denn Salz war früher das beste Konservierungsmittel. Noch heute ist gesalzene Butter eine Selbstverständlichkeit, man wählt zwischen «normal saltat» und «extra saltat». Nur manche Sorten gibt es auch «osaltat», also ohne Salz.

Knäckebrot ist die relativ moderne Variante des «tunnbröd», das vor allem in Nordschweden seit Urzeiten gebacken wurde. Diese Brotfladen sind so dünn (tunn), weil

Staatliche Alkoholabgabe

man sie ursprünglich auf heißen Steinen buk. Erst später wurden sie von den Bauersfrauen in Öfen gebacken, allerdings nur zweimal pro Jahr. Den Winter über war das mühlenantreibende Wasser gefroren, und somit konnte Mehl vor allem im Frühjahr und Herbst gemahlen werden. Außerdem war das Aufheizen des Backofens damals ein enormer Aufwand, deshalb wurde oft im Dorfkollektiv geknetet. Damit die Brote möglichst lange haltbar waren, bestand Tunnbröd aus sprödem Gerstenmehl. Der meist ungegorene Teig sorgte dafür, daß die Fladen gegen Austrocknen und Schimmel gefeit waren.

Tunnbröd ist in mehreren weichen und harten Varianten noch immer eine vielgefragte Brotsorte, genau wie die Familie der Knäckebrote. Das «typisch schwedische» Wasa-Knäckebrot ist nur ein Markenname, der aus dem Beginn dieses Jahrhunderts stammt. Clevere Fabrikanten sollen sich auf der Suche nach einer knackigen Produktbezeichnung daran erinnert haben, daß man im Wappen des königlichen Wasa-Geschlechts eine Getreidegarbe findet, denn «vasen» heißt auf deutsch ganz einfach Garbe. Außerdem hatten die harten Brote gerade zur Zeit Gustav Wasas ihre erste Blütezeit erlebt. Mittlerweile ist das Wasa-Unternehmen ganz in Schweizer Hand.

Die Kunst des Weiß- und Schwarzbrotbackens ist den Brotproduzenten bislang verschlossen geblieben. Viele Schweden backen selbst ihr Brot, um nicht die süßen Siruplaibe aus der Fabrik «genießen» zu müssen, und auch in Restaurants wird vor der Hauptspeise und dem Salat oft frischgebackenes Brot gereicht. Mittlerweile halten zumindest Bäckereien und besondere Brotabteilungen in Supermärk-

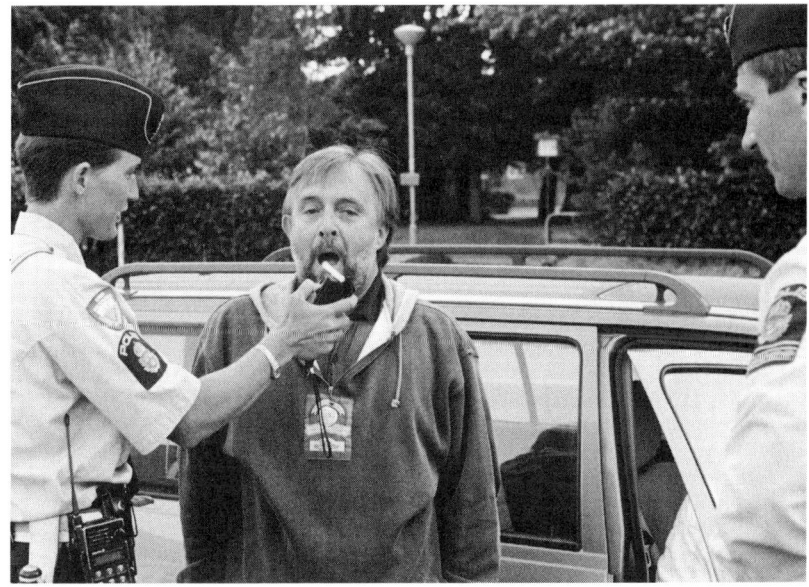

Puste-Razzien am Wochenende

ten Brotsorten nach finnischen und deutschen Rezepten bereit.

«Semlor» haben mit Semmeln nichts zu tun, obwohl beide den Namen vom lateinischen Begriff für Weizenmehl, simila, abgeleitet haben. Die schwedischen Semlor gibt es nur kurz vor der Fastenzeit: Die Kalorienbomben sollten früher am Faschingsdienstag, dem «Fettisdagen», die Fastenzeit überstehen helfen. Nahrhaft sind die köstlichen Gebäckstücke mit Sahne und Marzipanfüllung fürwahr. Mittlerweile finden die Semlorsüchtigen diese schwedische Spezialität schon ab Ende Januar in Bäckereien und Lebensmittelläden. In Kantinen, Schulen und Kindergärten wird allerdings beinhart an der Tradition des Fettisdagen festgehalten, an diesem ‹fetten Dienstag› bekommt man vielerorts Semlor gratis. Entweder ißt man sie zum Kaffee, oder man legt sie in eine Schale mit heißer Milch, läßt das Gebäck einweichen und schlabbert das Gemisch in sich hinein.

Mit dem Fasten hat auch die Tradition zu tun, am Donnerstag dicke Erbsensuppe und als Nachspeise Pfannkuchen zu reichen. Dieses Überbleibsel des römisch-katholischen Glaubens sollte den Magen auf den Fasttag vorbereiten. Noch vor hundert Jahren war das Fasten im Armenhaus Europas keine religiöse, sondern eine höchst praktische Sache: In der Speisekammer gab es höchstens Reste, und daraus machte man halt das Beste: «Pytt i panna», etwa: Reste in der Pfanne, ist ein Rezept, das bis heute überlebt hat. Kartoffeln, Wurst, Fleisch und Zwiebeln werden in kleinen Würfeln angebraten, darüber legt man ein Spiegelei, und dazu gibt es Rote Bete. Dieser Mix ist für hungrige Mägen ohne weiteres zu empfehlen, zumal das Gericht oft billig

113

in Restaurants angeboten wird. Bestimmt abraten muß man jedoch von dem Versuch, es den schwedischen Kindern nachmachen zu wollen: Sie lieben «blodpudding», Blutpudding. Die aus Schweineblut, Fett, Mehl und Gewürzen gefertigte Substanz sieht nach dem Braten aus wie ein verbrannter Toast und kann vermutlich nur geschätzt werden, wenn sie einem von Kindesbeinen an als Leckerbissen verkauft wurde.

Für Liebhaber von Molkereiprodukten bietet die Arme-Leute-Kost Schwedens eine Vielzahl an Joghurts und Milchsorten, die das Frühstück zu einer Entdeckungsreise für den Gaumen machen können. Die Kühltruhen der Supermärkte halten «fil», Sauermilch, «långfil», dicke Schwedenmilch, «kesella», Quark und eine Fülle anderer Köstlichkeiten bereit. Im selben Fach finden sich auch Tuben mit Billigkaviar als Brotaufstrich oder Zutat für hartgekochte Eier: «Kalles Kaviar» ist gesalzener, getrockneter und geräucherter Rogen vom Dorsch.

Trinkbare Drogen

Mit den Finnen sind die Schweden Weltmeister im Kaffeetrinken. Meist ist das Gebräu sehr stark, entkoffeiniert bleibt vielerorts ein Fremdwort. Die schwarze Droge mag auch deshalb so beliebt sein, weil Alkohol seit Ende des letzten Jahrhunderts offiziell verpönt ist. Jedenfalls heißt, wo immer man eingeladen wird, eine der ersten Fragen: «Darf es eine Tasse Kaffee sein?» In den meisten Cafés und Restaurants bezahlt man nur die erste Tasse, die nächste gibt es umsonst («påtår»).

Unter den Limonaden findet sich eine breite Palette spezieller schwedischer Sorten. Eine davon ist so legendär wie etwa der Almdudler aus Österreich oder das Hamburger Alsterwasser: «Pommac» heißt das köstliche, gezuckerte Kohlensäuregetränk, dessen Geschmack kaum zu beschreiben ist. Ausprobieren heißt da die Devise. Dasselbe gilt für die schwedischen Alkoholspezialitäten, die man nur in den staatlichen Alkoholverkaufsläden mit dem grünen Schild «Systembolaget» bekommt. «Absolut Wodka» ist ob seiner Exporterfolge der bekannteste Vertreter dieser Species, bei weitem aber nicht der schwedischste. Das ist schon eher der schwedische Punsch, ein extrem süßes, likörartiges Getränk, das bei besonderen Anlässen zur Erbsensuppe gereicht wird. Gewürzschnäpse, zum Beispiel «Skånes Akvavit», sind ebenfalls eine schwedische Besonderheit.

In den etwa 350 Systemet-Läden in ganz Schweden bekommt man eine hervorragende Beratung. Ob man wissen will, welcher Schnaps am besten zum Krebsessen paßt oder welchen Wein man zu Fischgerichten auf den Tisch stellen soll – die Verkäuferinnen und Verkäufer haben immer eine fachkundige Antwort bereit. In den Regalen findet sich so ziemlich alles, was an Promillehaltigem auf dem schwedischen Markt ist. Systemet hat am Wochenende geschlossen, deshalb bilden sich am Freitagnachmittag oft lange Warteschlangen. Und dann die Preise! Bei Wein kommt man noch am besten weg, denn in den Verkaufsstellen findet man keine ausgesprochenen Billigweine, und das Preisniveau der besseren Sorten liegt nicht so weit über dem deutschen. Bei Bier und vor allem bei härteren Sachen bleibt einem dagegen erst einmal die Spucke weg. Für Whisky, Gin oder Wodka muß man das Vierfache über die Theken schieben.

Diese leicht überbeschützende Maßnahme bringt dem Staat ein gutes Gewissen ein – und Alkoholsteuern, die etwa sieben Prozent sämtlicher Steuereinnahmen im Land ausmachen. Die Abstinenzlerverbände waren eng mit der Arbeiterbewegung verbunden und wuchsen parallel mit den Sozialreformen. Andererseits kannte die Abscheu vor Alkohol in Schweden noch nie Parteigrenzen und war bei Parlamentsmitgliedern immer überdurchschnittlich oft vertreten. Das ist noch heute so. Vielen Politikern graut vor der promillehaltigen EG-Anpassung, denn auf längere Sicht wird man das Alkoholmonopol nicht halten können.

Wie so oft, wollen die Schweden beim Alkohol nicht die ganze Wahrheit sehen. Schwedische Touristen fallen in den Alpen oder auf Mallorca durch stetes Trinken auf, die Fähre Richtung Deutschland ist voller torkelnder Skandinavier. Aber auch für den heimischen Alltag haben sich die Schweden etwas einfallen lassen: Das Schwarzbrennen ist, trotz hoher Strafen, nicht nur in ländlichen Gebieten ein weitverbreitetes Hobby – mit gar nicht mal schlechten Ergebnissen. So umgehen viele die langen Schlangen und vor allem die hohen Preise bei Systembolaget.

Das Trinken ist gesellschaftlich streng geregelt. Wer an Wochentagen über den Durst trinkt, gilt schnell als Asozialer, und wer am Wochenende nicht kräftigst bechert, ist suspekt. Für Jugendliche ist der Alkoholgenuß die spannendste Sa-

che der Welt – besonders weil man bei den staatlichen Verkaufsläden zwanzig Jahre alt sein muß, um an die Flaschen ranzukommen. In Restaurants dagegen darf man schon mit achtzehn Alkohol bestellen, doch das hat für Jugendliche Grenzen. Schließlich kaufen die Restaurantbesitzer ebenfalls bei Systembolaget ein und schlagen dann noch einmal das Zweifache drauf.

Über achtzig Prozent aller Gewaltverbrechen sind in Schweden mit Alkoholeinfluß verbunden – bei Tätern wie bei den Opfern. Die Schweden haben einfach nie gelernt, sinnvoll mit dieser Alltagsdroge umzugehen, und anstatt ihnen das beizubringen, schützt sie der Staat weitmöglichst vor dem Zugriff. Das einzige, was in normalen Lebensmittelläden verkauft werden darf, ist Bier der alkoholarmen Klasse eins und der Klasse zwei, das auf die Dauer besser mundet als das Bier der Klasse drei, das wesentlich teurer bei Systemet zu haben ist und meist zu sehr nach Promillen schmeckt. Ausschließlich nach dem deutschen Reinheitsgebot braut in Schweden übrigens nur Spendrups.

Bei aller Kritik, die im eigenen Land und vor allem in Mitteleuropa an der schwedischen Alkoholpolitik geübt wird, darf allerdings eines nicht vergessen werden: In der Statistik gesundheitlicher Schäden durch Alkoholgenuß steht Schwedens Bevölkerung im Vergleich zu Deutschland, Frankreich, Spanien oder Italien trotz des verbreiteten Schwarzbrennens sehr gut da.

Schweden privat

Die hohen Alkoholpreise hatten einschneidende Wirkung auf die Kneipenkultur: Nicht einmal in den

115

Schlangestehen vor dem Lokal

Städten gibt es die uns vertraute Flora an Bars oder Kneipen, in denen man sich bei einem Glas Bier oder Wein trifft. Für die meisten ist dies zu teuer, gilt überdies unter der Woche nicht als normal, und zudem hält der Staat die Ausschank-Lizenzen knapp. In den Restaurants ist Alkohol unglaublich teuer, und die Gerichte entsprechen dem Niveau der feinen deutschen Gastronomie. Die Schweden essen gerne mit den Augen, Speisen werden meist verführerisch hergerichtet. Doch die billigen Alternativen fehlen: Die Kneipe um die Ecke, «kvarterskro-

gen», ist leider eine Seltenheit geworden. So bietet sich nur zur Mittagszeit eine Billigvariante an: «Dagens rätt», Tagesgerichte für etwa fünfzehn Mark. Dabei darf man aus drei bis vier meist typisch schwedischen Gerichten wählen, Brot, Salat, ein nichtalkoholisches Getränk und natürlich Kaffee sind im Preis inbegriffen.

Wer sich abends relativ früh zu einer Kneipenrunde aufmacht, kann zeitweise die «Happy hours» ausnutzen. Diskotheken wiederum sind teuer. Vergnügungslustige Frauen unter 21 oder Männer unter 23 Jah-

116

Langsam verbessert sich die Kneipenszene: «EG-Preise» sind zumindest in den Restaurants und Bars der Großstädte ein gern benutzter Werbeslogan, und die Schweden finden immer mehr Geschmack an den mitteleuropäischen Sitten. Dennoch: An Treffpunkten mangelt es weiterhin. In ländlichen Gegenden und in Kleinstädten sind Würstchenbuden ein ständiger Sammelplatz für Jugendliche. Oft steigen private Feste. Man wird schneller zu Bekannten nach Hause eingeladen, ganz einfach, weil die preiswerte Treff-Alternative fehlt. Im allgemeinen sind die Schweden fürsorgliche Gastgeber, die relativ wenig Wert auf Förmlichkeit legen. Gegenüber Fremden ist man meist aufgeschlossen, wenn sie von Bekannten mitgebracht werden. Um als Urlauber in Kontakt zu kommen, empfiehlt es sich, den ersten Schritt zu tun, ohne sich aufzudrängen – die Schweden sind normalerweise zurückhaltend, egal ob der Fremde Schwede oder Ausländer ist. Wie in allen Großstädten leben die Menschen in Stockholm, Göteborg und Malmö hektischer und gestreßter als in kleineren Städten, wo die Leute etwas aufgeschlossener sind.

Wird man privat eingeladen, ist eine Flasche Wein oder gar Whisky ein willkommenes Gastgeschenk. Im Flur werden in Schweden fast immer die Schuhe ausgezogen, für das Essen bedankt man sich höflichst, und trifft man die Gastgeber einige Tage oder Wochen später noch einmal, sagt man höflich: «Tack för senast», Danke für letztes Mal. Diese Regeln sind so ziemlich alles, was man an «Benimm» kennen muß.

ren scheitern am Türsteher, denn jüngere Besucher sind unerwünscht, weil sie nicht genug Bares in den Taschen haben und deshalb manchmal schon zu Hause kräftig einen kippten. Oft bleibt den Jugendlichen und jungen Erwachsenen dann nur, sich bei einer Würstchenbude mit «tunnbrödrulle» zu versorgen – ganz speziellem, typisch schwedischem Junk-Food: Das dünne Brot wird mit Kartoffelpüree bestrichen, zu einer Rolle geformt, mit einem Würstchen versehen und auf besonderen Wunsch mit «räksallad», Shrimpssalat, garniert.

Breite
Leistung
FÜR ALLE

1987 untersuchte ein Forscher-team für Sportpädagogik das schwedische Tenniswunder. Die Frage war berechtigt: «Wie kommt es, daß ein winziges Land wie Schweden diese Sportart in den achtziger Jahren so stark dominie-

ren konnte?» Im Frühjahr 1985 wa-ren immerhin ein Drittel der fünf-zehn Besten auf der ATP-Weltrang-liste Schweden. Der fünffache Wim-bledonsieger Björn Borg, das Idol der siebziger Jahre, reichte als Er-klärung für den unglaublichen Er-

folg von Wilander, Edberg & Co. ebensowenig aus wie die verhältnismäßig lange Tradition des weißen Sports und seine schnelle Entwicklung zum Breitensport. Die Wissenschaftler entdeckten, daß bis zum Alter von zwölf bis vierzehn Jahren die Talente übers ganze Land relativ gleichmäßig verstreut waren. Danach spielten die Tennisvereine in ländlichen Gegenden eine viel wichtigere Rolle als die in den Großstädten. Dort empfanden die Nachwuchsspieler den Leistungsdruck im Club und von seiten der Eltern schneller als unerträglich, während den Tennistalenten in der Provinz einfach die Freizeitalternativen fehlten.

Sport statt Langeweile

In den kleinen Städtchen und Ortschaften ist es bis zur nächsten Kneipe oder Disco meilenweit – wobei eine schwedische Meile zehn Kilometer mißt –, dafür gibt es oft mehrere Vereine gleich um die Ecke. Für Jugendliche aus ländlichen Gegenden gilt die Regel: Freizeit gleich Sport, und so tauchen immer wieder Talente auf, die winzige Orte wie Tärnaby bekannt machen, wo Ingemar Stenmark die freien Stunden seiner Jugend dem Ski alpin widmete. Bei der unendlichen Weite und Einsamkeit des Nordens blieben ihm auch wenig Alternativen: Skilanglauf oder Waldlauf, Kanufahren, Motocross oder eben eine andere Sportart. Eltern und Kommunalpolitiker außerhalb der Großstädte fördern die lokalen Sportvereine nicht zuletzt deshalb, weil sie die berechtigte Angst hegen, daß die Sprößlinge ansonsten früher oder später aus Frust zur Buddel greifen. Das eigentlich sekundäre Resultat heißt dann öfter: Spitzensport statt Langeweile.

«Na, einfach runterfahren», beschrieb denn auch die wortkarge Skilegende Ingemar Stenmark einem Reporter sein Erfolgsrezept. Mit dieser lakonischen, aber ernstgemeinten Antwort stellte sich der Superstar auf die gleiche Stufe mit der joggenden Hausfrau von nebenan. Sport zu treiben ist eher eine Selbstverständlichkeit. Man hält sich fit, ob im Leistungs- oder Breitensport, ob jung oder alt, ob Mann oder Frau. Für den Nachwuchs herrscht kein Mangel an aktuellen und ehemaligen Idolen: Borg, Wilander und Edberg auf dem Court, Jan-Ove Waldner beim Tischtennis, das Drei-Kronen-Team in der Eishockeyhalle, Patrik Sjöberg an der Hochsprunglatte, Tomas Gustafson im Eisschnell-Lauf oder Gunde Svan und Thomas Wassberg in der Langlaufloipe sorgten und sorgen für Motivation.

Medien fordern Siege

Absoluter Zuschauermagnet ist das Eishockey, denn die Jagd nach dem Puck ist Nationalsport. 1989 errichteten die Stockholmer eigens für die Eishockey-Weltmeisterschaft ein architektonisches Sport-Denkmal: Die kugelrunde Globe-Arena ist mit 87 Metern Höhe und 112 Metern Durchmesser das größte sphärische Bauwerk der Welt. Auch wenn es damals vor heimischem Publikum nicht einmal für Bronze langte, zählt Schweden trotzdem zu den großen Eishockey-Nationen. 1991 holte sich die alte Spielergarde Gold durch einen Sieg über die sowjetischen Meisterspieler. Ein Jahr später fuhren sechzehn junge WM-Neulinge in die Tschechoslowakei, um ihr Bestes zu geben. In der Vorrunde zeigte sich deutlich, wie unroutiniert die Spieler waren. Sofort wurden die schwedischen Youngster in den Medien, die schon vor dem Turnier Gold gefordert hatten, auf beleidigende und demotivierende Weise abqualifiziert. Trotz dieses enormen psychischen Druckes machten die jungen Eishockeycracks das Unmögliche möglich: Sie verteidigten gegen Finnland den WM-Titel. Plötzlich waren sie Nationalhelden, und sämtliche Nachrichtensendungen begannen mit minutenlangen Feierreportagen, bevor die aktuelle Weltpolitik behandelt wurde.

Wenn die Schweden gewinnen, werden die Sportjournalisten in Sekundenschnelle zu Nationalisten ersten Ranges. Falls allerdings Sportler noch kleinerer Länder die Goldforderungen der schwedischen Medien vereiteln, setzt es giftige Kommentare: Bei den Olympischen Winterspielen im französischen Albertville 1992 entwickelte sich Norwegen zum Medaillen-Magneten und besiegte noch dazu die Schweden in fast allen Paradedisziplinen. Kaum eine Woche nach der Olympiade verkündete die Nachrichtenredaktion des Schwedischen Rundfunks: Die Norweger haben zwar viele Goldmedaillen gewonnen, sie wissen aber nicht, wie man das Wort «Gold» schreibt! Unter dieser Schlagzeile wurde eine Untersuchung präsentiert, nach der die Norwegen mehr Leseunkundige hat als Schweden. Wegen dieses Fanatismus der Medien haben selbstbewußte Sportstars wie Borg oder Sjöberg beizeiten aufgehört, Interviews zu geben.

Positiv verändert hat sich die Einstellung der Sportkommentatoren nur im Hinblick auf finnische Sportler, deren Leistungen mittlerweile äußerst sachlich und objektiv verfolgt werden. Wenn die Drei-Kronen-Mannschaft auf die Eishockeyspieler aus Finnland trifft, ist das große Zittern angesagt. Denn gegen die Schweden zeigte Finnland immer vollen Einsatz und erstklassiges Eishockey. Auch beim jährlichen Kräftevergleich der Leichtathleten dieser beiden Länder, dem «Finnkampen», sehen die Schweden oft alt aus. Wie bei allen Ländervergleichen zwischen diesen nordeuropäischen Sportnationen herrscht auf den Rängen eine unbeschreibliche Stimmung – vor allem, wenn die Wettkämpfe in Schweden stattfinden. Das hat einen sozialen Hintergrund: Finnische Gastarbeiter waren in den sechziger Jahren «Schwedens Türken». Auch wenn dieser gesellschaftliche Konflikt weitgehend überwunden ist, schlagen bei Sportveranstaltungen die Emotionswellen weiterhin hoch – mittlerweile aber meist sportlich-freundschaftlich.

Kollektives Schwitzen

Schweißtropfen für Sport und Fitneß fallen in Schweden meist kollektiv. In der Schule hat der Sportunterricht einen ungewöhnlich hohen Rang. Aber auch in den etwa 39000 Sportvereinen – 20000 davon sind Betriebssportclubs – bieten sich landesweit genügend Möglichkeiten. Der Hang zum Massensport mit dem Hauptgedanken «Gemeinschaft» wurde ursprünglich von der schwedischen Arbeiterbewegung initiiert und ist heute aktueller denn zuvor. Beim 85 Kilometer langen Wasa-Lauf zwischen Sälen und Mora in Dalarna, der 1922 zum ersten Mal ausgetragen wurde, gehen jedes Jahr im März um die 10000 Skilangläufer an den Start. Erst seit 1981 brauchen sich die Frauen keine falschen Bärte mehr anzukleben und dürfen ganz offiziell an dem traditionellen Gedächtnislauf teilnehmen. 1988 fiel dann zum ersten Mal der Startschuß für den dreißig Kilometer langen Frauen-Wasa-Lauf.

In Joggingschuhen stecken die etwa 30000 «tjejer», also Mädels aller Altersklassen, die bei «Tjejmilen» an den Start gehen, um zehn

Oberstes Ziel Gemeinschaft

Kilometer durch Stockholms Grüngelände Gärdet und Djurgården zu rennen oder zu joggen. Die besten absolvieren die Strecke in dreißig Minuten, andere kommen erst nach eineinhalb Stunden ins Ziel – Dabeisein ist alles. Tausende tummeln sich auch beim Dreißig-Kilometer-Lidingö-Geländelauf, beim Stockholm-Marathon oder einem der unzähligen Stadtläufe in ganz Schweden. Radfreaks freuen sich auf die Vättern-Runde, wo in zwei Tagen

300 Kilometer heruntergestrampelt werden, und beim Vansbro-Schwimmen geht es drei Kilometer durch den Fluß. Selbst bei reinen Fitneßprogrammen hüpfen, springen und stretchen die Schweden am liebsten in Massen – ob an der Uni oder bei der beliebten Volkssportbewegung «Friskies och Svettis», was soviel bedeutet wie «Fit durch Schwitzen». Die Parks oder Strandanlagen sind voller Hobbysportler, beim genaueren Hinsehen entdeckt man dort

wirklich alle Altersgruppen beim Gemeinschafts-Stretchen.

Fußball ohne Zuschauer

Etwa ein Viertel aller Schweden treibt regelmäßig Sport. Nach dem Betriebssportverband weisen der schwedische Skibund und der Fußballverband die meisten Vereine auf. Die Fußballclubs der ersten Liga haben nicht zuletzt wegen der immensen Kicklust der Amateure

Probleme mit leeren Tribünen. Wenn die meist halbprofessionellen Fußballer bei Malmö FF, IFK Göteborg oder IFK Norrköping den Ball treten, jagen die schwedischen Fußballenthusiasten oftmals in den unteren Ligen selbst dem ledernen Rund nach. Zudem ist die Saison von April bis Oktober kurz, und mehrere Regeländerungen auf der Suche nach der Meisterelf haben der ersten schwedischen Liga einen miesen Ruf eingebracht. Das schwedische Fernsehen überträgt die Erstligaspiele nur in Ausnahmefällen – auf Wunsch des Fußballverbandes. Als Ersatz bekommen die Fußballbegeisterten Woche für Woche die Spiele der englischen und italienischen Liga vorgesetzt. Schwedische Fußballfans zählen ohne weiteres die Namen sämtlicher Spieler vom FC Liverpool oder Inter Mailand auf, haben aber Schwierigkeiten, eine Handvoll Aktiver beim örtlichen Erstligaklub zusammenzubekommen.

Leere Zuschauerränge und wenig Heiminteresse bedeuten: Viele Vereine haben Ebbe in den Kassen und verkaufen Talente aus dem reichen Nachwuchskader, sobald sich die Möglichkeit dazu bietet. Tomas Brolin ist nur ein Beispiel für den schnellen Talentschwund: Bei der Weltmeisterschaft 1990 in Italien zeigte der Nachwuchsspieler trotz einer katastrophalen Mannschaftsleistung so viel Klasse, daß die ausländischen Vereine Schlange standen. Der junge Schwede wählte damals klugerweise nicht den bekanntesten Klub, sondern den Verein, in dem er sich in aller Ruhe weiterentwickeln konnte. Er landete bei Parma in Italien und hatte Erfolg. Seine Taktik befolgten nicht alle schwedischen Fußball-Legionäre,

Schneller als Eishockey: Bandy

und viele mußten ihr Lehrgeld bezahlen: Johnny Ekström beispielsweise saß bei Bayern München ständig auf der Ersatzbank. Erst nach
der Rückkehr zum IFK Göteborg
konnte er wieder zeigen, was in ihm
steckt.

Die Politik des Schwedischen
Fußballverbandes und einiger Club-
präsidenten mit Managerallüren ist
diesem populären Ballsport nicht
besonders bekommen, vor allem
nicht auf höchstem Niveau. Nur gut,
daß Nationaltrainer Svensson bei
der Europameisterschaft 1992 vor
Heimpublikum eine geschickte
Hand bewies und aus dem Nichts
ein junges Team aufstellte, das mit
Kampf- und Mannschaftsgeist im-

merhin den von niemandem erwar-
teten Weg ins Halbfinale schaffte.
Seinem psychologischen Geschick
ist es zu verdanken, daß Schwedens
Fußball-Youngsters neues Vertrauen
erhalten haben und die Fans zuver-
sichtlicher in die Zukunft blicken.

Schwedische Besonderheiten

Eine typisch nordische Sportart ist
das in Schweden sehr populäre
Bandy, eine Art Eisfußball. Gespielt wird auf einer fußballfeld-
großen Eisfläche, das Tor entspricht
ungefähr dem Kasten im Handball
und die Holzschläger sind unten ge-
bogen – und nicht wie beim Eishockey gewinkelt. Statt dem Puck

wird einem tennisballgroßen, roten Ball aus Hartplastik nachgejagt. Pro Team sind ein Torwart und zehn Feldspieler im Einsatz. Die Regeln gleichen dem Fußball, und das bedeutet, daß Körperattacken verpönt sind. Bandy ist für Mitteleuropäer eine exotische Attraktion: Wegen des fehlenden Körperkontakts ist es noch schneller als Eishockey. Im Winter wird Bandy auf zugefrorenen Seen noch häufiger gespielt als Eishockey. Besonders Frauen schätzen diese Alternative zum Nationalsport, die übrigens die alten Wikinger erfunden haben sollen. Sie hatten allerdings statt der Schläger Holzknüppel, und die Regeln scheinen damals nicht so streng gewesen zu sein.

Der Ursprung einer anderen schwedischen Spezialität in der bunten Vielfalt der Sportarten läßt sich geographisch leicht erklären: der Orientierungslauf. Schon in der Schule schickt man die Jugendlichen im wahrsten Sinne des Wortes in den Wald. Die Zielsuche durch Flur, Feld und Bäume wird sogar als Leistungssport betrieben, und jährlich tragen die Waldläufer mit Karte bewaffnet schwedische Meisterschaften in dieser Sportart aus.

Selbst eine in anderen Breitengraden exklusive Art der Freizeitbeschäftigung ist in Schweden ungewöhnlich beliebt und noch relativ preiswert: Der Segelsport treibt an den Wochenenden Tausende von Hobbyseglern zu Ausflügen oder sportlicher Betätigung.

Die zentrale gesellschaftliche Funktion des Sport gilt teilweise auch im Hinblick auf die Emanzipation der Frau. Gerade in sogenannte männliche Sportarten drang das angeblich schwache Geschlecht vehement und frühzeitig ein: Schwe-

den war bei der internationalen Etablierung des Damenfußballs federführend. Bereits 1968 gab es eine organisierte Ligarunde der besten Frauenteams, und die erste offizielle Nationalelf wurde 1973 aufgestellt. Diese Pioniertätigkeit zeigt sich auch bei der Ausbildung von weiblichen Unparteiischen. Seit einigen Jahren pfeifen Schiedsrichterinnen sogar bei Herren-Kickern – allerdings nur in den unteren Ligen.

Seit Ende der sechziger Jahre sind Frauenteams auch in den Eishockeystadien aktiv, doch Rundenspiele gibt es erst seit Anfang der Achtziger. Insgesamt gibt es über fünfzig «Damschaften» auf Kufen, oft finden die Mädels in Kampfmontur den Einstieg über Bandy. Weltweit haben sie zwar keine Chance gegen den Pioniergeist der Kanadierinnen, die bereits 1907 eine erste Damen-Liga eingeführt haben, doch in Europa gehören die Schwedinnen zu den allerersten. Die Unterstützung von Frauenteams und Sportlerinnen durch die Verbände ist besser als in den meisten anderen Ländern.

Nur wenn bei gewöhnlichen Sportveranstaltungen keine Siegesträume wahr werden, gilt das öffentliche Interesse dem Behindertensport, diesem oft vergessenen, immens wichtigen Sportbereich. Die fette Medaillenausbeute bei internationalen Ländervergleichen oder Olympischen Spielen für Behinderte beweist zwar, daß Schwedens Engagement auf diesem Gebiet hoch ist, doch vom gleichberechtigten «Sport für alle» ist man auch hier noch weit entfernt.

Unterwegs

Weite

Felder,

grüne Wälder

Furchtlose Löwen und furchtbare Drachen kämpfen in den alten Volkssagen Skånes mit einer Wucht, die Steine durch die Luft fliegen läßt wie Schwalben. In der Märchenwelt des Pfarrersknechtes Hans Persson war von Provinzialität nichts zu spüren, wenn verzauberte Prinzen, gemeine Königinnen, gutmütige Herrscher und gefährliche Riesen beschrieben wurden. Allein die Tatsache, daß der Drache nach kurzer Prügelei außer Atem vorschlägt: «Laß uns eine Pause einlegen» und der Löwe «Na gut» antwortet, offenbart, daß Persson in Schonen beheimatet war. Man sagt den Skåningern noch heute eine gehörige Portion Phlegma nach und beschreibt sie zudem als «stolz», «bäuerlich», «essensfreudig» oder «reich». Selbst wenn solche Urteile meist maßlos übertrieben sind, geben sie für den Skåne-Besucher doch die Richtung an. Bezeichnend ist schon der erste Kontakt in den

Fährhäfen Trelleborg oder Helsingborg: Das «Hej» dringt langgezogen und freundlich tief aus der Kehle der Fährenarbeiter. Wer sich mit einem Reisesprachführer vorbereitet hat, merkt schnell, daß er seine Begegnung mit Schweden am falschen Ende begonnen hat. «Skånska», dieser zungenstressende Dialekt, bereitet selbst den meisten Schweden enorme Schwierigkeiten.

Trelleborg nennt sich «die Stadt der Palmen». Diese tropischen Bäume sind in riesigen Töpfen eingepflanzt und werden im Winter in Glashäusern untergebracht. Ansonsten ist nicht allzuviel zu sehen in dieser 36000-Einwohner-Stadt, die seit 1909 durch den Fährverkehr geprägt wurde und nun durch die Linie nach Saßnitz neue Kunden bekommen hat. Es geht beschaulich zu, und viele Schweden meinen denn auch, wenn man in Schonen sei, solle man schnell weiter nach oben fahren. Vor allem die Lands-

Ankunftshafen Trelleborg

leute aus nördlicheren Gefilden nennen die südlichste Region gerne «Eigentlich-Dänemark» – weil es dort so ähnlich aussieht und weil Schonen erst Mitte des 17. Jahrhunderts endgültig schwedisch wurde. Die Skåne-Flagge, außen rot und innen mit einem gelben Kreuz, wirkt wie eine Mischung der dänischen und schwedischen Landesfarben.

Die Fahrt entlang der Südküste Richtung Osten entwickelt sich langsam zur Entdeckungsreise: Glattgc-

schliffene Steinbrocken schimmern magisch auf dem Meeresgrund. Smygehuk, die südlichste Landzunge Schwedens, wartet mit einer Tankstelle, einem Parkplatz, ein paar Buden und Fahnenstangen sowie der Skulptur eines nackten Mädchens auf, das anscheinend ins verlockende Naß springen will. Schilder zeigen die Entfernungen von diesem «Swedish land's end» an: «London 989 km», «Paris 1049 km», «Berlin 321 km», «Stock-

holm 510 km». Früher wurden hier große Feuer gemacht, die die Seefahrer von der felsigen Küste fernhalten oder auch anlocken sollten. Zumindest existiert aus dem frühen 19. Jahrhundert ein Dokument, in dem der Eigentümer eines Gehöftes versicherte, er werde den Strandstreifen «für die Bergung von Wrackteilen offenhalten». 1882 wurde am Hafen ein bescheidener siebzehn Meter hoher Leuchtturm gebaut, der mittlerweile ausgedient

hat. Zu seinen Füßen steht die südlichste Wanderherberge Schwedens. Weitere Baudenkmäler: die eigenartig geformten Kalköfen, Brennöfen für die Kalkbrüche der Gegend, daneben ein Speicher aus Stein, der im 19. Jahrhundert als Schmugglernest berüchtigt war.

Auf der Küstenstraße geht es weiter in Richtung Ystad. Vom Meer her dringt der Geruch von Tang ins Auto, vom Land der Duft von Getreide und Kartoffelkraut. «Schwedens Kornkammer» wird Schonen oft genannt: Ein Drittel der landwirtschaftlichen Güter wird auf diesen drei Prozent der schwedischen Gesamtfläche geerntet – und deshalb haben die Skåninger bei den Ur-Schweden seit jeher den Ruf weg, begütert zu sein.

Fische, Steine und Äpfel

«Ystad ist die einzige schwedische Stadt, die mit Y beginnt», klärt die Verkäuferin an einem Fischstand auf, der in einem umfunktionierten Wohnwagen untergebracht ist. «Ach ja?» Wir kaufen Heringe in Senfsoße, schließlich war die 25 000-Einwohner-Stadt schon im Mittelalter als Zentrum für den Heringfang in der Ostsee bekannt. Mehrere hundert Fachwerkhäuser zieren die Altstadt, das bekannteste und älteste heißt «Pilgrändsgården». In diesem gediegenen Milieu aus dem 16. Jahrhundert schmeckt der Hering auf dem eben erstandenen Knäckebrot besonders lecker.

Im 25 Kilometer entfernten Tomelilla befindet sich ein Mini-Filmzentrum. In den sechziger Jahren verwandelte sich das verschlafene Nest zumindest einen Abend im Jahr zum Wallfahrtsort schwedischer Zelluloid-Freunde. Die beiden

Monopolhersteller «Vin & Spritcentralen»

Regisseure, Schauspieler und Komiker Hasse Alfredsson und Tage Danielsson hatten ihre Filme dort, in den Studios der AB Svenska Ord, gedreht und traditionsgemäß die Welturaufführung im einzigen Kino von Tomelilla anberaumt. Mittlerweile ist die reiche Schaffensphase der AB Svenska Ord zu Ende, doch ein kleines Filmmuseum erinnert noch an die glorreichen Leinwandtage.

Ebenfalls in Abstecher-Entfernung liegt Sjöbo, das wegen des traditionellen Pferdemarktes berühmt ist, zu dem man frühmorgens kommen sollte – denn dann sind die Käufer noch nüchtern genug, um den Gäulen ins Maul zu schauen. Im nördlichsten Österlen – diese «schönste Gegend» Skånes fängt irgendwo hier an – wird der Ver-

kaufsschlager «Absolut Vodka» produziert, der nur in den staatlichen Alkohol-Läden über den Tresen geht. Mehr noch lieben die Schoninger «hembränt», selbstgebrannten Schnaps, eine verbotene Kunst, die man in ganz Schonen hervorragend beherrscht. Sjöbo erlangte über den Pferdemarkt hinaus einiges an Bekanntheit, als sich die 9000-Seelen-Gemeinde im September 1988 per Volksabstimmung weigerte, eine Handvoll Asylsuchender bei sich aufzunehmen. Seither wird «Sjöbo» in ganz Schweden als Synonym für Ausländerfeindlichkeit benutzt.

Vorbei an stillgelegten Schnapsdestillen und versteckten Schwarzbrennereien begeben wir uns zur Kultstätte Skånes: zur Schiffssetzung «Ales Stenar» (Ales Steine).

Bei Valleberga geht es nach Kåseberga ab und auf ein imposantes archäologisches Rätsel zu. 58 mächtige Granitblöcke sind in 67 Meter Länge in der Form eines Schiffes angeordnet. Die langen Grashalme auf der Hochfläche schaukeln schicksalshaft im Wind, zur Küste geht es fünfzig Meter den Steilhang hinab. Lange Zeit glaubte man, die mächtigste Schiffssetzung Schwedens sei eine Grabstätte für den Wikingerhäuptling Ale – daher auch der Name. Mittlerweile ist man sich nicht mehr sicher: Handelt es sich um ein Instrument für die Zeitrechnung und astronomische Berechnungen oder um ein Seezeichen aus der Wikingerzeit? Niemand kann das mit Gewißheit beantworten. Wie auch immer, das magische Gebilde der Steine, die wie ein Monument der Naturgewalten wirken, fasziniert auch ohne Erklärung.

«Sie kamen nach Österlen, wo Schonen so aussieht, wie Schonen auf Bildern auszusehen pflegt, mit weichen, wogenden Hügeln, die zum blauen Meer hin abfallen. Als sie sich Kivik näherten, war die Landschaft in Nebel gehüllt. Sie bogen von der Straße ab und fuhren zu einer kleinen Apfelplantage.» Wenn selbst ein hartgesottener Thrillerautor und Journalist wie Jan Guillou in «Coq Rouge» beim Namen Kivik ins Schwärmen kommt, muß an der Gegend etwas dran sein. Hier läßt Guillou den «Alten», den Chef der geheimen militärischen Spionagetruppe, sich als Apfelzüchter seine Rentnertage versüßen.

Wir passieren Sandhammaren, die südöstliche Ecke Schonens, mit ihren riesigen Sanddünen. Auf der kleinen Straße Richtung Simrishamn locken immer wieder Schilder mit dem Hinweis «Strandbad» zum kühlen Bad im Meer. Nach Glimmingehus, der besterhaltenen Burg in Schonen, und dem Städtchen Simrishamn mit seinen Puppenstübchen-Fassaden endlich Kivik, ein kleines Fischerdorf mit mittelalterlichen Zügen. Geräucherter Aal gehört, wie an der gesamten Küste, zu den Gaumenfreuden, doch vor allem Äpfel bestimmen das Bild. Aus dem Zentrum des Obstanbaus kommt über ein Drittel der schwedischen Apfelernte, und schon beim ersten Happen «äppelpaj», einer Art Apfelstrudel, der meist mit Vanillesoße serviert wird, offenbart sich, daß das milde Meeresklima die Äpfel besonders saftig und schmackhaft macht. In der Mosterei des Ortes wird Cider hergestellt und auch die schwedischen Sektsorten «Amadeus» und «Henrik Åkesson».

Nach einem kurzen Abduschen in der Hanöbucht geht es zum Kungsgraven, dem Königsgrab, einem geheimnisvollen, riesigen Steinhaufen: 75 große Schritte zählt man beim Rundgang um die Reste der beinahe 3000 Jahre alten Ruhestätte. Unter den Steinblöcken verbirgt sich eine Grabkammer, die mit Pferden, Wagen, Posaunenbläsern und Sonnenrädern verziert ist und als erstaunlichster Fund der Bronzezeit in Nordeuropa gehandelt wird.

Kristianstad, eine knappe Autostunde nördlich von Kivik, ist nach dem dänischen König Christian IV. benannt. Aus einer Nische am Giebel des Kristianstader Rathauses blickt der Blaublütige über die Stadt, die er 1614 als Grenzfestung anlegen ließ. Die historische Altstadt ist nach seinen Plänen angelegt, der auffallende Renaissancestil zum Beispiel der Dreifaltigkeitskir-

Reichstes Relikt der Bronzezeit: Königsgrab bei Kivik

che geht auf den persönlichen Geschmack des Dänenkönigs zurück. Jahrhundertelang mußten die Schoninger und ihre Nachbarn in Blekinge damit leben, daß ihre Zugehörigkeit zu Dänemark oder Schweden immer wieder wechselte. «Zeitweise wußten unsere Vorfahren selbst nicht mehr, zu welchem der Reiche sie gehörten. Damals haben die Leute gelernt, Überraschungen, Gegenschläge und Triumphe ohne jegliche Gefühlsbewegung entgegenzunehmen!» meint der Rentner Bosse, ein Hobby-Völkerkundler in Sachen Skåne. Auch das nationale Gefühl blieb durch die ständigen Wechsel der zuständigen Herrscher auf der Strecke – und so bildete man eben ein eigenes. «Heutzutage fühlen wir uns zunächst mal als Skåningar, dann als Schweden, und als Dänen nur, wenn es paßt!»

Landschaft in drei Stufen

Blekinge, flächenmäßig eine der kleinsten Provinzen in Schweden, wird wegen des milden Klimas und des nährstoffreichen Bodens an der Küste oft als Garten Eden bezeichnet. Als Landschaftsbeschreibung dient traditionell Selma Lagerlöfs Treppenvergleich in «Nils Holgersson». Der Däumling lernt bei seiner Reise mit den Wildgänsen, daß die oberste Stufe, die an Småland grenzt, mit «magerer Erde und kleinen Steinen bedeckt» ist und daß dort vor allem Birken- und Tannenwälder das Bild bestimmen. Der zweite Streifen liegt etwas tiefer und hat schon mehr an Vegetation zu bieten. Ahorn, Eichen und Linden sind die vorherrschenden Baumarten, es «gibt bessere Erde, und dort wird es auch nicht so kalt». Am besten jedoch ist die dritte Stufe, der Küstenstreifen. Reichlich gute Erde beheimatet nicht nur Buchen, Kastanien und Nußbäume, «hier sind auch die größten Ackerfelder. Aber die Leute leben nicht allein vom Ackerbau und vom Ertrag der Wälder, sie beschäftigen sich auch mit dem Fischfang, mit Handel und Schiffahrt.» Beinahe ein Jahrhundert lang hat sich diese Blekinge-Beschreibung recht gut gehalten.

Der Küstenstreifen ist eine ausgesprochene Urlaubsgegend mit kinderfreundlichen Stränden und einem umfangreichen Angebot an Bootsausflügen auf die zahlreichen vorgelagerten Inseln. Zur Popularität Blekinges entscheidend beigetragen haben die Landzungen, kleine Fjorde und Buchten, die der schwedischen Küste zum ersten Mal das Aussehen verleihen, das sie nordwärts so interessant macht – die Schärenlandschaft. Radfahren durch die abwechslungsreiche Natur und vor allem Angeln sind weitere typische Freizeitaktivitäten: Man kann den Haken ins Meer werfen, doch besonders fließendes Gewässer lockt die Naturfreunde mit den langen Gummistiefeln und Ruten an. Der Mörrumfluß ist so etwas wie ein Mekka der Lachsangler. 17 500 Angelkarten werden jährlich an den Mann oder die Frau gebracht, und etwa 100 000 Besucher tummeln sich dort zu Erholungszwecken. Grund genug für die Kommunalpolitiker in Mörrum, dem geldbringenden Fisch 1991 ein Denkmal zu setzen und «Laxens hus», eine Art Lachsmuseum mit Aquarien und Landschaftsmodellen, einzurichten.

Karlshamn sollte zunächst zu Schwedens wichtigstem Flottenstützpunkt an der südlichen Ostküste ausgebaut werden, wurde dann aber von Karlskrona überholt. Deshalb erscheinen dem Besucher die öffentlichen Gebäude, wie etwa das Alte Rathaus, überdimensioniert. Von Karlshamn aus starteten im 19. Jahrhundert viele Schiffe mit Auswanderern nach Amerika, daran erinnert das Denkmal mit «Karl-Oskar und Kristina» aus Mobergs Emigrantenromanen. Unter dem Namen «Punsch» wird in Karlshamn ein köstliches likörartiges Getränk hergestellt.

Karlskrona, die Stadt auf 33 Inseln, ist noch immer Schwedens wichtigster Kriegshafen, unter anderem mit der staatlichen U-Boot-Werft. Deshalb sind einige – allerdings immer weniger – Teile der Schären Blekinges Sperrgebiet, das heißt, für Ausländer tabu. Das hat die Besatzung des sowjetischen Unterwasserbootes U-137 angeblich nicht gewußt, das im Oktober 1981 «wegen eines Navigationsfehlers» auf einen Felsen lief – eine peinliche Situation, denn auch die Schweden wußten nicht so richtig, was sie mit dem ungebetenen Gast anfangen sollten. Touristisch wird die Schmach der stählernen Taucher aus der UdSSR mit Hilfe von Postkarten und T-Shirts noch immer kräftig ausgeschlachtet.

Die europaweite Krise im Schiffbau und in der Stahlindustrie hat die Provinz zu Südschwedens arbeitsmarktpolitischem Sorgenkind gemacht. Die Lebensmittelproduktion konnte zwar einen gewissen Ausgleich schaffen, doch die Arbeitslosenziffern beweisen, daß die durch Werftenkonkurse gerissene Lücke nicht ganz geschlossen werden konnte.

Zwischen den beiden Hafenstädten liegt Ronneby, seit Jahrhunderten ein Kur- und Badeort auch für deutsche Gäste. Davon zeugen einige Danksagungen auf Tafeln in der Kirche «Heliga Kors kyrka». Von Ronneby brechen wir ins Landesinnere auf, um die nächsten Landschaftstreppen Blekinges zu erklimmen. Die grottenähnlichen Riesenlöcher in Anglestue nördlich von Ronneby hätten wir ohne die genaue Wegbeschreibung im Touristenbüro der Stadt nie gefunden, doch die Suche lohnt sich. Bis zu drei Meter tief sind diese felsigen Gruben, die durch das Abschmelzen des Inlandeises entstanden sind. Die Kletterpartie in dieser phantastischen Landschaft ist faszinierend: Die Sonne spielt zusammen mit den Steinbrocken ein Lichtspiel, und die Büsche und Bäumchen sorgen für verzerrte Schattenbilder.

Von Backaryd aus sind Göljahult und der «Blomstergården», der Blumengarten, ausgeschildert, und auf der Fahrt fragt man sich, wie auf der mageren Erde mit kleinen Steinen etwas anderes als Nadelbäume wachsen soll. Die Wälder Nordblekinges sind tief, grünes Moos bedeckt den Boden, auf dem Baumreste vermodern, es riecht nach Nadeln und Harz, und wenn hundert Meter entfernt ein Ast knackst, erwartet man, daß gleich ein Elch vor einem steht. «Der Blumengarten – die Saga vom phantastischen Verner Svensson, der hoffnungslos steinigen Boden in eine prunkvolle Märchenwelt verwandelte», hilft eine Anzeige in der Touristenbroschüre auf die Sprünge, doch erst in Göljahult versteht man, was damit gemeint ist. Svensson hat den ursprünglich privaten Garten auf eine blühende Fläche von fünf Hektar ausgebaut. Eine unglaublich bunte Pflanzenwelt umarmt die steinreiche Gegend, im Blumengarten komplettie-

ren Skulpturen und kleine braunrote Häuschen mit weißen Fensterrahmen die Idylle. Das Lebenswerk von Verner Svensson war nach ewigem Knatsch mit der Brandschutzbehörde bis 1990 geschlossen, und erst die småländische Starrköpfigkeit eines gewissen Karl-Gunnar Widén ermöglicht den Urlaubern nun erneut den Spaziergang durch die bezwungene Kargheit Nord-Blekinges.

Reiche Geschichte

Richtung Helsingborg, auf dem Weg zurück an der Westküste Skånes, machen wir uns auf die Suche nach einem echten «Gästgivaregård». In Margaretetorp, bei Hjärnarp zehn Kilometer rechts ab von der Europastraße 6, finden wir eines jener rund zwanzig traditionsreichen Gasthäuser Schonens, die teilweise über 300 Jahre alt sind. Der Wirt in Margaretetorp hat ein altes Gemälde von seiner Herberge aufgehängt, das die Echtheit seines Gästgivaregård beweist und daran erinnern soll, daß seine Wirtschaft ursprünglich sogar aus dem 13. Jahrhundert stammt. Sein Wildschweinbraten ist ebenso feudal wie die Rechnung.

Zu der spitz geformten Halbinsel Kullen geht es von der E 6 rechts Richtung Höganäs ab, danach folgt man den Wegweisern nach Mölle, und nach einem kurzen Spaziergang liegt es vor uns, das Naturschutzgebiet Kullaberg. Die zerklüftete Gneisformation, die am höchsten Punkt 188 Meter erreicht, fällt steil zum Meer hin ab. Die Wanderung geht weiter Richtung Himmelstorp, danach folgt man gelben Schildern mit den Buchstaben N hinab in eine Bucht. Dort wartet nach der schweißtreibenden Kletterei eine

Art Schiffsskelett, die Holzplastik «Nimis». Aus angeschwemmten Teilen und Kistenbrettern hat Lars Vilks mit fast 50 000 Zimmermannsnägeln ein stabiles Ungetüm mit Rumpf, Masten und Segeln gebaut. Die Inneneinrichtung steckt voller Überraschungen – festgenagelte Bücher, eine Kanzel als Aussichtsplattform, hölzerne Fallreepe, kurz: ein spannendes Gewirr, das einen stundenlang aktiv hält. Nur gut, daß es nie so kam, wie die Behörden wollten: Sie verfügten den Abriß des Kunstwerkes, das ab 1980 – ohne Genehmigung – in dem Naturschutzgebiet von Vilks errichtet wurde. Erst als Joseph Beuys in einer Schutzmaßnahme das Gebilde kaufte, wurde dieser Beschluß vergessen. 1985 war die Nimis noch einmal bedroht: Brandstifter legten Feuer, doch verbrannte nur ein Drittel der hölzernen Skulptur, und Lars Vilks reparierte alles.

In der fast 1000 Jahre alten Handels- und Hafenstadt Helsingborg genießen wir kurz den wunderbaren Blick vom Festungsturm «Kärnan» aus über den Öresund nach Dänemark, machen uns dann aber schnell auf der E 4 landeinwärts über Rosendal nach Gunnarstorp auf. Beim Herrensitz Vrams Gunnarstorp wartet Gartenkunst vom Feinsten. Schon das ziegelrote Renaissance-Schlößchen mit der efeubewachsenen Außenmauer ist – wie die meisten der etwa 200 Herrenhäuser und Burgen dieser Region – eine Augenweide, doch der Park bietet «eines der seltsamsten Dinge Schwedens», wie schon der legendäre Biologe Carl von Linné bei einem Besuch 1749 bemerkte. Der «bågegång», ein luftiger Baumtunnel aus Hainbuchen, und die mächtigen Heckenformationen aus Buchsbaum verleihen der Gartenanlage einen geometrisch-modernistischen Touch, der eigentlich gar nicht zu den dicken Ästen paßt, die sich wie graue Reptilien aus der Urzeit in die Lüfte schlängeln. Beim Herumschlendern spürt man eine friedvolle Ruhe, die erst gestört wird, als wir lesen, daß dieses Paradies einst mit Hilfe von Kriegsgefangenen angelegt wurde.

Lund ist die nächste Station, das geistige Zentrum, das von den Schweden im Dauerstreit mit Dänemark ab 1668 gefördert wurde, um Skåne enger ans eigene Reich zu binden. Bei Landskrona kündigt sich die Welt der Gelehrten zum ersten Mal an, von dort gehen die Schiffe zur Insel Ven ab, auf der das mathematische, technische und astronomische Genie Tycho Brahe Ende des 16. Jahrhunderts das Observatorium Stjärneborg (Sternenburg) baute. Heute sind davon allerdings nur noch unscheinbare Reste zu sehen. Lund selbst dagegen ist in seinen historischen Bauten gut erhalten. Der Dom, 900 Jahre alt, ist noch immer das Wahrzeichen. Gleich daneben das Dommuseum und das Historische Museum und gegenüber vom Lundagården die alte Uni, aus der die größte Hochschule des Landes hervorging. Interessant ist auch das Archivmuseum mit Skizzen und Modellen über die Entstehung der monumentalen Bauwerke. An netten Cafés, von denen aus man in aller Ruhe das bunte Treiben dieser Studentenstadt betrachten kann, ist kein Mangel.

Schmuddeliger Underdog

Vom aufgeräumten Universitätsstädtchen zur Provinzhauptstadt Malmö sind es nur fünfzehn Kilometer, im Erscheinungsbild trennen

Funde von der Bernsteinküste

die beiden Städte aber Welten. Malmö hat seit der verheerenden Werftenkrise das Image des proletarischen Underdogs, das allein internationale Erfolge des Fußballclubs Malmö FF aufhellen können. Die drittgrößte Stadt des Landes war ursprünglich ein Fischerdorf, das wegen seines gekrümmten Ufers von den Seeleuten Ellbogen genannt wurde. Unter dänischer Herrschaft und während der Hansezeit blühte es auf, geriet dann aber immer mehr ins Abseits. Die Tragflügelboote bringen einen heute zwar in Windeseile zum billigeren Bier nach Kopenhagen, doch der Fährverkehr Richtung Kontinent liegt mehr oder minder brach.

Auf den ersten Blick ist Malmö eine langweilige und dreckige Stadt. Betonviertel umschließen sie, man ist fast an den Ruhrpott erinnert. Der für Schweden völlig untypische, schmuddelige Eindruck verstärkt sich beim genaueren Hinsehen, der langweilige dagegen verschwindet: Die Atmosphäre des Flohmarkts am Kanal bei der Drottninggatan oder auf dem Markt im Einwandererviertel Möllevången hat ihre eigenen Reize, und es gibt eine ganze Reihe an interessanten Museen. In der Kunsthalle wie im neuen Rooseum wagt man sich an junge Kunst, die anderswo im «sauberen» Schweden keine Chance bekommt. Das Rooseum in einem renovierten Elektrizitätswerk aus der Jahrhundertwende ist ein Symbol für die Offenheit Malmös gegenüber neuen Ideen sowie für den Stolz auf das Arbeiterimage. Überdurchschnittlich viele Underground-Bands bereichern die schwedische Musikszene von Malmö aus.

Noch offen ist, wie sich der Bau der Tunnel-Brückenverbindung für den Auto- und Schienenverkehr über den Öresund auf die Stadt auswirken wird. Dadurch rückt Malmö näher an Mitteleuropa heran und bekommt seine zentralere Stellung in Schweden zurück. Um das Jahr 2000 herum wird man auch sehen, wie die «schwedische Riviera» diesen gewaltigen Eingriff in die Natur verkraften wird. Von Malmö aus ziehen sich herrliche Sandstrände zur knapp dreißig Kilometer entfernten Halbinsel mit den Dörfern Skanör und Falsterbo den Öresund entlang. «Schwedens Sylt» wird diese Landzunge oft genannt, doch für Gedränge sorgen weniger die Badefreunde, sondern eher die rund eine Million Zugvögel, die von August bis Oktober auf den günstigsten Zeitpunkt für den Trip gen Süden warten. Dann ist das Vogelschutzgebiet ein Treff für Ornithologen aus aller Welt.

Vor allem im Herbst sind am gesamten Strand bis nach Trelleborg Menschen zu sehen, die sich immer wieder bücken und ins Wasser greifen. «Bernsteinküste» heißt diese Gegend im Volksmund, denn wer Glück hat, kann kleinere Exemplare dieser Schmuckstücke finden. Kenner wie Leif Brost aus Kämpinge, Schwedens einziger Bernstein-Schnitzer, machen sich allerdings mit hohen Gummistiefeln auf, um auf den Sandbänken weiter draußen die größeren Fundstücke zu entdecken.

Noch ein Blick auf «Europas größtes Windkraftwerk», den 1993 stillgelegten Propellerturm bei Maglarp, und unsere Rundreise erreicht mit Trelleborg ihren Ausgangspunkt.

Zu Besuch
bei Pippi

Keine Gartenzäune, gepflegte Grundstücke, dazu ein bescheidenes, meist gelbes, manchmal rotes Holzhaus: So präsentiert sich das Herz von Småland. Viele kleine Dörfer, die auf -hult, -torp, -by oder -ryd enden und alle eines signalisieren: Hier ist man fleißig, hier wird geschafft und nichts dem Zufall überlassen. Man sagt den Småländern eine gehörige Portion Tüchtigkeit, aber auch einen gewissen Geiz nach. «Die schwedischen Schotten» nennen manche die Menschen in dieser Provinz, die sich vom Kalmarsund im Osten nach Halland im Westen, nach Skåne und Blekinge im Süden und dem Vätternsee mit der Provinz Östergötland im Norden erstreckt.

Astrid Lindgrens Welt

Småland kann auf berühmte Töchter und Söhne blicken: Ingvar Kamprad, der Gründer des unmöglichen Möbelhauses aus Schweden, stammt aus der Region, der ehemalige Tennis-Weltranglistenerste Mats Wilander und der Botaniker Carl von Linné ebenso. Doch niemand hat die südschwedische Idylle so weltberühmt gemacht wie die Mutter von Pippi Langstrumpf, Ronja, Karlsson und vor allem den Kindern aus Bullerbü: Astrid Lindgren wuchs hier auf. In Näs bei Vimmerby, dort, wo sich die Landstraßen 33 und 34 kreuzen, wurde sie auf einem Bauernhof geboren. Heute versucht die Kleinstadt natür-

141

lich, Kapital aus der berühmten Tochter zu schlagen. Kommerz rund um die Uhr, von Püppchen bis Postkarten – alles dreht sich um Astrid.

In Vimmerby beginnt für Tausende Kinder die Suche nach den Helden der Geschichten. Um sich richtig in die Kinderbuchwelt der Astrid Lindgren hineinleben zu können, muß man das Märchendorf am Rande der Stadt besuchen. Zu verfehlen ist es wirklich nicht, denn schon von weit her weisen Schilder den Weg. Im übrigen kann man den anderen Autos hinterher fahren, denn die meisten Vimmerby-Besucher haben nur dieses eine Ziel. Mehr als eine Viertelmillion Besucher zählen die zufriedenen Betreiber des Freizeitparks pro Jahr. Und es werden immer mehr, obwohl das Besuchsvergnügen nicht ganz billig ist.

In Astrid Lindgrens Värld (Welt) entstanden im Maßstab eins zu drei die Schauplätze der aberwitzigsten Abenteuer von Michel aus Lönneberga, Pippi und all den anderen. Die Villa Kunterbunt steht genauso offen wie die Krachmacherstraße, in der Lotta zu Hause war. Im Sommer werden einige der bekanntesten Lindgren-Geschichten auf der Freilichtbühne dargeboten – allerdings nur in der Originalsprache. Übrigens: Der Katthult-Hof, das Haus, in dem die Streiche Michels verfilmt wurden, steht etwa zwanzig Kilometer von Vimmerby entfernt, in Rumskulla. Ein richtiges Lönneberga gibt es auch: Es liegt an der Landstraße 129 etwa dreißig Kilometer von Vimmerby entfernt und ist einen Besuch wert.

Den echten Astrid-Lindgren-Fan wird das alles nicht vom Hocker hauen: Er möchte natürlich Bullerbü sehen. Auch damit kann Små-

land dienen. Es liegt etwa auf halbem Weg zwischen Vimmerby und Michels Katthult-Hof in Rumskalla. Aber aufgepaßt: Den richtigen Weg weisen Schilder mit dem Namen Sevedstorp. Nicht nur für die Jüngsten öffnet sich hier ein Paradies, die Älteren werden sicherlich an ihre eigene Kindheit erinnert, wenn sie das idyllische Dorf sehen, das im Film den Namen Bullerby angenommen hat. Und man glaubt tatsächlich, daß gleich eines der Bullerbükinder um die Hausecke schaut.

Wer im August in dieser Gegend ist und Rockmusik mag, sollte unbedingt nach Hultsfred fahren. Gut zwanzig Kilometer von Vimmerby entfernt, findet hier allsommerlich Schwedens größtes Rockfestival statt. An drei Tagen geht es auf mehreren Bühnen rund, neben der gesamten schwedischen Rockszene und vielen Newcomern geben sich auch internationale Stars die Ehre. Die 6000-Seelen-Gemeinde verwandelt sich in ein Rock-Mekka, in ganz Nordeuropa läuft nur das dänische Roskilde-Festival den Südschweden den Rang ab. Die Organisatoren in Hultsfred tragen den Vereinsnamen «Rockparty» und wollen, daß dieses Open-Air-Festival auch eine Party bleibt: Deshalb hat man die Besucherzahl auf maximal 20 000 begrenzt, denn alle sollen die Musik auf dem bewaldeten Festgelände am See ohne allzugroßes Gedränge genießen können.

Entlang der Ostküste

Im Küstenstrich am Kalmarsund, gegenüber der Insel Öland, kommen alle auf ihre Kosten, die das Wasser lieben. Segeln, Motorbootfahren, selbst Paddeln zwischen schützenden Inseln – alles ist möglich. Vom Angeln, dem geheimen Nationalsport der Schweden, gar nicht zu reden. In der Hafenstadt Kalmar lohnt ein Bummel zum Marktplatz im Zentrum der Stadt: Die Bürgerhäuser ringsherum signalisieren, daß Kalmar früher einmal zu den bedeutendsten Städten des Landes gehört hat. Besonders reizvoll ist das Schloß, das mit seinen fünf Türmen nahezu überall in der Stadt sichtbar ist. Der imponierende Renaissance-Bau ist vor allem abends einen Besuch wert, wenn die glutrote Sonne die Stadt am Wasser in ein faszinierendes Licht taucht – schließlich zählt die Ostküste Smålands mit der Insel Öland zu den sonnenreichsten Regionen Schwedens. Im Schloß wurde 1397 die Kalmarer Union besiegelt, die Dänemark, Norwegen und Schweden zur nordeuropäischen Großmacht verband.

Obwohl höchst geschichtsträchtig, lädt die Hafenstadt am Kalmarsund nicht unbedingt zu einem längeren Aufenthalt ein. Industrie- und Hafenanlagen sowie die längste Brücke Europas über den Kalmarsund zur Insel Öland lassen die Neuzeit deutlich in Erscheinung treten. Doch nur wenige Kilometer von der Stadt entfernt beginnt eine andere Welt. Hier an der Schärenküste geht es wieder «typisch schwedisch» zu. Kleine Fischerorte lösen einander ab, die gesamte Küste macht einen eher lieblichen Eindruck, ganz anders als die schroff-karge Westküste.

Allerdings währt die Freude nicht allzu lang. Nur etwa 75 Kilometer nördlich von Kalmar, bei Oskarshamn gegenüber der Nordspitze Ölands, steht eines der größten Atomkraftwerke Schwedens. Die beiden Reaktoren versorgen nicht nur Småland mit Elektrizität, ein Großteil der Energie wird ins Ausland exportiert. Mitte der achtziger Jahre wurde hier auch eine der modernsten Zwischenlagerstätten Europas gebaut. Atomabfall-Transporte mit dem Spezialschiff «Sigyn» von Travemünde nach Oskarshamn ließen Umweltschützer in Deutschland und Schweden auf die Barrikaden gehen. Geholfen hat es nicht, im Bergmassiv von Oskarshamn lagern bereits etliche Tonnen schwach- und mittelradioaktiven Abfalls aus dem In- und Ausland. Schwedische Umweltschützer befürchten, daß mit dem Eintritt des Landes in die Europäische Gemeinschaft das hochmoderne Lager zu einem Sammelplatz für Atommüll aus ganz Europa werden könnte.

Gut sechzig Kilometer weiter nördlich liegt inmitten einer phantastischen Schärenlandschaft – manche Schweden behaupten sogar, dies seien die schönsten Schären im Land – die Hafenstadt Västervik. Eine Perle an der sogenannten «blauen Küste», meinen viele. In den schwedischen Industrieferien ab Ende Juni mag man dem nicht ganz zustimmen, dann ist hier Remmidemmi. Dennoch macht es Spaß, durch die kleine Altstadt von Västervik mit Holzhäusern aus dem 18. Jahrhundert zu spazieren, fast immer die Ostsee im Blick. Im Zentrum wimmelt es im Sommer von Touristen, die in den vielen Cafés oder Restaurants einen schönen Tag genießen. Die unmittelbare Nähe zum Meer hat das Gesicht der Stadt geprägt: zwei große Segelboothäfen, Schiffsausstatter und dann der Fisch. Einen geräucherten Lachs auf der Hafenmauer mit Blick auf die Schären zu verspeisen, dabei die leisen Klänge vom alljährlich im Sommer stattfindenden Liedermacherfestival am Sportboothafen zu hören – das ist schon ein Leben!

Zweite Heimat

Småland, für Zivilisationsmüde ein Paradies, war jahrzehntelang eine Auswandererprovinz. Ein karger, oftmals sehr felsiger Boden hat viele Landwirte nach langem Kampf aufgeben lassen. Der schwedische Schriftsteller Vilhelm Moberg, selbst in Småland geboren, beschrieb die Abwanderung, die häufig zu einer Auswanderung ins gelobte Land Amerika führte, eindrucksvoll in seinen Emigrantenromanen. In der 42000 Einwohner zählenden Stadt Växjö, im Herzen Smålands, hat man eigens ein Museum zur Auswanderung errichtet. In unzähligen Briefen, Postkarten, Arbeitsverträgen, Reisekarten und Dokumenten beschreibt Utvandrarnas Hus, das Haus der Auswanderer, das Schicksal von etwa 1,3 Millionen Schweden, die von 1850 bis Mitte der zwanziger Jahre ihr Land Richtung Amerika verließen. In Zeiten, in denen in Mittel- und Nordeuropa über Einwanderungsquoten, Grundgesetzänderungen und andere Maßnahmen zur Eindämmung der Flüchtlingsströme diskutiert wird, schadet es nicht, zu sehen, daß auch «zivilisierte» Nordeuropäer vor weniger als hundert Jahren wegen Hunger, Arbeitslosigkeit und sozialer Misere fliehen mußten. Im Haus der Auswanderer lernt man, daß um die Jahrhundertwende ein Fünftel aller Schweden im Land der unbegrenzten Möglichkeiten lebten. Noch heute besuchen deren Nachkommen das Haus in Växjö, um Genaueres über die Hintergründe der Emigration zu erfahren. Utvandrarnas Hus kann in vielen Fällen durch ein umfangreiches Archiv, mehrere tausend alte Kirchenbücher und eine riesige Bibliothek bei der Spurensuche helfen. Ein dem Museum angegliedertes Institut betreibt Forschung zum Thema und hat mit mehr als 25000 Bänden das wohl größte europäische Archiv zur Auswanderungsproblematik.

Viele verließen damals nicht nur die Gegend, sie kehrten auf Nimmerwiedersehen dem Land den Rücken und gaben Haus und Hof ganz einfach auf. Diese verlassenen Häuser wurden in den letzten Jahren von schwedischer Prominenz, aber auch von ausländischen Sommergästen, allen voran die Deutschen, neu entdeckt. In einigen Gebieten ist der Anteil der ausländischen Wochenendhaus-Besitzer inzwischen so groß, daß man in regelmäßigen Abständen im Stockholmer Regierungsviertel laut darüber nachdenkt, wie der «Ausverkauf» gestoppt werden kann. Der gemeinsame europäische Wirtschaftsraum und die für 1995 geplante EG-Mitgliedschaft dürften daraus allerdings nichts werden lassen.

Viele der Neu-Schweden lassen sich in ihrer zweiten Heimat nur einmal pro Jahr sehen, die übrige Zeit stehen die Sommerhäuser leer, die Nachbarn müssen sich um den Garten kümmern oder einfach ein verwildertes Grundstück ertragen. Das eigentliche Problem liegt jedoch in der Konzentration der Sommergäste auf einige wenige Orte in Småland. Die wachsen im Sommer dann auf ein Vielfaches ihrer gewöhnlichen Einwohnerzahl an: Saison-Gemeinden, die mit der Abreise der ausländischen Gäste buchstäblich wieder im Winterschlaf versinken. Auf der anderen Seite sind die

144

Über tausend Seen und Flüsse

Smålånder den «Neuen» gegenüber durchaus aufgeschlossen und zeigen sich hilfsbereit. Die Frage im ICA-Selbstbedienungsladen, wann der Bus in den nächsten größeren Ort fährt, kann dazu führen, daß die freundliche Frau an der Kasse erst einmal ihren Arbeitsplatz verläßt und ein wenig herumtelefoniert, um schließlich freudestrahlend mit einem eben handgeschriebenen Fahrplan zurückzukommen.

Wer einmal im Åsnen oder einem der über tausend anderen Binnenseen oder Flüsse gepaddelt ist, wird die Neu-Smålånder verstehen. Die Fahrt geht vorbei an tiefgrünen Wäldern und kleinen idyllischen Dörfern, und obwohl sich gerade Småland als Paddelzentrum nachhaltig empfohlen hat, ist es hier nie überlaufen. Jeder findet am Abend ein Plätzchen, an dem es sich ungestört am Lagerfeuer grillen läßt.

Am besten schmeckt es natürlich, wenn der eigene Fang über der Holzkohle brutzelt.

Gläsernes Reich

Nicht glasklares Wasser, sondern wasserklares Glas hat Småland seinen Beinamen «Glasriket», das Glasreich, gegeben. Zwanzig zum Teil weltberühmte Glashütten liegen versteckt in den småländischen Wäldern. Namen wie Orrefors oder Kosta / Boda lassen den Glasfreund schwelgen. In den Manufakturen haben Frauen und Männer seit Jahrhunderten Glas zum Anfassen, aber auch Glas zum Anschauen geblasen. Ein Besuch in einer der noch existierenden Glashütten ist ein Muß, wenn der Weg durch Småland führt. Zur Einstimmung sollte man in Växjö einen Abstecher in die Glasabteilung des Smålands Museet

145

machen. Die Sammlung berichtet eindrucksvoll von der Glasherstellung gestern und heute, sie zeigt beispielsweise, wie Menschen vor hundert Jahren in harter Arbeit bei wenig Lohn den Alltag des Bürgertums mit filigraner Glaskunst zu verschönen suchten. Es war und ist eine sehr anstrengende Tätigkeit, wenn Meister und Lehrlinge in der Hitze der Schmelzöfen die an einem Stahlrohr hängenden, glutroten Klumpen kunstvoll drehen, ins Rohr blasen und die Masse erneut rotieren lassen, bis schließlich aus der zähfließenden Glasschmelze ein durchsichtiges Etwas wird.

Die Hütten im småländischen Glasreich blicken auf eine lange Tradition zurück. Sicher überliefert ist, daß Gustav Wasa 1556 den ersten Glasbläser aus Venedig in die Wälder zwischen Kalmar und Växjö holte. Es sollte jedoch noch ganze 200 Jahre dauern, bis die schwedische Glasbläserkunst zu Weltruhm gelangte. Großen Anteil an dem späten Erfolg hatten böhmische Einwanderer, die sich in Småland niederließen und ihre handwerklichen Kniffe den schwedischen Glasbläsern beibrachten. Bis heute hat sich bei der Herstellung von schwedischem Glas kaum etwas geändert. Auch die Fabriken sind noch die alten, und so ist ein Besuch in einer der Glasmanufakturen zugleich ein Ausflug in die vorindustrielle Zeit.

Die schlechte Konjunktur Anfang der neunziger Jahre hat Veränderungen gebracht: Einige Glashütten konnten sich nicht mehr gegen die maschinell produzierten Ex-und-Hopp-Produkte aus Südeuropa behaupten und meldeten Konkurs an. Das bedeutete in aller Regel auch das Aus für den Ort, in dem die Manufaktur stand.

Arbeitsplätze sind gerade auf dem Lande rar, und wenn durch die Pleite des einzigen Arbeitgebers gleich zwei Drittel aller erwachsenen Ortsbewohner arbeitslos werden, bleibt zumeist nur der Wegzug in die städtischen Regionen. Die meisten Hütten haben jedoch mit verschiedenen Strategien überlebt: Einige wurden von großen Unternehmen aufgekauft, andere wurden nach einem Konkurs von den Arbeitnehmern in Eigenregie mit Erfolg weitergeführt.

Gerade die kleineren Hütten sind einen Besuch wert, denn hier haben die Glasbläser tatsächlich noch ein wenig Zeit, um den Neugierigen die Technik zu erklären. Die «jungen Wilden» von Gullaskruf an der Landstraße 31, etwa fünfzehn Kilometer nordwestlich von Nybro, lassen die Besucher sogar selbst blasen. Täglich nach Arbeitsende darf man testen, ob man einen langen Atem hat. Die hundert Jahre alte Glashütte wurde nach dem Konkurs von sieben Mitarbeitern übernommen, darunter ein deutscher Glasbläser aus Ingelheim, der seinen Meister in Murano bei Venedig gemacht hat. Der Senior ist Jahrgang 1962, die jüngste Teilhaberin wurde 1973 geboren. Alle sieben sind davon überzeugt, daß nach dem großen Jubiläumsjahr 1993 die Zeichen auf mindestens weitere hundert Jahre stehen.

«Hyttsill» sollte man sich nicht entgehen lassen. Fast alle Manufakturen im Glasriket halten diese alte Tradition aufrecht: Überbackener Hering wird in der Hütte zu Brot, Butter und Käse serviert. Jede Glashütte betreibt neben der Glasbläserei auch einen Laden, in dem die Kunst-Stücke aus fragilem Material zu Vorzugspreisen zu kaufen sind.

Manufaktur im Glasreich

Von kitschigem Gebrauchsglas bis zu exklusiven Objekten wird alles geboten. Schwedische Glaskunst ist nicht ganz billig, dafür aber recht originell. Meist tut es auch die zweite Wahl, das heißt, die Glasprodukte, bei denen sich zum Beispiel ein winziges Bläschen mit eingeschlichen hat. Diese «andra sortering» ist überaus preiswert, und kaum jemand sieht den Unterschied.

Die meisten Hütten liegen relativ dicht beieinander, und der Weg zwischen Nybro im Osten, Skruf im Süden, Sandvik im Westen und Älghult im Norden führt durch wunderschöne, dichte Märchenwälder, manchmal vorbei an kleinen Binnenseen. Orrefors und Kosta / Boda – das sind die Manufakturen, die schwedische Glaskunst weltweit zu einem Begriff haben werden lassen. Aus diesem Grund ist dort in der Sommersaison der Andrang am größten. Etwa 650 000 Besucher kommen jährlich in das småländische Glasreich, die meisten von ihnen zieht es zu den bekannten Manufakturen. Auch sie verkaufen ihre zum Teil sehr exklusiven, teuren Produkte in zweiter Wahl zu erschwinglichen Preisen.

Land der Erfinder

Småland hat sich nicht nur durch die vielen Glashütten einen Namen gemacht. Wer nicht auf der Europastraße 4 von Helsingborg nach Småland fährt, sondern die parallele Landstraße 23 nach Växjö wählt, kommt durch Älmhult. Ein betulicher kleiner Ort, der es mittlerweile zu Weltruhm gebracht haben dürfte. Hier sah Ingvar Kamprad seinem Vater in dessen Tischlerwerkstatt über die Schulter. Respekt vor dem

Alter ließ den jungen Kamprad zunächst einmal den Mund halten, doch als er später den väterlichen Betrieb übernommen hatte, machte er alles anders. In Älmhult, mitten in der småländischen Idylle, wurde der mittlerweile weltumspannende Ikea-Konzern gegründet. Ingvar Kamprad ist weder Ruhm noch Reichtum zu Kopfe gestiegen. Er läuft noch immer so herum, wie er es aus seinen Lehrjahren gewohnt ist: in Jeans und Holzschuhen.

Ingvar Kamprad ist kein Einzelfall. In Schweden spricht man vom «Gnosjö-anda», dem Geist von Gnosjö, und meint damit die vielen Klein- und Kleinstunternehmer, die in dem Dorf Gnosjö bei Värnamo erfolgreich im Wirtschaftsgeschehen mitmischen. In diesem Ort wohnen Menschen, die durch Einfallsreichtum, aber auch durch Fleiß und Sparsamkeit über nahezu alle Konjunkturlagen erhaben sind. Aus fast jeder Garage hört man es hämmern, schleifen, pressen. In Gnosjö werden der Druckmechanismus für Kunststoff-Kugelschreiber, Gardinenstangen, Knöpfe und andere lebenswichtige Dinge hergestellt. Arbeitslosigkeit gibt es im Prinzip nicht, und wenn doch einmal, dann steht es wirklich ernst um Schweden. Das haben auch die schwedischen Wirtschaftsweisen entdeckt: In regelmäßigen Abständen veröffentlichen sie ein «Konjunkturbarometer» aus Gnosjö, das für die ökonomische Lage des ganzen Landes von großem Interesse ist. Woran die Konzentration der Kleinunternehmer gerade in diesem Gebiet liegt, weiß niemand mit Sicherheit zu sagen. Doch dürfte das «schottische» Element der Småländer eine wesentliche Rolle gespielt haben. Tatsächlich sind vor geraumer Zeit einige Schotten in diese Gegend eingewandert, die den Grundstein für eine über Jahrzehnte erfolgreiche Textilindustrie legten.

Die Hauptstadt der Provinz Småland ist Jönköping am Südufer des Vätternsees. Die für schwedische Verhältnisse große Stadt mit ihren etwa 110 000 Einwohnern gilt als die Wiege des Zündholzes. Hier wurde das Sicherheitsstreichholz entwickelt und als Swedish Match über die ganze Welt verbreitet. Im Tändsticks-Museum mitten in Jönköping erfährt man, daß es der Chemieprofessor Gustav Erik Pasch war, der die Hölzchen mit dem kleinen roten Kopf erfand, die sich nicht versehentlich von selbst entzünden konnten. Das Unternehmen Swedish Match hat in seiner Blütezeit etwa ein Fünftel des gesamten Weltbedarfs an Zündhölzern produziert. Das Unternehmen wurde von dem Finanzmagnaten Ivar Kreuger gegründet, der sehr viel später nach dem Zusammenbruch seines Imperiums in Paris Selbstmord beging. Im Streichholzmuseum erfährt man nicht nur alles zur Geschichte der zündenden Idee, das Museum selbst ist in der ehemaligen Hauptproduktionsstätte untergebracht, in der früher jährlich fast zwei Milliarden Zündhölzer hergestellt wurden.

Jönköping ist nicht nur der Wallfahrtsort der Pyromanen, auch Schwedens Freikirchen haben sich die Stadt am Vätternsee als Zentrum auserkoren, und folglich sind die Kirchen voller als anderswo in Schweden. Vielleicht waren daran die Franziskaner schuld, die schon Ende des 13. Jahrhunderts in dieser Stadt ein Kloster gründeten. In Jönköping wird auf jeden Fall mindestens einmal im Jahr gegen das Recht auf Schwangerschaftsabbruch demonstriert, hier hat die kleine christdemokratische Partei KDS ihren Hauptsitz und die meisten Wähler.

Von fast jedem Punkt der Stadt hat man einen grandiosen Blick über den zweitgrößten schwedischen See, das nördliche Ufer sieht man nicht einmal bei guter Witterung.

Reisewege à la carte

Die Straße am See entlang ist eine der schönsten Reiserouten in Schweden. Fast 150 Kilometer hat man auf seinem Weg nach Norden das langgestreckte Blau an seiner Seite.

Gleich hinter Jönköping liegt das eingemeindete Huskvarna. Eine gleichnamige Waffenschmiede sorgte bis vor einigen Jahrzehnten für Kanonen-Nachschub an den Krisenherden in aller Welt. Auch Motorräder wurden unter dem Namen «Huskvarna» bekannt. Inzwischen gibt man sich ziviler: Kühlschränke, Staubsauger und Nähmaschinen werden im Tochterunternehmen des Küchengeräte-Herstellers Electrolux hergestellt. Der Stadtteil Smedbyn, in dem früher die Waffenschmiede lebten, wird heute von Kunsthandwerkern bewohnt, die ihre Arbeiten auch ausstellen und verkaufen.

Von Huskvarna nach Gränna gibt es einen langen, ausgeschilderten Wanderpfad, den «Bauerleden». Auf der Strecke ist der Vättern immer dabei. Gränna selbst, eine Kleinstadt mit Holzhäusern, belohnt für die Anstrengungen dieser fast fünfzig Kilometer langen Tour. Zunächst muß einfach eine «Polkagrisar» verzehrt werden, eine jener klebrig-süßen, rot-weiß-gestreiften Zuckerstangen, die in ganz

149

Beliebte Leckerei: Polkagrisar

Schweden enorm beliebt sind. An jeder zweiten Straßenecke in Gränna steht ein Kiosk, an dem die Zuckerstangen verkauft werden. Sie werden in kleinen Holzbuden hergestellt, man kann durch die Glasscheibe dabei zugucken.

Die kleine Stadt hat sich gut versteckt am Steilhang des Vättern; von oben, von der Autobahn, ist sie kaum zu sehen. Dafür sieht man von Gränna aus auf die Insel Visingsö, zu der mehrmals täglich eine Fähre verkehrt. Die Insel ist bewohnt,

aber autofrei. Wie im übrigen Småland versucht man auf Visingsö, aus dem kargen und oft steinigen Boden landwirtschaftlich etwas herauszuholen. An der südlichen Spitze von Visingsö ist die Ruine eines der ersten schwedischen Schlösser zu besichtigen, Näs aus dem 12.Jahrhundert.

Fährt man im Sommer mit der Fähre zurück, wenn die Abendsonne den ganzen See in Glutrot getaucht hat, möchte man wohl in dieser Landschaft bleiben. Aber die

in die Provinz Östergötland, läßt kurz danach den See links liegen und nimmt direkten Kurs auf Stockholm. Es empfiehlt sich aber, die Autobahn bei Ödeshög zu verlassen und weiter Richtung Norden am See entlang bis ins malerische Vadstena zu fahren. Auf dem Marktplatz steht Schwedens ältestes Rathaus, ein Bau aus dem 15. Jahrhundert. Die heilige Birgitta gründete in Vadstena 1346 ein Nonnenkloster, das noch immer existiert und «Zweigstellen» in Rom, Stockholm, London und Lugano betreibt. In der Klosterkirche liegen die Gebeine der Birgitta und ihrer Tochter. Das Kloster ist ein wahrer Wallfahrtsort für Touristen geworden, die Stadtverwaltung hat sich darauf eingestellt und mehrsprachige Führungen organisiert. Noch interessanter dürfte aber das imposante Schloß am Ufer des Sees sein, das 1545 im Auftrag Gustav Wasas erbaut wurde und als eines der schönsten seiner Art in Nordeuropa gilt.

Ob man mit dem Auto, dem Fahrrad, per Eisenbahn oder Boot unterwegs ist – Vadstena ist der perfekte Zwischenstopp. In dem kleinen Sportboothafen sammeln sich täglich ab dem späten Nachmittag die Götakanal-Urlauber, die mit dem eigenen Schiff oder auf einem der Kreuzfahrtdampfer die Tour durch Schwedens längsten Kanal machen. Auch Wasserratten brauchen bisweilen festen Boden unter den Füßen oder ein richtiges Abendessen, das im alten Rathauskeller vorzüglich mundet. Daß am Tisch nebenan deutsch, gegenüber englisch und etwas weiter weg italienisch gesprochen wird, macht den Aufenthalt in den alten Gewölben eher noch angenehmer.

Einheimischen müssen auch den langen, dunklen Winter hier verbringen. Die Jugendlichen treibt es schon früh vom Elternhaus weg in die Großstädte. Auf dem Lande – und das ist nahezu ganz Småland – ist einfach nichts los, sieht man einmal vom Kiosk im Stadtzentrum oder Selbstbedienungsrestaurant bei der Tankstelle ab. Und auch diese Sammelplätze schließen meist gegen 23 Uhr.

Die Autobahn entlang dem Vättern führt einen kurz vor Ödeshög

N i e
w i e d e r
ÖLAND UND
I b i z a
GOTLAND

Europas längste Brücke verbindet
die ostschwedische Hafenstadt
Kalmar mit der Insel Öland.
6030 Meter liegen zwischen dem
Festland mit seiner Schärenküste
und dem «Island in the sun». Der
Reiz, den diese langgezogene, flache
Insel am Kalmarsund auf Zehntausende Urlauber ausübt, wird durch
die Autoschlangen deutlich, die
schon vor Kalmar die unmittelbare
Nähe des Ziels ankündigen. Staus
gehören vor der Überfahrt dazu.

153

Hinter der Brücke gibt die Landstraße nach Borgholm öfter den Blick hinaus aufs Wasser und auf das gegenüberliegende Festland frei. Eine platte Insel – das ist Öland mit seinen Windmühlen, den Vogelschutzgebieten, den weiten Äckern mit offenbar intakter Landwirtschaft sowie den Grabhügeln und Fornburgen, jenen Dörfern, die in der Bronze- und Eisenzeit als Zufluchtsorte vor Piraten angelegt wurden.

Der amtliche Wetterdienst in Norrköping hat errechnet, daß Öland, zumindest an der schwedischen Ostküste, die mit Abstand meisten Sonnenstunden pro Jahr hat. Kein Wunder, daß es Herbert Wehner, Astrid Lindgren und andere Prominente Jahr für Jahr hierher ins eigene Sommerhäuschen zog. Doch Ölands Sonnenseiten haben sich auch beim breiten Volk herumgesprochen. Der Hauptort Borgholm wächst im Sommer um ein Vielfaches an. In die Marina laufen viele Stockholmer mit ihren zigarrenförmigen amerikanischen Powerboats ein, um sich umzusehen und gesehen zu werden. Dabeisein ist alles, und das möglichst rund um die Uhr. Die kleine Stadt hat sich auf den Rummel eingestellt, für jeden wird etwas geboten und meist davon ein wenig zuviel. Open-Air-Konzerte, Beachparties und 24 Stunden geöffnete Discos locken vor allem die Jüngeren, und so mancher Großstädter reibt sich verwundert die Augen, daß es hier in der Provinz so viel Action gibt. Im mondänen Hotel «Borgholm Strand» treten den Sommer über die besten Rockmusiker Schwedens auf. Nach dem Konzert geht man noch schnell zu «Snickar-Pelles Café», wo man selbst zu später oder gar frühmor-

gendlicher Stunde noch eine Kleinigkeit essen oder in Ruhe ein Bier trinken kann. Zum Tischler-Pelle gehen auch die Einheimischen, der reine Touristen-Nepp ist bis hierhin nicht vorgedrungen.

Zum Glück ist Öland knapp 140 Kilometer lang, so daß man genügend Ausweichmöglichkeiten findet. Die übrige Insel ist «so ganz anders als das übrige Schweden», wußte schon der weltberühmte Botaniker Carl von Linné: Auf dem völlig flachen Eiland wechseln Laubwälder und endlose Felder einander ab. Dazwischen Steinmauern, als Begrenzung ihrer Grundstücke früher von den Bauern aus Schiefer geschichtet, Windmühlen, Schiffssetzungen, Grabhügel, Runensteine und Fornburgen.

Von Borgholm wollen wir zunächst ein Stück südlich auf der Landstraße 136 radeln, um dann später bei Glömminge die weniger befahrene Parallelstraße an der Küste zu nehmen. Zunächst geht es jedoch direkt bei Borgholm vorbei an der berühmten Schloßruine, die der Stadt ihren Namen gegeben hat. 1569 erbaut, diente dieser Koloß direkt am Kalmarsund als Edelabsteige für König und Adel, die sich bei ausgiebigen Gelagen die Zeit vertrieben. Später verwahrloste das Schloß, bis 1806 ein gewaltiger Brand den langsamen Zerfall jäh beschleunigte. Seit dieser Zeit thront die Schloßruine auf einem Plateau, umgeben von Schafen und Kühen; die Fensterhöhlen und die moosüberzogenen Grundmauern strahlen etwas Unheimliches aus. Im Innern der Schloßmauern tut sich eine gepflegte Rasenfläche auf, auf der die leeren Fenster und Torbögen lange Schatten werfen. Nach oben hin ist alles zur Sonne offen, ein perfekter Platz für Theater oder Konzerte. Wenn der Entertainer Björn Skifs alljährlich zum «Badrock» unter freiem Himmel ruft, dann gibt sich hier die Rockelite des Landes an mehreren Abenden ein Stelldichein. Und wenn König Carl Gustav, Königin Silvia und die drei Kinder aus einem Fensterbogen im ersten Stock auf die Bühne hinunterschauen, kommt noch einmal ein wenig königlicher Glanz auf. Der schwedische Monarch zählt zu den Stammgästen beim «Badrock», er ist als Rock- und Popmusik-Fan bekannt. Schließlich spielte auf seiner Hochzeit die Popgruppe Abba. Im übrigen hat es die Königsfamilie nicht weit zur Schloßruine. Nur wenige hundert Meter entfernt steht ihr Sommerdomizil. Im Renaissanceschloß Solliden, 1906 fertiggestellt, verbringen die Blaublütigen alljährlich drei bis vier sommerliche Wochen. Die sehr gepflegte Anlage ist zwar gut bewacht, doch Teile der Gartenanlage sind zur Besichtigung freigegeben.

Öland ist ein Radlerparadies, das wird schon nach wenigen Kilometern klar. Hier braucht man sich nicht mit Steigungen abzukämpfen, und selbst der Autoverkehr hält sich in Grenzen, sieht man einmal von Borgholm und Umgebung ab. Auf geraden Wegen geht es vorbei an fruchtbaren Äckern und Schafsweiden. Immer wieder öffnet sich der Blick auf den Kalmarsund, diese vielbefahrene Seestraße zwischen dem Festland und der Insel. Das Meer und nahezu schneeweiße Sandstrände laden zu einer Unterbrechung ein. Die Tour über die Insel entwickelt sich mehr und mehr zu einer Fahrt durch eine kleine Welt der Gegensätze: links der Straße ein moderner Campingplatz

mit allem, was dazugehört, gegenüber ein Hof, umgeben von Schafsweiden, soweit das Auge reicht. Rechts eine Ferienhaussiedlung mit angelegter Gartenanlage, auf der anderen Seite eine Steppenlandschaft mit Wacholderbüschen, die sich nach dem stetigen Inselwind ausrichten.

Eldorado für Vogelkundler

Im Süden der Insel, in Höhe der kleinen Stadt Mörbylånga, erstreckt sich das Stora Alvaret, ein vierzig Kilometer langes und etwa zehn Kilometer breites Hochlandplateau, eine Steppe, die nicht enden will. «Hier ist schon so manch ein Wanderer nicht wiedergekommen», meint ein älterer Inselbewohner und rät, unbedingt einen Kompaß mitzunehmen. Tatsächlich gibt es in dieser Tundra so gut wie keine Orientierungspunkte für das Auge. Das Kalkstein-Plateau, das etwa dreißig Meter über dem Meeresspiegel liegt, ist vor Millionen von Jahren durch Muschelablagerungen entstanden. Der Boden muß überaus fruchtbar sein, anders ist die seltene Blumenvielfalt nicht zu erklären. Biologen wollen bis tausend verschiedene Arten gezählt haben, in dem bunten Blumenteppich versteckt sich auch eine große Anzahl verschiedener Orchideen.

Oben im Hochland zwitschert, summt und brummt es, so daß der Gedanke an eine Einöde gar nicht erst aufkommt. Im Frühjahr und Vorsommer beherrschen Schmetterlinge, Hummeln und Vögel die Szenerie. Auf Öland gibt es neben dem Alvaret noch einige andere Steppengebiete, dieses ist jedoch mit Abstand das größte. Wer zum Bei-

Rastplatz für Zugvögel

spiel die grau-schwarze Lavaland-
schaft von Lanzarote liebt, der wird
auch an dieser Tundra seinen Gefallen finden. Wer darüber hinaus noch
ornithologische Neigungen hat, für
den ist ein Besuch im Süden der Insel ein absolutes Muß. Ein Eldorado
für Vogelkundler aus ganz Europa
tut sich auf, denn hier legen Tausende und Abertausende von Zug-
vögeln auf ihrem Rückweg in den
wärmeren Süden eine Ruhepause
ein. Am «Långe Jan», dem Leuchtturm an der Südspitze, hat man den
Eindruck, daß auf jeden Zugvogel
mindestens ein mit Fernglas, Foto-
apparat und Stativ ausgerüsteter
Feldbiologe kommt. Am höchsten
Leuchtturm Schwedens geht es international zu: Freizeit-Ornitholo-
gen und Profis aus allen Ländern
Europas versammeln sich im Spät-
sommer und Herbst, um das wilde

Treiben der Vögel zu beobachten.
Und wer dann – was immer wieder
einmal vorkommt – ein Exemplar
ausgemacht hat, das hier eigentlich
nichts zu suchen hat, ist für mindestens einen Abend der Star.

Urlauber, die mit fremdartigen
Vögeln nicht viel anfangen können,
kommen dennoch auf ihre Kosten.
Der Lange Jan spendiert für ein
paar Kronen aus vierzig Metern
Höhe die beste Aussicht auf der Insel. Von diesem südlichsten Punkt
darf das Auge über die Ostsee mit
ein paar in der Abendsonne düm-
pelnden Fischkuttern über die Tundra bis zur nächsten Ortschaft
schweifen. Irgendwie scheint Öland
ein Eiland der Experten zu sein:
von den professionellen Sonnenan-
betern, die mit einem Sammelsu-
rium an Tinkturen jeden Morgen an
den Strand pilgern und aus der Er-

156

allem Frauen und Kinder zurückge-
zogen, wenn sich an der Küste die
Männer mit feindlichen Kriegern
ein Gemetzel lieferten. Eketorp
zeigt, wie man früher lebte: zusammen mit Schweinen, Schafen und
Kühen unter einem Dach. Ein kleines Museum, untergebracht in einem der Gebäude, gibt Auskunft
über die Gegenstände des täglichen
Lebens. Alte Teller, Bestecke und
Werkzeuge lassen den Besucher er-
ahnen, wie mühsam das Leben vor
mehr als 2000 Jahren war, der Sil-
ber- und Bronzeschmuck macht
deutlich, daß man auch damals die
angenehmen Seiten nicht missen
mochte.

Die an ihrer breitesten Stelle gerade fünfzehn Kilometer messende
Insel hat mehr Historisches im Angebot. Eine Vielzahl von Ausgra-
bungsstätten – Schiffssetzungen,
Burgruinen und Grabhügel – zeugt
von einem intensiven Handel, vor
allem während der Wikingerzeit.
Daß Öland auch in jüngerer Vergangenheit eines der Wirtschafts-
zentren Schwedens war, sieht man
an den das Inselbild prägenden
Windmühlen. Vor hundert Jahren
gab es noch über 2000 Mühlen, viele
von ihnen nach deutscher und
holländischer Technik erbaut. Rund
400 Mühlen sind erhalten, in einigen
wurde der Müller durch den Koch
ersetzt: Hier wird von dem Inselge-
richt «Kroppkakor», das sind aus
rohgeriebenen Kartoffeln und ein
wenig Speck hergestellte Klöße, bis
hin zu maritimen Leckerbissen alles
geboten. In der Mühle von Sandvik,
einem kleinen, idyllischen Fischer
ort nördlich von Borgholm, nimmt
man Platz auf alten Holzfässern und
läßt es sich bei Kerzenlicht in dem
runden Gebäude schmecken. Keine
der Mühlen ist heute noch im har-

holung eine Wissenschaft machen,
über die Vogelliebhaber, für die die
Entdeckung eines Säbelschnäblers
den ganzen Urlaub rettet, bis hin zu
Hobby-Historikern, für die nichts
schöner ist, als zwischen Runensteinen und Überresten einer vor langer Zeit zerstörten Burg umher zu
spazieren. Öland ist für alle da.

Vergangene Zeiten

Vergangene Zeiten leben in Eketorp
an der Ostküste der Insel, nur etwa
zwanzig Kilometer vom Langen Jan
entfernt, wieder auf. Hier haben
Archäologen die einzige der insgesamt sechzehn Fluchtburgen der Insel vollständig wieder aufgebaut.
Eine große Ringmauer mit vielen
Zinnen umgibt die strohgedeckten
Hütten. Hierhin haben sich also
während der Völkerwanderung vor

157

Landwirtschaft im Familienbetrieb

ten Einsatz, doch alle sind vor dem endgültigen Verfall bewahrt worden, viele kann man besichtigen. In Betrieb geblieben sind dagegen die vielen Höfe auf Öland. Gerade an der Ost- und Westküste entdeckt man sie. Der sandige Boden ist sehr fruchtbar, aus dieser Gegend kommt ein großer Teil des guten, aber recht teuren Gemüses, das in den Supermärkten auf dem Festland unter dem Qualitätsetikett «Svensk odlad», schwedischer Anbau, angepriesen wird. Bemerkenswert ist, mit welcher Liebe die Höfe restauriert und instand gehalten werden. Neben dem Ackerbau betreiben die Bauern vor allen Dingen Schafzucht. Aus der Wolle werden Stoffe gewebt, die überall auf der Insel zu kaufen sind.

Kornspeicher und Sandstrände

Neben der Landwirtschaft ist der Tourismus zum wichtigsten Erwerbszweig geworden. Nach der Eröffnung der Ölandbrücke 1972 hatten viele eine Urlauberinvasion befürchtet, die das bis dahin ein wenig an der Peripherie dahinschlummernde Eiland in ein Ibiza nordischen Zuschnitts verwandeln würde. Mittlerweile ist man klüger: Der Touristenstrom will zwar tatsächlich in den Sommermonaten nicht enden, und am Mittsommerwochenende führt die Polizei schon einmal Alkoholkontrollen vor der Brücke durch, um die «Problemfälle» von der Insel fernzuhalten. Doch Schweden wäre nicht Schweden, wenn sich die unangenehmen Seiten des Feierns und des Reisens nicht auffangen ließen: Auf Öland ist schon einiges los, doch wer die Ruhe sucht, findet sie.

Zum Beispiel in Mörbylånga an der Westküste, nicht einmal zwanzig Kilometer südlich von Färjestaden, wo die Ölandbrücke die Insel erreicht. Ein winziger Ort, dieses

158

Mörbylånga mit seinem kleinen Hafen, den Kornspeichern, die schon von weither sichtbar sind, und den vielen, akribisch gepflegten Gärten vor den Holzhäusern. Auf der morgendlichen Suche nach einem Bäcker, der frische Brötchen verkauft, muß man lernen, daß die Weltzeit auch in einem anderen Takt schlagen kann. «Einen Bäcker? Nein, den haben wir bis vor ein paar Jahren gehabt. Heute gibt es keinen mehr», klärt die ältere Frau auf, die in ihrem Vorgarten gerade dabei ist, die Ordnung nach einem Gewitterregen wieder herzurichten. Der einzige «Supermarkt» hält dafür vom Festland importiertes, vakuumverpacktes Brot bereit. Der kleine Laden ist ein «lanthandel», ein Geschäft, das von der Mistforke über Schrauben bis zu Lebensmitteln alles bereithält. Vor der Tür versorgt eine Zapfsäule Traktoren und Wohnmobile mit Treibstoff. Nur frische Brötchen gibt's halt nicht.

Ein gewisser Stolz der Ortsbevölkerung ist unverkennbar: «Warum sollen wir wegen der Sommertouristen unser Leben völlig verändern?» fragt der Bauer bei Brunneby an der Ostküste. Mit einem Augenzwinkern erklärt er dann stolz, daß er nun auch einige Ferienwohnungen zu vermieten hat. Viele Landwirte haben den lukrativen Nebenerwerb entdeckt und in den letzten Jahren in der Nähe ihrer Höfe auch noch einige gemütliche Sommerhäuschen errichtet. Wer übrigens einmal den modernen mit dem ursprünglichen Ackerbau vergleichen möchte, sollte sich das Freiluftmuseum in Himmelsberga nicht entgehen lassen. Dort, bei Långlöts an der Ostküste, wurde ein Bauerndorf des 18. und 19. Jahrhunderts

vollständig restauriert, und es wird, was ungewöhnlich ist, noch Landwirtschaft wie früher betrieben.

Ölands Fremdenverkehrswerber lassen nichts aus, um den Besucher auf traumhaft schöne, weiße Sandstrände aufmerksam zu machen. Und tatsächlich, es gibt sie. Allerdings braucht man sich bei Böda Sand im Nordosten der Insel nicht der Illusion hinzugeben, man hätte ein Stückchen unberührter Natur entdeckt. Der Eindruck kann nur entstehen, falls man sich vor dem Frühstück hierher verirrt haben sollte. Trotzdem kommt, auch bei richtig gutem Wetter, kein «Heringsgefühl» wie an der Costa Brava auf. Zudem gibt es knapp dreißig kleinere und deshalb recht unbekannte Strände, an denen man den lieben langen Tag faulenzen kann.

In dem Fischer- und Badeort Byxelkrog ganz im Norden wird am Kiosk nicht, wie sonst in Schweden üblich, Hamburger mit kleingehackter Gurke verkauft, sondern geräucherter Fisch. Im Hafen herrscht buntes Treiben: Neben den Fischern, die ihre Netze kontrollieren und den einen oder anderen Klönschnack mit gerade angekommenen Seglern halten, spielen Kinder am Fähranleger Fußball – in freudiger Erwartung der Fähre. Das häßliche blau-weiße Ungetüm kommt pünktlich und nimmt eine ganze Autoschlange mit nach Oskarshamn. Die Ruhe nach dem Auslaufen währt allerdings nicht lange, denn das Ausflugsboot von der Insel Blå Jungfrun (Blaue Jungfrau) läßt nicht auf sich warten. Eine ganze Schiffsladung urlaubsfroher Touristen klettert von Bord und sichert dem Fischkiosk einen weiteren Umsatzrekord. Die Blaue Jungfrau ist allen Freizeitkapitänen ein Begriff: Von weitem kündigt sich die Insel an, die mit ihren 86 Metern vor der Ausfahrt aus dem Kalmarsund dunkel und unheimlich aus dem Wasser ragt. Hierher sollen früher die Hexen geritten sein, um mit dem Teufel einen unheiligen Pakt zu schließen. Heute geht es auf der Insel friedvoller zu: Sie ist zum Nationalpark erklärt worden.

Inselriese Gotland

Von Nynäshamn bis Visby auf Gotland braucht man mit der Fähre fünf bis sechs Stunden. Gotland – die Perle der Ostsee. Zunächst schimmert ihr Glanz nur trübe in der dunstigen Seeluft, doch je näher die hohe Steilwandküste der Westseite rückt, desto deutlicher spürt man, daß auf der etwa 120 Kilometer langen und 50 Kilometer breiten Insel ein anderes Schweden zu entdecken sein wird. Einmal nicht endlose Wälder, die Hunderte Binnenseen mit ihrem dunklen Grün umschließen, sondern eine offene Heidelandschaft, in der Wacholderbüsche, Weiden, Windmühlen und pittoreske Fischerdörfer einander ablösen. Dazwischen immer wieder Ruinen und Ausgrabungsfelder oder eine der fast hundert Kirchen auf der Insel.

Visby ist, mit über 20 000 Einwohnern, der eindeutige Mittelpunkt. Das war schon immer so: Während der Wikinger- und Hansezeit entwickelte es sich zum Handelszentrum für Nord- und Mitteleuropa. Die Spuren dieser Großmachtzeit sind überall gegenwärtig: Die dreieinhalb Kilometer lange Stadtmauer mit ihren knapp vierzig Türmchen ist nicht nur eine hervorragende Ansteuerungsmarke für

den Freizeitkapitän, sondern zeugt auch von einer Zeit, in der es erbeuteten oder erwirtschafteten Reichtum zu verteidigen galt. Wer heute irgendwo auf Gotland verbotenerweise den Spaten in den Boden sticht, kann fast sicher sein, irgendeine Münze oder ein Porzellangefäß auszubuddeln. Dieser Raubbau an der Geschichte wird allerdings von den Ordnungshütern streng verfolgt: 1990 wurden ein Engländer und ein Deutscher auf frischer Tat bei ihren «Ausgrabungen» ertappt und zu sieben Monaten Gefängnis ohne Bewährung sowie einer saftigen Geldstrafe verurteilt.

Im Wettstreit mit der Geschichte

Zunächst einmal begrüßt Visby den Neuankömmling laut. Der Yachthafen im Zentrum der Stadt ist zum Überquellen voll mit schwedischen, deutschen und einigen dänischen Booten. Aus dem Restaurantschiff, das längsseits an der Hafenmauer festgemacht hat, dröhnt amerikanischer Rap. Von Geschichtsbewußtsein keine Spur – auf Gotland liefern sich Neuzeit und Vergangenheit einen ständigen Wettstreit. Vom Hafen durch ein paar enge, kopfsteingepflasterte Gassen mit schönen Fachwerkhäuschen zu beiden Seiten, und die Vergangenheit ist bereits eingeholt. Das sündteure Touristenbier in einer von Rosen umrankten Freiluftkneipe gegenüber dem imposanten Museum kann den positiven Eindruck nicht trüben. Gotland ist anders als alles, was wir bislang von Schweden kennen. Hier mischen sich Neuzeit und Mittelalter, Inselbewußtsein mit großstädtischem Selbstverständnis.

Strategisches Streitobjekt Visby

Im «Burmeisterska huset», das Mitte des 17. Jahrhunderts von dem Lübecker Kaufmann Burmeister gebaut wurde, ist im Erdgeschoß das gotländische Fremdenverkehrsbüro untergebracht. Hier kann man sich mit Stadtplan und anderen nützlichen Broschüren für die Inselrundreise eindecken. Das alte, wundervoll restaurierte Fachwerkhaus beherbergt auch ein kleines Museum. Wer es bequem mag, kann die Stadterkundung im Sitzen beginnen. Am östlich gelegenen Stadttor, Österport, geht in der Hochsaison fast stündlich ein kleiner Sightseeing-Zug ab. Von einem Traktor gezogen, schlängeln sich die vier, fünf Waggons im Schritttempo durch die kopfsteingepflasterten Gassen. Überall innerhalb der Stadtmauern sieht man kleine, gepflegte Giebelhäuser mit Rosen und Rhododendron in den wunderschönen Gärten.

Schnell wird klar, daß ein Tag kaum reichen wird, um das eigentlich recht kleine Visby genauer kennenzulernen.

In Visby ist Geschichte geschrieben worden. Bereits vor etwa 7000 Jahren ließen sich die ersten Menschen auf dem Eiland in der Ostsee nieder. Und schon damals bestimmte der Handel das Leben der Inselbewohner. Im Mittelalter wurde ein dichtes Handelsnetz in alle Himmelsrichtungen geknüpft. Heinrich der Löwe ermöglichte durch ein Abkommen mit Gotländer Kaufleuten den Lübecker Pfeffersäcken das Anlaufen des Hafens. Im 13. Jahrhundert wurde Visby eine zweite Heimat für viele norddeutsche Kaufleute.

Wo Reichtum ist, ist auch Neid – die imposante Stadtmauer diente nicht nur dem Schutz vor äußeren Feinden, sondern auch vor den In-

Opfer des Kampfes um Marktanteile: Kirchenruine in Visby

sel-Bauern. Das Verhältnis zwischen den städtischen Kaufleuten und den Bauern, die nebenbei regen Handel mit dem Baltikum trieben, war alles andere als gut. Als der Dänenkönig Valdemar Atterdag 1361 mit seinen Soldaten auf der Insel landete und die Bauern bis an die Stadtmauer vor sich her trieb, blieben die Städter kalt und öffneten die Tore nicht. An das grausige Ende der Bauern erinnert das «Valdemarskorset» am Osttor der Stadt. Der Dänenkönig konnte Visby nicht einnehmen, hielt sich aber an der übrigen Insel schadlos.

Auch nachdem Atterdag wieder verschwunden war, konnte Visby seine ehemals führende Stellung unter den Hansestädten nicht wieder einnehmen. Die strategisch so günstig gelegene Ostseeinsel wurde zum Streitobjekt zwischen Dänemark und Schweden, und selbst die ehemaligen Hansepartner mischten in dem frühen Kampf um Marktanteile kräftig mit. 1525 veranlaßten Lübecker Kaufleute nach ständigem Gezänk mit ihren ehemaligen gotländischen Partnern, ein Stadtviertel im Norden Visbys in Schutt und Asche zu legen. Die Zeugen dieser rohen Brandlegung, die Ruinen der monumentalen Kirchen aus dem 12. und 13. Jahrhundert, überragen noch heute die Stadt. Die meisten von ihnen waren in der gotländischen Glanzzeit Kirchen der ansässigen deutschen Kaufleute. Nach der Brandlegung dienten sie eine Zeitlang als «vornehme Schweineställe», wie der schwedische Botaniker Carl von Linné treffend bemerkte.

Die oftmals rauhen Methoden der Kaufleute im Mittelalter sind keineswegs passé. Visby lockt in den Sommermonaten, wenn die Einwohnerzahl Gotlands von 55 000 auf 400 000 anwächst, vor allem das T-Shirt-Gewerbe. Viele Kleinstunternehmen, zumeist aus Stockholm, mieten sich im besten Fall einen Stand auf dem Marktplatz oder gar ein kleines Geschäft in der Innenstadt, meist aber wird ohne Genehmigung verkauft, was das Zeug hält. Die Gewerbepiraten sind für die gotlandischen Geschäfte ein so großes Problem, daß sie mit dem Motto «året runt företag», ganzjährig geöffnet, Kunden zu gewinnen versuchen. Die fliegenden T-Shirt- und Urlaubsdevotionalien-Händler machen nur in der Hochsaison eine schnelle Mark und hinterlassen dann überhöhte Ladenmieten.

Rundfahrt auf zwei Rädern

Visby trägt nicht nur den unsinnigen Beinamen «Saint-Tropez des Nordens», es gilt auch als «Mekka des Fahrrades». Zu Recht, wie die Zweirad-Batterien direkt außerhalb der Stadtmauern zeigen. Für eine ausgedehnte Tour eignet sich am besten das Leih-Fahrrad. Gotland ist ein Radlerparadies, da lange Steigungen ebensowenig vorkommen wie ausgeprägter Autoverkehr.

Wir fahren durch Norderport, das nördliche Stadttor, und weiter auf der Landstraße 149, vorbei an einigen Industriegebieten und Wohnsilos. Auch so etwas gibt es auf der Insel, doch prägen diese Sünden der siebziger Jahre nur einen ganz schmalen Ring um die Inselhauptstadt. Die kleine Bildstörung ist schnell vergessen, die ebene Straße, die im übrigen nur bis zur Höhe des Flugplatzes stärker befahren ist, führt uns durch eine offene Landschaft mit Feldern. Ein kleines

Schild weist den Weg nach «Snäckgärdsbaden». Die schmale Straße windet sich durch einen tiefgrünen Mischwald, der immer wieder von weitläufigen Feldern unterbrochen wird. Die Luft kündigt die Nähe zum Meer an. Direkt an der Ostsee liegt hoch über dem Wasser mit einem phantastischen Weitblick das «Snäck», ein riesiges Veranstaltungs- und Konferenzzentrum, das immer wieder einmal den Besitzer gewechselt und die Ausrichtung verändert hat. Für die Gotländer ist es zu einem Begriff geworden, denn hier wird ihnen Kontinentales geboten: von Konzerten über Theateraufführungen bis zu Lesungen. In den Sommermonaten überwiegt das Angebot für die Jüngeren, in dieser kurzen, aber intensiven Zeit heißt es, die Finanzen so zu ordnen, daß sie über den langen Winter reichen. Also lockt man mit großen Namen aus der Rockszene des In- und Auslands. Direkt beim «Snäck» liegt ein riesiger Campingplatz. Der gewaltige Wagenpark zeigt, daß es zumeist schwedische Familien sind, die hier mit Kind und Kegel ihren Urlaub verbringen. Der weißsandige Strand führt Richtung Norden über zwei Kilometer zu dem winzig kleinen Fischerhafen Själsö – eine «Traumpromenade» mit abgeschliffenen Riesenmurmeln im Wasser auf der einen Seite, Schafwiesen und Feldern auf der anderen. In Själsö finden Segler, die sich in der Marina der Inselhauptstadt um die Anlegeplätze fast prügeln müssen, auch in der Hochsaison Platz. Nur einige Kilometer vom turbulenten Visby entfernt, erwartet einen ungeahnte Ruhe.

Durch Heidelandschaften mit Wacholderbüschen und großen Schafsherden fahren wir auf der Küstenstraße Richtung Norden zum Fischerhafen Lickershamn. Eine der kleinen, kupferroten Hütten, die normalerweise den Fischern als Ruheraum vor der nächtlichen Arbeit auf der Ostsee dienen, ist im Sommer in einen Laden für geräucherten Fisch umgewandelt worden. Die Pfeffermakrelen frisch aus der Räuchertonne schmecken vorzüglich. Gleich unten am Hafen steht die bekannteste Frau der Ostseeinsel, die seit Menschengedenken als Fotomodell herhalten muß. Tausende Jahre Wind und Wasser waren nötig, um aus Kalk- und Sandstein die «Raukar» entstehen zu lassen, Gesteinsformationen von mystischer Kraft. Die größte Rauke thront hier in Lickershamn und trägt – keiner weiß warum – den Namen «Jungfrau». Fast tausend dieser eigenwilligen Gebilde gibt es auf Gotland, einige stehen vereinzelt am Strand, andere – wie auf der kleinen Nachbarinsel Fårö – bilden ganze Heerscharen am Ufer. Gischt und Wellen, Wind und Wetter haben an der relativ weichen gotländischen Sandsteinplatte ihre ganze Kraft abgelassen: Nur die dicksten Brocken, die härtesten Gesteinsformationen konnten sich behaupten – Mahnmale des nicht endenden Kampfes zwischen Meer und Land.

Fårö, die Schafsinsel, war bis 1990 für Ausländer tabu. Die schwedischen Militärs hatten etwas zu verbergen, waren doch Gotland und die kleine nördliche, nur durch den Fårösund getrennte Nebeninsel der östlichste Lauschposten des neutralen Landes. Nach dem Zusammenbruch der Sowjetunion verlor Fårö den Status eines militärischen Sperrgebiets. Leider gilt das noch immer nicht für Gotska Sandön, eine gute Fährstunde von Lauter-

horn entfernt. Diese Sandinsel, von der Schweden schwärmen, darf von Ausländern nur nach schriftlicher Genehmigung betreten werden. Die zum Nationalpark erklärte Insel mitten in der Ostsee beherbergt nicht nur seltene Vögel und Pflanzen, sondern angeblich auch so manches militärische Geheimnis.

Die Reize der kleinen Insel Fårö hat auch Schwedens Prominenz entdeckt: Olof Palme, sein Nachfolger Ingvar Carlsson und Ingmar Bergman richteten sich hier ihr Feriendomizil ein. Wenn Gotland trotz aller Besucher seinen Charme behalten hat, auf Fårö lernt man, was Ruhe und Nähe zur Natur bedeuten können. Hier diktiert das Nationaltier der Insel, das Schaf, den Rhythmus. Stattliche Herden der zottligen Vierbeiner nehmen sich unendlich viel Zeit beim Überqueren der Straße, und als Fahrradfahrer muß man ungemein aufpassen, um nicht in einer «Schafsbremse» hängenzubleiben – tiefen Längsrillen über die ganze Straßenbreite, die den Schafen das Ausbüchsen unmöglich machen.

Bei Lauterhorn, einem winzigen Fischerhafen, erstrecken sich gewaltige Raukengebiete vom Strand bis weit hinein ins Meer. Diese Brocken schlagen um Längen die Jungfrau von Lickershamn. Das Schauspiel, wenn die Wellen auf die Steinformationen branden, ist faszinierend. Der Strand bei Lauterhorn ist übrigens voller Steine, die Versteinerungen zieren Muscheln, Schnecken oder labyrinthartige Algenformationen.

Von Fårö geht es mit der ständig verkehrenden Zubringerfähre zurück über den Sund. Nicht weit ist es bis Bunge mit seinem kulturhistorischen Museum, in dem ein

Grabfeld rekonstruiert wurde. Außerdem kann man Bildsteine aus der Wikingerzeit betrachten. Noch interessanter ist allerdings eine ständige Ausstellung über die gotländische Bauernkultur: Beeindruckend, mit welch einfachen Mitteln im 17. Jahrhundert Landwirtschaft betrieben wurde. Schon damals war die Schafzucht ein Haupterwerbszweig der gotländischen Bauern. Das hat sich bis heute nicht geändert. Vor allem in den Sommermonaten führt jedes Restaurant, das etwas auf sich hält, mindestens ein Lammgericht auf der Karte.

So auch in Katthammarsvik, in der Mitte der Ostküste. Ein kleiner, idyllischer Ort, der hauptsächlich vom Tourismus lebt, aber keineswegs von den Sommergästen vereinnahmt worden ist. Die 200-Seelen-Gemeinde lebt nach ihrem eigenen gotländischen Takt. Unten am kleinen Hafen, wo eine Räucherei die ganze Bandbreite der Meeresfrüchte köstlich zubereitet, verliert man nicht einmal die Geduld, wenn ein vollbesetzter Reisebus seine Last für ein kleines Zwischenmahl ablädt.

«Kommen Sie aus Deutschland?» fragt die ältere Dame, die uns noch zwei Makrelen einpackt. «Wir sind auf Gotland sehr beunruhigt, daß mehr und mehr Ausländer Häuser kaufen, die dann außer im Sommer völlig leerstehen.» Die Insulaner sind keineswegs fremdenfeindlich, viele Gotländer haben ganz einfach nur Angst davor, daß die ausländische Nachfrage die Preise für Häuser in die Höhe treibt. Daß Gotland als Sommerdomizil reizt, ist andererseits mehr als verständlich: Die Insel ist landschaftlich überaus abwechslungsreich – von bunter Orchi-deen- und Rosenpracht bis zur faszinierenden Heidelandschaft – und befriedigt die unterschiedlichsten Bedürfnisse. Ob Rummel wie in Visby oder entspannende Ruhe wie etwa an einem Sommerabend in Katthammarsvik – alles wird geboten. Außerdem verfügt Gotland über einen eigenen Flughafen, von dem aus in den Sommermonaten sogar Direktflüge nach Deutschland starten.

Labile Naturreservate

Wer nach Gotland kommt, muß entweder Historiker oder Naturkundler sein, meinte schon ein schwedischer Gelehrter vor hundert Jahren. Die beiden kleinen Inseln vor der Westküste Gotlands, Lilla Karlsö und Stora Karlsö, sind Naturreservate, auf denen neben einer großen Anzahl ansonsten in Schweden seltener Vögel auch eine besondere Rasse gotländischer Schafe lebt. Von Klintehamn und Djupvik gehen mehrmals täglich kleine Fähren auf die Inseln. Im Hafen von Klintehamn liegen neben dem großen Getreidesilo einige Fischkutter. An Deck wird geschrubbt und laut über die ständig dürftiger ausfallenden Fänge diskutiert. An den betagten Schiffen, deren Farbe seit Jahren nicht erneuert worden ist, sticht ein Farbklecks ins Auge: der Regenbogen-Aufkleber von Greenpeace Svante vom Kutter VY 124 schimpft am lautesten. «Wenn die in Stockholm nicht bald wirklich etwas unternehmen, kann ich mir einen anderen Job suchen.» Auf der Insel, die mit ihrer Natur und dem schönen Wetter wirbt, scheint das Umweltbewußtsein stärker ausgebildet zu sein als auf dem Festland.

Fischerdörfer
DIE FELSIGE WESTKÜSTE
wie gemalt

kenberg und Varberg bis hinauf nach Göteborg zieht sich ein Band berühmter Badeorte. Weißer Sandstrand wie in einem Reiseprospekt, dazu kahlgeschliffene Klippen und kleine Schären, dazwischen immer wieder idyllische Kleinstädte mit ihren für diese Gegend so typischen prunkvollen Holzvillen. Dieser Teil Schwedens gehörte bis vor 350 Jahren zu Dänemark. Die Eß- und Trinkkultur, aber auch der Baustil erinnert bis in unsere Tage an die dänische Zeit. Ein Gang beispielsweise durch die kleinen, schmalen Gäßchen von Laholm versetzt einen in eine kleine Stadt auf der anderen Seite des Kattegatts.

Viele der alten Gebäude in den Städten der Provinz Halland sind mittlerweile restauriert worden. Ob mondäne Bürgerhäuser oder alte Hinrichtungsstätten, ob Festungen, Schlösser oder eine über 600 Jahre alte Moorleiche – in den hübschen Badestädten ist viel zu sehen. Im Sonner schieben sich Gäste aus dem ganzen Lande durch die Gassen, das Warenangebot hat sich dem Tourismus angepaßt. Am Wochenende liegt man in Reih und Glied am Strand. Der Trubel ist allerdings schnell vorüber, wenn man ins Hinterland ausweicht: Ackerbau und Viehzucht, dann und wann ein Campingbus mit Kanus auf dem Dach. Die Flüsse in Halland – Lagan, Nissan, Ätran und Viskan – zählen zu den beliebten Zielen vieler Paddler.

L aholmsbukten, die Bucht von Laholm im schwedischen Teil des Kattegatts, hat sich in den letzten Jahren zu einem Sammelplatz der schwedischen Sonnenanbeter entwickelt. Von Båstad – durch kleinere internationale Tennisturniere den Sportfans bekannt – über Laholm, Tylösand, Träslövsläge, Fal-

Bei Varberg beginnt die westschwedische Schärenlandschaft. Doch bevor die schroffen Felsen, bizarren Fischerorte und schnittigen Segelboote das Bild zu prägen beginnen, schiebt sich Göteborg, Schwedens Tor zur Welt, in den Blick.

Heimliche Hauptstadt

Gerne hebt der Göteborger hervor, daß in seiner Stadt der Wohlstand des ganzen Landes erwirtschaftet wurde, daß hier noch heute das wirtschaftliche Zentrum des Landes ist. Die hohen Fabrikschornsteine, riesige Hafenanlagen und breitflächige Betonsilos mit mehreren tausend Wohnungen am Stadtrand sprechen eine deutliche Sprache. In Göteborg, mit 450000 Einwohnern Schwedens zweitgrößte Stadt, wird geklotzt. Sie hat nicht den Charme Stockholms, wirkt rauher, wirklichkeitsnäher. An der Westküste kämpft der Volvo-Konzern ums Überleben, hier werden Profi-Kameras von Hasselblad und Kugellager von SKF produziert. Die größten Reedereien und Werften sind in Göteborg ansässig.

Doch auch Göteborg hat das gewisse Etwas, nur muß man näher hinschauen. In Schweden spricht man gern vom «Kontinent» und meint damit das internationale Flair in den Metropolen der west- und südeuropäischen Länder. «Göteborg gehört schon zum Kontinent», behaupten viele. Und tatsächlich gibt man sich an der Westküste aufgeschlossener, ohne den Provinzialismus, der viele andere Gebiete des großen Landes, in Teilen selbst die Hauptstadt, prägt. Dänemark, Norwegen, England und Deutschland sind durch tägliche Fährverbin-

dungen dicht herangerückt. Schon August Strindberg hatte verstanden, «daß Stockholm nicht länger der Mittelpunkt des Nordens war, sondern daß Göteborg sich dranmachte, es zu werden». Bis heute werden die wichtigen Entscheidungen zwar weiterhin in Stockholm getroffen, doch die Westküsten-Metropole hat zumindest ein sehr starkes Eigenleben entwickeln können. Heute sind die rosigen Zeiten für Schwedens Schwerindustrie längst vorbei, an die goldenen sechziger und siebziger Jahre erinnern nur noch halbverfallene Arbeitersiedlungen im Stadtteil Majorna und verrostete Werftkräne am Götaälv, dem Fluß, der sich ostwärts durch die Stadt schlängelt. Bis Mitte der siebziger Jahre waren noch über 15000 Menschen bei drei der größten europäischen Werften beschäftigt. Als die Koreaner und andere Konkurrenten den Skandinaviern das Leben immer schwerer machten, beschloß die damalige sozialdemokratische Regierung ein Industrie-Ansiedlungsprogramm für die Westküstenregion. Mit Subventionen und zinsfreien Darlehen wurden viele mittelständische, aber auch große Unternehmen nach Göteborg gelockt. Mittlerweile kriselt es nun auch beim Autokonzern Volvo, dem mit Abstand größten Arbeitgeber in Göteborg und Umgebung. Sollten die düsteren Prognosen von Experten eintreffen, dann werden Ende dieses Jahrhunderts bis zu 20000 Arbeitsplätze in der Automobilindustrie wegrationalisiert sein.

Im Stadtteil Hisingen auf der gleichnamigen Insel liegt das Problem buchstäblich in der Luft: Dort wohnen Zehntausende Metall-Arbeiter, sie umgibt von frühmorgens bis in die Nacht hinein ein stechen-

Im Hafen des schwedischen Wirtschaftszentrums

der Dunst, der aus den umliegenden Schornsteinen entweicht. Die Schadstoffemissionen haben die Schmerzgrenze längst überschritten, und die Göteborger Stadtväter waren die ersten in Skandinavien, die ein Smog-Alarm-System ausarbeiteten. Mehrmals im Jahr muß das Auto zu Hause bleiben, statt dessen kann man mit Bussen oder den blauen Straßenbahnen zur Arbeit und zum Einkaufen fahren.

Streifzüge durch Göteborg

Die Stadt wurde offiziell 1621 vom schwedischen König Gustav II. Adolf gegründet, der dafür auch ein Denkmal auf dem Gustav-Adolf-Torg bekam. Der König hatte schon damals im Sinn, eine weltoffene Metropole zu schaffen. Er lud Deutsche, Schotten und vor allem Holländer ein, das Geschick der

jungen Stadt mitzubestimmen. Besonders der holländische Einfluß ist bis heute unverkennbar: Der alte Stadtkern wird von unzähligen Kanälen durchzogen, auf denen flache, breite Sightseeing-Boote ihre Runden drehen. Ein zweites Amsterdam ist aus Göteborg dennoch nicht geworden. Zu viele städteplanerische Sünden wurden in jüngerer Zeit begangen. Man ging sogar soweit, einige Kanäle zuzuschütten, um dem wachsenden Autoverkehr Platz zu schaffen.

Seit einigen Jahren hat man glücklicherweise die Bauwut gebremst und mit der Sanierung des alten Stadtkerns begonnen. Dort, wo die Statue des Gründers an die frühen Tage der Stadt erinnert, ist die Restaurierung abgeschlossen. Das über 200 Jahre alte Rathaus, das Machtzentrum der Stadt, ist in seinen alten Glanz zurückversetzt.

Unweit vom Platz, am Hamnkana-
len, ist der renovierte Bau der Ost-
indischen Kompanie zu bestaunen,
mittlerweile eine gefragte Museums-
adresse.

Richtig lebt Göteborg jedoch erst
auf der Kungsportavenyn auf, der
Paradestraße mitten durch die Innenstadt. Hier hat sich Skandinaviens wohl einzige echte Flanier-
meile entwickelt. Cafés, Restaurants, Boutiquen und jede Menge
Straßenverkäufer geben der
«Avenyn», wie sie bei den Einheimischen heißt, ein kontinentales
Flair. Diese Paradestraße schläft
nicht, wie sonst in Schwedens Städten, nach Geschäftsschluß ein, im
Gegenteil: Gerade am Abend erwacht die Straße zu einem turbulenten Leben. Einige Läden haben
tatsächlich die Erlaubnis erhalten,
ihre zumeist kitschigen Souvenirs
auch nach Mitternacht anzubieten.
Die vielen «Bauchläden» mit Ohr-
ringen und Lederschmuck entziehen
sich ohnehin jedweder Aufsicht, obwohl den Stadtvätern dieser Handel
ohne Gewerbeschein und teure La-
denfläche seit jeher ein Dorn im
Auge ist. «Hier können Sie Ihren
Einsatz verzehnfachen», verspricht
ein handgemaltes Plakat. Zehn Kronen kostet eine Tour auf dem kleinen Klapprad, wer fünf Meter sit-
zend zurücklegt, bekommt hundert
Kronen. Doch das Gerät hat es in
sich: Lenkt man nach rechts, fährt
es linksherum und umgekehrt – und
keinem gelingt es, seinen Gleichge-
wichtssinn umzupolen.

Montag früh, 7 Uhr. Noch ein wenig schlaftrunken nähern wir uns
dem Fiskehamn. Hier findet täglich
die berühmte Göteborger Fischauk-
tion statt. Mal lautstark, mal eher
leise, in einer für den Laien unver-
ständlichen Geheimsprache, werden

kleine und große Fische an Mann
und Frau gebracht. Hier kauft ein,
wer berufsmäßig mit den Früchten
des Meeres zu tun hat: Restaurants,
fischverarbeitende Industrie, Ein-
zelhändler. Für den eigenen Hunger
ist ein Besuch in der «Feskekyrkan», der Fischkirche, besser geeignet: In dem an einen Sakralbau erinnernden Gebäude fanden von
1874 an die ersten Fischauktionen

Modellkonzern in der Krise

statt. Heute wird hier an jedermann
das verkauft, was das Meer zu bieten hat. Besondere Spezialität an
der gesamten Westküste sind die
«räkor» und «krabbor». Die Garnelen und Krabben werden köstlich
zubereitet in den vielen Göteborger
Fischrestaurants angeboten. «Es ist
weniger geworden», sagt Per-Åke,
der seit mehr als zwanzig Jahren die
Fischfang-Tradition seines Vaters

und Großvaters fortführt. Die
Überfischung im Kattegat und Skagerak sowie die Schadstoffe, die ins
Meer geleitet werden, haben dazu
geführt, daß heute nur noch knapp
400 professionelle Fischer im Raum
Göteborg von ihrem Beruf leben
können.

Nach einem Bummel durch
«Masthugget», das ehemalige Viertel der Seeleute, machen wir einen

171

kleinen Abstecher in die nahegelegene Andra Långgatan. Vor einhundert Jahren war diese Straße noch eines der Zentren Göteborgs. In den Ziegelsteinhäusern, in denen früher kleine Geschäfte und Werkstätten untergebracht waren, hat sich die alternative Göteborger Szene eingenistet. Hier findet man Second-hand-Läden, Buchcafés und kleine Handwerksbetriebe, genau wie in Haga, einem ehemaligen Arbeiterviertel, wo von der Maloche nicht mehr viel zu spüren ist. Teilweise wurde abgerissen, teilweise saniert. Mittlerweile kämpfen in Haga Stadtteilgruppen für einen Stopp der Luxus-Renovierungen. Die alten Holzhäuser sind nämlich nicht nur von Wohngemeinschaften, sondern auch von der Göteborger Schickeria entdeckt worden.

Mit den blauen Straßenbahnen kann man sich hervorragend in der Stadt fortbewegen. Die Linie 2 bringt uns zur Station «Lilla Torget». In der Hamngatan findet jeden Tag ab zehn Uhr ein Flohmarkt statt. Er hat zwar nicht die Dimensionen eines Trödelmarktes in einer bundesdeutschen Großstadt, wirkt jedoch weniger kommerzialisiert. Und wer alte Bücher und Antiquitäten liebt, sollte unbedingt einen Abstecher einplanen.

An kultureller Vielfalt läuft Göteborg der Hauptstadt den Rang ab, sicher auch dank der multikulturellen Gesellschaft, die durch die Arbeitsimmigration der sechziger und siebziger Jahre ausgeprägter ist. Auch die Göteborger Uni mit der berühmten technischen Hochschule Chalmers hat das Ihre zum Kulturangebot beigetragen. Zahlreiche Museen zeigen von der Schiffbauerkunst (Sjöfartsmuseum) bis zur hypermodernen Technik (Industrimu-

seet) alles, was an der Westküste gut und wichtig war. Alljährlich im Sommer finden in der westschwedischen Hafenstadt große Open-Air-Konzerte statt – in der gespenstisch anmutenden Kulisse stillgelegter Werften rockt es sich anscheinend besonders gut. Wenn die Herbststürme das Ende des an der Westküste besonders ausgiebig gefeierten Sommers ankündigen, zieht man in die Mehrzweckhalle Skandinavium um, bis vor einiger Zeit noch Schwedens größte Halle. Inzwischen müssen sich die Göteborger einmal mehr mit dem undankbaren zweiten Platz zufrieden geben. Die Stockholmer hatte es lange gewurmt, daß die Größen des Showbiz lieber der Metropole im Westen einen Besuch abstatteten. Das ist nun vorbei, denn jetzt hat man die kugelrunde «Stockholm Globe Arena».

Abwechslungsreiche Küste von Bohuslän

Auf der Europastraße 6, einer der meistbefahrenen schwedischen Autobahnen, verlassen wir Göteborg in Richtung Oslo. Der industrielle Zahn hat sich von Göteborg aus weit nach Norden vorgenagt. Erst ein gutes Stück hinter Uddevalla verschwinden Fabrikschornsteine und Raffinerieanlagen aus dem Rückspiegel. Bei Håby biegen wir links ab. Erstes Ziel an der etwa 160 Kilometer langen Küste von Bohuslän ist Hunnebostrand. Die untergehende Mitternachtssonne läßt die Konturen des malerischen Fischerortes erkennen. Kupferrot und eng schmiegen sich die Hütten an den bis zum Wasser herunter reichenden Felsen. An der winzigen Straße unten im Ort herrscht noch Leben. Freitags ist Disco im Hotel

«Gästis», und da kommen Jugendliche aus der gesamten Umgebung. Das kleine Hotel hat es nötig, denn außerhalb der Hauptsaison verirrt sich kaum jemand bis nach Hunnebostrand.

Am nächsten Morgen hat ein Fischkutter im kleinen Hafen angelegt. «Hier dreht sich alles um Fische und Touristen», lacht die Kellnerin im «Gästis». Sie muß es wissen. «Rökt fisk» wird überall im kleinen Hunnebostrand angeboten, und überall sieht man die kleinen, eng aneinandergeschmiegten Hütten, in denen die Fischer schon vor hundert Jahren ihre Netze und Reusen lagerten. Ein kluger Architekt ist auf die Idee gekommen, neue Ferienhäuser im Stil der alten Fischerhütten zu bauen. So paßt sich selbst eine Neubausiedlung perfekt der idyllischen Szenerie an.

Die gesamte Westküste nördlich von Göteborg hat sich seit Anfang der achtziger Jahre zum Hauptferiengebiet der Menschen aus den Ballungszentren entwickelt. Viele Stockholmer und Göteborger haben Grundstücke gekauft und sich schmucke Ferienhäuser bauen lassen – für die Alteingesessenen ein großes Problem, denn sie können die horrend gestiegenen Immobilienpreise nicht mehr bezahlen.

Auf ein anderes Problem macht uns Bengt im «Café Mys Pys» auf der einige Kilometer von Hunnebostrand gelegenen Insel Bohus-Malmön aufmerksam: «Unsere Insel hat normalerweise 380 Einwohner. Im Sommer haben wir etwa 15 000 bis 20 000 Sommergäste.» Der kleine ICA-Laden schräg gegenüber vom Café entwickelt sich in den zwei, drei Monaten der Hochsaison zu einer wahren Goldgrube, während sich die übrige Zeit kaum

etwas tut. Kein Wunder, daß so mancher Geschäftsmann auf die Idee des reinen Saisonbetriebs kommt.

Die Fähre, die Bohus-Malmön mit dem Festland verbindet, verkehrt ständig und kostet nichts. Diese kleinen gelben Autofähren, die die schwedische Inselwelt allerorts über ein dickes Drahtseil an das Festland ketten, sind das Resultat vernünftiger Überlegungen. Unzählige Brücken wären nicht finanzierbar gewesen, sie hätten zudem den Charakter der einmaligen Schärenlandschaft an Ost- und Westküste völlig zerstört. Die Fähren tun es auch, und sie behindern zudem nicht die Berufsschiffahrt.

Maja und Bengt vom «Mys Pys» leben ganzjährig auf Bohus-Malmön und sind stolz darauf, daß ihr kleines Restaurant das ganze Jahr über geöffnet ist. Im Herbst, wenn die letzten Reiselustigen verschwunden sind, wird es richtig gemütlich. Und wenn Bengt gut aufgelegt ist, bietet er seinen zumeist von der Insel stammenden Gästen den selbstgebrannten Pfefferschnaps an. Vorsicht ist geboten, denn nach dem ersten Schlückchen schmecken die ansonsten hervorragend zubereiteten Speisen nach gar nichts mehr.

Bohus-Malmön zählt an der Westküste zu den unbekannteren Inseln, obwohl es sich hier eigentlich ganz gut aushalten läßt. Eine große Marina lockt gutbetuchte Motorbootfahrer an, doch ansonsten geht es auf der Insel beschaulich zu. Geräucherter Fisch wird direkt an der kleinen Durchfahrtsstraße verkauft, der Ort bietet darüber hinaus eine wunderschöne Badestelle direkt an den Felsen. Ein Kiosk fehlt natürlich auch nicht: Wie in den Kleinstädten auf dem Festland ver-

Touristenmagnet Smögen

sammeln sich ab etwa 20 Uhr vor der kleinen Holzbude die Jugendlichen. In Gesellschaft schmeckt die ansonsten so fade «varm korv med bröd», die Wurst mit Brot, halt doppelt so gut.

«Wenn ihr schon einmal hier seid, müßt ihr euch unbedingt Smögen angucken», hatte Bengt noch zum Abschied gesagt. Die Straße von Bohus-Malmön Richtung Smögen läuft zunächst durch eine offene Waldlandschaft, führt an Getreidefeldern vorbei, um sich dann urplötzlich durch gewaltige Felskombinationen zu schlängeln. Der Fischer- und Touristenort Smögen kündigt sich bereits durch eine stark zunehmende Autoschar an. Zunächst fällt bei der Ortseinfahrt kaum etwas Besonderes auf: gepflegte Vorgärten, gelbe oder rote Holzhäuser – alles hübsch sauber und ordentlich. Doch dann entdecken wir das, was das durch eine Brücke mit dem Festland verbundene Smögen zu einem Magneten für Touristen gemacht hat: Tief eingeschnitten in die glattgeschliffenen, kahlen Granitfelsen liegt der Hafen mit vielen kleinen, roten Fischerhütten, die an einem schmalen Holzbretterweg Spalier stehen. Die malerische Kulisse wird allerdings ziemlich gestört durch den Touristenrummel. Von der «Kondomeri», in der Präservative in allen erdenklichen Farb- und Geschmacksrichtungen verkauft werden, bis zu diversen Boutiquen und Nepp-Lokalen ist in Smögen alles vorhanden, was ein richtiges Touristenziel ausmacht. Im Sommer wird der Hafen von Segel- und Motorbooten beherrscht, obwohl in Smögen immer noch viele richtige Fischer ihrem Beruf nachgehen. Makrelen und Hering, Krabben und Garnelen –

die Westküstenspezialitäten dominieren das gastronomische Angebot. Wer wissen möchte, wie es in Smögen vor der Invasion der Touristen ausgesehen hat, sollte dem Hembygds-Museum im Hafen einen Besuch abstatten.

Die vielen Fischerorte an der Küste von Bohuslän entstanden Mitte des 18. Jahrhunderts, als riesige Heringsschwärme den Menschen ein festes Einkommen sicherten. Heute ist die Fischerei im Umsatzvolumen von der Touristik verdrängt worden, wenngleich die größten fischverarbeitenden Betriebe Schwedens noch immer an der Westküste angesiedelt sind. Nicht alle Orte an der Küste sind dermaßen überlaufen wie Smögen im Hochsommer. Einen Gang ruhiger geht es beispielsweise im südlicher gelegenen Fiskebäcksil zu. Einmal mehr prägen die kleinen Fischerhütten das malerische Bild. Wer sich in die kargschöne Felsenlandschaft der Westküste mit den fröhlichen Farbtupfern der Häuser verliebt hat, sollte auch noch in Skärhamn auf der großen Insel Tjörn einen Besuch einplanen. Bis hierhin sind die Reisekarawanen bislang nicht gelangt, alles wirkt noch ursprünglicher. Das gilt auch für eine ganze Reihe anderer kleiner Orte auf Tjörn und Orust, den Inseln, auf denen die mittlerweile so bekannte schwedische Bootsbauerkunst entstand. Die vor allem in Deutschland sehr beliebten Segelyachten von Hallberg Rassy und Najad stammen von hier.

Schade nur, daß der exklusive Badeort Marstrand, ebenfalls auf einer kleinen Insel gelegen, mittlerweile dermaßen überlaufen ist, daß ein Besuch eigentlich nur außerhalb der Hauptreisezeit empfohlen werden kann. Der wunderschöne Ort mit seinen prachtvollen Holzvillen, deren Portale und Fensterrahmen oftmals kunstvolle Schnitzereien schmücken, erinnert an ein Kurbad, in dem sich um die Jahrhundertwende die besseren Herrschaften erholten. Tatsächlich hatte Marstrand mit seiner imposanten Festung Carlsten in früheren Tagen häufig königlichen Besuch. Die Exklusivität ist geblieben, allerdings sind es heute ganz andere Leute, die sich wie die Kings fühlen und aufführen. Göteborgs Schickeria gibt sich in Marstrand ihr Stelldichein und zieht, wie so häufig, eine Tausendschaft Normalsterblicher an, die auch einmal dabeisein wollen.

Autofreie Idylle – die Koster-Inseln

Auf vielen der abertausend Schären an der schwedischen Westküste sind die Spuren, die einst die Gletscher hinterlassen haben, noch immer deutlich zu sehen. Gewaltige Geröllfelder und tiefe Schleifrinnen sind die Zeugen dieser vor zehntausend Jahren abgeschlossenen Entstehungsgeschichte der zerklüfteten Schärenlandschaft. Zwischen den Felsmassiven kommt – unglaublich genug – die Vegetation immer wieder durch. Zarte Pflänzchen, sogar wilde Himbeeren wachsen in Felsritzen und halten den Herbststürmen stand. Hier draußen, ein gutes Stück weg von den überlaufenen Orten, kann man noch einmal davon träumen, wie es war, bevor sich die Zivilisationsmaschinerie unwiderruflich in Gang setzte.

Leider ist dieses Erlebnis nur denen vergönnt, die ein eigenes Boot haben, denn die Fähren laufen ausschließlich die bewohnten, größeren Inseln an. Doch auch die können

bedingt einen Eindruck von der faszinierenden Schärenwelt vermitteln. Von Strömstad, einem der ältesten schwedischen Badeorte dicht an der norwegischen Grenze, bringt uns eine kleine Fähre auf die Koster-Inseln. Schwedens westlichster Archipel wird mehrfach täglich angelaufen. Das Auto muß allerdings am Festland zurückgelassen werden, denn auf Koster gilt, von wenigen Ausnahmen abgesehen, ein Autofahrverbot. Die Inselgruppe liegt etwa zehn Kilometer von der Küste entfernt im Skagerak, dazwischen der Kosterfjord, der mit einer Tiefe von rund 250 Metern und einer Breite von mindestens drei Kilometern einen «Wallgraben gegen die Zivilisation» darstellt, wie es der Koster-Autor Leif Gurstedt einmal formulierte. Tatsächlich gibt man sich auf den beiden Hauptinseln, Syd- und Nordkoster, alle Mühe, die schädlichen Einflüsse der Zivilisation von der Schärenwelt fernzuhalten.

Am kleinen Hafen in Ekenäs wartet offenbar schon der halbe Ort auf die Ankunft unserer Fähre. Nach dem Anlegen beginnt ein geschäftiges Treiben. Container werden mit einem kleinen Lastenkran vom Schiff an Land gehoben, von wo aus sie mit einem der wenigen Kleintransporter, die eine Fahrzulassung auf Koster haben, zum einzigen Lebensmittelgeschäft gebracht werden. Gleichzeitig hilft ein Gentleman zwei älteren Damen aufs «Packy», ein Moped mit drei Rädern. Vorn auf der Lastfläche liegt, liebevoll ausgebreitet, eine Wolldecke, auf der die Herrschaften Platz nehmen dürfen. Das «Packy», das aussieht, als sei es von 1950, das tatsächlich aber 1991 eingekauft wurde, gehört zum «Fuhrpark» des Schärenhotels in Ekenäs. Es liegt nur wenige hundert Meter vom Hafen entfernt, allerdings führt der Sandweg nach oben. Von diesem wunderschönen Hotel, das um die Jahrhundertwende entstand, hat man einen grandiosen Ausblick auf den gesamten Kosterarchipel. Und das «lättöl» draußen auf der Veranda ist auch bezahlbar.

Gleich in Ekenäs mieten wir ein Fahrrad. Der Weg führt uns zunächst durch eine kleinere Wohnsiedlung, in der einige der insgesamt 460 Insulaner leben, die es am Ende der Feriensaison nicht zurück aufs Festland treibt. Die Holzhäuser machen einen außergewöhnlich gepflegten Eindruck, in den Gärten blühen die verschiedensten Blumen. Das Radeln auf Sydkoster macht besonders Spaß: keine Autos und vor allen Dingen so gut wie keine Steigungen. Außerdem ist die Insel sehr abwechslungsreich: Laub- und Mischwälder, Schafsweiden, kleinere Felder und weite Sandstrände, die fast versteckt in den unzähligen Buchten liegen. In Kilesand, wo mehrmals täglich eine Fähre aus Strömstad anlegt und einige Sonnenhungrige vom Festland ablädt, entdecken wir die Koster-Distel, ein Gewächs, das angeblich nur auf diesen Schären wächst. Die Pflanze ist eingezäunt, damit sie niemand aus Versehen zertritt. Am breiten und etwa einen Kilometer langen weißen Sandstrand aalen sich ein paar hundert Badegäste. Obwohl es hier voller ist als in anderen Buchten, läßt es sich gut aushalten, zumal wenn die Sonne scheint. «Das ist hier immer so», behauptet der Kiosk-Besitzer von «Kostergårdens Stugby» an der Abzweigung nach Kilesand. Zum Beweis kramt er eine kleine Broschüre hervor, in der

tatsächlich zu lesen steht, daß die Kosterinseln zu den Plätzen in Europa zählen, an denen man mit 2200 die meisten Sonnenstunden pro Jahr gezählt hat.

Wir radeln weiter nach Kyrkosund am Südende der Insel, vorbei am «Lotsgården», einem der ältesten Holzbauten, der heute ein kleines Museum beherbergt. In Kyrkosund erspäht man den Hafen mit den meisten Gastplätzen für Segel- und Motorboote. Wer sich eine große, mondäne Marina erwartet hat, sieht sich schwer getäuscht: Man hat versucht, den ursprünglichen Charakter eines kleinen Fischerhafens vollständig zu erhalten. Der Hafen ist übervoll, die rotblauen norwegischen Flaggen herrschen absolut vor – für viele Norweger sind die Koster-Inseln die erste Zwischenstation auf ihrem Weg weiter in den Süden.

Der Strand ist trotz der vielen Boote sehr viel leerer als in Kilesand, das Baden gestaltet sich allerdings auch ein bißchen schwieriger, da man selbst nach rund 200 Metern den Bauchnabel noch immer nicht abgekühlt hat. Das flache, klare Wasser ist andererseits ideal für kleinere Kinder. Das Ende des Hauptstrandes wird durch ein paar glattgeschliffene Felsen markiert. Wir klettern auf die recht hohen Brocken und werden überrascht von dem sich bietenden Ausblick über die vielen hundert Inselchen und Steinhäufchen, die alle noch zu den «Kosteröarna» zählen. Am Horizont thronen die beiden Leuchttürme von Ursholmen, die Ende des letzten Jahrhunderts in Betrieb genommen wurden. Die Szenerie mit kahlen oder spärlich bewachsenen Felseninseln und der im Skagerak-Wasser glitzernden Sonne erinnert an die griechische Inselwelt. An vielen der kleinen Klippen liegen Segelboote, die sich offenbar den schwer zu navigierenden Weg durch die Untiefen gebahnt haben. Das Beste von allem: Von hier oben bemerken wir, daß sich an den Hauptstrand von Kyrkosund eine ganze Reihe von kleinen Buchten anschließt. Dort kann man noch allein sein, die meisten Koster-Urlauber konzentrieren sich auf die wenigen großen Strände. Der Weg zurück an den Kostersund, die schmale Wasserstraße zwischen Syd- und Nordkoster, führt uns vorbei an den Weideflächen von Kjell-Åke Ritzén, der die jahrhundertalte Schafzucht-Tradition der Kosterinseln weiterführt. 1982 ist er mit seiner Familie, Haus und Hof aus dem nordschwedischen Värmland in die so ganz andersartige Schärenwelt umgezogen. «Dort oben wurde das Überleben für einen Landwirt immer schwieriger», sagt er. In seiner neuen Heimat hat er sich mit Erfolg auf die Schafzucht konzentriert, betreibt nebenbei ökologischen Ackerbau und verkauft seine Produkte in einem kleinen Sommergeschäft.

Sind die Koster-Inseln heute bekannt für ihre unberührte Natur, für den Versuch der Inselbevölkerung, die umweltzerstörende Zivilisation von dem Archipel fernzuhalten, so lebte die Inselbevölkerung noch bis vor einigen Jahrzehnten vom Fischfang. Der ungewöhnlich tiefe Kosterfjord bot den Fischern reiche Beute, vor allem Aale und Krabben. Zwar gibt es die großen Fischkutter immer noch, doch die Fänge reichen nicht mehr für den Lebensunterhalt aus. Einige Fischer haben deshalb einen einträglichen Nebenerwerb entdeckt. «Krabbentour morgen früh um 3.30 Uhr»

prangt in großen Buchstaben auf dem ausgeblichenen blaßgelben Plakat. Die Boote fahren in aller Herrgottsfrühe mit zwanzig bis dreißig Touristen hinaus in den Kosterfjord. Vor den Augen der neugierigen Frühaufsteher wird der Fischfang praktisch demonstriert. Am Ende der Fahrt, gegen Mittag, bekommt jeder Amateur-Fischer seinen Anteil am Fang.

Ein anderer ehemaliger Berufsfischer am Kostersund hat sich auf Robben-Fotosafaris spezialisiert. An der gesamten Küste von Bohuslän gibt es sie, die Robbenschutzgebiete weit draußen im Skagerak, wo sich die Tiere auf den glattgeschliffenen, von der Sonne erwärmten Klippen sonnen. Der Schock des vor einigen Jahren durch eine Giftalge ausgelösten Robbensterbens sitzt noch immer tief. Auf den Koster-Inseln und an einigen anderen Stellen der schwedischen Westküste sind Stationen des Marine-biologischen Instituts der Universität Göteborg eingerichtet worden, die ständig die Wasserqualität und den Robbenbestand kontrollieren. Fast alle Experten sind sich mittlerweile einig, daß die extreme Vermehrung der Giftalgen ihre Ursache in der Überdüngung durch die Landwirtschaft hat.

Über den Kostersund kommt man mit einer kleinen Fähre. Der nur etwa hundert Meter breite Sund dient als sicherste Passage in die zerklüftete Inselwelt, die hinter den beiden Hauptinseln liegt. In diesen Gewässern weisen keine Tonnen den Weg, und der Freizeitskipper braucht schon Spezialkarten, um sich in dem Wirrwarr zurechtzufinden. Die Orientierung auf der kleinen Nord-Koster-Insel fällt dagegen leicht. Die nur vier Quadratkilometer große Insel ist bergiger als Syd-

Küstenlandschaft von Bohuslän

koster und weniger von Touristen frequentiert. In der Valnäsbucht im Nordwesten der Insel entdecken wir erneut ein Geröllfeld mit Abertausenden fast kugelrunder Steine, die das Inlandeis vor 10 000 Jahren bei seinem Weg über die Klippen zurückließ.

Der Abschied von den Koster-Inseln fällt schwer. Die Fähre bringt uns zurück in die zivilisierte Welt nach Strömstad. Irgendwie bekommt man diese zerklüftete Westküste nicht in den Griff. Ein Blick auf die Karte zeigt, daß man noch lange Zeit damit zubringen könnte, immer wieder Neues zu entdecken. Vielleicht die Felszeichnungen von Tanum, die vor über 3000 Jahren in

Felsen geritzt wurden. Die manchmal an Miró erinnernden Gestalten mit überlangen Gliedmaßen und winzigem Kopf schwingen Äxte, werfen Speere und jagen Wild. Die Menschen damals fuhren schon hinaus aufs Meer, sie betrieben Ackerbau und huldigten den Göttern. Dann wären da noch die Väderöarna, kahle Inseln weit draußen im Skagerak, auf denen der Wind kein Erbarmen mit den Besuchern hat, oder etwa Gullholmen, ein kleiner, an die Felsen geklebter Fischerort, der nichts von seinem Charme verloren hat. «Wann kommt ihr wieder?» fragt Lisa, die wir auf dem Rückweg in Fjällbacka kennenlernen.

179

Blaues Band
durch
DER GÖTAKANAL
Schweden

nen und ihrer zumeist kleinen Besatzung absolviert werden müssen. Man braucht allerdings kein eigenes Boot zu besitzen, sondern kann die Fahrt von der Ost- zur Westküste oder umgekehrt auch auf einem der Kanaldampfer genießen. Eigentlich schaufelten die 58 000 Soldaten, aber auch zwangsweise eingesetzte Strafgefangene von 1810 an nur zwischen Mem bei Norrköping an der Ostseeküste und Sjötorp am See Vänern rund acht Millionen Kubikmeter Erde fort, um den Götakanal zu bauen. Vom Vänern an gab es schon eine Wasserstraße bis nach Göteborg. Heute spricht man allerdings meist vom Götakanal, wenn die Gesamtstrecke zwischen der westschwedischen Hafenstadt und Mem an der Ostsee gemeint ist.

Wir beginnen unsere Tour mit dem Boot in Göteborg. Im Yachthafen «Lilla bommen» direkt im Zentrum der Stadt werden die letzten Vorbereitungen für die Fahrt getroffen, die nach Aussagen von Freunden entweder «im Unglück endet» oder «einfach super» ist. Der Bootsausrüster im Hafen hat vor allem eines bereit: Fender, Fender und noch mehr Fender. Mit diesen blauen oder weißen Kunststoff-Wülsten schützt man sein teures Gefährt, die Schleusenmauern sind widerstandsfähiger als ein Bootsrumpf.

Der Götaälv bietet bis zur ersten Schleuse in Lilla Edet kaum etwas außer Industrieanlagen und einem begradigten Flußlauf durch eine eintönige Landschaft. In Lilla Edet – von hier kommt das Klopapier – müssen wir warten. Die Berufsschiffahrt hat auf diesem ersten Abschnitt der Strecke absolute Vorfahrt, und der deutsche Frachter muß erst den Höhenunterschied von

killsmässodiket», der Scheidungsgraben, wird das monumentale Bauwerk genannt, das zwischen 1810 und 1832 nach den Plänen von Baltzar von Platen entstand. Der Grund für die ehelichen Zerwürfnisse sind die 64 Schleusen des 190 Kilometer langen Kanals, die von den Freizeitkapitä-

6,5 Metern bewältigen, bevor die Ampel durch grünes Licht «Schleuse frei» signalisiert. Alles zuvor Gelesene über die hohe Kunst des Schleusens ist wie weggeblasen, als wir in die düstere, kalte Kammer mit ihren hohen, grün-glitschigen Wänden fahren. «Ich seh keine Haken», schreit ein Mitsegler. Tatsächlich unterscheidet sich diese Schleuse in allem Wesentlichen von denen, die in den Handbüchern beschrieben werden. Erst jetzt wird uns klar, daß wir noch lange nicht im «richtigen» Götakanal sind. Die Haken, an die wir all unsere Hoffnungen über ein einfaches Schleusen gehängt haben, fehlen wirklich. Statt dessen gibt es in Abständen von zwei Metern grobe Eisenbolzen, an denen man seinen Tampen festmachen soll.

Nach unserer Premiere beschließen wir, noch bis Trollhättan weiterzufahren. Vier weitere Schleusenkammern warten. Die erste vierstufige Schleusentreppe bei Trollhättan wurde bereits im Jahre 1800 fertiggestellt. Heute fahren Freizeitboote und kleinere Frachter durch eine Anlage von 1975. Die imposanten alten Dinger sind jedoch noch immer vorhanden und locken Neugierige an. Es ist beeindruckend, oben an der letzten Schleuse zu stehen und rund dreißig Meter hinab zum Götaälv zu schauen. Das rauschende Wasser, dessen immense Energie bei jeder Öffnung durch Gurgeln, Zischen und Brausen spürbar wird, treibt indirekt die Wasserkraftwerke Olidan und Hojum an, die mit einer Leistung von fast einer Milliarde Kilowattstunden nicht nur die 50 000-Einwohner-Stadt Trollhättan mit Strom versorgen. Allerdings nutzt man für die Elektrizitätsgewinnung nicht das Gefälle der befahrenen Wasserstraße, sondern die an einem Seitenarm liegenden neun Trollhättan-Wasserfälle mit einer Höhe von knapp 32 Metern.

Binnenmeer Vänern

Erst in Vänersborg nehmen wir uns ein bißchen mehr Zeit. Die Industrieanlagen, die uns bisher begleitet haben, sind endlich verschwunden, wir sind in Västergötland, dieser von Landwirtschaft, Wäldern, Seen und Flüssen geprägten, lieblichen Landschaft, die für viele einheimische und ausländische Touristen einen Teil des typischen Schweden ausmacht. Die kleine, ehemalige Handels- und Residenzstadt direkt am Vänern macht einen aufgeräumten Eindruck. Die liebevoll gepflegten Holzhäuser im Stadtkern wurden um die Jahrhundertwende errichtet. Der kleine Laden mitten in der Fußgängerzone wirkt wie ein Relikt aus alten Zeiten: Ein Emailleschild über dem Eingang verkündet «delikatesser». Das Angebot, das aus selbstimportierten Käse- und Wurstsorten sowie aus diversen Kaffee- und Teeangeboten besteht, ist selten geworden in einem Land, in dem sich vier Lebensmittelgroßhändler den Markt teilen.

Wer Schweden besucht, will Elche sehen. Die Chance ist in der Nähe von Vänersborg nach Einschätzung von Ortskundigen mit am größten. In den dichten Wäldern rund um die Stadt befinden sich ganze Elch-Kolonien, die mehrmals wöchentlich in ihrer paradiesischen Einsamkeit von Doppeldecker-Bussen gestört werden. Elch-Safaris in Halleberg und Hunneberg können das Fotoalbum bedeutend aufwerten. Doch auch ohne das ist die Umgebung von Vänersborg allemal einen Besuch wert.

Die Wasserfälle bei Trollhättan

Man kann angeln, rudern, wandern und Fahrrad fahren. Die abwechslungsreiche Hügel- und Berglandschaft mit insgesamt fast 6000 Seen lockt Jahr für Jahr viele tausend Urlauber nach Västergötland, die sich jedoch so gut verteilen, daß sie sich kaum stören. Historisch Interessierte können in diesem Landesteil reichlich Runensteine mit ihren mysteriösen Inschriften, Schlösser und Gutshöfe bestaunen. Vänersborg selbst liegt am drittgrößten See Europas: Steht man unten am kleinen Sportboothafen hinter der gewaltigen Klappbrücke Dalsbobron und schaut aufs Wasser, möchte man eher von einem weiteren Meer sprechen. Der Horizont verschwindet im Vänern, dessen Größe auch im Seewetterbericht mit einer eigenen Prognose gewürdigt wird.

Unser nächstes Etappenziel ist das Schärengebiet von Ekenäs, ein gutes Stück in nordöstlicher Richtung. Schon bald haben wir den Blickkontakt zum Land verloren, und der Wind nimmt zu. Mit rauschenden sieben Knoten geht es nach Spiken, einem winzigen Fischerhafen, gut versteckt in den Ekenäs-Schären. Das Fahrwasser durch die Süßwasserschären ist hinreichend ausgetonnt, so daß wir Spiken ohne größere Probleme am späten Nachmittag erreichen. Der kleine Hafen ist gut besucht, ein Fischer erlaubt uns, an der Längsseite seines Kutters festzumachen. Der Geruch geräucherter Fische liegt in der Luft. Die Kutter legen direkt an den Räuchereien an und dienen als Lagerraum. Die zumeist älteren Frauen aus der Umgebung, die die Fische zerlegen und räucherfertig machen, greifen nur kurz über die Bordwand und holen sich eine Forelle oder Makrele.

Spiken ist auch mit dem Auto zu erreichen: von Lidköping nach Norden zu der durch eine Brücke mit dem Festland verbundenen Insel Kållandsö, von dort aus Richtung Läckö. In Läckö steht auch eines der schönsten Schlösser Schwedens. «Läckö slott» gehörte im 17. Jahrhundert Magnus Gabriel De la Gardie, der von der schwedischen Königin Kristina als Botschafter an den französischen Hof geschickt wurde. Dessen Luxus muß es ihm angetan haben. Wieder zurück in Schweden, baute er Läckö nach französischem Vorbild um. Im Sommer werden täglich Führungen veranstaltet. Von unserem Liegeplatz in Spiken ist das Schloß etwa zwei Kilometer entfernt, eine perfekte kleine Fahrradtour führt durch eine hübsche Waldlandschaft.

Am Abend kaufen wir noch schnell ein paar Fische direkt aus der Räucherei und planen die nächste Etappe, die uns bis nach Sjötorp an der Ostseite des Vänern führen soll. Am nächsten Morgen hebt sich der weiße Bau des Schlosses mit den vielen Türmchen noch lange von den tiefgrünen Wäldern ab. Kurz vor der idyllischen Residenzstadt Mariestad mit gut erhaltenen, alten Holzhäusern und einer großen Domkirche aus dem 17. Jahrhundert kommen wir erneut in ein Schärengebiet, das sich bis Sjötorp, dem Startpunkt des eigentlichen Götakanals, hinzieht. Den Hafen füllen zum einen die, die den Kanal in westlicher Richtung absolviert haben und sich nun von den Anstrengungen ausruhen wollen, zum anderen die, die vor dem Ernst der Durchquerung noch einen geruhsamen Abend verbringen wollen. In Sjötorp hat man sich auf beide Gruppen eingestellt. Minigolfplatz,

Fahrradverleih, Cafés und ein Bootsausrüster mit vielen, vielen Fendern sind die Stellen in dem winzigen Ort, an denen man die meisten Kanalfahrer trifft. Nicht zu vergessen die erste richtige Götakanal-Schleuse, an der man vor dem eigenen Start schon einmal studieren kann, wie es die anderen machen.

Gleiten durch Idyllen

Das Schleusen ist im Götakanal sehr viel einfacher. Da er nur noch für Freizeitboote offen ist, nehmen die Schleusenwärter große Rücksicht auf die relativ kleinen Boote. Insgesamt müssen in Sjötorp acht Schleusen bewältigt werden. Den höchsten Punkt, eine Höhe von 91,5 Meter über dem Meeresspiegel, erreicht man bei Hajstorp, ein paar Schleusen weiter. Das Fahren auf dem Götakanal ist ein besonderes Erlebnis. Auf der künstlich angelegten Wasserstraße gleitet man von einer Idylle in die nächste: kleine, rote oder gelbe Häuschen, die schwedische Flagge im Vorgarten, meistens ein kleiner Steg am Kanalufer und freundliche Menschen. Hektik ist hier noch ein Fremdwort, die Leute winken und rufen bei der Vorbeifahrt. Offenbar freut man sich über die Betriebsamkeit auf dem Kanal. Dann schlängelt sich der manchmal nur zwölf Meter breite Kanal wieder durch dichte Mischwälder. Bunte Wiesen wechseln sich mit offenen Feldern ab, hier und da kommt ein Farradfahrer auf dem Treidelpfad entgegen. Dieser Pfad wurde früher benutzt, um größere Schiffe von Land aus mit der Kraft von Ochsen oder Pferden, manchmal auch Menschen, durch den Kanal zu ziehen.

Am Abend machen wir in Vassbacken halt, einem kleinen Hafen mit großem Campingplatz in der Nähe. Ganz in der Nähe, in den verwunschenen und verwilderten Wäldern, soll die Heimat der berühmten Trolle sein. Inmitten dieser Märchenwälder liegt verwinkelt der Viken, ein wunderschöner See, der auch für Paddler ein Paradies sein muß. Überall klitzekleine, aber bewaldete Inseln, keine störenden Motorboote, nur das Geräusch springender Fische. Der Wald schiebt sich bis ans Ufer heran. Ein weiterer See in dieser verzauberten Landschaft ist der Unden, auch er ein Eldorado für Naturliebhaber. Die gesamte Gegend ist zum Naturschutzgebiet erklärt worden, vermutlich den Trollen zuliebe. Durch ein in Felsgestein gesprengtes Kanalstück verlassen wir den Viken, ohne einen der Wichtel gesehen zu haben. Vorstellen kann man es sich aber, daß sie noch heute ihr Unwesen treiben.

In Karlsborg erreichen wir den Vätternsee. Hier testet Schwedens größte und umstrittenste Waffenschmiede Bofors Torpedos und anderes schweres Geschütz. Der relativ große Vättern ist in mehrere Schießgebiete unterteilt, die zu bestimmten Zeiten nicht befahren werden dürfen. Ein kleiner Farbprospekt klärt über die Vorteile der Tests auf: «Da die Torpedo-Tests sehr gefährlich sind, hat Bofors mehrere Rettungsboote ständig auf dem Vättern stationiert. Sie sind immer da und beteiligen sich auch an ganz gewöhnlichen Seenot-Einsätzen.» Wir haben Glück und werden weder von einem Torpedo getroffen, noch von Bofors begrüßt. Im Sommer machen auch Waffenfabrikanten Ferien, die Tests begin-

Entlang der künstlichen Wasserstraße

nen erst wieder Ende August. Der
See muß überquert werden, damit
man bei Motala wieder auf den
Götakanal trifft. In der Stadt am
Ufer des Sees steht das pompöse
Gebäude der Kanalverwaltung.
Baltzer von Platen verwandelte Motala während der Bauzeit des Kanals von einer recht unbedeutenden
Fisch- und Landwirtschaftsge-
meinde zur Hauptstadt des Jahr-
hundertbauwerks. Verschiedene
Museen legen Zeugnis ab von den
immensen Schwierigkeiten bei der
Aushebung des Kanalbeckens und
den unvorstellbaren Schuftereien
der Arbeiter. Ein paar hundert Meter nach dem geschmacklosen Grab
Platens steht ein herrschaftlicher

Bau direkt am Ufer, einer jener
Landsitze, über deren Vielzahl wir
uns schon in Västergötland gewun-
dert haben und die jetzt im Öster-
götland-Teil des Kanals schon Alltag geworden sind. Die zum Teil
wunderschönen Bauten stammen
noch aus einer Zeit, als die Land-
besitzer nicht über zu geringe staatliche Subventionen klagten.

Exklusives Vergnügen

«Roseanna», murmelt jemand, wir
nähern uns Borenshult. «Die Tote
im Götakanal» von Maj Sjöwall und
Per Wahlöö wird wieder lebendig,
als wir die im Roman beschriebene
Schleuse passieren, an der man ihre

Leiche fand. Gleich dahinter kommt der Boren, ein weiterer, kleiner See. Nicht im engen Kanal, sondern zum Glück hier, wo man ausweichen kann, kommt uns die «Wilhelm Tham» entgegen. Das 1912 gebaute Schiff tuckert mit einer ganzen Last betuchter Touristen von Stockholm aus durch den Götakanal bis nach Göteborg. Die exklusive Passage kostet weit über zweitausend Mark. Im Preis inbegriffen sind allerdings alle Mahlzeiten und verschiedene Landausflüge.

Kurz hinter Borensberg erwartet uns ein Aquädukt, ein weiteres folgt vor der Schleusentreppe von Berg. Wir überqueren die «Wasserbrücken», unter uns eine Schnellstraße. In Berg treten allmählich Ermüdungserscheinungen vom vielen Schleusen auf. Acht Schleusen direkt hintereinander, eine Nacht im kleinen Hafen, dann weitere sieben Wasserpforten am Stück. Auf einer Strecke von nur drei Kilometern geht es ganze 37 Meter nach unten in den See Roxen. Die Landschaft hat sich verändert, sie wird eher normal. Die Nähe zu größeren Städten wie Linköping und Norrköping läßt sich nicht übersehen. Straßen laufen kilometerlang parallel zum Kanal, der Autolärm stört die Idylle ganz gewaltig.

Erst in Söderköping, kurz vor Ende unserer Schweden-Durchquerung, leben wir wieder auf. Das kleine, mittelalterliche Städtchen überrascht mit einem sehr schönen und gut erhaltenen Zentrum. Enge Gassen mit alten Holzhäusern laden zum Bummeln ein. Ein Heilbrunnen in der Nähe der Stadt wirkt offenbar wie ein Magnet auf Reisebusse mit älteren Fahrgästen. Beim Eis in der «Smultronstället», dem Traumplätzchen, lassen wir den fast bewältigten Kanal noch einmal Revue passieren. Scheidungen sind nicht vorgekommen, Todesopfer nicht zu beklagen, die gut 300 Seemeilen ohne größere Kratzer am Boot absolviert – dennoch freuen sich alle auf den «Ausgang» in Mem. Zu viele Schleusen, die nur zu bestimmten Zeiten geöffnet sind und somit den Tagesrhythmus bestimmen, haben das Vergnügen etwas geschmälert. Auf der anderen Seite: Das blaue Band präsentiert ein anderes, beschaulicheres Schweden. Die beiden Paddler, die uns entgegenkommen und die Tour noch vor sich haben, scheinen es, ihrem fröhlichen Gesichtsausdruck nach zu urteilen, zu ahnen.

Naturnahe
WASSERMETROPOLE
Millionenstadt
STOCKHOLM

hat es in sich, deshalb ist das Einkreisen eine eindrucksvolle Methode, der schwedischen Hauptstadt auf den sieben Inseln näherzukommen. Man entdeckt die Hauptstadt-Vorgänger, erlebt, wie die Flucht aufs Land bei einer naturnahen Stadt ausfällt, und versteht, daß Stockholm nur dank seiner Lage als Nadelöhr zwischen dem Inlandsee Mälaren und der Ostsee so wichtig für das Schwedische Reich werden konnte.

Langsame Annäherung

Im Süden, etwa siebzig Kilometer vor der Stadt, erreicht man nach dem Abbiegen von der E 4 bei Vagnhärad an der Ostseeküste Trosa – auf deutsch «Unterhose» – eine echte Kleinstadtidylle mit Holzhäuschen, engen Gassen, Parks. Durch Trosa zieht sich das Flüßchen Trosaån wie ein kleiner Kanal, an dessen beiden Seiten nicht nur heimelige Häuser, sondern auch eine Menge Segelboote liegen. Seit dem Ende des 19. Jahrhunderts ist das Städtchen ein Bade- und Kurort – so still, daß es auch den Beinamen «Ende der Welt» bekam. Wer sich nicht für das Handwerksmuseum im «Garvaregården» interessiert, für den bleiben hier nur naturnahe Aktivitäten übrig: Baden, Fischen, Segeln, ein Ausflug auf die kleine Insel Öbolandet, und danach Kaffeetrinken oder schön Essengehen. Für Erholungsuchende wunderbar, aber in Trosa wohnen?

Britt Fredriksson ist eine waschechte Stockholmerin, geboren in Danderyd und aufgewachsen auf Södermalm. Doch als ihr erstes Kind unterwegs war, zog die dunkelhaarige Sekretärin nach Trosa. «Am Anfang ist es mir schwer ge-

Stockholm ist eine Millionenstadt und wird in jeder zweiten Touristenbroschüre das «Venedig des Nordens» genannt. Doch das Interessanteste an der Hauptstadt ist nicht die Vielzahl der Brücken, sondern die Nähe zur Natur. Ein paar Kilometer raus mit dem Zug, Auto oder Boot – schon ist man auf dem Lande. Die Umgebung Stockholms

189

fallen», gesteht sie, «Björn muß jetzt jeden Tag zur Arbeit pendeln, aber die Atmosphäre hier ist für Kinder halt doch noch besser als in Stockholm selbst.» Wenn man sich isoliert fühlt, meint sie, liegt die Großstadt ja nur eine Stunde mit dem Auto entfernt, und so hat man eigentlich alles gleichzeitig: die totale Idylle und die Metropole gleich um die Ecke. «Stockholm ist wunderschön, die nahe Umgebung aber noch besser.»

Bewußter ausgestiegen aus dem Alltagsstreß, der auch Schwedens Hauptstadt prägt, sind die Anthroposophen, die sich im Rudolf-Steiner-Seminar niedergelassen haben. Das alternative Dorf, zu dem man von der E 4 bei Järna in Richtung Saltå Kvarn abbiegt, umfaßt unter anderem eine Waldorfschule, ein Krankenhaus und biodynamischen Pflanzenanbau. Der Architekt Erik Asmussen hat mit seinen preisgekrönten Bauten mehrere Jahrzehnte lang die Siedlung geprägt. Er verwirklichte Steiners Idee eines engen Zusammenspiels zwischen Naturnähe, Licht und Funktion. Schon beim Spaziergang in Järna spürt man die innere Ruhe, die der architektonische Körper ausstrahlt. Hinzu kommt die reizvolle Lage am Wasser und die Abgeschiedenheit – nur fünfzig Kilometer vom Hauptstadtgetümmel entfernt. Doch anstatt die Hauptstadt direkt anzufahren, sollte man bei Södertälje die E 4 / E 20 Richtung Strängnäs / Eskiltuna nehmen.

Tucholskys Gripsholm

«Mariefred ist eine klitzekleine Stadt am Mälarsee. Es war eine stille und friedliche Natur, Baum und Wiese, Feld und Wald – nie-

mand aber hätte von dem Ort Notiz genommen, wenn hier nicht eines der ältesten Schlösser Schwedens wäre: das Schloß Gripsholm.» So schreibt Kurt Tucholsky im «Schloß Gripsholm» über die Festung, die etwa 1380 erbaut wurde und heute ein Museum mit der staatlichen Portraitsammlung beherbergt. Eine langweilige Sache, befand schon Tucholsky. Etwa 3500 Gemälde hängen an den alten Mauern, ein schwedischer Geschichtslehrer erkennt vielleicht hundert der Abgebildeten wieder. Trotzdem lohnt sich ein Besuch, vor allem, wenn im Sommer Konzerte im Burghof gegeben werden. In dem Liebesroman Tucholskys über das Sommerglück von Kurtchen und seiner «Prinzessin», der 1931 erstmals erschien, schildert der deutsche Schriftsteller Gripsholm mit treffendem Witz: «Das Schloß, aus roten Ziegeln erbaut, stand leuchtend da, seine runden Kuppeln knallten in den blauen Himmel – dieses Bauwerk war dick, seigneural, eine bedächtige Festung. …Ein Kerker war da, in dem Gustav der Verstopfte Adolf den Unrasierten jahrelang eingesperrt hatte, und so dicke Mauern hatte das Schloß, und einen runden Käfig für die Gefangenen gab es und ein schauerliches Burgloch oder eine Art Brunnen… Menschen haben immer Menschen gequält, heute sieht das nur anders aus. Aber am allerschönsten war das Theater. Sie hatten in der Burg ein kleines Theater – vielleicht damit sie sich während der Belagerungen nicht so langweilen mußten.»

Gustav Wasa, der sich die alte Burg unter den königlichen Nagel gerissen hatte, ließ sie 1537 zur jetzigen asymmetrischen Form mit vier Verteidigungstürmen ausbauen. Die

Wasa-Festung Schloß Gripsholm

sichere Insellage, der zentrale Standpunkt im wichtigen Mälarengebiet und die idyllische Umgebung machten das Schloß zur perfekten herrschaftlichen Absteige. Gustavs Söhne Johan und Erik warfen sich nacheinander wechselseitig in den Kerker, danach diente das Schloß als Wohnung für blaublütige Witwen, bis Musenkönig Gustav III. eine neue Glanzzeit einläutete und unter anderem den Bau des Theaters in Auftrag gab. Nachdem er 1809 durch einen Putsch vom Thron gestoßen worden war, saß sein Sohn Gustav IV. Adolf im Schloßgefängnis, bevor er des Landes verwiesen wurde.

Kurt Tucholsky war 1929 nach Schweden gekommen und hatte in Hindås bei Göteborg ein Haus gemietet. Vier Jahre später wurde aus diesem eher freiwilligen Domizil ein Exil. Die Nationalsozialisten hatten den Pazifisten und Juden ausgebürgert, und alle Versuche, die schwedische Staatsbürgerschaft zu erlangen, waren erfolglos. Tucholsky wollte vor allem einen Reisepaß, doch die schwedischen Behörden hatten dafür kein Verständnis. Der Schriftsteller schloß sich daraufhin immer stärker ab und hörte auf zu schreiben: «Man kann nicht schreiben, wo man nur verachtet» – diese Begründung galt nicht ausschließlich den hitlerfreundlichen schwedischen Behörden und Bürgerlichen, aber doch zu einem großen Teil. Im Dezember 1935 wählte er den Freitod, begraben wurde er auf dem Friedhof Mariefred. Noch heute ist sein Trost an die Nachwelt auf dem Grabstein zu lesen: «Alles Vergängliche ist nur ein Gleichnis».

Dreierlei Hauptstädte

Noch deutlicher als Gripsholm zeigt die Insel Björkö, wie zentral das Mälarengebiet jahrhundertelang für Schweden war. Von Stockholm oder – auf dieser Tour günstiger – von Strängnäs aus gehen Schiffe nach Björkö, wo der Besucher Birka findet, die Wikingersiedlung, die man Schwedens erste Hauptstadt nennen könnte. Birka ist die älteste Stadt des Landes, es entwickelte sich ab dem 8. Jahrhundert zu einem bedeutenden Handelsplatz. Heute gibt es neben Grabfeldern und reizvoller Natur vor allem Ausgrabungen zu besichtigen, die allerdings an Ort und Stelle kein allzu konkretes Bild vom Alltagsleben der Wikinger vermitteln. Dazu eignet sich das Historische Museum in Stockholm besser, denn dort stellen die Archäologen die restaurierten Fundstücke aus.

Doch vorerst geht es über die Landstraße 55 quer durch den Mälaren nach Enköping, wo man auf die E 18 Richtung Stockholm wechselt und bei Bro nach Sigtuna abbiegt. Diese Stadt war im 11. Jahrhundert Nachfolgerin von Birka. Man möchte fast darauf schwören, daß die Einkaufsstraße in dem malerischen Städtchen eigens für Urlauber aufgebaut ist, doch die Stora gatan mit ihren Läden, Cafés, kleinen Bankfilialen und Zeitungskiosken hat eine lange Geschichte als

Einkaufsstraße hinter sich. Wer will, kann sich die älteste Ziegelkirche Schwedens ansehen, die 1247 eingeweihte Sankta Maria. Sigtuna war auch geistliches Zentrum und Bischofssitz, bevor Uppsala diese Aufgaben an sich zog. Von der klerikalen Vorreiterrolle zeugen noch heute die drei Ruinen von Sankt Per, Sankt Lars und Sankt Olof. In Sigtuna wurden vor einem Jahrtausend die ersten schwedischen Goldstücke geprägt, «sidei» genannt (Situne Dei = Gottes Sigtuna).

Mittlerweile ist die Bedeutung der Stadt als Handelsplatz auf ein Minimum geschrumpft, dafür ist sie ein beliebtes Ausflugsziel für Stockholmer und eine Attraktion für ausländische Touristen. Nach dem Bummel durch die Fußgängerzone wartet ein besonderes Café auf den Besuch: Mit unmöglichen Winkeln steht es an der Ecke der Stora gatan, das Holzhäuschen namens «Tant Brun» (Tante Braun), das nach einem Kinderbuch von Elsa Beskow benannt ist. Die Bedienungen tragen folglich in braunen Schürzen den Kaffee an den Tisch im Innenhof. Auch bei schönem Wetter sollte man sich den Blick ins Innere des Cafés nicht entgehen lassen. Die Wände sind mittlerweile so schief, daß es bedrohlich wirkt und zugleich anheimelnd, wie aus einem Traumbuch für Schwedenliebhaber.

Landesweit bekannt ist die kleine Stadt durch das kirchliche Internat «Sigtunastiftelsen», das beispielsweise für die schulische Ausbildung von König Carl Gustaf sorgte. Wie wenig er diese Erziehung in wunderbarer Umgebung genoß, beweist seine wiederholte Versicherung, seine Kinder müßten mal nicht so aufwachsen. Tatsächlich schicken er und Königin Silvia ihre Sprößlinge zu einer «ganz normalen» Stockholmer Privatschule für die oberen Fünfhundert.

Uppsala ist als Nachfolger von Sigtuna bis heute Erzbischofssitz geblieben. Im Innern des überall sichtbaren Doms liegt historische Prominenz begraben: König Gustav Wasa, Oxenstierna, der geniale Diplomat aus dem Dreißigjährigen Krieg, «Schwedens Leonardo da Vinci», der Konstrukteur, Naturwissenschaftler und Philosoph Emanuel Swedenborg und der Biologe Carl von Linné, der in Uppsala allgegenwärtig ist.

Die Universität Uppsala wurde 1477 eingeweiht und ist die älteste Nordeuropas. Nicht nur Linné, der Vater der systematischen Botanik, forschte und lehrte hier, auch Anders Celsius – der, den man vom Blick aufs Thermometer kennt – war als Astronom aktiv und gründete in Uppsala 1741 das Observatorium. Der originellste Universitätsbau ist der «anatomische Tempel», genau gegenüber vom Dom: Das «Gustavianum» ist ein turmähnlicher Saal aus dem Jahre 1662. Schnörkel und Ausschmückungen zieren das Innere, die zwei Fensterreihen unter dem Kuppeldach erwecken den Eindruck, als schwebe die Decke frei in der Luft. Sinn dieser lichtgebenden Idee war es, den Medizinstudenten Einblicke in das Geschehen am Boden des Seziersaales zu gewähren. Der Initiator für diesen Bau war der Mediziner Olof Rudbeck, der die Funktion der Lymphdrüsen erforscht hatte. Die Studenten und ihre Vereinigungen prägen die Atmosphäre Uppsalas mehr als der Klerus, doch viele Studenten suchen nach dem Examen schnellstens das Weite. «Während des Studiums», erklärt Zahnarzt Andreas Thor, der

jetzt seine Praxis in Stockholm hat, «ist in Uppsala eine Menge los. Danach wird's langweilig, weil man nicht mehr zu den Festen reingelassen wird!»

In «Gamla Uppsala», im alten Uppsala, zeugen drei hohe Grabhügel aus dem 6. Jahrhundert von den Anfängen der schwedischen Wikingeraktivitäten: Die Stammeskönige Egil, Aun und Agil liegen dort begraben, an der historischen Stätte sollen den Göttern Thor, Odin und Frö auch Menschen geopfert worden sein. Zu sehen gibt es außer den drei Hügeln recht wenig, abgesehen von der alten Kirche, die 1164 als geistlicher Sammelplatz für den ersten Erzbischof Schwedens diente. Neben der Kirche bietet ein Gasthaus Wikinger-Met in Hörnern an. Die Zutaten gehen auf alte Aufzeichnungen zurück, doch schmeckt der Trunk eher wie bittere Limonade.

Die Fahrt nach Vaxholm über Norrtälje und die Landstraßen 276 sowie 274 macht das Einkreisen Stockholms perfekt. An Roslagen, der Küste, entlang sieht man das Sommerparadies der Hauptstädter: die unzähligen Schäreninseln. Abgeschliffene Felsbrocken bestimmen das etwas rauhe Landschaftsbild, und die Pflanzenwelt ist nicht so üppig wie im Mälarengebiet, doch beide Gewässer sind für Stockholm und seine Bewohner von größter Bedeutung. Schließlich entstand die schwedische Hauptstadt am Nadelöhr zwischen Mälaren und Ostsee.

Nachdem die Dänen 1520 via Vaxholm in die Hauptstadt gekommen waren und dort beim Stockholmer Blutbad unter anderem Gustav Wasas Vater den Kopf abschlugen, schwor der Sohn, daß so etwas nie

Seziersaal der Universität Uppsala

wieder passieren sollte. Deshalb befahl er 1544 den Bau einer Festung in Vaxholm. Gleichzeitig hatte er südlich von Stockholm bei Oaxen, zwischen Trosa und Järna, die Ostsee-Einfahrt durch Felsbrocken und versenkte Schiffswracks dichtmachen lassen. 1612 und 1719 machten sich die Abwehrmaßnahmen bezahlt: Zuerst wurden die Dänen von Stockholm ferngehalten, dann die Russen. Im 19. Jahrhundert ging es für das Kastell und das angesiedelte Militär allerdings langsam bergab: Die Mauern konnten trotz dreißigjährigem Umbau der modernen Artillerie nicht mehr standhalten, und 1944 verließ das Militär endgültig Vaxholms Festung, blieb aber mit einem Regiment der Küstenartillerie in der nächsten Nachbarschaft.

Mit dem Schwinden der Soldaten stieg in der kleinen Schärenstadt die Bedeutung der Sommergäste. Alte Holzvillen mit wunderschönen Veranden beweisen das. Bis 1912 war es in Vaxholm verboten, Steinhäuser zu bauen. Eine Ausflugsstadt ist Vaxholm bis heute geblieben. Am Hafen gehen Boote zu den Schäreninselchen ab, Fischerboote bieten frische Meeresfrüchte an, im Kastellhof sorgen im Sommer Freilichtopern für Lebenslust, romantische Picknickstellen werden fleißig genutzt. Es gibt natürlich auch die Möglichkeit, den umgekehrten Weg zu nehmen: mit der Autofähre auf die Inseln Rindö und Värmdö und dann über die Landstraße 222 Richtung Hauptstadt.

Ansichten einer Hauptstadt

Überall dort, wo man sie gar nicht erwartet, tauchen sie auf – unbemerkt, auf leisen Sohlen: «Lapp-Li-sor» nennt man sie, Zettel-Liesen. Ein paar tausend von ihnen machen allein in Stockholm den Autofahrern das Leben schwer. Sie zeigen kein Erbarmen: Steht der Vorderreifen auch nur einen Millimeter auf dem Randstein, wird geblecht. Mit 400 Kronen fängt der Spaß an, bei 1500 Kronen hört er dann endgültig auf. Dieser Sonderpreis ist für den fällig, der sich erdreistet, zu nahe am Zebrastreifen zu stehen.

Richtig so, mag mancher Fußgänger und Radler denken. Nur: Mit dieser rabiaten Methode hat man keines der Verkehrsprobleme in Stockholm gelöst. Der tägliche Stau an sämtlichen Ein- und Ausfahrten spricht für sich. Doch es steckt System dahinter: Nur wenn wir den Autofahrern das Leben sauer machen, haben die Verantwortlichen gemeint, werden sie das Auto irgendwann zu Hause stehen lassen. Pustekuchen – die Blechlawine wird länger und länger. Zwar gibt es das berühmte Stockholmer U-Bahnnetz, doch das funktioniert nur von Norden nach Süden ausgezeichnet. Wer im Westen wohnt und im Osten arbeitet, hat Pech gehabt.

Zwar hat der Besucher die Chance, die Strafmandate einfach wegzuwerfen und dadurch mächtig Geld zu sparen, doch das wird ihm spätestens im Hotel wieder aus der Tasche gezogen. Etwa 300 Mark kostet ein gewöhnliches Einzelzimmer, und daß es keine schlechten Hotels gibt, ist nur ein schwacher Trost. Allerdings: An Wochenenden und vor allem in den Sommermonaten, wenn die Geschäftsreisenden nicht für eine volle Belegung der vielen Herbergen in der Hauptstadt sorgen, sollte man auf Sonderrabatte achten. Mit ein wenig Glück kostet ein Zimmer dann nur die Hälfte.

**Spuren der deutschen Kauf-
fahrer: die Altstadt**

Wer ob dieser Widrigkeiten einen großen Bogen um die Stadt machen möchte – was schade wäre –, stößt auf neue Schwierigkeiten: An Stockholm führt kein Weg vorbei, Umgehungsstraße ist ein Fremdwort. Hat es einen als Fußgänger in die Stadt verschlagen, sollte man Zebrastreifen meiden. Ein richtiger Stockholmer drückt aufs Gaspedal, um schnell über die nervenden Streifen hinwegzukommen.

Auch der Hunger kann zu einem Problem werden. Bis 17 Uhr findet man so manches Restaurant, das einen preiswerten und recht guten Mittags- oder Nachmittagstisch anbietet. Ist die Zeit von «dagens lunch», dem billigen Tagesgericht, vorbei, langen die Gastronomen ordentlich zu.

Niemand sollte sich aber durch aufgescheuchte Zettel-Liesen, hemmungslose Hoteliers und knausrige Kneipenwirte abschrecken lassen. Machen wir also einen neuen Versuch, die Stadt zu sehen. Die einen bezeichnen sie als Venedig des Nordens, andere geben sich kühler, nennen sie aber immer noch eine der schönsten Hauptstädte Europas: Stockholm, die Inselstadt. Wasser, viel Wasser ist der erste Eindruck des Besuchers. Das Wasser begleitet ihn von der Stadtgrenze bis hinein ins Zentrum. «Unter den Brücken von Stockholm» nennt sich eine der beliebtesten Sightseeing-Touren. Auf kleinen, flachen Booten geht es durch den See Mälaren auf der Westseite der Stadt, vorbei an Stadshuset, dem Rathaus mit seiner goldenen Kuppel. Die Fahrt durch Kanäle und später durch die Schleuse bei Slussen wird auch zu einer Fahrt durch die Jahrhunderte. Wohl kaum eine europäische

Hauptstadt hat so viele gewachsene Stadtteile zu bieten wie Stockholm.

Gamla Stan, die Altstadt mit ihren engen Gassen, erinnert noch heute an die deutsche Kaufmannszeit. Die deutsche Kirche im Mittelpunkt der Altstadt gibt mit ihrer gewaltigen Glocke den Ton an. Östermalm, das noble Wohnviertel im Zentrum, besticht durch seine wunderschönen Altbauten. Das Wasa-Museum mit dem schon auf der Jungfernfahrt gesunkenen, nun aber vollständig restaurierten Flaggschiff der königlichen Marine ist ein weiteres Muß für Besucher. Auch das Freiluftmuseum Skansen und das neue Wahrzeichen, die Globe Arena – der größte Kugelbau der Welt –, gehören zur obligatorischen Hauptstadt-Tour. In dieser Super-Kugel, die über weite Teile der Stadt aluminiumweiß glitzert, finden Rockkonzerte, Eishockeyspiele und Tennisturniere statt. Führungen werden hier ebenfalls angeboten.

Die neue schwedische Dekadenz läßt sich am besten im «Café Opera» direkt an der königlichen Oper bestaunen. Hier trifft sich, wer dazugehören möchte – ob Fernsehreporter oder Schlagersternchen. Kneipen, wie wir sie kennen, sind in Stockholm allerdings Mangelware. Einige Ausnahmen gibt es dennoch, beispielsweise das «Tre backar» in der Tegnérgatan mit seiner studentischen Atmosphäre. In den englischen Pubs, die über die ganze Stadt verstreut sind, kann man sein Porter oder gar ein Guiness frischgezapft am Tresen trinken. Hunderte von Straßencafés haben bis in den späten Abend geöffnet – das aushäusige Leben in der schwedischen Hauptstadt erinnert mehr an Rom als an eine angeblich so nordisch kühle Großstadt. Um den schnellen Hun-

Komfort im Stil der neuen Zeit: Södermalm

Umsonst und draußen: Kungsträdgården

ger zu stillen, ist das berühmte Smörgåsbord gerade richtig. Wem das nicht genügt, der kann auch einen gerade vor der Restauranttür am Strömma-Kanal geangelten Lachs verzehren. Und wo Fische sich noch wohl fühlen, geht es dem Menschen nicht schlecht: In Stockholm kann man sich bei Tag und Nacht überall im sauberen Wasser abkühlen.

Die Metropole hat verschiedene Gesichter. Welches man sieht, hängt von einem selbst ab – und vielleicht von dem glücklichen Umstand, daß alle Lapp-Lisor gerade an diesem Tag die angesammelten Überstunden abbummeln.

Stadt auf sieben Inseln

Wie ein Puzzle sieht sie von oben aus. Ein Puzzle, das nicht richtig zusammengesetzt worden ist. Hier ist ein Teilchen zuviel, dort fehlt noch eines. Nur die Mitte scheint zu stimmen: Umgeben von Wasser, liegt dort die Altstadt mit dem Schloß, den vielen kleinen Gassen, den alten Bürger- und Kaufmannshäusern, in denen heute der Tourist mehr Unnötiges als Brauchbares angebo-

jüngerer Zeit lassen die Archäologen vermuten, daß auf der Zentralinsel Helgeandsholmen, auf der heute die Regierungsgebäude stehen, schon vor Birger Jarl Menschen gelebt haben. Wie auch immer, der Standort Stockholm war in wirtschaftlicher und strategischer Hinsicht nahezu ideal. Die hanseatischen Kaufleute, die schon früh die Entwicklung der Stadt entscheidend mitprägten, konnten die schwedische Handelsmetropole per Schiff über die Ostsee hervorragend erreichen. Gleichzeitig aber hatte man mögliche Angreifer bestens im Blick: An der Festung in Vaxholm außerhalb Stockholms muß noch heute jedes Schiff vorbei.

Die Vorsicht der damaligen Stadtväter hatte ihre Berechtigung. Der dänische König Christian II. richtete 1520 in Stockholm ein Blutbad an, achtzig Adelige wurden auf dem Großen Platz (Stortorget) in der Altstadt geköpft. Nur ein Jahr später vertrieben die Schweden die Dänen aus ihrem Land und stiegen damit allmählich zur Ostsee-Großmacht auf. Noch heute zeugen von dieser Zeit viele Relikte. So kann man unter anderem im Armee-Museum Folterwerkzeuge und Kanonen bestaunen. Auf der Insel Skeppsholmen, gegenüber der Altstadt, stehen die alten Kasernen – mittlerweile beherbergen sie das Moderne Museum sowie einige Ateliers. Bei Skeppsholmen liegt gut vertäut der Dreimaster «af Chapman»; auf dem ehemaligen Schulschiff ist eine Jugendherberge untergebracht.

An einem Prunkstück kommt selbst der historisch wenig Interessierte kaum vorbei: dem stolzen Regalschiff «Wasa», das mittlerweile östlich von Skeppsholmen ein

ten bekommt. Um den Stadtkern herum herrscht heilloses Durcheinander. Die Inseln und Inselchen machen es dem Besucher schwer, ein klares Bild zu bekommen.

Das ist kein Zufall, wurde die spätere schwedische Hauptstadt doch gerade an dieser Stelle der Schären errichtet, um einigermaßen Schutz vor ungebetenen Gästen zu haben. Stockholm, zu deutsch «Stamminsel», bekam 1252 die Stadtrechte vom damaligen Regenten Birger Jarl verliehen. Vermutlich hat es die Stadt jedoch schon früher gegeben. Ausgrabungen aus

eigenes, sehr modernes Museum bekommen hat. Die Wasa entstand zu einer Zeit, als Schweden tatsächlich eine Supermacht war. König Gustav II. Adolf ließ auf das Kriegsschiff gegen den Rat seiner Bootsbauer immer noch ein Stockwerk draufsetzen, so daß der gigantische Kahn auf seiner Jungfernfahrt kurz nach dem Ablegen noch im Stockholmer Hafenbecken kenterte und sank. Das war 1628, und es sollte 333 Jahre dauern, bis die Wasa gehoben werden konnte. Konservatoren und Archäologen haben ganze Arbeit geleistet: Das Schiff wurde in seine Einzelteile zerlegt, konserviert und mühevoll wieder zusammengesetzt. Nach einer mehrjährigen Austrocknungszeit in einer eigens dafür gebauten Halle ging die Wasa 1990 auf ihre allerletzte Fahrt. Auf einem Ponton wurde sie einige hundert Meter zu ihrem jetzigen Platz hinter dem Nordischen Museum geschleppt.

Wer es nicht lassen kann, darf sich gern auch das Schloß in Stockholms Altstadt ansehen, in dem Carl XVI. Gustav sein königliches Büro hat. Der Bau, der um 1750 seine heutige Form annahm, ist ein relativ trister, vierkantiger Kasten. Nur wenn klassische Konzerte gegeben werden und man zu den Glücklichen gehört, die eine Eintrittskarte bekommen konnten, sollte man die Gelegenheit nutzen, sich das edle Interieur anzuschauen. Gamla Stan, die alte Stadt, ist auf alle Fälle einen Besuch wert.

Västerlånggatan ist die Sammelrinne für schwedische Urlauber, die auf dem Hauptstadt-Trip sind, für Besucher aus dem Ausland und für Stockholmer, die Touristen anschauen wollen. Die nahezu menschenleeren engen Gassen, die Torbögen, Fassaden, Brunnen, Höfe und kleinen Plätze sind nur einige Schritte entfernt. Die Anordnung der Straßen in Gamla Stan ist mittelalterlich, doch die Gebäude wurden vor allem vom 17. bis 19. Jahrhundert renoviert oder umgebaut. Der Bummel durch die Altstadt – der ersten City Stockholms – bietet einen architektonisch reizvollen Mix.

Mitte des 12. Jahrhunderts begannen deutsche Kaufleute, vor allem aus der Lübecker Gegend, schwedische Waren aus dem Gebiet um den Mälarsee zu kaufen, bei der heutigen Gamla Stan wurde umgeladen. Die Insel ist sozusagen der Korken im Flaschenhals des Mälarsees, das Süßwasser trifft dort auf das Salzwasser der Schären. Die Spuren der Deutschen sind in der Altstadt noch deutlich auszumachen. «Tyska», also deutsch, findet man immer wieder auf der Karte. Tyska Brinken, die Deutsche Steigung, führt zur Tyska Kyrkan, der Deutschen Kirche aus dem Jahre 1571 mit ihrer protzigen, spätgotischen Fassade und dem barocken Inneren. Tyska Skolgränd, die Deutsche Schulgasse, informiert darüber, wo 1612 die deutsche Schule eröffnet wurde (die heutige liegt am Karlavägen in Östermalm), am Tyska Brunnsplan, dem Deutschen Brunnenplatz, bewirtete der Hamburger Peter Hinrich Fuhrmann erlauchte Gäste in seiner Weinstube. Mårten Trotzigs Gränd, mit teilweise nur neunzig Zentimetern die schmalste Gasse in Gamla Stan, ist nach Martin Traubzich aus Wittenberg benannt.

Wer sich Zeit läßt in Gamla Stan, entdeckt bestimmt seinen Lieblingsplatz, findet einladende Cafés oder Restaurants in alten Gemäuern oder Kellergewölben, ungewöhnliche kleine Läden oder urige Musikkneipen für den Abend.

Stortorget – nördlich des Schlosses, an der Oper vorbei – ist der älteste Platz Stockholms, um ihn herum bildete sich das mittelalterliche Handelszentrum. Noch heute zeugen viele Namen der nahe gelegenen, kopfsteingepflasterten Gäßchen von der damaligen Blütezeit: Köpmannagatan, die Kaufmannsstraße, etwa oder Myntgatan, die Münzenstraße. Die Händler sind geblieben, sie haben ihr Angebot zum Großteil den Touristen angepaßt. Der eigentliche wirtschaftliche Umschlagplatz liegt jedoch hinter verschlossenen Türen. Hinter einer der hochherrschaftlichen Fassaden des Stortorget verbirgt sich das Stockholmer Börsenhaus, das 1776 eingeweiht wurde und in dem seit 1863 Börsengeschäfte getätigt werden. Als nach den Parlamentswahlen im Herbst 1988 feststand, daß die seit über fünfzig Jahren mit zwei kurzen Unterbrechungen regierenden Sozialdemokraten für eine weitere Legislaturperiode das Land lenken würden, zogen die Aktienkurse deutlich an. «Was wir wollen, ist eine starke Regierung, unabhängig von der politischen Richtung», so brachte es damals einer der Börsenmakler auf den Punkt. Folgerichtig gab es nach dem Sieg der bürgerlichen Regierung 1991 keinen Freudentaumel der Börsianer. Wie kaum ein anderes Volk sind die Schweden an Aktien interessiert. Fast jeder hat einen Teil des Ersparten auf diese Weise angelegt, meist in sicheren Werten wie den «Volksaktien» von Volvo, die sogar auf dem Postamt erworben werden können.

Ein wahrer Kulturschock erwartet einen, wenn man von Gamla Stan Richtung Norden zum futuristischen Zentrum am Sergels Torg fährt. Die Shopping-Straßen in der Nähe vom Sergels Torg, dem Sergels-Platz mit seinen Wolkenkratzern, holen jeden Tagträumer auf den Boden der Gegenwart zurück. Der Sergels Torg hat sich zum Sammelpunkt aller möglichen Gruppen entwickelt: Vertreter der vielen schwedischen Freikirchen predigen um die Wette, Linke wie Rechte verkünden ihre Rezepte zur Lösung aller weltlichen Probleme, Einwanderer demonstrieren für mehr Mitsprache. Hier präsentiert sich Stockholm als eine multikulturelle Großstadt, als ein urbanes Sammelbecken sämtlicher gesellschaftlicher Gruppen. Die Polizei ist auf dem Sergels Torg besonders präsent, denn auch Dealer und Prostituierte warten auf Kundschaft.

Direkt am Sergels-Platz steht das Kulturhaus mit seiner gläsernen Front, ein Treffpunkt für alle, die sich ihre großstädtischen Sorgen von der Seele spielen, schreiben, malen oder formen wollen. Ob Filmvorführungen, Malstunden oder Vorträge – im Kulturhaus ist immer etwas los. Und wenn einmal nicht, dann findet man in der Bibliothek Zeitungen aus aller Herren Länder. Das multikulturelle Haus diente in seiner Funktion den Parisern als Vorbild für das Centre Pompidou. Der gläserne Betonklotz bietet in fünf Stockwerken neben den «Aktivecken» auch Ausstellungen, von Malerei über Skulpturen, Graphik und Design bis hin zu Architektur oder Kunstvideos. Touristen schätzen auch den gut sortierten, allerdings recht teuren Laden mit Postkarten, Ausstellungskatalogen, internationalen Fachzeitschriften und Postern.

Übernachten im Knast: Jugendherberge Långholmen

Zwischen Sergels Torg und Hötorget, dem ehemaligen Heumarkt, brodelt es von frühmorgens bis spätabends. Die Straßenhändler auf der Regerings- und Drottningsgatan machen gute Geschäfte, die Kaufhäuser – vom noblen NK (Nordiska Kompaniet) in der Hamngatan bis zu den eher volksnahen Pub und Åhlens – lassen gerade in den Sommermonaten nichts unversucht, die Fremden anzulocken. Da wird mit Touristenmenüs geworben und die Bezahlung mit D-Mark akzeptiert. Im Sommer heißt es, Geduld zu haben und sich dem Strom der Schaulustigen anzupassen. An einem ganz gewöhnlichen Tag sind zwischen Sergelstorg und Hötorget rund 70 000 Paar Füße unterwegs.

Nur einen Katzensprung von diesem Zentrum aus dem Betonzeitalter erhebt sich das Regierungsviertel mit seinen wunderschönen Fassaden, die sich im Wasser spiegeln. Der Regierungschef schaut bei Rosenbad gleich nach drei Seiten auf das kühle, überaus saubere Naß. Vor seinem Regierungssitz stehen tagtäglich Fischer, die direkt im Zentrum kiloschwere Lachse aus dem Wasser holen und sie sogleich an die Küchen der besseren Restaurants verkaufen.

Ein dichtes Netz von kleinen Fähren bringt die Stockholmer zu fast allen Stadtteilen, und wer will, kann mitten in der Hauptstadt einfach so ein Bad nehmen. Am Strand von Rålambshov, am Norrmälarstrand oder auf Långholmen, überall lädt das saubere Naß zu einer Abkühlung ein.

Auf der Insel Långholmen gibt es noch eine Besonderheit: Das alte Gefängnis ist in eine sehr originelle Jugendherberge verwandelt worden, unter Beibehaltung des Knastcha-

rakters. In den sogenannten Tortenstückchen im Hof, wo früher die Häftlinge Frischluft schnappen durften, wird heute Kaffee geschlürft und Torte verspeist. Bis 1987 war der Knast aus Sicherheitsgründen auf der Insel zwischen Södermalm und Kungsholmen untergebracht, nun dienen die Strände den Jugendherbergs-Gästen als ideale Badeplätze.

Kungsholmen hat nicht zuletzt durch Sjöwall / Wahlöös Krimikommissar Martin Beck internationale Berühmtheit erlangt: In diesem Stadtteil liegt das Polizeigebäude. Im Sommer treffen sich im Rålambshovsparken, einem Grün direkt unter der Westbrücke (Västerbron), die Sonnenhungrigen und Freiluftfanatiker. Unter dem Getose des Feierabendverkehrs, der sich zumeist im Schrittempo über die gigantische Brücke schiebt, wird gebadet, der Körper trainiert oder das Picknick verzehrt. Die Stadtväter der Anderthalb-Millionen-Metropole haben das muntere Treiben bestens im Blick, denn das Rathaus erhebt sich unmittelbar daneben. Die drei Kronen auf dem goldenen, 106 Meter hohen Turm des Stadshuset überragen die halbe Stadt. Bei diesem Bau, den der schwedische Architekt Ragnar Östberg 1923 im Stile der Nationalromantik errichtete, hat man nicht gegeizt. Acht Millionen zum Teil handgefertigte Ziegel wurden verbaut. Im Goldenen Saal findet alljährlich das opulente Dinner für die Nobelpreisträger in Anwesenheit des Königspaares statt.

Vorausgegangen sind dem über sechs Monate lange, meist überaus hitzige Diskussionen der preisverleihenden Gremien über geeignete Kandidaten. Bis zum 1. Februar

eines jeden Jahres müssen die Vorschläge bei der Schwedischen Akademie der Wissenschaften (Physik,
Chemie und Wirtschaftswissen-
schaften), der Schwedischen Akademie (Literatur), dem Karolinischen
Institut (Medizin) und dem Aus-
schuß des norwegischen Parlaments
(Friedensnobelpreis) eingegangen
sein. Bis Oktober haben sich die
einzelnen Gremien unter kräftiger
Mithilfe von Koryphäen in aller
Welt durch die Vorschläge hindurch-
gearbeitet und geben ihre Entscheidung bekannt. Am 10. Dezember,
dem Todestag von Alfred Nobel,
wird die mittlerweile millionen-
schwere Auszeichnung den Preisträ-
gern in Stockholm und Oslo (Frie-
denspreis) überreicht.

Die Vergabe der Nobelpreise ist
nicht unumstritten. Bestimmte Be-
reiche werden nie mit dem Preis bedacht, weil der Stifter die Probleme
der modernen Zeit 1901 noch nicht
voraussehen konnte. Überdies be-
denken die Preisverleiher, zu neunzig Prozent ältere Herren, fast ausschließlich Geschlechtsgenossen.
Unter 88 Literaturnobelpreisträgern
findet man nur drei Frauen. Die
wachsende Kritik an der Auszeichnung führte ab 1980 zur Verleihung
eines «alternativen Nobelpreises»,
durch die von dem Deutsch-Schwe-
den Jakob von Uexküll ins Leben
gerufene «Right Livelihood Foun-
dation» (Stiftung für richtige Lebensweise). Mit dem alternativen
Nobelpreis werden Jahr für Jahr
Personen und Organisationen ausgezeichnet, die sich mit «exemplari-
schen Beispielen um die Lösung der
tatsächlichen Probleme unserer
Zeit» verdient gemacht haben. Der
Preis, der am 9. Dezember, also einen Tag vor der Verleihung der re-
gulären Nobelpreise im Stockhol-

mer Parlamentsgebäude überreicht
wird, ist in den letzten Jahren vor allem an Umweltschützer und ökolo-
gische Organisationen verliehen
worden.

Zurück zum Rathaus: Da nicht jeden Tag ein Nobel-Fest stattfindet,
ist es zumeist für Besichtigungen offen. Vom Turm hat man eine gran-
diose Aussicht über weite Teile der
Stadt. Gleich rechts unterhalb des
Turms liegt am Ufer fest vertäut ein
Relikt aus besseren Zeiten: die zum
Restaurant umgebaute Luxusyacht
der Woolworth-Erbin Barbara Hut-
ton. Gegenüber, am Söder Mälar-
strand, sieht man ein großes Back-
steingebäude: Früher beherbergte
es Schwedens größte Brauerei,
heute ist es Sitz der schwedischen
Filmindustrie.

Kunstgenuß im Untergrund

Die Hundertschaften von Wasa-
Neugierigen sind nichts gegen die
etwa 800 000 Menschen, die täglich
die längste Galerie der Welt, geschaffen von 200 Künstlern, besuchen. Über sechzig U-Bahn-Statio-
nen beherbergen oder sind unterir-
dische Kunstwerke. Die insgesamt
120 Kilometer lange Mammutaus-
stellung der «tunnelbana» besticht
nicht durch prachtvolle Ausschmük-
kungen, sondern durch originelle
Alltagskunst. Die ersten Bilder,
Skulpturen und Kompositionen fanden 1957 ihren Platz im
Untergrund: Damals wurde «T-
Centralen», die U-Bahn-Station
beim Hauptbahnhof, eingeweiht –
voll von Wanddekorationen, Reliefs
und Mosaiken. Anfangs brachten
die Künstler ihre Werke an den be-
tonierten Tunnel-Haltestellen an,
doch zehn Jahre später variierten
schon plastische Kunstwerke, einge-

Haltestelle T-Centralen: Denkmal für die Erbauer

mauerte Statuen und kraftvolle Farben die vielbesuchten Grottenwände. Ab den siebziger Jahren griffen die Künstler in größerem Umfang in die Architektur der Unterbodengewölbe ein und schufen ganzheitliche Tunnelkunst.

Durch die gestalterischen Kunstgriffe sollte die Hektik aus dem täglichen Miteinander der Fahrgastmassen genommen und andererseits der «Beschmutzung» durch Sprayer vorgebeugt werden. Die Monotonie öffentlicher Verkehrsmittel wurde auf diese Weise tatsächlich überwunden, und viele Stockholmer sind stolz auf «ihre» Station. Die Kunst-Grotten haben im Gegensatz zu den graubelassenen Haltestellen nur äußerst selten Probleme mit jugendlichen Vandalen. Sie machen sich vor allem an den U-Bahn-Wagen zu

schaffen, die immer noch steril-sauber in den Einsatz geschickt werden. Fast hundert Millionen Mark hat die Stadt Stockholm mittlerweile in den Mix aus Wandgemälden, Statuen und Architektur gesteckt.

Ein Tag vergeht wie im Flug, wenn Kunstinteressierte die Lust am Underground erleben. «Tensta» ist dabei einer der interessantesten Stopps. In dem Betonviertel leben vor allem Immigranten, und das Motto der U-Bahn-Kunst heißt «Eine Rose für die Einwanderer». Die Station in hellen Tönen ist voller Botschaften in den verschiedensten Sprachen, die das Miteinander propagieren. Nachdenklich stimmt «Solna Centrum», eine feuerrote Grotte, in der die Umweltsünden der Zivilisation bildlich

205

angeklagt werden. Ein Elch kreuzt da symbolisch die Straße, um durch moderne Industrieanlagen in den noch grünen Wald zu gelangen. In «Kungsträdgården» wird die «moderne Technik» eher archäologisch behandelt, in einem witzigen Mix aus Torsos, griechischen Säulenstücken und Neonlampen. Auch in «Rissne» haben die Untergrundkünstler vierzig Meter unter der Erde Stationen der Vergangenheit «ausgegraben»: In verschiedenen Farben sind Ereignisse vom Mittelalter bis zur Moderne notiert, die die Menschen bewegt haben. Die Schriftsteller-Station heißt «Rådmansgatan», weil August Strindberg versucht, die Fahrgäste mit seinem stechenden Blick aufzuhalten. Auszüge aus seinem literarischen Werk sollen ihn dabei unterstützen. Sie weisen gleichzeitig den Weg zur Drottninggatan 85, der Adresse, an der man das Strindberg-Museum findet. Wer eher auf Technik abfährt, dem dürfte «Tekniska Högskolan» am Halt der Technischen Hochschule am besten gefallen: Die vier Elemente Feuer, Wasser, Luft und Erde werden dort genauso künstlerisch in Szene gesetzt wie die physikalischen Entdeckungen von Newton, Kopernikus, Kepler oder Polhem.

Dem aufmerksamen Besucher werden massenweise witzige oder hintergründige Details auffallen, und jeder findet in dem reichen Angebot wohl seine Lieblingsstation. Wer das Ganze systematisch und mit Hintergrund-Informationen angehen will, soll an den Sperren seiner Start-Station nach einer Gratis-Broschüre über die U-Bahn-Kunst fragen. Dieser Wegweiser ist an den meisten der bemannten Kabäuschen auch auf englisch zu haben.

Museen bei Sonne und Regen

Die abwechslungsreiche Reise durch die Grotten-Galerie empfiehlt sich speziell an verregneten Tagen, doch auch wenn das Wetter mehrere Tage schlecht ist, herrscht kein Mangel an Möglichkeiten. Museen gibt es en masse, nicht nur die großen wie das Wasaschiff, das Historische Museum oder das Nationalmuseum. Gerade kleinere Ausstellungsräume haben ihren Reiz. Im Musikmuseum in Östermalm beispielsweise kann man verschiedene Instrumente selbst ausprobieren. Für große und kleine Kinder eignet sich das Spielzeugmuseum auf Södermalm. Dort gibt es Tausende Objekte, die Erinnerungen wach werden lassen oder den Spieltrieb fördern: von Modelleisenbahnen über Spieldosen oder Puppen bis hin zu Filmen, Kindertheater und Spielzimmern. Ganz etwas anderes ist das erste tropische Schmetterlingshaus Skandinaviens im Haga-Park, wo ab und zu auch Theateraufführungen oder Clown-Auftritte für Kinder steigen. Im Tanzmuseum kann man per Knopfdruck Hüftbewegungen aus den verschiedensten Erdteilen auf den Bildschirm holen. Für Freunde moderner Kunst bietet «Liljevalchs Konsthall» in der Nähe des Wasa-Museums oft sehr gute Sonderausstellungen. Im hinteren Anbau findet man das Selbstbedienungscafe «Blå Porten» (Die blaue Pforte) mit ausgesprochenem Künstlerambiente; nur an Wochenenden ist es wegen permanenter Überfüllung nicht zu empfehlen. Neuere Kunst bietet auch das «Moderna museet» auf Skeppsholmen, eine Sammlung, die sich erst langsam an internationales Niveau herantastet. Am interessantesten ist ein Besuch im Modernen

Museum, wenn dort in den Sommermonaten Popkonzerte steigen. Eingeladen werden vor allem eher avantgardistische Klangspezialisten wie etwa Laibach oder David Byrne.

Für Freunde des Mittelalters empfiehlt sich das «Medeltidsmuseum». Die Entstehungsgeschichte der unterirdischen Ausstellung ist recht originell: Für das nahe gelegene Reichstagsgebäude sollte eine Tiefgarage gebaut werden, doch bei den Erdarbeiten kamen Reste der Stockholmer Stadtmauer und andere wertvolle Relikte zu Tage. Die Folge: Die Parlamentarier bekamen nur eine Mini-Garage und die Bevölkerung eine Anschauung über das Mittelalter an Ort und Stelle. Die Museumsmacher haben mit Hilfe archäologischer Funde ein Stadtmilieu aufgebaut, das die Lebensbedingungen jener Zeit in Schwedens Hauptstadt verdeutlicht.

Auch bei Sonnenschein braucht niemand auf die Museumstour zu verzichten: Millesgården, Waldemarsudde und Skansen heißen dann die wichtigsten Anlaufstationen. Beim ehemaligen Atelier des wohl bekanntesten schwedischen Bildhauers Carl Milles auf Lidingö bietet sich auf dem terrassenartig angelegten Freigelände ein Rundgang durch die himmelwärts komponierten Skulpturen. In der von Italien inspirierten Anlage findet man auch eine umfangreiche Sammlung römischer und griechischer Kunst sowie Skulpturen aus dem Mittelalter und aus Ostasien. Zudem kann der Besucher die wunderbare Aussicht auf Stockholm genießen.

Auch ein Abstecher zu Prins Eugens Waldemarsudde auf Djurgården ist eine Kombination aus Natur- und Kunsterlebnis. In einem

der Gebäude auf dem Prinzen-Gelände gibt es meist Ausstellungen zu sehen, attraktiver noch ist der romantische Flecken selbst, mitten in der Hauptstadt und nicht überlaufen. Dabei liegt das vielbesuchte Skansen so nahe. Das älteste Freilichtmuseum der Welt, vor über hundert Jahren eingerichtet, kann allerdings trotz des Touristenstroms ein Erlebnis werden, wenn man sich gleich am Morgen nach Djurgården aufmacht und nicht nur auf die nordische Tierwelt aus ist. Während die Wölfe und Elche im Skansen-Zoo zu Fotomodellen für Stockholmbesucher geworden sind, herrscht an den alten Häusern aus allen Teilen Schwedens weniger Interesse. Angestellte in der jeweiligen Landestracht gehen freundlich auf alle Fragen ein, mit ihrer Hilfe kann man auf Skansen eine völkerkundliche Informationsreise unternehmen.

Vielfalt der Bühnen

Stockholm, die schwedische Hauptstadt, verfügt über das dichteste Theaternetz Europas. Verdanken soll man dies dem «Musenkönig» Gustav III., der als der Vater des schwedischen Theaters gilt. Ab 1788 schenkte der Kunstgönner der Stadt drei Theaterhäuser und die Oper. Gespielt werden sollten ausschließlich schwedische Stücke oder zumindest Aufführungen in schwedischer Sprache. Auch wenn das Theater damals fast ausschließlich dem Adel vorbehalten war, förderte Gustav III. mit diesem Schritt doch die Verbreitung dieser Kunstform unter dem gemeinen Volk. Ihm ist es zu verdanken, daß noch heute fast alle Theaterstücke, Musicals oder Operetten in schwedischen Übersetzungen gespielt werden. Der Monarch

ist seinem Theater-Engagement bis in den Tod hinein treu geblieben: Er wurde 1792 von einem Attentäter beim Maskenball in der Stockholmer Oper erschossen.

Ab 1840 zog das Bürgertum nach und baute sich eigene dramatische Kulturstätten. Berühmt und beliebt ist vor allem «Mosebacke», allerdings nicht primär wegen der Theatergenüsse. Im benachbarten «Mosebacke-Etablissement» werden Konzerte und Kleinkunst-Vorstellungen veranstaltet, und im Sommer kann man draußen im Restaurant Biergartenstimmung genießen. Außerdem halten viele Hauptstadtbewohner den Blick von Mosebacke für die schönste Aussicht auf die Innenstadt. Doch zurück zu den Bühnen: Um die Jahrhundertwende gründete die Arbeiterbewegung im ganzen Land «Volkshäuser» als Treffpunkte und Aufführungsstätten für das Proletariat. Stockholms

«Folkets Hus» bietet heute besonders Komödien eine Heimstatt, wird mittlerweile allerdings mehr als Kongreßzentrum genutzt.

In den sechziger Jahren entdeckte man in Stockholm «Kultur als Waffe». In der Hauptstadt tat sich eine Vielzahl freier Theatergruppen auf, im Lande bildeten sich Regionalbühnen. Bei der Besinnung auf die Arbeiterkultur und den linken Kampfgeist wurden internationale Trends oft vernachlässigt. Anfang der siebziger Jahre verkündete der Staat das Ziel, mit Hilfe der Kulturpolitik «eine bessere Gesellschaft zu schaffen und zur Gleichheit beizutragen». Behinderte, Senioren und Kinder sollten am Bühnenspaß beteiligt werden. Vor allem letzteres gelang: In Stockholm gibt es das «Vår-Theater», frei übersetzt «Unser eigenes Theater», eine Bewegung, bei der kleine Erwachsene die Bühnen erobern und dabei soziales

Verhalten sowie kreative Entfaltung üben.

Wer kein Schwedisch versteht, für den empfehlen sich vor allem zwei Theater: Folkoperan, die «Volksoper» auf Södermalm, spielt ihre Stücke zwar auch auf Schwedisch, doch die Inszenierungen sind oft witzig in die heutige Zeit umgesetzt, das Bühnenbild und das Spiel mit dem Raum weisen ganz neue Wege in die Welt der Oper. Auch das Marionettentheater, das der Deutsche Michael Meschke gegründet hat, lohnt sich für Erwachsene. Wer nur wenig Zeit hat, kann sich die reiche Puppensammlung aus aller Welt im Puppen-Museum in denselben Räumlichkeiten anschauen.

Wer schwedisches Theater verstehen will, sollte auf den Spielplänen deutscher Bühnen nach Namen wie Lars Norén, Per Olof Enquist oder Lars Gustafsson Ausschau halten. Ihre Bühnenstücke zählen zu den interessantesten und sind in deutschen Theatern teilweise öfter zu sehen als in Schweden selbst.

Das älteste intakte Schloßtheater der Welt – es wurde 1766 eingeweiht – findet man auf Drottningholm. Ansonsten lohnt sich ein Abstecher zu dem Wohnsitz von Königin Silvia vor allem aus zwei Gründen: Wer mit dem Boot von «Stadshuskajen» aus die Tour zur königlichen Residenz unternimmt, sieht unterwegs Stockholm von seiner besten Seite: verlockende Strände, wunderschöne Häuser direkt am Mälaren – es fällt schwer, bei den Zwischenstationen an Bord zu bleiben. Doch auch Schloß Drottningholm umgibt ein naturschönes Gebiet, das zum Wandern einlädt. Wer im Park des Schlosses schlendert, wo erstaunlicherweise nur ein Bruchteil der Besucher hinfindet, kommt mit Sicherheit auch zum «Kina slott», mehreren Rokoko-Gebäuden etwas südöstlich des Parks auf einer leichten Anhöhe. Der kleine Palast mit gewelltem Dach wurde in der jetzigen Form 1763 errichtet und zeugt vom Interesse an China während des 18. Jahrhunderts. Im Inneren findet man chinesische Kunst und europäische Plagiate: Porzellan, gewebte Tapeten, Elfenbeinarbeiten, Gemälde und Holzmosaike. Die Küche im Keller ist zum Café umfunktioniert, besonders empfehlenswert sind Waffeln mit Sahne und Marmelade.

«Grüne Lungen» bietet die Hauptstadt übrigens zur Genüge. Zehntausend Parkbänke laden zum Verweilen ein, meist hat man einen wunderschönen Ausblick über das Wasser, das sich irgendwie irgendwo überall hinschlängelt. Die beliebteste Parkanlage ist am zentralsten gelegen: der Kungsträdgården (Königsgarten) zwischen Hamngatan und dem schicken Café Opera. Auf einer Freilichtbühne finden Konzerte statt oder werden politische Reden geschwungen. Die Stadt lädt zur Frühgymnastik ein – unter fachkundiger Anleitung, versteht sich. Ein überdimensionales Schachspiel läßt ethnische Konflikte vergessen. Hier spielen Kroaten und Serben, Iraner und Iraker, Türken und Kurden, selbst ein Stockholmer ist sich für eine Partie mit einem Göteborger nicht zu schade.

Wer sich ein wenig vom Großstadttrubel erholen möchte, sollte den Kungsträdgården meiden. Es gibt stillere Orte: den Humlegården und Gärdet mit seinem 155 Meter hohen Funk- und Aussichtsturm «Kaknästornet» zum Beispiel oder Djurgården, wo man ausgiebige Spaziergänge mit einem Besuch in einem der vielen Gasthäuser machen kann, die schon dem stadtbekannten Carl Michael Bellman im 18. Jahrhundert zu gefallen schienen.

Kontrastprogramm der Minderheiten

Das Vorort-Syndrom hat auch vor dem Venedig des Nordens nicht haltgemacht. In Rinkeby oder Haninge – dort, wo die Betonburgen in den Himmel wachsen – wohnen in erster Linie die Einwanderer. Die wenigen Schweden, die dort geblieben sind, fühlen sich als Fremde im eigenen Land. Polizeieinsätze rund um die Uhr weisen diese Gegenden als Problemzonen aus. Viel gelernt hat man aus den Fehlern der sechziger und siebziger Jahre nicht. Noch immer wird der Beton kräftig gemischt, funktioniert die Integration der ausländischen Mit-

bürger nicht so, wie es auf dem Papier steht. Nach einer Reihe von brutalen Übergriffen auf Einwanderer haben sich zwar alle bekannten Politiker einmal auf dem «Jahrmarkt der Nationen», wie Rinkeby genannt wird, blicken lassen, doch außer Lippenbekenntnissen über eine geplante Verbesserung der Wohn- und Lebensqualität in diesem Vorort ist man nicht hinausgekommen. Was fehlt, ist ein Konzept zur Integration. Daß es in Rinkeby häufiger als anderswo knallt, darf nicht weiter verwundern, wenn man bedenkt, daß hier Kurden, Türken, Iraner und Iraker direkt nebeneinander wohnen. Die große Politik wird auf lokaler Ebene fortgeführt. Die Schweden, die hier noch wohnen, haben das Dach über dem Kopf meist von der Sozialbehörde zugewiesen bekommen.

Doch es gibt auch eine andere Seite: Viele Stockholmer haben Rinkeby als Einkaufsmekka entdeckt, in dem es Gewürze und Früchte, Gemüse und Teigwaren in einer selten erlebten Vielfalt zu Tiefstpreisen gibt. Und Kemal aus der Osttürkei macht es dem Kunden auch nicht leicht, nein zu sagen: Nach kurzer Kostprobe wird die Wassermelone gekauft. Die Händler, die täglich ihre Stände auf dem zentralen Marktplatz aufbauen, importieren in aller Regel selbst und können deshalb das preistreibende Monopol der drei, vier Lebensmittelgroßhändler in Schweden umgehen. Wer Lust auf einen türkischen Mokka oder ein thailändisches Nudelgericht verspürt, sollte den Weg nach Rinkeby nicht scheuen.

Von ethnischen Problemen und aufkeimendem Rassismus ist in Östermalm im Osten und in Söder-

Multikultureller Markt in Rinkeby

malm im Süden der Innenstadt nicht viel zu spüren. Hier ist man noch unter sich. In «Östermalms saluhall», der Markthalle, decken sich die Gutverdienenden ein. Das sollte niemanden daran hindern, einen Blick hineinzuwerfen. (Für den bescheideneren Geldbeutel gibt es eine zweite Lebensmittelhalle am Hötorget). Es ist ein Fest für Augen und Nase, wenn Händler aus ganz Schweden, aber auch aus dem Orient, aus Afrika und dem Rest der Welt ihre schmackhaften Leckerbissen feilbieten. Was schmeckt, hat seinen Preis – dem Östermalm-Bewohner ist es einerlei. In den alten Bürgerhäusern Östermalms mit ihren vier Meter hohen Decken, den Parkettböden und verzierten Kachelöfen in jedem Zimmer wohnt eh nur der, der es hat. Von ehemaligen Abba-Mitgliedern über den einen oder anderen Minister bis hin zum

Börsenspekulanten: Der neue Geldadel ist hier versammelt. Ein wenig neidisch flaniert der gewöhnliche Besucher über den Strandvägen, die Prachtstraße direkt am Wasser.

Södermalm, im Süden der Stadt, war einst das vollkommene Gegenteil von Östermalm. Hier wohnten die Arbeiter, hier wurde Tag und Nacht geschafft. In der kurzen Freizeit ging es in die Eckkneipe, wo die Sorgen weggespült werden konnten. Nicht erst die radikale Umstellung der Alkoholpolitik machte dem proletarischen Kneipenleben ein Ende. Nach dem Kriege entdeckten nämlich auch die, die keinen Platz in Östermalm fanden, den originellen südlichen Stadtteil. Auf einmal galt es als schick, die Altbauwohnungen der nunmehr vertriebenen Arbeiter zu beziehen. Der oftmals vorhandene Blick auf das Wasser erleich-

211

terte die Wahl. Inzwischen sind die Wohnungen auf Södermalm fast genauso teuer wie im Osten der Stadt.

Bleibt für den Unterkunftssuchenden nur noch einer der vielen etwas abseits gelegenen Stadtteile oder das Hausboot inmitten der City. Am Norrmälarstrand und am Strandvägen liegen die umgebauten Kutter und Schoner. Ein Briefkasten am Kai verrät, daß hier jemand sein ständiges Domizil aufgeschlagen hat. Mietwohnungen sind seit Jahrzehnten sehr selten in Stockholm, und die Eigentumswohnungen haben zumindest im Zentrum die finanzielle Schmerzgrenze für die meisten bei weitem überschritten.

Eingebettet zwischen Mälarsee und Ostsee, oder wie der Stockholmer sagt: zwischen Salz- und Süßwasser, präsentiert sich die Metropole als eine Stadt mit vielen Gesichtern. Der Kurzbesucher bekommt meist nur die Schauseite zu sehen: Die allerdings kann sich wirklich sehen lassen.

Stockholmer Inselparadies

«Så länge skutan kan gå» – solang das Segelschiff noch fuhr, so lang brach Evert Taube (1890 bis 1976), schwedischer Troubadour und Nationalheiliger, regelmäßig mit seiner Holzyacht «Ellionor» Richtung Utö auf. Wegen des guten Essens wollte er immer wiederkommen, und natürlich der schönen Mädchen wegen. Ein kleines, aber feines Paradies, in dem die Zeit stehengeblieben zu sein scheint.

Utö ist nur eine der fast 30 000 Inseln und Inselchen, die der schwedischen Hauptstadt vorgelagert sind. Auch 9000 Jahre nach der letzten Eiszeit ist die nahezu einmalige

Synthese zwischen Land und Meer in dieser Schärenlandschaft erhalten geblieben. Ein Stück fast unberührter Natur, obwohl der Mensch auch auf diesen Außenposten der Zivilisation nichts unversucht gelassen hat, um seine Anwesenheit mit aller Deutlichkeit zu markieren. Ein Besuch in Stockholm mit den Stationen Gamla Stan, Kungsträdgården, Skansen und Wasa-Museum gehört zum Pflichtprogramm eines Schwedenurlaubers, doch einen tieferen Einblick ins Leben der Menschen dieser Stadt bekommt er erst hier draußen: Zu sehr ist der Stockholmer mit «seinen» Schären verwachsen.

An die neue Welt kann man sich auf zwei sehr unterschiedliche Weisen annähern: vom Festland aus mit dem Auto oder besser Fahrrad und dem Fährschiff oder ganz seemännisch mit dem eigenen Boot. Von Stockholm aus gehen etwa fünfzig Fährlinien direkt in diesen Wirrwarr aus Abertausenden Inseln. Ein Streckennetz von 650 Kilometern hilft dem Neugierigen, auch den vorletzten Außenposten zu entdecken. Es ist ein erhabenes Gefühl, wenn der Tag im Sommer den Abschied nicht findet und man an Deck des dampfgetriebenen Fährschiffes «Blidösund» fast lautlos an den Spuren der letzten Eiszeit vorübergleitet. Der Ärger über den sündteuren Wein aus der bordeigenen Gastronomie ist schnell vergessen. Die Sonne hat den Horizont in ein überwältigendes Rot getaucht, vorbei geht die Fahrt an mal kleinen, mal großen, manchmal bewachsenen, häufig kahlen Inseln, glattgeschliffen vom ewigen Wasser – ein jeder dürfte hier ein eigenes, nahezu unberührtes Plätzchen entdecken. Und das, obwohl die Fähr-

Ausflugsdampfer am Riddarfjärden

gesellschaften im Jahr gut anderthalb Millionen Passagiere in die Inselwelt vor Stockholm befördern. Nicht mitgerechnet sind die Besatzungen auf den etwa 170 000 Segel- und Motorbooten, die in diesem Revier kreuzten.

Die Touren mit den Schiffen des «Waxholmsbolaget» führen vom Zentrum Stockholms bis fast in die Außenschären. Fast – denn diese zumeist kahlen Felsengruppen, etwa sechzig Kilometer vom Stadtkern entfernt, sind den stolzen Bootsbesitzern vorbehalten. Hierhin wagt sich nur der Entdeckergeist, einen organisierten Personentransport zu den in aller Regel unbewohnten Felsengruppen gibt es nicht. Ein kleiner Trost für alle Landratten: Auch

die übrigen Schären bezaubern. Zwar kann es passieren, daß man mit einem der etwa 6000 ständig auf den Inseln wohnenden Schweden zusammentrifft, vielleicht gerade, wenn er mit seinem kleinen Holzboot von der abendlichen Fischtour zurückkehrt und eine Makrele anbietet, doch das macht die Sache ja nicht schlechter. Die Inselbewohner versorgen sich mehr schlecht als recht: Landwirtschaft und Fischfang – beides bereitet immer größeres Kopfzerbrechen. Die Agrarpolitik begünstigt nur noch große, vollkommen durchrationalisierte Höfe, und die Meeresverschmutzung hat die einstmals so zahlreichen Fische das Weite suchen lassen. Doch es geht, es muß gehen. Der überwiegende

Teil der ansässigen Schärenbevölkerung kann sich ein Leben bei den Städtern, diesen merkwürdigen Landratten, nicht vorstellen. Ihnen macht es nichts, wenn der Briefträger die Post mit dem Hubschrauber bringt, der Arzt einmal pro Woche und die Bibliothek einmal im Monat per Schiff angetuckert kommt und das mühsam Ersparte an Bord des Bankbootes auf dem Konto gutgeschrieben wird.

Im Sommer durchleben die Schärenbewohner eine gemischte Zeit. Ihre selbstgewählte Einsamkeit wird durch die Invasion der Entdeckungsfreudigen gestört. Doch der Schärenurlauber läßt neben seinem Abfall auch einen Batzen Bares zurück. Das Geschäft mit dem Tourismus ist wichtig und nicht mehr wegzudenken. Dennoch beherrscht es nicht die Szene. Dafür sorgt schon die Schärenstiftung, «Skärgårdsstiftelsen», die einen Großteil der Inseln im staatlichen Auftrag verwaltet und zusieht, daß es überall Mülleimer, Toiletten, bisweilen auch Saunas sowie Übernachtungsmöglichkeiten gibt. Außerdem betreiben die Mitarbeiter der Stiftung praktischen Naturschutz auf den Inseln, indem sie die Einhaltung gewisser Verhaltensregeln überwachen. So ist zum Beispiel der Zutritt zu bestimmten Inseln und Inselgruppen zu gewissen Zeiten untersagt, da dort seltene Vögel nisten oder sich Seehunde tummeln. Diese Gebiete sind besonders gekennzeichnet, Irrtümer so gut wie ausgeschlossen.

Das gleiche gilt für die zahlreichen Militärgebiete in den Stockholmer Schären. Hier haben Ausländer nichts zu suchen: Wer dennoch erwischt wird, muß mit einer empfindlichen Geldstrafe, im schlimmsten Fall sogar mit sofortiger Ausweisung rechnen. Der Fremde wird sich fragen, wo denn in dieser nahezu unberührten Landschaft das Militär den Ernstfall probt. Tatsächlich ist von der Aufrüstung in den Schären kaum etwas zu spüren. Dennoch gibt es sie! Einige Schären sollen mehr oder minder hohl sein, um so Platz für die große U-Boot-Flotte der schwedischen Marine zu schaffen. U-Boote, vor allem fremde, sind übrigens ein Lieblingsthema der schwedischen Presse. Jeden Sommer zur «Saure-Gurken-Zeit» tauchen sie auf – zumindest in den Köpfen einiger Redakteure und aufgescheuchter Militärs. Trotz intensivster Suche, zum Teil unter Einsatz von Waffen, ist es der Marine bislang nicht gelungen, auch nur einen einzigen der Eindringlinge dingfest zu machen. Zwar konnte 1981 ein sowjetisches U-Boot der erstaunten Weltöffentlichkeit präsentiert werden, doch war die U-137 nach einer Kollision mit einer Schäre vor Karlskrona in Südschweden freiwillig aufgetaucht.

Inselspringen

Sanfter Tourismus – in den Schären muß er nicht erst organisiert werden. Wer einen Sommer in dem Inselgewirr verbracht hat, weiß, was gemeint ist: In dieser kargen Umwelt, in der sich Pflänzchen, Moose und Bäume mühsam einen Platz im Gestein errungen haben, wird sich jeder ganz von allein der Verletzbarkeit der Natur bewußt.

Die eingefleischten Schärenfans empfehlen das Inselspringen. Mit einer «Båtluffarkort» für etwa fünf zig Mark kann man ganze sechzehn Tage lang das gesamte Streckennetz der Waxholmsboote abfahren. Wo es einem gefällt, steigt man aus. Die Zeit bekommt eine neue Dimension. Abends auf den Klippen dem Sonnenuntergang zusehen und träumen oder aber die selbstgeräucherte Makrele am Lagerfeuer verzehren (Feuerverbote beachten!) – da wird aus einem ursprünglich geplanten eintägigen Aufenthalt auf Möja schnell eine halbe Woche.

Für das Dach über dem Kopf sorgt entweder das mitgebrachte Zelt oder eine der Jugendherbergen, die es auf den größeren, bewohnten Inseln gibt. Wer etwas mehr investieren will, kann auch versuchen, eines der etwa 40 000 Sommerhäuser zu mieten. Der Abschied von der «eigenen», liebgewordenen Schäre fällt sicher schwer, wenn am Horizont die «Storskär» auftaucht, doch der Schärendampfer wird ein neues, vielleicht noch schöneres Ziel anlaufen.

Wer sein eigener Kapitän ist, für den ist natürlich vieles einfacher: Die Aufenthaltslänge, die Fahrtroute, die Unterbrechungen – alles unterliegt allein der eigenen Entscheidung. Boote gibt es viele in Schweden, manche behaupten sogar, Schweden sei das Land mit den meisten Freizeitbooten pro Einwohner. Das kann schon stimmen, denn immerhin will das «schwarz» verdiente Geld angelegt werden. Viele der Segel- und Motorboote können gechartert werden.

Mit den hervorragenden «Båtsport»-Karten ausgerüstet, kann auch der Schweden-Neuling eine Schärentour bewältigen. Nach ein paar Tagen, an denen man am besten hinter den zumeist ortskundigen Schweden hinterhersegelt, wird man feststellen, daß die Angst vor den «schlafenden» Schären, die nur ganz knapp bis unter die Wasser-

oberfläche reichen, ein wenig übertrieben ist. Die Schweden machen ihrem Ruf als «Kühle aus dem Norden» alle Ehre. Mit einer bewundernswerten Gelassenheit meistern sie so gut wie alle Probleme. Aber auch der Neuling hat die Schweißperlen vom ersten Anlegemanöver mit dem Heckanker in der «eigenen» Bucht schnell vergessen.

Viele Schweden sprechen von den Schären als dem letzten Stück Freiheit, das es zu bewahren gilt. Vielleicht kein falscher Gedanke in einem Land, in dem so gut wie alles organisiert, geregelt und geplant ist. Von den Schären hat sich der Große Bruder bislang ferngehalten. Selbst ein heftig umstrittenes Bootsregister, in dem 1989 alle größeren Freizeitboote registriert wurden, ist auf Geheiß der bürgerlichen Koalitionsregierung wieder abgeschafft worden. Selbst auf Utö, wo die Träume von der Realität eines «zivilisierteren» Lebens wieder eingeholt werden, fühlt man sich immer noch fern der großstädtischen Unruhe. Kein Lärm, kein Gestank, nur kleine kupferrote Häuschen, aus denen Pippi, Karlsson und all die anderen zu gucken scheinen. Und dann diese frischgebackenen Brötchen aus der weit über die Insel hinaus bekannten Bäckerei von Utö! Kein Wunder, daß Evert Taube Jahr für Jahr mit seiner «Ellionor» zu diesem Ziel aufbrach.

Wasser,
Wald
und
Eisen

E in Trip von Dalsland nach Dalarna führt den Urlauber von der oft vergessenen Miniregion Schwedens mit nur einer Stadt zur Sommerkolonie der Deutschen. Zusammen mit Värmland bilden diese Provinzen so etwas wie das Zentrum der Wassersportler. Auffallend viele VW-Busse mit Kanu-Anhängern schlängeln sich durch die Mitte Schwedens, wo Flüsse und Seen inmitten waldreicher Natur nahezu paradiesische Voraussetzungen für Paddelfreunde bieten. Wer sein Abenteuer bequemer haben will, dem bietet sich die Möglichkeit, ein Floß zu bauen oder zu mieten und dann flußabwärts zu treiben – vorbei an Wäldern in verschiedensten Grüntönen, blühenden Wiesen und

216

Unterwegs auf alten Gleisen

kleinen Dörfern. Sogar für Rollstuhlfahrer werden entsprechende Touren angeboten, bei denen man meist auch das Zelt auf dem hölzernen Schwimmgefährt aufschlägt.

Eine andere originelle Fortbewegungsart ist die Fahrt mit der Draisine, dem kleinen Schienenfahrzeug, mit dem früher Eisenbahnarbeiter die Gleise kontrollierten. Während in alten Filmen Draisinenfahrer im-

mer durch herannahende Züge in Angst und Schrecken versetzt werden, muß man sich heutzutage nicht nach dampfenden Ungetümen umschauen: Die Fahrzeuge, die meist per Pedal angetrieben werden und so den Aktivurlauber fit halten, werden nur an stillgelegten Strecken ausgeliehen. Man kann aber auch das dichte Netz an Wanderwegen nutzen, darunter die Strecke, an der

218

die große Rolle, die Flüsse und Seen für den Transport von Waren und Holz spielten. Auf dem Landweg stößt man unweigerlich auf die Rohstoffquelle «Wald» und die Reste der Eisenhüttendistrikte. Außerdem bewegt man sich in der Heimat bekannter Literaten und Maler, kurz: es wird alles geboten – außer Küstenlandschaft.

Blaue Spinnweben

Dalsland heißt wörtlich übersetzt «das Land der Täler». Die Provinz ist, im Verhältnis zu ihrer geringen Fläche, die seenreichste Landschaft Schwedens, die zudem durch erstaunliche Höhenunterschiede zwischen den Gewässern geprägt ist. Die Nachbarschaft zu Norwegen und die Lage westlich des Sees Vänern rückte Dalsland mehrere Male im Lauf der schwedischen Geschichte ins Zentrum des Geschehens. Als Karl XII. 1718 gen Norwegen zog, diente es, wie knapp hundert Jahre später gegen denselben Feind, der militärischen Versorgung.

Der Bergbau hat, wie in Dalarna und Värmland, eine lange Tradition, und die Eisenindustrie sorgte Anfang des 19. Jahrhunderts für eine Blütezeit. Doch mit der Wirtschaftsflaute in der zweiten Hälfte dieses Jahrhunderts kam die große Bergwerkskrise. Die Rettung brachte der Wald. Bereits 1884 wurde in Billingsfors bei Bengtsfors Zellulose hergestellt. Die Bedeutung der Wasserkraft für die entstehende Industrie spiegelt sich in den vielen Orts- und Fabriksnamen wider, die auf -fors, also Fluß oder Strom, enden.

Das Zauberwort in Dalsland heißt allerdings «Kanal». 1868 war die «blaue Spinnwebe», der Dals-

sich im Winter über 10 000 Langläufer in Loipen drängeln, um nach etwas mehr als 85 Kilometern den Wasalauf hinter sich gebracht zu haben. Im Sommer bietet die Trasse ein geruhsameres Naturerlebnis.

Welche Fortbewegungsart man auch wählt, man wird immer Gelegenheit haben, sich zu erholen und das Typische dieser Gegend zu entdecken: Der Wasserweg erinnert an

Spuren des Eisens: Laxarby in Dalsland

lands Kanal, nach vierjähriger Bauzeit fertig. Das Besondere: Nur zehn der 254 Kilometer zwischen den großen und kleinen Seen sind künstliche Wasserstraßen. Mit Hilfe von fünfzehn Schleusen wird die Fahrt in alle Himmelsrichtungen ermöglicht: Südlich endet die natürliche Konstruktion bei Köpmannebro am Vänern, Richtung Norden

und Nordosten geht es nach Värmland zu den Orten Årjäng und Östervallskog, westlich zieht sich Dalslands Kanal bis Otteid in Norwegen und südwestlich bis Ed. Gebaut wurde das wasserführende Netzwerk vor allem, um die Transporte von Norwegen zum Vänern, aber auch innerhalb der Region zu sichern. Dabei schreckte man selbst

vor größten Problemen nicht
zurück: Bei Håverud gab es vor dem
Bau des Dalslands Kanal nur den
Fluß Upperudsälven, der durch die
Kluft zwischen den Seen Åklången
und Upperudhöljen hinabstürzte.
Die beiden Binnengewässer konnten nicht durch normale Schleusen
miteinander verbunden werden, weil
das Gestein zu instabil war. Doch

der Konstrukteur Nils Ericsson kam
auf die pfiffige Lösung: eine 32 Meter lange Brücke mit einer Fahrbahn aus Wasser.

Heute bieten vier Passagierschiffe
Ganztagestouren oder kürzere
Sightseeingfahrten auf dem Kanal
an. Man kann sich auch ein Motor-
oder Segelboot mieten oder ein
Kanu ausleihen. Eine besonders
reizvolle und abwechslungsreiche
Rundreise ermöglicht der Boots-
transport per LKW zum Beispiel
von Nössemark über 25 Kilometer
nach Halden in Norwegen: «Auf
diese Weise kann man die schwedische Westküste, den Fluß Göta älv,
den Vänern und Dalslands Kanal in
relativ kurzer Zeit erleben, und das
gefällt besonders den deutschen Urlaubern», weiß Peter Fromm vom
Fremdenverkehrsbüro in Åmål, und
er gibt den Tip: «Wer sich mit einer
kleinen Wassertour begnügt, sollte
Håverud ins Visier nehmen. Das
Aquädukt ist ohne Übertreibung
noch heute ein echtes Erlebnis.
Schließlich kreuzt dort fünfzig Meter über dem Fluß auch noch einen
Eisenbahn- und Straßenbrücke!»

Urlauber, denen nach Stadtleben
und Wasser gleichzeitig gelüstet,
haben in der Provinz Dalsland nur
eine Möglichkeit: Åmål. Das 10 000-
Einwohner-Städtchen verfügt über
einen kleinen Tierpark, reizvolle
Holzhäuser, einen netten Hafen und
einen idyllischen Stadtpark, vor
allem aber über eine phantastische
Aussicht auf den Vänern.

Floßreiches Värmland

Den nachhaltigsten Eindruck hinterließ früher bei fast allen Urlaubern in Värmland die Masse an
Baumstämmen, die den Klarälven
hinunter geflößt wurde. Doch der

Holztransport wurde immer stärker auf LKW-Räder und Schienen verlegt, und der harte Job der Flößer starb aus. 1991 sammelten sich an den Windungen des aus Norwegen kommenden Flusses zum letztenmal die Baumstämme auf dem Weg zu den Zellstoff-Fabriken. Tausende waren zum Klarälven gekommen, um Abschied zu nehmen von der schwedischen Flößer-Tradition, die so beeindruckende Erinnerungsbilder geliefert hatte. Nun kommen dem Autofahrer und Wanderer am Klarälven Mengen von Touristen-Flößen entgegen, auf denen die Erholungssuchenden im Sonnenstuhl liegen. Holz gibt es weiterhin genug in Värmland: Zwei Drittel der Fläche bestehen aus dichtem Wald, vor allem aus Kiefern und Fichten. Dort tummeln sich etwa 50 000 Elche und seit einigen Jahren – zum Schrecken der Bevölkerung – auch wieder Wölfe.

Malerische Seen, reißende Stromschnellen, tiefe Wälder und bergige Landschaft: Startpunkt einer solchen Tour ist Karlstadt am Vänern-See. Neben dem Friedensmonument, das auf dem Marktplatz dem Munitions- und Garnisons-Image der Stadt trotzt und an die Entlassung Norwegens in die staatliche Eigenständigkeit im Jahre 1905 erinnert, gibt es das obligatorische Värmlands-Museum, den größten Hafen am Vänern, den Dom und Östra bron zu entdecken, eine Steinbrücke, die sich mit zwölf Bögen über den Klarälven spannt. Außerdem bietet sich ein Abstecher zum «Mariebergsskogen» an, einem schönen Naturgebiet mit Minitierpark, Freilichtbühne und Vergnügungspark. Ansonsten wird nicht gerade viel geboten in Karlstadt, und auch die Studenten der Hoch-

schule betonen, hier mache vor allem die wunderbare Umgebung Spaß. Wer Lust hat, ihnen zur Naherholung an flache Ufer und klippige Strände zu folgen, soll die zwei Brücken nach Hammarö, einer 55 Quadratkilometer großen Insel im Vänern, überqueren. Dort gibt es außerdem Gräber aus der Eisen- und Bronzezeit sowie einen tausend Jahre alten Runenstein zu sehen. Ausgeruht geht es nun über Skoghall, wo die «Reichssägeschule» und eine Zellulosefabrik liegen, zur Landstraße 62 und weiter Richtung Munkfors.

Schon bald versteht man, warum die Värmländer im übrigen Schweden als freundliche Traditionalisten gehandelt werden: «Hembygdsmuséer», also Heimatmuseen, hat man aus allem gemacht, was auch nur irgendwie interessant sein könnte. Etwa fünfzig Kilometer stromaufwärts, in Ransäter, wartet zunächst das Herrenhaus Geijersgården, kombiniert mit einem Hüttenbetrieb, das teilweise aus dem 17. Jahrhundert stammt. Hier gedenkt man Erik Gustaf Geijers, des Historikers, Schriftstellers und Notenschreibers deutscher Abstammung, der dort 1783 geboren wurde. Zugegeben, er beschrieb in seinen «Minnen» (Erinnerungen) die Heimat Värmland, doch ansonsten wirkte er eher gesamtschwedisch. Auch dem Musiker F. A. Dahlgren, der ebenfalls hier gewohnt hat, hat man ein Gedenkzimmer eingerichtet. Von ihm stammt das Dialektmusical «Värmlänningarna», das zu Mittsommer nicht nur auf der Freilichtbühne in Ransäter aufgeführt wird und so etwas wie ein musikalisch-literarisches Provinzheiligtum geworden ist. Kleinere Museen in Ransäter widmen sich den Themen

Eisenerz, Wald, Fischerei und Landwirtschaft.

Wer davon noch nicht genug hat, findet in Munkfors unter anderem ein Feuerwehr- und Werkzeugmuseum. Von dort erreicht man über die Landstraße 241 Sunne, den Hauptort am idyllischen, achtzig Kilometer langen Gebilde der Fryken-Seen. Auf dem Friedhof ist Fryxell begraben, der mit dem Volkslied «Ack Värmeland, du sköna» die värmländische Nationalhymne geliefert hat, in der die Fröhlichkeit der Bewohner dieser Provinz gerühmt wird. Zwanzig Kilometer nördlich der Ortschaft, an der Westseite des Fryken, führt ein geteerter Serpentinenweg zu einem Hügel, dem Tossebergsklätten, der einen wunderbaren Ausblick über das malerische Seental bietet. Beim Picknick drängt sich der Verdacht auf, daß die värmländische Kultur im Vergleich zur Natur keine Chance hat.

Über die Landstraße 45 Richtung Süden kommt man zum vierzig Hektar großen Rottnerospark. Der pedantisch aufgeräumte Barockgarten beherbergt etwa hundert Skulpturen skandinavischer Künstler: von den Schweden Carl Milles, Carl Eldh, Christian Eriksson und Eric Grate, dem Dänen Kai Nielsen, den Finnen Wäinö Aaltonen und Jussi Mäntynen sowie dem Norweger Gustav Vigeland. Wie die Busse am Parkplatz zeigen, ist der Park ein begehrtes Ausflugsziel.

Etwa auf gleicher Höhe, aber auf der anderen Seite des Fryken, befindet sich die Geburtsstätte der weltberühmten, literarischen Mutter des kleinen Nils Holgersson, der mit dem Hausgänserich Martin Schweden entdeckt. Dieses Schulbuch hat Selma Lagerlöf allerdings nicht auf Mårbacka geschrieben, denn die Dame mit der Nobelauszeichnung konnte das Haus erst 1907 in den Familienbesitz zurückbringen. Wer ihr Erstlingswerk «Gösta Berling» gelesen oder die Verfilmung gesehen hat, erkennt darin die Fryksdals-Gegend wieder.

Finnland in Schweden

Während die Touristenbroschüre weitere Pilgerorte in Sachen värmländische Literaten oder Troubadoure wie Gustav Fröding, Esaias Tegnér oder Nils Ferlin verspricht und noch mehr Heimatmuseen sowie stillgelegte Eisenhütten anbietet, lockt uns in dieser Gegend eine eigenartige Waldgeschichte – ein Ausflug zu den Finnen, direkt an der norwegischen Grenze. Die «Finnbygder» in der weiteren Umgebung von Lekvattnet an der Landstraße 239 sind Finnensiedlungen, die ab 1580 entstanden. Damals litt die finnische Landbevölkerung unter großer Armut, weshalb 2000 Finnen das Angebot des schwedischen Königs annahmen, bei sechsjähriger Steuerbefreiung die unzugänglichen Waldgegenden Mittelschwedens zu besiedeln und den Boden urbar zu machen. Die einzige Chance der finnischen Gastarbeiter lag in der Brandrodung, wodurch viel Wald in Flammen aufging. Der aschegedüngte Boden diente nur kurz als Getreidefeld, wurde dann für den Anbau von Rüben oder als Weidefläche genutzt und mußte danach lange Jahre brachliegen. Als den Schweden auffiel, daß durch diese Methode das für Kohlenmeiler wertvolle Holz verschwendet wurde, vertrieben sie die Finnen teilweise bereits ab 1630 wieder. Im Einsiedlerhof Ritamäki, oder zu

223

Liebe zur Tradition: die Provinz Dalarna

schwedisch Ritaberg, wird diese Zeit eindrucksvoll dokumentiert. Auf einer kleinen Lichtung mitten im dunklen Wald – nach Ritamäki kommt man von Lekvattnet aus auf einem kleinen Weg zum See Lomsen und ab der Beschilderung nur zu Fuß nach einer Wanderung von einem Kilometer – stehen neben dem Holzhaus die typische Rauchstube, der Stall und Schuppen sowie die Scheune. Man mag fast nicht glauben, daß dieser äußerst bescheidene Hof bis 1965 bewohnt war.

Auf der Landstraße 239 geht es zurück zum Klarälven und dann Richtung Norden den Fluß entlang: Bei Norra Ny stellt sich die Frage, ob man gleich über Malung nach Dalarna wechselt oder zum värmländischen Ausgangspunkt vieler Floß-, Kanu- und Wanderfreunde fährt: In Höljes beginnt der 38 Kilometer lange «Värmlandsleden». Für Wasser- oder Bergwander-Touren gibt es Informationsmaterial bei einem der originellsten Touristenbüros Schwedens im «Finnskoga-Jätten», dem Riesen des Finnenwaldes, einer hölzernen Skulptur von Lasse Kuparinen.

Vorzeigeregion Dalarna

Die Provinz Dalarna ist für Schweden der Inbegriff für bäuerliche Feste, Fiedelklang, Volkstanz, weiße Birken und Idylle à la Carl Larsson oder Anders Zorn – und dieses Bild wird in Touristenprospekten weltweit kräftig gefördert. Tatsächlich findet man in ganz Schweden wohl kaum eine Gegend, in der die Tradition so hochgehalten wird, und das, obwohl in Dalarna seit einem Jahrtausend auch die Industrie eine entscheidende Rolle spielt. Ein Nebenprodukt der Erzgrube in Falun lie-

ferte denn auch ein farbliches Symbol für die heile schwedische Welt: das Kupferrot, in dem die Holzhäuser meist gestrichen sind. Dalarna ist – im Vergleich zur Einwohnerzahl – die touristenreichste Provinz des Landes, in der die Urlaubsanbieter ein bemerkenswertes Geschick im Umgang mit Erholungssuchenden zeigen. Doch die Bewahrung alter Traditionen entspringt weniger der Suche nach touristischen Einnahmequellen als dem Bedürfnis, die alten Werte gerade deshalb am Leben zu erhalten, weil der industrielle Fortschritt so allgegenwärtig war und teilweise immer noch ist.

Malung ist das schwedische Zentrum der Lederindustrie. Neben einer Ausstellung, die den historischen Verlauf des Handwerks beschreibt, steigt hier jedes Jahr um Mittsommer das volkstümliche «Lederspiel» namens «Der wunderbare Pelz». Eines der längsten Wildwasser-Rennen für Kanuten wird ebenfalls nach dem Haupterwerbszweig «Skinnarrännet», das Lederrennen, genannt. Selbstverständlich dreht sich auch in Dalarna das Brauchtum meist ums Wasser, seien es die tiefblauen Seen oder der Dalälven, der mit seinen zwei Läufen Schwedens längster Fluß ist. Im etwa vierzig Kilometer entfernten Vansbro zum Beispiel treffen sich alle Jahre wieder über 2000 Wasserratten zum «größten Schwimmwettbewerb der Welt». Am westlichen Arm des Dalälven und im Flüßchen Vanån geht es Anfang Juli über drei Kilometer Distanz unter sechs Brücken hindurch darum, welcher Schwimmer dem Anblick der reizvollen Natur am besten widerstehen und sich aufs Vorwärtskommen konzentrieren kann.

Die Kirche in Sundborn

Wer zu Lande den Süden der Provinz mit seinem lieblichen Bergland, den verträumten Seen und romantischen Tälern entdecken will, sollte sich zunächst zu den «Malingarna» an der Landstraße 247 nördlich von Grangärde vortasten und das zerklüftete Naturgebilde aus schmalen Seen und Landzungen genießen. Danach geht es via Ludvika auf der Landstraße 65 nach Söderbärke und rechts ab bis Malingsbo. Fast ausschließlich schwedische Touristen tummeln sich in dieser Gegend. Der Stockholmer Göran Larsson zum Beispiel macht sich jedes Jahr in den Sommerferien mit Wohnwagen und Familie dorthin auf – der Natur und Ruhe wegen, schließlich findet man dort mit 50 000 Hektar Schwedens größtes Naturschutzgebiet. Angeln, baden, Pilze sammeln und Beeren pflücken – so verbringt man die Wochen. «Aber es sind auch die Leute, die uns faszinieren. Man lebt in Dalarna einfach streßfreier, die Menschen sind offener, fröhlicher und immer hilfsbereit, auch wenn das manchmal an Neugierde grenzt.»

In Hedemora, Dalarnas ältester Stadt an der Fernverkehrsstraße 70, fasziniert neben dem lieblichen Stadtbild im Zentrum «Teaterladan», ein 1820 gebautes Getreidemagazin, das gleichzeitig als Bühne diente. Der Theatersalon ist gut erhalten, und wer im Touristenbüro nachfragt, bekommt eine sachkundige Führung. «Garpenbergs gruvkapell», zwölf Kilometer östlich von Hedemora, geht auf die Deutschen, «Garpar» genannt, zurück, die hier Ende des 14. Jahrhunderts Eisenerz entdeckten und die Vorkommen erschlossen. Die Grubenkapelle, Schwedens einzig bewahrte, stammt aus dem 17. Jahrhundert und beherbergt auch ein kleines Grubenmuseum. Schon der Anblick der freistehenden, turmähnlichen Holzkapelle in Falunrot ist überraschend. Wer einen Blick hineinwerfen will, holt

Larssons Bild der Kirche

sich den Schlüssel in Hedemoras Touristenbüro. Ehrliches Dalarna!

Warum Dalarna die wichtigste Stütze der schwedischen Großmacht und das Zentrum des Militärs war, versteht man bei der nächsten Station, der ersten Industriestadt des Landes. In Falun entstand 1248 die älteste Grubengesellschaft der Welt, Stora Kopparberg, die noch immer zu den großen Unternehmen Schwedens gehört. In der ersten Hälfte des 17. Jahrhunderts wurde der Weltkupferbedarf zu zwei Dritteln von Falun aus gedeckt, später bereiteten mehrere Grubeneinstürze (1687, 1833 und 1876) der enormen Bedeutung von Stora Kopparberg ein Ende. Der durch diese Katastrophen entstandene Schlund von 100 Metern Tiefe, 220 Metern Breite und 380 Metern Länge bildet den heutigen Tagbruch «Stora Stöten». Kupfer findet sich kaum noch, doch Eisenerz wird mehr als je zuvor gefördert. Außerdem ist das Riesenloch eine Touristenattraktion, genau wie einige alte Bergwerksschächte, in denen bei Führungen erklärt wird, wie der Erzabbau früher ablief.

Tradition am Siljan

Langsam bewegen wir uns auf die Touristengegend am See Siljan zu. Ein erster übervölkerter Vorbote ist Sundborn, vierzehn Kilometer nordöstlich von Falun. Dort steht das falunrote Haus, in dem Carl Larsson lebte und malte. Wer den Willkommensgruß «Sei willkommen lieber Du, zu Carl Larsson und seiner Fru» befolgen will, sollte das entweder gleich im Mai oder erst im September tun. Zu achten ist auf die meist unterschätzte künstlerische Leistung in Karin Larssons Textilarbeiten. Sie hatte an der Stockholmer Kunstakademie studiert und wurde durch die Ehe zur privaten Innenarchitektin in Sundborn.

Die Landstraße 80 führt direkt

zur vielbesungenen und vielbesuchten Schönheit der Siljan-See-Region. Kilometerlange Strände und viel Wasser, dazu ein Netz von Wander- und Radwegen fordern zu Freizeitaktivitäten auf. Am Mittsommertag ist die ganze Gegend im feucht-fröhlichen Festrausch vereint. Jeden Sommer wird in den Seeortschaften «Musik am Siljan» organisiert, ein Volksmusikfestival, das seinesgleichen sucht. Allein in Bingsjö nördlich von Rättvik treffen sich Anfang Juli über 20 000 Musikanten, deren Angehörige und ganz normale Zuschauer beim Danielsgården zu einem Mammut-Konzert. Von Mittsommer bis August rudern Kirchenbesucher in Trachten zum Gottesdienst. Beim Wettrennen von Västanvik bis Leksand ermitteln Bootsmannschaften mit jeweils zehn Ruderern oder Ruderinnen das schnellste Team, wobei die Gaudi im Vordergrund steht: Gerudert wird in Trachten statt aerodynamischem Sportdress. Das Kräftemessen der mit Laub und Fähnchen geschmückten, fast neunzehn Meter langen Kirchboote geht auf die Zeit zurück, als diese Fortbewegungsart noch die schnellste war und die Gottesdienstbesucher nach der Predigt in Windeseile nach Hause wollten. Originell ist in Leksand auch alle Jahre wieder das Schauspiel «Himlaspelet», Untertitel: «Ein Spiel vom Weg, der zum Himmel führt». Das Rune-Lindström-Stück wird ganz im Dalarna-Trachten-Stil inszeniert – da macht man auch vor dem lieben Gott nicht halt.

In Nusnäs trifft man auf die bekanntesten Pferde Schwedens, denn dort werden die Nationalsouvenirs in allen erdenklichen Größen hergestellt – vom Taschenformat bis hin zu «reitfähigen» Ungetümen. Man

kann zusehen, wie die Dala-Pferdchen geschnitzt, lackiert und von Hand bemalt werden, und sich die Abende vorstellen, an denen die müden Holzfäller ihre treuen, vierbeinigen Arbeitskameraden zunächst als Spielzeuge für ihre Kinder schnitzten. Erst im 19. Jahrhundert wurden die Pferdchen mit Motiven geschmückt, die Trachten und Wandmalereien abgeguckt waren, und dienten zeitweise den fliegenden Händlern als Zahlungsmittel für Essen und Unterkunft.

Auch in Mora gibt es eine typische Handwerksware: das Mora-Messer, das mittlerweile allerdings industriell hergestellt wird. Ansonsten bestimmen zwei Namen den Ort: Gustav Wasa und Anders Zorn. Zorn wurde 1860 in Mora geboren und hat mit seiner Kunst die «Dalkullorna», wie die Mädchen und jungen Frauen dieser Gegend genannt werden, am natürlichsten, also nackt, in der ganzen Welt bekannt gemacht. Zorngården, der Hof der Zorn-Familie, ist etwas weniger frequentiert als Larssons Sundborn. Dort im 1939 eröffneten Zorn-Museum kann sich, wer will, an den gemalten Naturschilderungen und dem Dalarna-Alltag in Öl ergötzen.

Auf den Spuren Gustav Wasas bietet sich von Mora aus die Möglichkeit, Geschichte, Sport und Natur zu vereinen. 1434 hatte ein Aufstand von Bauern und Handwerkern aus Dalarna unter der Führung des Bergwerksmeisters Engelbrekt Engelbrektsson für eine erste Schwächung des dänemarkfreundlichen Hochadels gesorgt. Deshalb war es nur logisch, daß der junge Gustav Eriksson Wasa 1520, nach dem Massaker von Stockholm, nach Dalarna floh, um sich Unterstützung im Kampf für die Befreiung Schwedens von Dänemark zu holen. Doch die sonst so tapferen Männer aus Dalarna zögerten diesmal. Alles Reden und Flehen wollte nichts helfen, und so zog Gustav enttäuscht auf seinem einen Ski ab, den er mit dem anderen Fuß zwar schnell anschob, aber Gott sei Dank nicht schnell genug. Die Darlkarlar hatten sich zu guter Letzt auf dem Marktplatz von Mora doch noch besonnen und schickten ihm zwei der ihren nach, die ihn tatsächlich bei Sälen einholten. Der Aufstand gelang, Christian II. von Dänemark mußte seinen Hut nehmen.

Auf diese Geschichte gründet sich der Wasalauf, der allerdings verkehrt herum gelaufen wird: von Sälen nach Mora. Man kann den Lauf auch im Sommer auf dem Wanderweg absolvieren. Nach dem Start in Sälen geht es etwa fünf Kilometer bergauf, dann an den malerischen Seen Versjön und Smågan vorbei. Bis Mångsbodarna passiert der Wanderer weitgestreckte, sumpfige Felder, doch wo es zu feucht wird, wurde der Weg auf die nahe gelegenen Bergrücken verlegt. Nach etwa sechzehn Kilometern gelangt man zum höchsten Punkt der Wasastrecke: Auf 540 Meter über dem Meeresspiegel bietet sich in Mångsbodarna ein langes Auspusten an. Danach geht es zunächst etwas bergab, doch dann kämpft man gegen eine geringe, aber lange Steigung bis Risberg. Die nächste Station heißt Evertsberg, der Weg dorthin führt meist durch den Wald. Zur Belohnung für ausdauerndes Wandern findet man in dem größeren Dorf einige Geschäfte. Jetzt liegen nur noch 45 Kilometer vor einem. Der Weg nach Oxberg verläuft

endlich wieder leicht bergab, und auf der Route nach Mora wandert man parallel zum Dalälven meist durch Wälder oder über die Heide. Wer diese Strecke voller frischer Luft und einmaligen Ausblicken an einem Tag hinter sich bringen will, hat vermutlich seine Kondition überschätzt, ganz sicher aber den Sinn des Ganzen mißverstanden. Vier bis fünf Tage sollten für eine gemütliche Tour eingeplant werden. Zum Übernachten gibt es mehrere Holzhütten direkt an der Strecke.

Ab ins Gebirge

Wer es wilder mag und weniger besucht, der findet im Norden Dalarnas eine Landschaft mit Urwäldern, Mooren, Bergklippen, Wasserfällen, reißenden Strömen und klaren Bächen. Obwohl auch hier Wandertouren, Schlauchboot- und Kanufahrten durch Stromschnellen, Elch- und Bibersafaris sowie Angelgewässer locken, ist die Gebirgsgegend ein guter Tip für Urlauber, die Einsamkeit in freier Natur suchen. Bei Fulufjället empfiehlt sich ein drei Kilometer langer Pfad zu Njupeskärs Wasserfall, mit 125 Metern der höchste Schwedens. Idrefjäll gehört zwar zu Skandinaviens größten Freizeitanlagen mit Holzhütten, Restaurant und Swimmingpool unter freiem Himmel – doch die Gegend ist nur im Winter von alpinen Skiläufern etwas überlaufen. Långfjället ist der höchste Gebirgszug Schwedens, der nahe Grövelsjön der einzige typische Gebirgssee in Dalarna. Wem vom vielen Wandern schon die Schuhsohlen durchgewetzt sind, der kann auf der Strecke von Idre zum Grövelsjö auch per Auto ein echtes Naturerlebnis hinter sich bringen.

Der

endlos

weite

Norden

Das Seensystem Hornavan-Udde-
jaure-Storavan zieht sich über
hundert Kilometer von Westen
nach Osten. Das Wasser des
Flusses Skellefteälven wird darin
gebremst, und im Spätherbst erstarrt es vor Kälte. Anfang Oktober
ist das Eis auf dem Hornavan noch
dünn, aber die zerbrechliche Spie-
gelfläche nimmt langsam festere
Formen an. Die 1500 Einwohner
der nordschwedischen Gemeinde
Arjeplog können aufatmen: Das

Winterhalbjahr dauert hier tatsächlich ganze sechs Monate, und die klirrende Kälte zieht zahlungskräftige Gäste an. Europas Autotester sind auf dem Weg, die gewinnbringende Saison geht an den Start. Während in den Sommermonaten die Wölfe heulen, erledigen das im Winter die Motoren wirklich neuer Schlitten. Ob BMW oder Jaguar, Mercedes oder Opel – hier sind die Autos ihrer Zeit voraus. Die Autofabrikanten bringen mehr ein als Eisenerz und Tourismus zusammen. In Charterflugzeugen landen Hunderte von Technikern, um neue Entwicklungen zu testen. Die ganze Wintersaison über sind Hotels wie «Silverhatten» von Testfahrern, Mechanikern und Ingenieuren belagert. Wer neben diesen Motorhelden ein Zimmer buchen will, darf das erst nach Genehmigung der Automobilhersteller. Das abgelegene Gebiet ganz oben im Norden wurde auch ausgesucht, um Industriespione auf Distanz zu halten.

Seit Beginn der achtziger Jahre sind die Gäste aus Mitteleuropa ein normales Bild im winterlichen Alltag geworden. Mehrere Automobilhersteller haben viele Millionen in feste Testanlagen investiert, wobei die computerisierte Kommunikation über das nahe gelegene Raumfahrtzentrum in Kiruna via Satellit besorgt wird. Sogar südländische Motortüftler fühlen sich langsam fast wie zu Hause: Pizzen und Nudelgerichte gehören zum Standard des lokalen Restaurantgewerbes. Mittlerweile ist achtzig Kilometer unterhalb des Polarkreises ein internationales Technologie-Zentrum der Autoindustrie entstanden, das sogar seine eigene Zeitung hat: die «Arjeplog Times». Das vierseitige Blatt in englisch wird von der Gemeinde bezahlt und liegt jeden Freitag gratis aus: Veranstaltungshinweise und Sporttips, Klatsch, kleine Schwedischkurse und Interviews mit Neulingen oder Oldtimern im Busineß werden geboten – und natürlich Storys mit «human touch». Schließlich wird die Zeit lang, das Bier ist teuer, und an Abwechslung gibt es nicht allzuviel in der endlosen Weite des Nordens, auch wenn ins örtliche Kabelnetz unter anderem deutsche Fernseh-Programme eingespeichert sind.

Republik Norrbotten?

Die internationale Wintergemeinde liegt nicht nur für die Manager der Automobilindustrie am Ende der Welt. Für die meisten Schweden beginnt die Einsamkeit des Nordens bereits dort, wo rein geographisch gerade mal der südliche Teil des Landes aufhört: «Gleich nördlich von Stockholm fängt die Taiga an.» Dieser beliebte Scherz im städtedichten Südschweden ist symptomatisch. In den einsamen Wäldern erholen sich die Politiker gerne beim Wandern, aber beim Stichwort «infrastrukturelle Verbesserungen» wird gepaßt. Studien gibt es zu Hunderten, doch konkret ist für eine engere Anbindung des Nordens wenig geschehen. Die jungen Leute wandern schnellstmöglich nach Süden ab, vor allem nach Stockholm. Daran haben auch die Hochschulreformen der Sozialdemokraten nichts ändern können: Zwar finden sich erstaunlich viele Fachhochschulen und Unis in nördlichen Gefilden, nur das hilft wenig, wenn es nach der Ausbildung keine Jobs gibt.

Allein die drei nördlichsten Provinzen sind über 150 000 Quadratkilometer groß, eine Fläche, die Platz

Rapadalen im Sarek-Nationalpark

für Bayern, Baden-Württemberg, Hessen und Nordrhein-Westfalen böte. In diesem Riesengebiet wohnt nicht einmal eine halbe Million Menschen, durchschnittlich sieben Einwohner pro Quadratkilometer. Zum Vergleich: In Skåne «drängen» sich 96 Schweden auf derselben Fläche und in Södermanland mit Stockholm sogar 119. In Lappland, Norrbotten und Västerbotten leben knapp sechs Prozent der Bevölkerung, also nur ein Bruchteil der Wähler. Die Politiker kümmern sich – in Schweden genau wie anderswo – nur um das Ergebnis der nächsten Wahl. Um Druck zu machen, hat sich 1992 im nördlichsten Regierungsbezirk die «Norrbottenparti», die Norrbotten-Partei, gebildet. Rechts und links im politischen Parteienspektrum haben sich zusammengetan und fordern, daß die Ressourcen wie Wald, Eisenerz und Wasserkraft in die Regie des Nordens übergehen. Bislang fließen die Gewinne aus den reichen Naturvorkommen überwiegend in den Süden ab.

Eine möglichst große Eigenständigkeit wird angestrebt, im Notfall soll sogar eine Volksabstimmung darüber entscheiden, ob man eine eigene Republik bildet. Nicht alle Mitglieder sehen die separatistische Idee als Notlösung. Anstatt mehr Mitbestimmungsrechte im eigenen Land zu fordern, warnen manche vor dem EG-Beitritt des Landes, weil dann wieder der Faschismus über Europa hereinbreche. Typischer für die neue Partei ist aber die sympathische Mentalität der Nordschweden, die nichts mit der Geschäftigkeit im Süden zu tun hat. Zeit bedeutet nichts im Norden, Geduld dagegen viel. Gelassene Anpassungsbereitschaft garantiert das

Überleben. Die Menschen in Nordschweden sind im allgemeinen gutmütige Naturenthusiasten, sie haben Zeit, ihre eigenen Lebensphilosophien zu entwickeln oder anderen zu helfen. In aller Ruhe denkt man sich aus, wie die Zukunft gemeistert werden kann, und ist auf diese Weise der «Zivilisation» oft einige Schritte voraus. Aber auch Extreme stoßen im Norden zusammen, uralte Traditionen und High Tech, endlose Einsamkeit und moderne Produktionsweisen.

Vorboten des hohen Nordens

Die drei Provinzen Hälsingland, Härjedalen und Medelpad werden von Stockholmern ganz selbstverständlich zu Nordschweden gerechnet, während die Bewohner Lapplands diese Zuteilung lachhaft finden. Tatsächlich gehören die drei Provinzen noch nicht richtig zu Nordschweden, andererseits fühlen sich die Menschen dort nicht mehr als Mittelschweden. Die Flüsse geben ihnen recht: Der hohe Norden ist durch neun blaue Stränge gekennzeichnet, die sich von Norwegen und dem Gebirge her Richtung Botenvik und Bottensee schlängeln. Der südlichste von ihnen, Ljusnan, hat seinen Weg durch Härjedalen und Hälsingland gebahnt, Ljungan und Indalsälven fließen auch durch Medelpad. Alle drei Provinzen leben vor allem von Waldwirtschaft und holzverarbeitender Industrie. «Außer der Natur muß man da nichts wirklich unbedingt erleben», urteilt der Journalist Hans Berg, der selbst aus Järvsö in Hälsingland stammt. Bollnäs und auch Ljusdal sind zwar reizende Städtchen, und die Landschaft ist etwas schroffer als in Mittelschweden – doch neben dem Besuch schöner, alter Kirchen, gut erhaltener Bauernhöfe aus dem 17. Jahrhundert oder einiger Heimatmuseen ist vor allem Erholung irgendwo am Flußlauf des Ljusnan angesagt.

In Medelpad sieht es ähnlich aus, wobei die Gegend um Sundsvall und Timrå vom Zellstoff-Riesen SCA bestimmt wird, von dem auch die meisten Zeitungen oder Zeitschriften in Deutschland ihr Papier beziehen. Ein paar Kilometer nördlich von Timrå klärt das «Älvens hus», das «Flußhaus», über Bergeforsens Wasserkraftwerk auf. Gleich neben der E 4 werden die Wassermassen des Indalsälven in einem sechzig Kilometer langen «See» gesammelt und stürzen bei Bergeforsen 23 Meter in die Tiefe – nur eines der vielen Wasserkraftwerke, die in Nordschweden Energie gewinnen. Wer weniger auf Technik, dafür aber mehr auf Fisch steht, sollte ebenfalls haltmachen. Jedes Jahr wird aus der größten Lachsaufzucht Europas Laich im Fluß ausgesetzt, aus dem um die 350 000 Lachse entstehen können. Im dazugehörenden Aquarium entdeckt man Lachse, die größer sind, als Angler sie sich träumen können. In Österström an der Landstraße 320 wartet das wassergetriebene Pavillon-Karoussell am See Holmsjön, das ob seiner permanenten Drehbewegung im Volksmund «Konjakersatz» genannt wird. Der Pavillon ist allerdings nur eine Kopie des originellen Karoussells von 1880, das ursprünglich in Östanbäck auf der anderen Seite des Sees gestanden hatte.

Härjedalen im Westen ist ebenfalls so etwas wie ein Vorbote des hohen Nordens: An der Grenze zu Norwegen findet man bereits Gebirge bis 1800 Meter Höhe. Die gut

ausgeschilderten Wanderwege des Helagstjaller zum Beispiel können ein perfektes Trainingsprogramm für den «Ernstfall» in Lappland bieten. Die Berggipfel spiegeln sich in den klaren Gebirgsseen, und wer Glück hat, entdeckt hier auch die ersten Rentiere. Der traditionelle Erwerbszweig der Sami ist in diesem Gebiet allerdings stark beeinträchtigt worden, die Zivilisation ist einfach noch zu nahe. Rechtzeitig erkannt haben die Schweden die Nachteile menschlicher Eingriffe bei Sånfjället, einem Gebirgsmassiv, das isoliert inmitten von riesigen Waldgebieten liegt. Wer von Hedeviken aus auf der Landstraße 84 Richtung Nyvallen steuert, sieht den 1278 Meter hohen Gipfel schon von weitem. 1910 wurde das Gebiet zum Nationalpark, vor allem um die Bären zu schützen, die vom Aussterben bedroht waren. Mittlerweile bietet Sånfjället den südlichsten Bärenstämmen des Landes eine sichere Heimat.

Überlebenstraining im Norden

Ab Jämtland im Westen und Ångermanland im Osten ist es soweit: Auf den Flüssen werden Wildwasserfahrten im Schlauchboot, im Wald Überlebenstraining und an Felswänden Kletterkurse angeboten: Nordschweden hat nun definitiv begonnen. Das Netz der Wasserkraftwerke wird dichter, und die Nächte sind extrem kurz.

Am See Storsjö sind die Bewohner fest von ihrem eigenen «Loch-Ness-Monster» überzeugt. Bereits 1635 wurde in Östersund ein echtes Seeungeheuer gesichtet, und es gibt Karten zu kaufen, auf denen alle Plätze vermerkt sind, an denen das Ungetüm in der Folgezeit je gesehen wurde. Gleichviel befindet man sich in einem der touristisch besterschlossenen Gebiete des Landes. Ob Sommer oder Winter, es ist immer etwas los. Bei Åre ist das alpine Skizentrum Schwedens. Ungeachtet der vielen Lifte ist der Skilauf in Jämtland im Vergleich zum Massengedränge in den deutschen oder österreichischen Alpen eine einsame Angelegenheit. Auch für Freunde der Jagd ist die Provinz ergiebig. Das war schon immer so: Nirgendwo anders gibt es eine so große Anzahl alter Fanggruben für Elche, mitunter stammen sie bereits aus der Steinzeit.

Ebenfalls charakteristisch für Jämtland sind die zahlreichen gewaltigen Wasserfälle. Besonders faszinierend ist «Döda fallet», wörtlich: der tote Fall. Im Ragundatal, etwa vierzig Kilometer westlich von Sollefteå an der Landstraße 87, bietet sich uns dieser ungewöhnliche Anblick. Die Vorgeschichte: 1796 war die Flut des Indalsälven durch die Frühjahrsschmelze so schnell gestiegen, daß der Ragunda-See überquoll. Die Wassermassen bahnten sich den Weg über einen benachbarten Kanal, und der gesamte See geriet innerhalb von vier Stunden ins Abseits des Flußbettes. Das galt auch für Storforsen, die 35 Meter hohe Stromschnelle hinter dem See. Beide waren von der Natur trockengelegt worden, das Rauschen war für immer verschwunden. Zurück blieb «Döda fallet», eine Rinne mit gewaltigen Felsbrocken, die sich wie ein Denkmal der Naturgewalten durch eine Waldschneise den Hang hinabzieht.

An «Höga kusten», der «hohen Küste» zur Bottensee in Ångermanland, drängen die Felsen ab Härnösand Richtung Norden besonders dramatisch ins Meer. Das Ergebnis ist über 130 Kilometer ein Gemenge aus Furcht einjagenden Steilküsten, lieblichen Tälern und Inselchen, die wie abgesplitterte Felsbrocken im Wasser liegen. In Nordingrå, dem Herz dieser abwechslungsreichen Küste voller Naturerlebnisse, zeugen die alten Fischerhütten von der früheren Einkunftsquelle Nummer eins. Noch heute ist die Gegend das Zentrum der nordländischen Fischspezialität, des «surströmming», einer Art Sauerhering, der in Dosen gärt und beim Essen gottserbärmlich stinkt. Wer Ende August an der Hohen Küste Urlaub macht, wird um diese Spezialität kaum herumkommen. Denn dann werden die «frischen» Sauerheringe der neuen Dosengeneration geöffnet. Bei dem 75 Meter hoch gelegenen Leuchtturm auf der kleinen Insel Högbonden vor dem Hafen von Bönhamn finden wir eine Jugendherberge, von der aus man die unglaublich schöne Gegend in einer Vielzahl von Blaustufen die ganze Nacht genießen kann. Weiter nördlich, auf dem Festland, liegt der Skuleberget, der mit fast 300 Meter Höhe einen weiten Ausblick auf das Meer gewährt. Per Seilbahn kommt man zum Gipfel des Felsmassivs, das etwa zwei Kilometer nordöstlich von Docksta direkt an der E 4 liegt.

In Lunde bei Kramfors läßt sich ein tragischer Abschnitt schwedischer Arbeitergeschichte ins Bewußtsein rufen. Im Mai 1931 waren wegen der miesen Bedingungen in den Holz- und Sägwerksindustrien in der ganzen Gegend Streiks ausgebrochen, die nach damaligem Gesetz «wild» waren. Bei Lunde eröffnete das Militär das Feuer auf einen friedlichen Demonstrationszug, wobei es fünf Tote und mehrere Verletzte gab. Das Monument «Ådalen 31» von Lenny Clarhäll wurde erst fünfzig Jahre später eingeweiht, aber immerhin. So wie jeder Schwede den für dieses Land einzigartigen Zusammenstoß kennt, so ist das Denkmal mittlerweile ebenfalls jedem ein Begriff.

Wasserkraft-Korsett

Vindeln heißt unsere nächste Station. Der Ort liegt fünfzig Kilometer nordwestlich der västerbottnischen Industrie-, Uni- und Militärstadt Umeå an der Landstraße 363. Dort treffen zwei Flüsse mit unterschiedlichem Schicksal zusammen. Der Vindelälven ist einer der vier Flüsse Nordschwedens, die nicht mit Kraftwerken verbaut worden sind und nach einem Parlamentsbeschluß von 1970 auch davor bewahrt bleiben sollen. Der Umeälven dagegen ist in ein Korsett von siebzehn Wasserkraftwerken gezwängt worden, samt Staustufen, Betonschluchten und Begradigungen. Deshalb folgt man besser dem oberen Arm der blauen Verzweigung: 64 Kilometer nordwestlich von Vindeln, weiter an der Landstraße 363 bei Mårdseleforsen, fällt der Fluß auf zwei Kilometern Länge um siebzehn Meter, wobei die Wasserpassagen gleichzeitig mächtig und eng erscheinen. Die Stromschnelle besteht aus verschiedenen kleinen Rinnen und einer merkwürdig anmutenden Insellandschaft. Brücken verbinden die phantasieanregenden Formen, riesigen Höhlen und glattgeschliffenen Felsvorsprünge, so daß der Wanderer mitten im ungezähmten Brausen des Flusses auf Entdeckungsreise gehen kann.

Eine geruhsame und einzigartige Beobachtungsreise bietet sich, wenn man nach einem kurzen Stück auf der Landstraße 363 zur 365 Richtung Norsjö wechselt. Zwischen Örträsk und Mensträsk verkehrt die längste Seilbahn der Welt. In etwas über zwei Stunden legt man dreizehn Kilometer zurück, hat wirklich Zeit, die Natur zu genießen, die unter einem vorbeigleitet: Wälder, Seen, Sumpfgebiete und – mit ein wenig Glück – auch der eine oder andere Elch. Dieser Abschnitt ist nur ein kurzes Stück der ursprünglich 96 Kilometer langen Strecke, die 1942 zwischen der Grube in Kristineberg und Boliden gebaut wurde. 1987 ging die Boliden AB dann aber doch zum LKW-Transport über, und kluge Touristik-Planer kamen auf das bequeme Västerbotten-Natureseeing-Angebot.

Silberspur zu den Sami

Viele Sommertouristen ahnen nichts vom Trubel, den Automobil-Spezialisten in der kalten Jahreszeit in Arjeplog und Arvidsjaur veranstalten. Sie sind dem sogenannten «Silvervägen» auf der Spur, der Silberstraße, die sich von Skellefteå am Bottnischen Meerbusen bis nach Kuoletisjaure an der norwegischen Grenze schlängelt. Im 17. Jahrhundert wurde in Nasafjälls Silbergrube nach dem Edelmetall gesucht. Die Transporte zwischen der Grube und Piteå gingen großteils über das Seensystem Hornavan-Uddjaure-Storavan und passierten so Arjeplog, wo man auf eine glänzende Zukunft hoffte. Der Ort war schon in der Steinzeit ein Handelsplatz gewesen. Nun sorgten zudem norwegische Händler mit Waren wie Fisch, Fleisch, Fellen und Waffen für Aufschwung. Wie sich das Ganze entwickelt hat, erklärt eine aktuelle

Das Fangen der Rentiere

Zahl: Heute hat in der Gemeinde an der Landstraße 95 jeder Bewohner durchschnittlich drei Quadratkilometer für sich allein.

Zu Beginn unseres Jahrhunderts nahm sich Einar Wallquist der Krankheiten der Urbevölkerung an. Die Sami hatten in dieser Gegend einen gewissen Wohlstand erreicht, und wenn Wallquist einem der ihren die Gesundheit zurückgegeben hatte, dankten sie dem Landarzt mit silbernen Schmuckstücken. Der «Lappendoktor» interessierte sich immer mehr für diese ethnische Minderheit und kritisierte immer stärker in Büchern, wie die Schweden diese ursprüngliche Kultur verdrängten. Das «Silbermuseum» in Arjeplog, 1965 in einer ehemaligen Nomadenschule eingerichtet, zeigt Wallquists einzigartige Sammlung zur Vergangenheit und Kultur der Sami. Es beherbergt neben wertvollen Silbergegenständen und alltäglichem Gerät auch ein Archiv mit rund 5000 alten Fotografien.

Der Ort Arvidsjaur wurde 1605 von König Karl IX. als Zentrum «zur Christianisierung der Lappen» auserkoren. Diesem Zweck dienten mehrere hölzerne Gotteshäuser, die sich auf dem Kirchplatz etwa einen Kilometer westlich des Ortes abgelöst haben. Interessant ist die als «Freilichtmuseum» deklarierte Samistadt, wo 29 «kåtor», Samizelte aus Holz, und 52 «härbren», Vorratshäuser auf hohen Stelzen, zu sehen sind. Ursprünglich war die Kote der Sami oben offen, damit der Rauch abziehen konnte, die hohen Sockel der Vorratsbuden schützten vor den Raubzügen hungriger Tiere. Noch heute wird das Dorf an Feiertagen als Übernachtungsstätte ge-

238

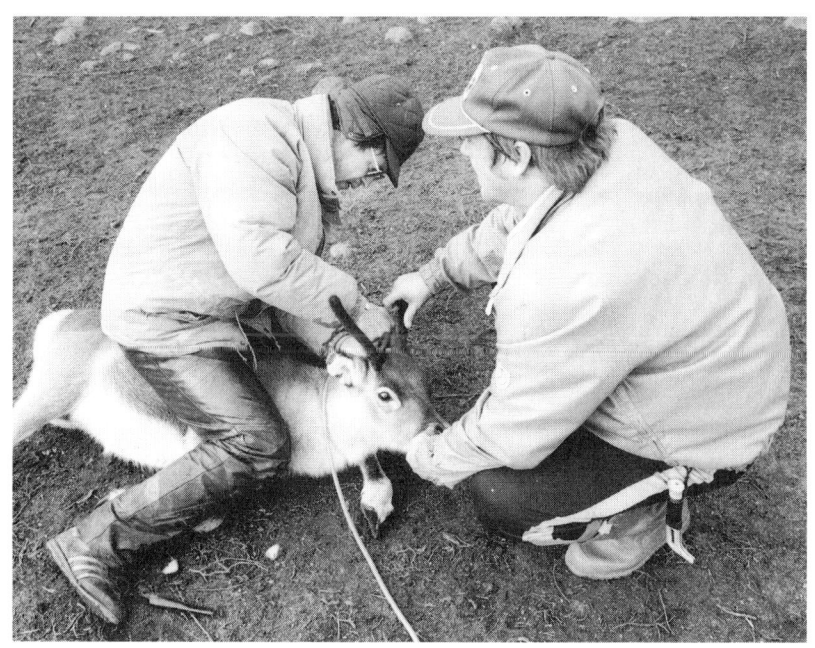

Das Markieren der Rentiere

nutzt, wovon unter anderem der Brunnen der Samistadt zeugt, der mit einer Kote vorm Einfrieren geschützt ist.

Auch Jokkmokk, das wir über die Landstraße 88 erreichen, ist eine wichtige Station auf den Spuren der ethnologischen Minderheit. Jeden Februar steigt dort «Lappmarknaden», der Samimarkt, wo getrocknetes Rentierfleisch, Felle, Handschuhe, Schmuck oder kunstvoll geschmiedete Messer feilgeboten werden. Die uralten Symbole und Traditionen der Sami beherrschen den Markt, der die 3600-Seelen-Gemeinde kurz über dem Polarkreis auf 30 000 Menschen anwachsen läßt. Verkauft werden unter anderem «sameslöjd», die Silberschmiedearbeiten, die oft mit Leder kombiniert sind – ob an glücksbringenden Armbändern, Taschen oder

Kleidung. Einer der bekanntesten Sami-Künstler, Lars Pirak, ist jedes Jahr vertreten, aber er hat auch ein eigenes Atelier in der Jarregatan 4. Dort stellt er seine Arbeiten und Bilder aus, und wenn man ihn fragt, wie er seine Werke so klar halten kann, antwortet Lars etwas schüchtern: «Naja, ich schneide einfach alles Unnötige weg.»

Jokkmokk ist seit Jahrhunderten ein Ort für den Winteraufenthalt der Sami am Kirchplatz beim Talvatis-See. Wer auf den Geschmack gekommen ist, kann sich im 1989 eröffneten, ökologisch ausgerichteten Gebirgs- und Sami-Museum namens Ajtte über die Lebensbedingungen in der nordschwedischen Gebirgswelt informieren. Besonders zu empfehlen sind die Diaschau «Ein Jahr im Leben eines Rentierzüchters» und Lappland-Filme, die im Vortragssaal gezeigt werden. Neben Ajtte – dieses samische Wort bedeutet soviel wie Vorratshütte – findet man die Volkshochschule der Sami, eine wichtige Institution, um die Kultur der Minderheit weiterzuführen.

Im Zickzack über den Polarkreis

Auch wenn die Versuchung groß ist, gleich nach Kiruna weiterzufahren, sollte man unbedingt einen großen Bogen Richtung Luleå machen. Die Landstraße 97 führt an Vuollerim vorbei, wo 1983 die Überreste eines 6000 Jahre alten Dorfes aus der Steinzeit gefunden wurden und heute neben den Ausgrabungsgegenständen auch ein Haus aus dieser Zeit zu sehen ist, das maßstabgetreu nachgebaut und mit siebzig Elchfellen verkleidet wurde. Am Fluß Luleälven entlang geht es zur «Festung gen Osten», der Stadt Boden, die seit 1907 durch militärische Aufgaben geprägt ist. Vereinzelte Schilder am Wegesrand informieren in mehreren Sprachen über militärische Sperrgebiete.

Unser Ziel heißt jedoch Gammelstad, elf Kilometer vor Luleå. Das größte erhaltene Kirchstubendorf Schwedens wurde von Bewohnern Nordschwedens erbaut, die den Weg zur Kirche und zurück nicht an einem Tag schafften und deshalb nach dem Gottesdienst übernachten mußten. 450 solcher niedrigen Hütten mischen sich hier mit Alt-Luleå, das ebenfalls um die Kirche aus dem 15. Jahrhundert angelegt worden war. 1649 verlegten die Luleå-Bewohner die Stadt zum heutigen Standort, denn die allgemeine Landerhöhung hatte dafür gesorgt, daß die Zufahrt per Schiff nicht mehr möglich war. Durch die Eisen-

Das Schlachten der Rentiere

bahnverbindung mit den Erzgruben bei Malmberget und Kiruna entwickelte sich Luleå zweihundert Jahre später zu einem modernen Exporthafen. Als die Strecke Kiruna-Narvik 1902 fertig wurde, bremste diese Verbindung nach Norwegen den Aufschwung wieder. In fünf stillgelegten und umgebauten Magazinen im Hafen befindet sich ein interessanter Theaterbau, die Spielstätte des Norrbottenteaters. Ansonsten bietet die 70 000-Einwohner-Stadt mit Stahlindustrie und Technischer Hochschule jeden Winter auf Köpmantorget kunstvoll gefertigte Eisskulpturen.

Auf der E 4 fahren wir an der Küste des Bottenvik entlang und entdecken rechterhand Schäreninseln, die alle zu militärischem Kontrollgebiet gehören, aber zugänglich sind. Haparanda, Schwedens Grenzstadt im Osten, hat schließlich eine großmachtpolitische Vergangenheit aufzuweisen: Das breite Tornedalen diente über mehrere Jahrhunderte hinweg als Handelsweg zwischen Bottenvik und dem Eismeer. Als Schweden im Jahre 1809 Finnland an Rußland abgeben mußte, bekam das finnischsprachige Tal plötzlich eine echte Grenze. Schweden war damit auch die Hafenstadt Tornio los, und deshalb bauten sie einen neuen Ort für diese Funktion – direkt an der russischen Finnlandgrenze, an einem «haaparanta», einem Strand mit vielen Espen. 1842 erhielt Haparanda die Stadtrechte. Im Ersten Weltkrieg verfügte die Stadt über eine der wenigen Verbindungen mit Rußland zwischen Eismeer und Schwarzem Meer. Deshalb konzentrierte sich der Austausch von Kriegsgefangenen zwischen Ost und West auf Haparanda, genauso wie der Handel mit

Schwarzmarktwaren. An diese Zeit erinnert heute das Invalidenmonument.

Seit über 180 Jahren leben die Grenzstädte Haparanda und Tornio nun schon in friedlicher Koexistenz. Man merkt kaum noch, wo die Grenze wirklich verläuft. Zum einen wird kräftig Handel betrieben, zum anderen sind die Sprachen in dem Tal mittlerweile so vermischt, daß sich ein Südschwede kaum zurechtfindet. Dies erklärt denn auch, warum die Gegend immer wieder als das «Tal der Zungenbrecher» bezeichnet wird. Auf der Fahrt entlang der Landstraße 400 direkt am Grenzfluß Torneälven stößt man ständig auf schwedische und finnische Namen.

Polarkreise sind Breitenkreise, die 23 Grad und 27 Minuten von den Polen entfernt sind. Sie trennen die gemäßigte Zone von der Polarzone. Trotz dieser eindeutigen Definition war man in Övertorneå, siebzig Kilometer nördlich von Haparanda, der Überzeugung, daß es auch anders gehen müsse. Der Polarkreis zieht sich auf Gemeindegebiet durch unwegsames Gelände. Was tun? Annette Wikudd vom örtlichen Fremdenverkehrsamt wußte 1991 die Antwort: «Wir verlegen den Polarkreis einfach um ein paar Kilometer nach Süden.» «Betrug an den Besuchern», kritisierte Lars-Åke Haller von der Landvermesserei in Gävle, doch vergeblich. Der Irrtum der Natur wurde korrigiert, neu aufgestellte Schilder begrüßen den Nordpoltouristen an einer Stelle, die Platz hat für Autos, ein Gasthaus und Souvenirshops.

Ansonsten bietet Övertorneå sprachkundigen Interessenten in der Nordkalottenbibliothek eine reichhaltige Auswahl älterer und neuer Schriften über dieses Gebiet. Die rote, verwinkelte Kirche wurde um 1730 gebaut und beherbergt die berühmte «Mantel-Maria» in Form eines Schränkchens sowie die älteste Orgel Schwedens, auf der schon 1608 in der Deutschen Kirche in Stockholm gespielt wurde. Erst 1777 kam sie nach Övertorneå. Zehn Kilometer nördlich des Ortes findet man im Dörfchen Korva eine Gärtnerei, die für diese Breitengrade einzigartig ist. Dort gedeihen Beeren, Gurken und anderes Gemüse im Sommer rekordschnell – wegen des langen und intensiven Tageslichtes.

Pajala, eine Gemeinde mit knapp 8500 Seelen, liegt still am Torne älv. Innerhalb von nur vier Jahrzehnten hat sich ihre Einwohnerzahl halbiert, vor allem wegen des Mangels an Frauen im Alter von 20 bis 30 Jahren. Hier gibt es fast ausschließlich Arbeitsplätze «im Holz», und die Waldarbeit lockt nicht allzu viele Frauen. Die meisten gehen nach Luleå oder Stockholm, um einen Start ins Berufsleben zu finden. Für die Junggesellen in Pajala gilt: «Wer mit dreißig noch nicht die Richtige gefunden hat, der wird ewig allein bleiben!» Den alternden Junggesellen bleibt meist nur der Alkohol. Pajala ist da keine Ausnahme, Överkalix und andere Minigemeinden auf dem Lande leiden unter demselben Problem. Doch die Pajala-Junggesellen wollten sich damit nicht abfinden. Beim jährlichen Fest «Römppäviikko» sollten im Oktober 1987 Heiratswillige bei Tanz und Wettkämpfen wie «Socken stopfen» oder «Knöpfe annähen» gewonnen werden. Die Einladung ging weltweit über die Printer der Presseagenturen, und ein Bus mit

sechzehn Frauen aus ganz Europa rollte an. Zehn davon waren Journalistinnen, die sechs «echten Interessentinnen» sahen sich 600 erwartungsvollen Junggesellen gegenüber. Vor dem Traualtar landete kein einziges der Tanzpaare, doch «lustig war's», meinten die Männer nach dem Spektakel, das Pajala weltweit bekannt gemacht hat. Vier Jahre später versuchte man es mit einem Bus aus Murmansk, und mittlerweile haben zehn Junggesellen mit russischen Frauen einen Bund fürs Leben geschlossen.

«Læstadii pörte» gleich östlich der Kirche, die 1861 vom Kupfermünzen-Prägeplatz Kengis nach Pajala verlegt wurde, zeigt, wie die Einsamkeit der Männer von geschickten Seelenfängern ausgenutzt werden konnte. Das Museum erinnert an die Zeit von 1849 bis 1856, als Lars Levi Læstadius Gemeindepfarrer war. Der «Verkünder Nordschwedens» ging als Wanderprediger gegen den moralischen Verfall und den Alkoholteufel in die Geschichte ein. Seine Anhänger gründeten die freikirchliche Bewegung der Læstadianer, deren Gemeinden im Norden Skandinaviens und in den USA zu finden sind. Die Gläubigen weigern sich teilweise noch heute, Verführungsapparate wie Radios oder Fernseher anzuschalten – außer, wenn Gottesdienste übertragen werden. Wer den Prediger in Aktion erleben möchte, sollte in Jukkasjärvi – siebzehn Kilometer östlich von Kiruna – haltmachen und in der Kirche das farbenfrohe Holzrelief am Altar betrachten. Der schwedische Künstler Bror Hjorth zeigt auf dem rechten Flügel die Ausschweifungen der Bevölkerung und links, wie die Männer und Frauen in Samitracht und Bauernkleidung der Predigt des Verkünders Læstadius lauschen.

Kontakt zum All

Kiruna war die flächenmäßig größte Stadt der Welt, bis ihr Mexico City vor kurzem den Rang ablief. Die Grubengemeinde umfaßt ein Gebiet, das etwa dem von Nordrhein-Westfalen entspricht. Obwohl die Naturschätze schon 1730 bekannt waren, ging es erst um die Jahrhundertwende richtig los – die Schienen nach Luleå sorgten für einen echten Boom. Der Disponent der Grube, Hjalmar Lundbohm, konnte in Sachen Stadtplanung loslegen. Die Verbindung nach Narvik sollte dem Aufschwung noch einmal Wind unter die Flügel blasen, denn die europäische Industrie brauchte das Eisenerz aus der nördlichsten schwedischen Stadt. Besonders im Zweiten Weltkrieg blühte das Geschäft, interessierte Abnehmer fanden sich vor allem – aber nicht nur – in Deutschland. Zu Beginn der siebziger Jahre nahm die Nachfrage allerdings wegen Billigkonkurrenten, zum Beispiel aus Brasilien, stetig ab, doch LKAB und das Fördergebiet Kiirunavaara sind weiterhin die Haupterwerbsquelle der Bevölkerung.

Viele Besucher empfinden die tiefen Spuren, die Tagbruch und Grubentätigkeit hinterlassen haben, als häßlich, doch Marica Kiruna Tapio beschreibt sie als «exotischen Anblick». Richtig, die junge Frau heißt Kiruna mit Vornamen, denn diese Tradition der Stadtgründer-Familie wird bis heute beibehalten. Sie empfiehlt uns besonders einen Besuch in der enormen roten Holzkirche, die nach dem Vorbild einer Samihütte gebaut wurde und einen Ausflug auf den Gipfel des Luossavaara. Doch Marica Kiruna hat noch einen weiteren Tip parat: Nicht nur die Gruben können täglich besichtigt werden, das Touristenamt organisiert im Sommer Trips zu Europas einziger ziviler Raketenrampe, 45 Kilometer östlich von Kiruna.

Esrange ist ein internationales Zentrum für die friedliche Nutzung der Weltraumforschung. Dort findet man zum Beispiel die Kontrollstation für den geostationären Nachrichtensatelliten Tele-X. Dieses schwedische System wird im Fernsehbereich für Direktsendungen genutzt und dient zur Hochgeschwindigkeits-Übertragung von Daten. Nicht nur Schwedens TV 4, das Norwegische Fernsehen und Radio Schweden senden via Tele-X, die Abendzeitung Aftonbladet etwa verwendet den künstlichen Himmelskörper zur Datenübermittlung zwischen zwei Druckereien. Mehrere Satelliten in der Umlaufbahn des Poles werden bei Esrange überwacht. Tausende von Wissenschaftlern aus aller Welt haben mittlerweile Bekanntschaft mit Kiruna gemacht: Die Lage oberhalb des Polarkreises garantiert eine konstantere Kontrolle, als sie bei südlicher gelegenen Stationen möglich ist. Die japanische Raumfahrtbehörde NASDA beispielsweise hat hier eines ihrer Kontrollzentren für den Wettersatelliten JERS 1 eingerichtet, und die europäische Raumfahrtgesellschaft ESA überwacht die «fernfühlenden» Satelliten ERS 1 und 2. Die Firma «Satellitbild» in Kiruna verwandelt das Material der Satelliten in Fotos und Karten, die, je nach Auftraggeber, Aufschluß über Naturvorkommen und Umweltprobleme geben können.

Als 1986 einer der Reaktoren in Tschernobyl auf den Fotos knallrot erschien, war klar: Es muß sich um eine Hitzequelle von etwa 1000 Grad handeln. Schneller als die amerikanische NASA schlug Esrange Alarm und verkaufte mit Riesengewinn die Aufnahmen an die Medien.

Die benachbarten Stationen ausländischer Gesellschaften werden hauptsächlich von den etwa 300 Spezialisten betrieben, die bei Esrange beschäftigt sind. Als 1992 die Pläne publik wurden, eine Hochschule für Weltraumforschung zu starten, vergaßen Interessenten aus ganz Schweden alle Vorurteile über den tristen Norden. Für astronomische Experimente und die Ozonforschung setzt man bei Esrange Ballons in der Stratosphäre ein. Der Hangar «Arena Arctica» wurde 1991 am Flugplatz von Kiruna eingeweiht. Seither können große Flugzeuge mit spezieller Meßausrüstung die Forschung per Ballon unterstützen, die seit 1987 die Beschädigung der Ozonschicht über der nördlichen Halbkugel untersucht. Durch die fünfzehn Millionen Mark schwere, gesamteuropäische Investition entwickelte sich die Stadt zu Europas Ozonforschungs-Zentrum Nummer eins.

Wandern in der Wildnis

Bei Abisko, 96 Kilometer nordwestlich von Kiruna, fängt das Abenteuer Wildnis an: Wanderer aus ganz Europa treffen sich mitten im gleichnamigen Nationalpark, um mit möglichst leichten Rucksäcken bepackt in alle Himmelsrichtungen loszugehen. Zur «Abisko turiststation» kommt man bequem per Auto oder mit der Erzbahn Kiruna-Narvik. «Lapporten», die Samipforte südöstlich der Station, fasziniert immer wieder und lädt tatsächlich wie ein felsiges Tor zum Ausflug in die Welt der Einsamkeit ein. Ursprünglich war das hochgelegene Trogtal ein Weg der Sami mit ihren Rentieren.

Bei Abiskos Touristenstation beginnt der Königspfad «Kungsleden», der sich südlich bis Hemavan bei Tärnaby erstreckt. Er gilt als die Autobahn der Wanderwege, weil man dort mindestens einmal pro Stunde andere Naturfreunde entdeckt, die Route hervorragend ausgeschildert ist und außerdem Übernachtungshütten in machbaren Abständen Schutz vor der oft überraschend kalten Nacht bieten. Doch wer sich zum ersten Mal zu einer Tour durch Lappland aufmacht, dem muß dringend empfohlen werden, nur eine Etappe dieses insgesamt 500 Kilometer langen Weges zu nehmen. Das raten erfahrene Wanderer wie Bosse Erlandsson, ein Stockholmer Lehrer, der seit dreizehn Jahren bei seinem Sommerurlaub verschiedene eigene Routen erforscht. «Für Familien mit Kindern ist das sowieso das Beste, denn beim Kungsleden gibt es neben den Übernachtungshütten auch einen anderen Vorteil: Über die Bäche führen Brücken, und man erspart sich, knietief durch das oft reißende Wasser zu waten.» Er selbst hat auch so angefangen, doch mittlerweile reizt es ihn, mit Kompaß und detailliertem Kartenmaterial eigene Wege zu finden. Bosse macht sich nie alleine auf den Weg, sondern immer zusammen mit Gleichgesinnten. Zu oft wurde die Weite des Nordens einsamen Wanderern zum Verhängnis. «Auf eigenen Wegen findet man garantiert

die absolute Einsamkeit, und man hat wirklich mal Zeit, um nachzudenken. Beim Anblick von kilometerweiten Bergplateaus, faszinierenden Felswänden oder Tälern mit Pflanzen in den verschiedensten Farben, da stören zwei, drei Freunde definitiv nicht!» Neben Rucksack, Zelt, Spirituskocher und guten Wanderstiefeln ist das Moskitonetz unentbehrlich. Oft genügt das Anti-Mücken-Spray, doch an manchen Tagen ist es ohne dieses Netz nicht auszuhalten.

Der Anblick von Bären gehört zu den absoluten Seltenheiten. Rentiere sind dagegen neugierige Gesellen, und es passiert immer wieder, daß man nach einer Nacht im Zelt durch leises Tapsen erwacht und nach dem Öffnen des Verschlusses eine kleine Herde von Rentieren entdeckt, die keinerlei Scheu zu ver-

spüren scheinen, solange man keine hektischen Bewegungen macht.

«Wasserfälle, schäumende Flüsse, türkisblaue, stille Seen, Rentierweidezäune, Birkenwälder, Sumpfflächen, karge Bergheiden und Schuttfelder – all das kann der unerfahrene Wanderer auch bei Kungsleden erleben!» versichert Bosse und erinnert daran, daß es neben dem Nationalpark Abisko an der Strecke vier weitere Nationalparks gibt: Stora Sjöfallet, Padjelanta, Sarek und Pieljekaise. Auch Samilager und Rentiergehege mit Reusen, die im Frühsommer zur Kälbermarkierung und im Herbst zum Aussortieren von Schlachttieren dienen, gibt es genug. Viele Sami arbeiten als Hüttenwirte und regeln den Bootsverkehr über die Seen. Als Anfängertour empfiehlt sich die Route Abisko-Kebnekaise. Der mit 2111

Die Einsamkeit des Nordens

Metern höchste Berg Schwedens
liegt in einem Gebirge, das zwanzig
Gipfel über 1700 Meter und fünfzehn Gletscher aufweist. Kebnekaise ist samisch und bedeutet Kes-
selspitze – eine Woche genügt, um
diese Tour ohne Streß zu erleben.
Dann muß man von der «Kebnekaise fjällstation» entweder zu Fuß
oder, für den, der es bequemer haben will, mit dem Helikoptertaxi
nach Nikkaluokta. Von dort geht
ein Bus nach Kiruna. Bosse weiß,
warum er Nichtgeübten zunächst zu
dieser Wochentour rät: «Lapp-
sjukan, du vet!» Ja, wir wissen, die
Lappland-Krankheit kann einen sogar erwischen, wenn man ein paar
Wochen mit dem Auto durchs nörd-
lichste Schweden kurvt und nur ein
paar Tage wandert. Da hilft auch
die Mitternachtssonne nichts, die in
den Gefilden über dem Polarkreis

von Anfang Juni bis Mitte Juli das
Gemüt erhellt. Dann sehnt sich der
Großstadtmensch nach nichts so
sehr wie geteerten Straßen und viel-
leicht einem Supermarkt mit vielen
Kunden und Gedränge – dafür fährt
man dann meilenweit. Bis nächstes
Jahr erneut die Einsamkeit lockt.

Service

Wissens-
wertes
von A–Z

Aktivurlaub

Schweden bietet nicht nur
Ruhe, sondern ist auch
für «Aktivisten» ein Pa-
radies. Kanu-, Wildwas-
ser- und Draisinenfahren,
Überlebenstraining am
Polarkreis, Goldwaschen
oder Touren mit einem
Heißluftballon – all das
und noch viel mehr bieten
die Fremdenverkehrsäm-
ter der verschiedenen
schwedischen Provinzen
an. In Deutschland zu bu-
chen unter anderem über:
CVJM-Reisen
Im Bruseltal 8
3500 Kassel
Tel. 0561 / 30 87 0
Fax 0561 / 37 43 7,
und das
Reisebüro Norden
Ost-West-Straße 70
2000 Hamburg 11
Tel. 040/36 00 15 / 0
Fax 040/36 64 83

Viele weitere Anbieter in
Deutschland, Österreich
und der Schweiz haben
komplette Aktivreise-
Angebote im Programm.
Allerdings ist man viel-
leicht noch viel «aktiver»,
wenn man sich das Kanu
aufs Dach schnallt und
sich ganz einfach ins
Abenteuer stürzt.

Alkohol

Grundsätzlich kann man
Hochprozentiges nur in
Restaurants mit Aus-
schankgenehmigung und
in den staatlichen Mono-
polläden «Systembola-
get» bekommen. Im Su-

permarkt gibt es ausschließlich Leichtbier (Öl klass 1) und ein mittelstarkes Bier (Öl klass 2) mit einem Alkoholgehalt von maximal 2,8 Volumenprozent. Systembolaget-Läden gibt es in fast allen Städten und Ortschaften. Die Geschäfte haben nur werktags geöffnet. Am Tag vor einem gesetzlichen Feiertag schließen sie oft schon um 13 Uhr. Man sollte den Gang an einem Freitag vermeiden, da sich gerade zum Wochenende Hunderttausende Schweden mit Trinkbarem eindecken – die Schlangen in den Läden sind entsprechend lang! Auf dem Lande sind in aller Regel Abholstellen (Kioske oder Lebensmittelläden), bei denen man einige Tage im voraus die Ware bestellt. Systembolaget verkauft alkoholische Getränke nur an Erwachsene ab 20 Jahren. Junge Leute, bei denen sich die Verkäufer unsicher sind, müssen oft den Ausweis vorzeigen. Die Alkoholläden sind hervorragend sortiert, man bekommt Weine aus allen Anbaugebieten zu Preisen von 10 bis 100 DM die Flasche. Auch beim Hochprozentigem ist das Angebot breit, allerdings muß man tiefer in die Tasche greifen: Eine Flasche Whisky kostet je nach Marke zwischen 55 und 100 DM.

Angeln

Dank seiner vielen tausend Seen, der Flüsse, sowie der unendlich langen Ost- und Westküste ist Schweden ein wahres Paradies für Angler, die Meeresfische oder Hechte, Barsche, Forellen oder gar Lachse aus dem Wasser ziehen wollen. In weiten Teilen des Landes braucht man keine besondere Genehmigung. Das gilt für die Küste im hohen Norden, die schwedische Westküste und zum Teil auch für die Süd- und Ostküste, den Vänern, Vättern, Hjälmaren und Mälaren. Zum Angeln in etwa 60 000 weiteren Gewässern benötigt man einen Angelschein (Fiskekort), der als Tages-, Wochen- oder Saisonkarte in den örtlichen Fremdenverkehrsbüros und Sportgeschäften verkauft wird. Der staatliche Forstkonzern Domänverket unterhält im ganzen Land eine Vielzahl von Angelseen und -flüssen (Kronofiske), die auch für Behinderte zugänglich sind. Oftmals bietet Domänverket gleichzeitig Ferienhäuser in unmittelbarer Nähe der Fischgründe an. Nähere Auskünfte bekommt man unter anderem bei:

Domän Turist AB
Svärdvägen
S-182 15 Danderyd
Tel. 08/75 52 73 0

Ärzte

Wer in Schweden krank wird, wendet sich an die Krankenhäuser (Sjukhus) und verlangt bei dringenden Fällen die Notaufnahme (Akutmottagning). Auf dem Lande nimmt man Kontakt mit einer Pflegestation (Vårdcentral) auf. Zwischen Schweden, der Bundesrepublik Deutschland und Österreich besteht ein Behandlungsabkommen, so daß bis auf eine Pauschalgebühr in Höhe von etwa 40 DM nichts für eine ambulante Behandlung zu bezahlen ist. Die Erfahrung hat allerdings gezeigt, daß Krankenhäuser oftmals die ambulante Behandlung gratis durchführen. Sucht man einen Arzt (auch Zahnarzt) auf, muß man ihn zunächst bar bezahlen. Einen Teil der Kosten erstattet bei Rückkehr die eigene Krankenkasse. In ganz dringenden Fällen und wenn weder Notaufnahme noch Pflegestation zur Verfügung stehen, wählt man die schwedische Notrufnummer 90 000.

Apotheken

Apotheken (Apotek) gibt es in den besiedelten Gebieten überall. Arzneimittel sind in der Regel ein ganzes Stück billiger als in Deutschland. In den dünn besiedelten

Landesteilen muß man – ähnlich wie beim Alkohol – im Lebensmittelladen die Medizin bestellen, die dann schnellstens besorgt wird.

Autofahren

Autofahrer sollten unter keinen Umständen der Versuchung erliegen, auf den zumeist hervorragend ausgebauten schwedischen Landstraßen und Autobahnen ordentlich aufs Gaspedal zu drücken: Schwedische Ordnungshüter sind überall, und sie sind unbestechlich. Soweit nicht anders ausgeschildert, gilt im Stadtverkehr 50 km/h, außerhalb geschlossener Ortschaften 70-90 km/h (je nach Ausschilderung) und auf den Autobahnen 90–110 km/h (je nach Ausschilderung). Darüber hinaus gibt es in Südschweden einige Schnellstraßen, auf denen 110 km/h gefahren werden darf. Von der «freien Fahrt für freie Bürger» hält man in Schweden gar nichts und ahndet Überschreitungen des Tempolimits unbarmherzig. Wer auf einer 50 km/h-Straße mit mehr als 70 km/h erwischt wird, gibt den Führerschein an Ort und Stelle für ein paar Monate ab. Auf allen übrigen Straßen gilt: 30 km/h mehr, als die Polizei erlaubt, und der Lappen ist weg. Selbst für geringfügige Geschwindigkeitsüberschreitungen muß man tief in die Tasche greifen. Bis zu 400 DM kostet der «Geschwindigkeitsrausch».

Apropos Rausch: In Schweden gilt eine Promillegrenze von 0,2 Prozent! Puste-Razzien werden vor allem an Wochenenden breitflächig durchgeführt. Ein «Starköl», also ein Bier, oder ein Glas Wein reichen, um den Führerschein zu verlieren. Das Motto in Schweden lautet: Kein Alkohol am Steuer! Ähnlich rigoros geht es auch beim Parken in den größeren Städten zu. Hier muß der Parkplatzsuchende weniger die schwedische Polizei fürchten als die privaten Wachgesellschaften. Sie haben den Auftrag, für Ordnung am Straßenrand zu sorgen, und sie greifen knallhart durch. Parkplätze sind absolute Mangelware, wer sich irgendwo in eine vermeintliche Lücke quetscht, braucht sich nicht zu wundern, wenn er mit mindestens 100 DM zur Kasse gebeten wird. Deshalb empfiehlt es sich, das Auto nicht mit ins Zentrum zu nehmen oder sofort einen Platz in einem der Parkhäuser (Parkeringshus) zu suchen.

In Schweden muß man auch tagsüber das Abblendlicht eingeschaltet haben. Bei den für den schwedischen Markt produzierten Wagen geht das Licht automatisch nach Einschalten der Zündung an (deshalb braucht man schwedische Wagen, die im Ausland am Tag mit Licht fahren, auch nicht anzublinken. Sie können es nicht ausschalten). Das ganztägige Fahren mit Licht wird überall in Europa diskutiert; einer Empfehlung des Europarats, dieses «schwedische System» einzuführen, werden vermutlich viele mittel- und südeuropäische Länder folgen. In den Innenstädten ist es sicherlich unnötig, aber auf Landstraßen sieht man den entgegenkommenden Verkehr sehr viel besser. Noch eine Besonderheit: Viele Landstraßen haben sehr breite Seitenstreifen. Der freundliche Autofahrer schaut häufig in den Rückspiegel und weicht auf den Streifen aus, um einem Überholer Platz zu machen. Es herrscht Anschnallpflicht für Vorderwie Hintersitzen. Und noch etwas: Die Blinkmoral in den Großstädten läßt arg zu wünschen übrig.

Die Pannenhilfe ist landesweit noch nicht so gut ausgebaut wie bei uns. «Larmtjänst» heißt das Wort im örtlichen Telefonbuch, das schnelle Hilfe verheißt. 1992 hat der Schwedische Automobilclub MRF, der auch allgemeine Informationen für Motorisierte bereithält, angefangen, eine schwedenweite Pannen-

254

hilfe einzuführen. Die
Adresse:
Motormännens Riksför-
bund (MRF)
Box 5855
102 48 Stockholm
Tel. 08 / 782 38 00
Fax 08 / 663 89 21

Baden

Wer in Schweden nach ei-
ner Badeanstalt sucht,
hat selber schuld. Fast
überall gibt es Seen oder
Flüsse, in denen man her-
vorragend schwimmen
kann. Durch das «Jeder-
mannsrecht» hat man in
der Regel Zugang zum
Ufer. Badestellen sind
meistens ausgeschildert
(Badstrand, Bad). Die
Wasserqualität ist natür-
lich unterschiedlich, doch
im allgemeinen höher als
in mittel- und südeuro-
päischen Ländern.

Bahn

Die Bahn ist ein preis-
wertes und beliebtes Ver-
kehrsmittel. Die staat-
liche Eisenbahngesell-
schaft SJ (Statens Järn-
vägar) bietet eine Fülle
von Rabattangeboten:
Nur die Hälfte des re-
gulären Preises zahlt, wer
im Fahrplan rot mar-
kierte Abfahrtzeiten
wählt (Röd Avgång).
Auch Gruppen von zehn
Personen aufwärts erhal-
ten saftige Preisnach-
lässe. Kinder bis zu zwölf
Jahren fahren umsonst,
wenn sie von Erwachse-

nen begleitet werden.
Das «Nordturist-Ticket»
für etwa 450 DM gewährt
21 Tage lang freies Bahn-
fahren in Schweden, Nor-
wegen, Dänemark und
Finnland. Es gilt auch auf
einigen Bus- und Fähr-
linien. Dieses Ticket
sollte man sich schon vor
der Abfahrt nach Schwe-
den besorgen. In den
Sommermonaten ver-
sucht SJ, die Platzbele-
gung durch ständig wech-
selnde Sonderangebote
zu verbessern – also am
besten im Reisebüro
oder direkt am Bahnhof
erkundigen. Nähere Aus-
künfte erteilt auch die
Info-Zentrale von SJ:
Uniart AB
Södergatan 26
211 34 Malmö

Mit «Inlandsbanan»
kann man eine richtige
Schweden-Safari unter-
nehmen. Der Zug startet
von Mora in Dalarna aus
und fährt in gemächli-
chem Tempo bis in den
hohen Norden nach Gäl-
livare in Lappland. Für
die Strecke benötigt die
Bahn etwa vierzehn Stun-
den, entschädigt wird
man für die lange Fahrt-
zeit durch häufige
Kurzaufenthalte an male-
rischen Bahnhöfen, an
denen örtliche Kunst-
handwerker ihr Sorti-
ment anbieten. Fürs leib-
liche Wohl ist auch ge-
sorgt, an einigen
Haltestellen kann man
lokale Leckerbissen er-
stehen. Nähere Aus-
künfte erteilt das

Reisebüro Norden
Ost-West-Straße 70
2000 Hamburg 11
Tel. 040/36 00 15 / 0

Wer nicht mit dem eige-
nen Wagen durch Schwe-
den fahren, aber sein Ge-
fährt dennoch dabeiha-
ben möchte, kann in den
Sommermonaten den
Autoreisezug benutzen.
SJ bietet diesen Service
auf den Strecken Malmö-
Västerås-Luleå, Malmö-
Västerås-Kiruna, Göte-
borg-Luleå und Göte-
borg-Kiruna an.

Banken

Schweden hat als eines
der ersten europäischen
Länder das Plastikgeld
und den elektronischen
Bankangestellten einge-
führt. Inzwischen sparen
sich die meisten Schwe-
den den Bankbesuch,
wenn sie nur Geld abhe-
ben oder eine Überwei-
sung veranlassen wollen.
Das geht schneller und
unproblematischer am
«Bankomat». Diese
blauen Geldausgabestel-
len gibt es in jeder Stadt.
In viele Bankomaten
kann man seine ausländi-
sche Eurocard- oder
Visa-Kreditkarte stecken,
um so an Bares zu kom-
men. Voraussetzung ist
allerdings, daß man sei-
nen Geheimcode kennt.
Euroschecks sind in
Schweden nicht sehr ver-
breitet; seit ein paar Jahren nehmen aber zumin-
dest große Banken und

255

Sparkassen die Schecks entgegen, im Geschäft kann man in der Regel jedoch nicht mit ihnen bezahlen. Am verbreitetsten sind in Schweden Eurocard, Visa und American Express. Mit diesen Kreditkarten kann man im Prinzip seine Zeitung am Kiosk bezahlen, sie werden überall akzeptiert.

Banken und Sparkassen haben werktags zwischen 9.30 und etwa 15 Uhr geöffnet. Am Wochenende sind sie geschlossen. Auf Flughäfen und Bahnhöfen der größeren Städte gibt es zum Teil spezielle Wechselstuben, die zwar einen etwas schlechteren Umtauschkurs anbieten, dafür aber auch am Samstag und Sonntag geöffnet haben.

Behinderte

Schweden gilt als ein besonders behindertenfreundliches Land. In den Städten «ticken» die Ampeln, um Sehbehinderten den richtigen Weg über die Fahrbahn zu weisen. Öffentliche Gebäude sind mit Rollstuhlrampen ausgerüstet, Behinderten-WCs gehören zum Standard sämtlicher Hotels und Campingplätze. Auch in Eisenbahnwagen sind Behindertentoiletten eine Selbstverständlichkeit. In einigen Zügen gibt es darüber hinaus besonders breite Abteile,

in die auch Rollstuhlfahrer hineinkommen. Ein «Reiseführer für Behinderte» hat in den vergangenen Jahren stets mehrere hundert Hotels, Campingplätze und Ferienhausanlagen aufgeführt, die sich besonders auf die Bedürfnisse von Behinderten eingestellt haben. Nähere Informationen erteilt:
De Handikappades Riksförbund
Katrinebergsvägen 6
11743 Stockholm
Tel. 08/189100

Billig reisen

Schweden zählt bekanntermaßen nicht zu den besonders preiswerten Ländern. Dennoch muß man nicht 400 DM für ein Hotelzimmer ausgeben und braucht keine 50 DM für ein Mittagessen im Restaurant zu berappen. Rabattangebote in Hülle und Fülle schonen die Reisekasse, wenn man den Durchblick durch diesen «Coupon-Dschungel» behält. In den drei größten Städten des Landes gibt es eine sogenannte Stadtkarte für etwa 25 DM pro Tag (vier Tage rund 60 DM). Mit Malmö-, Göteborgs- oder Stockholmskortet fährt man in Bussen und Bahnen umsonst, hat freien Eintritt bei den städtischen Museen und kann eine Vielzahl anderer Vergünstigungen ausnutzen. Hotels haben im

Sommer oftmals Belegungsprobleme, die gern und häufig mit besonderen Ferienrabatten bekämpft werden. Preiswert essen kann man am besten um die Mittagszeit, wenn fast alle Restaurants «Dagens rätt», das Gericht des Tages, für ungefähr 15 DM anbieten. Dazu gehören in der Regel Brot, Salat, Hauptspeise, ein Leichtbier oder Limonade und Kaffee.

Die etwa 350 örtlichen Fremdenverkehrsbüros geben nähere Auskünfte über die jeweils geltenden Rabatte in Hotels, Restaurants, bei Eisenbahn und Flug.

Bootsverleih

Im Land der Seen und Flüsse steht das Fahren mit dem eigenen oder gemieteten Schiff ganz hoch im Kurs. An der schwedischen West- und Ostküste sowie am Götakanal kann man bei verschiedenen Charterfirmen Segel- und Motorboote von sieben bis 15 Meter Länge mieten. Kanus können in den entsprechenden Gebieten (Småland, Skåne, Blekinge, Bohuslän und Dalarna) geliehen werden. Viele Gemeinden, auch außerhalb der typischen Paddel-Paradiese, haben einen Kanu-Verleih organisiert. Nähere Informationen beim

schwedischen Kanu-Ver-
band:
Svenska Kanotförbundet
Idrottens Hus
12387 Farsta
Tel. 08/7136418

Wer mit dem eigenen
Boot nach Schweden
kommt, muß die Zoll-
und Einreisebestimmun-
gen beachten. Das sofor-
tige Anlaufen eines Zoll-
hafens ist nur dann nötig,
wenn das Boot in Schwe-
den bleiben soll oder
zollpflichtige Waren an
Bord sind. Hält man sich
an die Einfuhrbestim-
mungen und fährt das
Boot nach dem Urlaub
auch wieder aus den
schwedischen Territorial-
gewässern heraus,
braucht man sich nicht zu
melden. Es kann aller-
dings passieren, daß ein
Zollboot während des
Urlaubs Kontrollen
durchführt. Besonders
scharf sind die Beamten
auf Haustiere: Schweden
ist eines der ganz weni-
gen tollwutfreien Länder
Europas, deshalb dürfen
Haustiere nur nach vier-
monatiger Quarantäne
ins Land mitgenommen
werden. Weitere Informa-
tionen bei der Zoll-
behörde:
Generaltullstyrelsens
Box 2267
10317 Stockholm
Tel. 08/7897300

Will man mit dem eige-
nen Boot die gut ausge-
tonnten Wege in den
Schären verlassen und
vielleicht eine «eigene»

kleine Bucht entdecken,
sollte man gutes Karten-
material dabeihaben.
Hervorragende Bücher
mit «Geheimtips» hat die
schwedische Kreuzerab-
teilung:
Svenska Kryssarklubben
Karlavägen 67
11449 Stockholm
Tel. 08/6631441

Botschaften und Konsulate

In Schweden

Deutsche Botschaft
Skarpögatan 9
11527 Stockholm
Tel. 08/6631380
Fax 08/6615294

*Deutsches
Generalkonsulat*
Drottninggatan 63
40121 Göteborg
Tel. 031/178365
Fax 031/740878

Schweizerische Botschaft
Birger Jarlsgatan 64
11486 Stockholm
Tel. 08/231550
Fax 08/211504

Österreichische Botschaft
Kommendörsgatan 35
11458 Stockholm
Tel. 08/233490
Fax 08/6626928

In Deutschland

Schwedische Botschaft
An der Heussallee 2-10
5300 Bonn 1
Tel. 0228/260020

In Österreich

Schwedische Botschaft
Obere Donaugasse
49–51
1025 Wien
Tel. 0222/334545

In der Schweiz

Schwedische Botschaft
Bundesgasse 26
3001 Bern
Tel. 031/210563

Camping

Wer nach Schweden in
den Urlaub fährt, will
meist dem organisierten
Touristik-Geschäft ent-
kommen und eigene
Wege gehen. Das schwe-
dische Jedermannsrecht
ist ein wichtiger Teil dieser «Selbstfindung». Es
ermöglicht beispielsweise
das freie Campen unter
gewissen Voraussetzun-
gen (Siehe Stichwort:
Jedermannsrecht). Trotz-
dem: Etwa 750 Camping-
plätze stehen zwischen
Malmö und Kiruna zur
Verfügung. Die meisten
sind klassifiziert und haben einen hohen Stan-
dard. Stromanschluß,
fließend warmes Wasser,
meist auch ein Kiosk
oder sogar ein Super-
markt in der Nähe – beim
Zelten in Schweden
braucht man auf die Be-
quemlichkeit nicht zu verzichten. Eine Übersicht
über alle Campingplätze
sowie den in Schweden
unbedingt benötigten
Camping-Ausweis (Cam-

pingkortet, gilt ein Jahr und kostet etwa 12 DM) können bestellt werden bei:

Sveriges Campingvärdars Riksförbund
Box 255
45117 Uddevalla
Tel. 0522-39345
Fax 0522-33849

Eine Übernachtung in einem Vier-Personen-Zelt mit Autostellplatz inklusive alle Personen schlägt mit etwa 40 DM zu Buche. Schüttet es zu stark, bieten sich Camping-Hütten als trockene Ausweich-Alternative an! Diese einfachen Hütten kosten für bis zu sechs Personen etwa 50 bis 150 DM. Die in Deutschland üblichen Camping-Gaz-Kartuschen für Kocher, Lampen etc. sind in Schweden so gut wie nicht erhältlich. Hier hat man auf den nationalen Anbieter gesetzt. Primus-Kartuschen gibt es überall, sie haben zwar fast die gleichen Ausmaße wie die Camping-Gaz-Kartuschen, passen jedoch nicht.

Devisen

In Schweden zählt die Krone. Der Pfennig heißt im hohen Norden Öre und ist wegen rekordhoher Inflation seit Ende der achtziger Jahre vom Aussterben bedroht. Die kleinste Einheit ist das 50-Öre-Stück. Beträge

werden in den Läden auf- oder abgerundet. An Münzen gibt es zur Zeit außerdem 1, 5 und 10 Kronen. Die Scheine beginnen bei 10 Kronen und gehen über 20, 50, 100 und 500 bis zu 1000 Kronen. Während der Hauptsaison nehmen einige große Kaufhäuser in Stockholm und Göteborg auch Deutsche Mark.

Elchsafaris

Das Tier ist bei Urlaubern besonders beliebt, die Schweden selbst sehen es nüchterner: Jährlich verursachen Elche Autounfälle mit schwersten Folgen. Aus gutem Grund sind weite Teile der großen Europastraßen links und rechts mit einem Wildzaun versehen. Dennoch passiert es immer wieder, daß die Könige des Waldes irgendwo eine Lücke entdecken. Wer unbedingt das große, etwas tolpatschige Tier in natura sehen möchte, sollte in Vänersborg am See Vänern ein Ticket für die mehrmals wöchentlich stattfindende Elch-Safari bestellen. In den Gebieten bei Hunneberg und Halleberg laufen sie tatsächlich in großer Anzahl herum. Auskunft:
Turistbyrå
Hamnplan
46101 Vänersborg
Tel. 0521 / 71541

Auch in anderen Gebieten werden zur Urlaubszeit Elchsafaris veranstaltet. Mit ein wenig Glück entdeckt man eines dieser Tiere in der Abenddämmerung auch ohne Guide und Ausflugsbus.

Elchsouvenirs

Zu den beliebtesten Souvenirs eines Schwedenurlaubs gehören die Elch-Warnschilder. Jahr für Jahr werden Touristen beim Abschrauben dieser wichtigen Verkehrsschilder erwischt. Es geht gefahrloser: Für etwa 150 DM kann man sich ein Original-Elchschild bei einer Schildermacherei kaufen. Im Branchenbuch unter «Skyltar» nachschauen.
Wer absolut nicht weiß, was er den lieben Daheimgebliebenen mitbringen soll: Im Fremdenverkehrsbüro von Hede (in der Provinz Härjedalen) wird für 35 Kronen ein Marmeladenglas voll «Älgspillning» – zu deutsch Elchscheiße – verkauft! Nach Auskunft des deutschstämmigen Chefs des Fremdenverkehrsamtes hat sich dieses sehr spezielle Souvenir zu einem wahren Renner vor allem bei Reisenden aus der Bundesrepublik Deutschland entwickelt.

Einkaufen

In den Großstädten braucht man sich keine Gedanken über Ladenschlußzeiten zu machen. Die Geschäfte haben in aller Regel zwischen 8 und 20 Uhr geöffnet, an Wochenenden und Feiertagen «nur» von etwa 11 bis 16 Uhr. Daneben bietet eine amerikanische Supermarktkette (Seven eleven) zu stark erhöhten Preisen Lebensmittel auch zu Zeiten an, in denen wirklich alle anderen Geschäfte geschlossen sind (7 bis mindestens 23 Uhr). Die angegebenen Öffnungszeiten für gewöhnliche Supermärkte gelten auch für die großen Kaufhäuser. Auf dem Lande und in kleineren Städten sind die Ladenschlußzeiten etwas humaner für die Angestellten: Zwischen etwa 9 Uhr und 18 Uhr haben alle Geschäfte geöffnet, an Samstagen schließen sie allerdings bereits gegen 13 oder 14 Uhr. Sonntags ist oftmals Ruhetag. Grundnahrungsmittel sind dann allerdings an der Tankstelle oder an einem Kiosk zu bekommen.
Das Schlange-Stehen ist in Schweden durchorganisiert. Ob im Alkohol laden, beim Bäcker oder auf der Post – ein kleiner Apparat gleich am Eingang hält kleine Zettel mit Nummern bereit (Nummerlapp), die den Platz in der Warteschlange angeben. Manchmal errechnet ein Computer auch noch die vermutliche Wartezeit, so daß man unterdessen andere Einkäufe erledigen kann. REA heißt Sonderangebot. Ausländische Touristen können in einem der über 13 000 Tax-Free-Shopping-Läden einkaufen. Das sind gewöhnliche Geschäfte, die sich dem Mehrwertsteuer-Rückerstattungssystem angeschlossen haben. Allerdings bekommt man nicht die gesamte Mehrwertsteuer zurück: Die Organisation, die an den Grenzübergängen, auf Flughäfen und Fährenterminals die Rückzahlungsstellen betreibt, behält einige Prozente als Gebühr ein.

Fahrradfahren

Schweden ist ein perfektes Ziel für einen Fahrradurlaub. Solange man nicht in den nordschwedischen Bergen in die Pedale treten will, geht es ohne allzu große Anstrengungen. Es gibt viele besonders ausgeschilderte Fahrradwege. Auf dem 2750 Kilometer langen «Sverigeleden» kommt man von Helsingborg im Süden bis in den hohen Norden nach Karesuando. Die Strecke führt durch besonders schöne Gebiete. Auch «Kustlinjen» an der schwedischen Ostküste ist zu empfehlen. Richtige Radlerparadiese sind die Inseln Gotland, Öland und Kosteröarna. Die großen Fahrrad-Organisationen können bei der Planung einer Tour weiterhelfen:
Cykelfrämjandet
Box 6027
102 31 Stockholm
und
Svenska Cykelsällskapet
Box 6006
164 06 Kista
Tel. 08/7516204

In den örtlichen Fremdenverkehrsbüros erhält man Informationen über Fahrradverleiher. Seinen Drahtesel kann man in vielen Bussen, auf Fähren und im Flugzeug mitnehmen. Die schwedischen Eisenbahnen schicken das Rad als Fracht vorweg zum Zielort (etwa drei Tage vor Reiseantritt aufgeben!).

Feiertage

An diesen Feiertagen hat Schweden mehr oder minder geschlossen: Neujahr, 6. Januar, Karfreitag, Ostersonntag und -montag, 1. Mai, Christi Himmelfahrt, Pfingstsonntag und -montag, Mittsommer, Allerheiligen, 24., 25. und 26. Dezember sowie 31. Dezember. Es hat sich in Betrieben und bei Behörden eingebürgert, schon am Tag vor dem Feiertag gegen 13 Uhr zuzumachen.

Ferienhäuser

Sie bucht man am besten schon zu Hause bei einem der großen Ferienhausvermieter. Die Reisebüros geben nähere Auskünfte. In der Regel sind schwedische Ferienhäuser (Hytta) sehr gut ausgerüstet. Sauna, Kamin und schöne Aussicht werden fast immer geboten. Wer spontan auf die Idee kommt, ein Häuschen zu mieten, sollte mit dem örtlichen Fremdenverkehrsbüro Kontakt aufnehmen. Dort sind die Mieten billiger, weil die Gebühren der überregionalen oder internationalen Reisebüros wegfallen.

Fliegen

In einem so weitgestreckten Land wie Schweden ist das Fliegen eine recht normale Fortbewegungsart. Ein dichtes Netz von Flugverbindungen knüpft das Land vom Norden bis in den Süden, vom Westen bis in den Osten zusammen. Die größte Inlandsfluggesellschaft ist die SAS-Tochter Linjeflyg. Daneben fliegen Malmö Aviation und Transwede viele Flughäfen an. Zwischen diesen drei großen Gesellschaften ist ein erbitterter Preiskrieg ausgebrochen, so daß man auf jeden Fall Vergleiche anstellen sollte. Generell ist das Fliegen in Schweden ziemlich preisgünstig, zu-

mindest wenn man die vielen Rabattangebote ausnutzt. Jugendliche unter 25 Jahren bezahlen beispielsweise nur maximal 150 DM für einen Inlandsflug. Wer als Erwachsener eine zweite Person mitnimmt (muß nicht der Ehepartner sein), bezahlt für sie nur noch etwa 100 DM für den Hin- und Rückflug innerhalb Schwedens. Ähnlich wie bei der Bahn gibt es auf Inlandsflügen rote und grüne Abflugzeiten, die besonders preisgünstig sind. An den Flughäfen und in allen Reisebüros in Schweden bekommt man genaue Auskünfte über die zur Zeit geltenden Rabatte und Bedingungen.

Frauen

In Stockholm gibt es ein Frauenzentrum, das Untersuchungen zu Frauenthemen und eine gutsortierte Bibliothek betreibt. Daneben werden verschiedenste Beratungen angeboten:
Kvinnocentrum
Marianne Boye Bältgatan 8
102 46 Stockholm
Tel. 08/663 88 38

Frauenhäuser gibt es in allen Großstädten. Wie im Stockholmer Kvinnohus (Snickarbacken 10) unterhalten sie eine Notaufnahme, ärztliche Betreuung, ein Café sowie

eine Buchhandlung. No men!

In der Stockholmer Frauenbuchhandlung
Medusa
Wollmar Yxkullsgatan 33
Tel. 08/84 50 07
kann frau sich intensiv mit der schwedischen Frauenbewegung beschäftigen.

Haustiere

Die lieben Vierbeiner müssen zu Hause bleiben! Schweden ist als eines der wenigen Länder in Europa frei von Tollwut. Damit das so bleibt, verlangen die Behörden eine viermonatige Quarantäne für alle Tiere. Das gilt selbst dann, wenn man eine Unbedenklichkeitsbescheinigung seines Tierarztes vorzeigt. Der Zoll führt ständige Kontrollen durch: Wer mit seinem Hund oder der Katze erwischt wird, muß mit einer deftigen Strafe sowie der sofortigen Quarantäne für das Tier rechnen.

Hotels

Wohnen in schwedischen Hotels ist ein teures Vergnügen. Der Standard ist dafür relativ hoch, allerdings fehlt es oft an Atmosphäre, da die meisten Häuser nach Schema F gebaut und eingerichtet sind. Im Hochsommer und an Wochenenden gelten meistens Sondertarife. Dann kann man in einem guten Hotel schon für rund 50 DM pro Person in einem Doppelzimmer übernachten. Zum Frühstück wird in aller Regel ein reichhaltiges Büffet gedeckt, am Abend lockt man nicht nur die Hotelgäste mit dem berühmten kalten Buffet namens Smörgåsbord.

Information

Die Schwedische Fremdenverkehrszentrale ist dem Privatisierungseifer der bürgerlichen Regierung zum Opfer gefallen. Seit Herbst 1992 hat diese Aufgabe eine neue Organisation mit dem sinnigen Namen «Next stop Sweden» übernommen:
Next stop Sweden
Arenavägen 41
Box 101 34
121 28 Stockholm
Tel. 08/6498205
Fax 08/6498882
Lilienstraße 19
2000 Hamburg 1
Tel. 040/337950

Wiesenstraße 9
8008 Zürich
01 · 3334130

Hier bekommt man Informationen sowie nützliche Tips für die Reiseplanung. Next stop Sweden will ab 1993 auch eine Zweigstelle in Hamburg eröffnen. Die regionalen Fremdenverkehrs-

ämter (siehe «Regionale Tips») sind die beste Adresse für konkrete Reisevorbereitungen. Sie haben detaillierte Broschüren, Prospekte und Kartenmaterial über die jeweilige Provinz parat. Unterwegs im Land kann man sich an die örtlichen Fremdenverkehrsbüros, die mit einem «i» gekennzeichnet sind, wenden.

Im Sverigehuset (Schwedenhaus) in der Stockholmer Innenstadt (Kungsträdgården) erhält man bei Stockholm Information Service alle Auskünfte, die die Hauptstadt betreffen. Dort werden auch Stadtrundfahrten und ähnliches vermittelt. Außerdem findet man im Sverigehuset Svenska Institutet, das Schwedische Institut, das reichhaltiges Informationsmaterial über Politik, Kultur und Wirtschaft bereithält:
Svenska Institutet
Box 7434
103 91 Stockholm

Jedermannsrecht / Jedermannspflicht

«Zutritt verboten, Privatweg» – solche Schilder wird man in Schweden nur sehr selten sehen. Das Jedermannsrecht (Allemansrätt), ein jahrhundertealtes Gewohnheitsrecht, erlaubt es jedem, sich frei in der Natur aufzuhalten. Man

kommt also an den wunderschönen See auch heran und braucht sich nicht über zugebaute Ufer zu ärgern. Allerdings ist das Jedermannsrecht mit einer ganzen Reihe von Pflichten verbunden. Als Grundregel gilt «Nicht stören oder zerstören». Man darf über fremde Felder, Wälder und Wiesen gehen, wenn dabei nichts zerstört wird. Privatgrundstücke, die zu Häusern gehören (wie etwa Gärten), dürfen allerdings nicht durchquert werden. Blumen, Beeren und Pilze können gepflückt werden, sofern sie nicht unter Naturschutz stehen. Bäume dürfen nicht gefällt werden. Freies Zelten ist erlaubt. Nahe an Häusern muß allerdings erst die Genehmigung des Besitzers eingeholt werden. Das gilt auch, wenn man gleich mehrere Zelte aufschlagen will. Baden, mit dem Boot anlegen und an Land gehen ist überall erlaubt. Ausnahme: Privatgrundstücke oder besonders ausgewiesene Schutzgebiete (Sperr- und Naturschutzgebiete). Mit Motorfahrzeugen darf nur auf befestigten Wegen gefahren werden, Querfeldeintouren sind also untersagt. Beim Feuermachen im Freien ist größte Vorsicht geboten: In den Sommermonaten herrscht in vielen Gebieten nach längeren Trockenperioden absolutes Feuerverbot. Hin-

weise erhält man beim Fremdenverkehrsamt der entsprechenden Region. Ein Lagerfeuer auf den Felsen an der Küste ist – obwohl sich auch viele Schweden daran nicht halten – nicht erlaubt. Die Steine könnten bei der großen Hitze springen. Müll und Abfälle müssen eingesammelt und zu entsprechenden Containern gebracht werden.
Ohne Genehmigung darf nicht gejagt werden. Beim Angeln vorher erkundigen, ob ein Angelschein vorgeschrieben ist.

Die schwedische Naturschutzbehörde hat eine ausführliche Broschüre zum Jedermannsrecht erstellt – auf deutsch:
Naturvårdsverket
Box 1302
171 85 Solna
Tel. 08 / 799 10 00
Fax 08 / 29 23 82

Jugendherbergen

Etwa 280 Jugendherbergen stehen dem Reisenden in Schweden zur Verfügung. Die «Vandrarhem» haben einen im europäischen Vergleich ungewöhnlich hohen Standard und sind meist sehr naturschön gelegen. Es gibt keine Altersbegrenzungen, viele Herbergen bieten Familienzimmer mit zwei bis sechs Betten an. In der Hauptreisezeit wird die Voranmeldung dringend emp-

fohlen. Bettwäsche sollte man selbst mitbringen. Die Preise für eine Übernachtung liegen je nach Herberge zwischen 25 und 30 DM, wenn man einen internationalen Herbergsausweis besitzt. Hat man ihn nicht, kommt noch ein Zuschlag von ein paar Mark drauf. Ein Herbergsverzeichnis (nur schwedisch!) kann angefordert werden bei:
STF
Drottningsgatan 31–33
101 20 Stockholm
Tel. 08 / 790 31 00
Fax 08 / 20 80 16

Kinder

Schweden gilt als besonders kinderfreundliches Land. Einen Klaps auf den Po sollte man sich sowieso verkneifen, in Schweden aber ist er per Gesetz verboten. Eltern, die ihre Kinder schlagen, müssen mit einem baldigen Besuch durch einen Vertreter des Sozialamtes rechnen, der im Wiederholungsfall sogar das Kind aus der Familie nehmen kann. Die schwedische Kinderfreundlichkeit ist besonders deutlich sichtbar in Kaufhäusern, Restaurants oder öffentlichen Gebäuden. Überall gibt es Wickeltische, Babystühle, kleine Einkaufswagen oder gar einen Kindergarten. In Restaurants sind spezielle Menüs für die Kleinen normal.

Kino

Schweden ist ein Kinoland! Zwar dominieren einige wenige, große Kinobetreiber den Markt, dennoch gibt es in fast jeder Stadt mindestens ein Kino. Das Filmangebot ist durch und durch amerikanisiert. Oftmals kommen große Hollywood-Produktionen schon ein paar Wochen vor ihrer großen Euopapremiere nach Schweden, ganz einfach deshalb, weil man nicht zeitaufwendig synchronisieren muß. Alle Filme laufen in der Originalsprache mit schwedischen Untertiteln! Wer des Englischen einigermaßen mächtig ist, kann also getrost in ein schwedisches Kino (Bio) gehen. Dasselbe gilt übrigens für Fernsehfilme.

Länger bleiben

Einst als sehr liberales Einwanderungs- und Asylland bekannt, hat Schweden in den letzten Jahren die Zügel immer strammer angezogen. Nicht zuletzt aufgrund einer ständig steigenden Arbeitslosigkeit war es politisch nicht länger durchsetzbar, freizügig Aufenthalts- und Arbeitsgenehmigungen zu erteilen. Heute wird man auf fast unüberwindbare Schwierigkeiten stoßen, will man ohne familiäre Gründe ein paar Monate oder gar Jahre in Schweden bleiben. Die Einwanderungsbehörde in Norrköping hat einen strengen Regelkatalog, nach dem ohne Ausnahme vorgegangen wird.

Eine Aufenthalts- und/oder Arbeitsgenehmigung muß immer im Heimatland bei der schwedischen Botschaft oder einem Konsulat beantragt werden. Die Bearbeitung dauert mehrere Monate. Eine Aufenthaltsgenehmigung kann beispielsweise ein Student erhalten, der einen Studienplatz in Schweden nachweist und belegen kann, daß er für die Zeit des Studiums in Schweden finanziell auf eigenen Beinen steht. Eine Arbeitserlaubnis erhält man in der Regel als Student nicht. Sie bekommt man überhaupt nur, wenn ein Arbeitgeber den Nachweis erbringen kann, daß für die Stelle nur der betreffende Ausländer in Frage kommt und kein Schwede diese Arbeit auch verrichten könnte. Schweden hat 1991 den Beitrittsantrag zur Europäischen Gemeinschaft gestellt. Die Bedingungen für Aufenthalts- und Arbeitsgenehmigungen werden sich nach Inkrafttreten des europäischen Binnenmarktes auch in Schweden verändern. Weitere Auskünfte erteilen die schwedischen Botschaften.

Lektüre

Durch den politischen Machtwechsel im Herbst 1991, bei dem eine bürgerliche Minderheitsregierung die – von kurzen Unterbrechungen abgesehen – seit über einem halben Jahrhundert regierenden Sozialdemokraten ablöste, sind die meisten Reisebücher, die auch Wert auf eine soziopolitische Beschreibung des einstigen Modellstaates Schweden legten, leider nicht mehr ganz auf der Höhe der Zeit. Als Zeitdokument können sie natürlich interessant sein, zumal man ihnen in ein paar Jahren entnehmen kann, mit welch rasanter Geschwindigkeit sich Schweden den neuen Bedingungen eines großen Europas angepaßt hat. Die Reiseziele (und die mit ihnen verbundenen Tips) sind natürlich in aller Regel von den politischen Veränderungen verschont geblieben.

Reiseführer

Ein sehr systematisch aufgebauter Reiseführer erschien 1988 bei dtv. Der *dtv Merian Reiseführer Schweden* vermittelt in komprimierter Form gute Anregungen für konkret ins Auge gefaßte Ausflüge.

Richtig reisen Schweden, herausgegeben von Reinhold Dey, bietet zum Teil gute Einblicke in das Leben der modernen Wikinger. Leider haben sich aber recht viele Fehler in das Buch eingeschlichen.

Für Wanderbegeisterte ist Reinhold Deys und Johannes Wendlands Buch *Nationalparks in Skandinavien* eine Fundgrube. Hier werden Wandertouren für Anfänger und Profis durch die Nationalparks in Norwegen, Schweden und Finnland beschrieben.

Schweden, von Gisela Pettersson beim VSA-Verlag in Hamburg herausgegeben, ist durch die starke politische und gesellschaftliche Orientierung heute bereits zu großen Teilen überholt. Als «Wie's damals war»-Lektüre jedoch zu empfehlen.

Ähnliches gilt für das bereits Mitte der achtziger Jahre erschienene *Merian-Heft Schweden.* Schön allerdings die Fotos, der satirische Beitrag von Torsten Ehrenmark «Wir Schweden» sowie die Beiträge der Schwedenkenner Hans Magnus Enzensberger und Michael Salzer.

Für Freizeitskipper bietet sich Wolf von Heimburgs *Rund um Schweden* (Delius Klasing Verlag) an. In dem Buch findet auch die Landratte jede Menge Tips und Anregungen.

263

Im Nordis-Verlag ist darüber hinaus eine Reihe von Spezialführern für einzelne Landstriche erschienen, die zumindest zum Teil gute Einblicke in die verschiedenen Regionen erlauben.

Der *Dumont Kunst-Reiseführer Skandinavien* vom Nordeuropa-Fachmann Reinhold Dey vermittelt umfangreiches Wissen über Kultur, Geschichte und Geographie Skandinaviens.

Fotobände

Bobby Andströms *Stockholms Skärgård* (Bokförlaget Legenda, Stockholm 1988) gibt ein bleibendes Bild von der Stockholmer Schärenwelt. Andström ist nicht nur Journalist, sondern hat sich in Schweden auch als Fotograf einen Namen gemacht. Die Fotoreise durch den Archipel wird viersprachig (schwedisch, englisch, französisch, deutsch) mit Fakten untermauert.

Schweden von Udo Haafke und Heinz Barüske (Die weisse Edition 1989) zeigt das Land von seiner schönsten Seite. Der Berliner Skandinavistik-Professor Barüske trägt mit kurzen Texten zu einem Schnellkurs in Sachen Schweden bei.

Göran Söderholm und Laurie Thompson haben die Stockholmer U-Bahn-Kunst in Wort und vor allem Fotos festgehalten. Das Buch *Art goes underground – Art in the Stockholm Metro* gibt es nur auf schwedisch und englisch(Lettura-Verlag).

Literarische Reiseberichte

An Selma Lagerlöfs *Wundersame Reise des Nils Holgersson mit den Wildgänsen* kommt man einfach nicht vorbei. Im Fluge werden die Ostseeinseln Öland und Gotland, die Provinzen Skåne und Blekinge, Småland und Dalarna, ja das ganze Land bis hinauf zum Polarkreis überflogen. Und der vierzehnjährige Nils bekommt viel zu sehen: Aus der Luft und bei Zwischenlandungen lernt der kleine Däumling das ganze Land Anno 1907 kennen.

Eine ganz andere Reise durch die zerklüftete schwedische Schärenwelt unternimmt August Strindberg in *Die Leute auf Hemsö*. Die Menschen, oft verschroben und eigensinnig, stehen im Mittelpunkt der Schilderung. Die Landschaft kommt nicht zu kurz, und vor allem: Der Eindruck vom Leben auf den oftmals kargen Klippen bekommt einen Inhalt.

Krimis

Ein minuziöses Bild von der Schattenseite des in den sechziger und siebziger Jahren als Modell gepriesenen Landes vermitteln Maj Sjöwall und Per Wahlöö in ihrem Zyklus «Roman über ein Verbrechen». Die zehn Krimis sind bei rororo erschienen; der Titel des Zyklus ist in der deutschen Ausgabe allerdings weggefallen. Kommissar Beck und einige seiner Kollegen verzweifeln mehr und mehr an einer durchorganisierten Gesellschaft, in der Korruption, Machtgier und Gefühllosigkeit zum Alltag gehören. Die Bücher von Sjöwall / Wahlöö wurden in Schweden nicht so populär wie etwa in Deutschland. Die Ansicht der Autoren, daß sich das Land immer stärker in einen Polizeistaat verwandele, war ihnen doch ein wenig zuviel Kritik. Mittlerweile sind allerdings die meisten Krimis – fast immer mit deutscher Beteiligung – verfilmt, und das sorgte in Schweden für neue Popularität.

Jan Guillou ist einer der bekanntesten Journalisten und der meistgelesene Autor im heutigen Schweden. Sein Agententhriller *Coq Rouge* (Piper) zählt zur Standardlektüre eines jeden Schweden. Carl Hamilton jagt durch mittlerweile sieben Romane deutsche Terroristen und PLO-Agenten, ist illegalen Waffenschiebereien auf der Spur und enthüllt immer auch Geheimnisse der berüchtigten schwedischen Sicherheitspolizei SÄPO. Guillou muß es wissen, immerhin saß er bereits wegen angeblichen Landesverrats hinter schwedischen Gardinen.

Kochkunst

Der schwedische ICA-Verlag (ICA-förlaget AB, Västerås) hat das Buch *Schwedische Küche* auf deutsch herausgegeben. Neben typischen Alltagsgerichten werden auch die Rezepte für echte Schmankerl aufgeführt. Zudem geben allgemeine Erklärungen einen hervorragenden Einblick in die Eßgewohnheiten der Schweden.

Livemusik

Wer während des Urlaubs plötzlich Lust auf ein Live-Konzert verspürt, hat gute Chancen. In fast allen Städten gibt es die sogenannten Folkparks. Das sind Vergnügungs- und Freizeitanlagen, in denen in den Sommermonaten mehrmals wöchentlich Konzerte mit schwedischen Künstlern stattfinden. Auch die Creme der Rock- und Popmusik ist sich nicht zu schade,

durch die Parks zu tingeln.

Darüber hinaus gibt es eine Reihe von immer wiederkehrenden Festivals. In Hultsfred trifft sich Anfang August die schwedische und internationale Rockelite. Das Festival hat sich zu einem Dauerrenner entwickelt. In Stockholm wird Ende Juni/Anfang Juli das Stockholm Jazz & Bluesfestival veranstaltet, wobei der Titel des Festivals nicht unbedingt so eng gesehen zu werden braucht. In der ersten Augustwoche geht dann in der schwedischen Metropole das Stockholm Water Festival über die Bühne. Gut eine Woche lang ist fast die gesamte Innenstadt abgesperrt, um Platz zu machen für jede Menge Veranstaltungen, die irgend etwas mit Wasser zu tun haben. Jede Menge Rock- und Popkonzerte, Auftritte von Tanz- und Folkloregruppen, Symposien, Happenings und lukullische Spezialitäten aus aller Herren Länder werden geboten. Höhepunkt sind jedoch die abendlichen Feuerwerke über Riddarfjärden: Das seit 1991 veranstaltete Wasserfestival hat sich zur inoffiziellen Weltmeisterschaft der Pyromanen entwickelt, mehrere Länder kämpfen um den WM-Titel. Wem das immer noch nicht reicht: Zur Ferienzeit (Mitte Juni bis Mitte August)

finden in Göteborg und Stockholm mehrere große Open-Air-Konzerte mit den Topacts des Showbusineß statt, auf die in den großen Tageszeitungen deutlich hingewiesen wird.

Mitternachtssonne

Wer einmal die Zeitung nachts um halb zwei ohne Kunstlicht lesen möchte, sollte sich nach Kiruna oder Umgebung aufmachen. Nördlich des Polarkreises will die Sonne im Hochsommer nicht verschwinden, die verdiente Nachtruhe bekommt man in den Hotels nur durch dicke, schwarze Zusatzvorhänge. Das nahezu unnatürlich wirkende Schauspiel einer Sonne, die nicht hinter dem Horizont versinken will, erlebt man beispielsweise im Abisko-Nationalpark zwischen Mitte Juni und Anfang Juli. Bei Riksgränsen, der Bergstation an der schwedisch-norwegischen Grenze, kann man mit Glück sogar Skilaufen – nachts! Doch auch wer sich nicht ganz so hoch in den Norden begeben will, bekommt die hellen Nächte mit. Selbst in Stockholm verschwindet die Sonne Ende Juni nur für eine Stunde.

265

Mücken

Schweden ist bekannt für
die vielen kleinen,
schwarzen Stechplage-
tiere, vor allem im Nor-
den des Landes. Eine
Mückenprognose läßt
sich nicht abgeben, da ihr
Auftreten von vielerlei
Faktoren, wie Tempera-
tur, Luftfeuchtigkeit,
Schneemenge im davor-
liegenden Winter, abhän-
gig ist. Nur soviel:
Mücken gibt es vorwie-
gend zur Hauptreisezeit,
dennoch wird das Pro-
blem häufig übertrieben.
In Schweden sind seit
Anfang 1992 die gewöhn-
lichen Anti-Mückenmittel
(Sprays, Roll-Ons und
andere chemische Tink-
turen) verboten. Die Ge-
sundheitsbehörde hatte
mit Recht auf die starke
Gefährdung von Klein-
kindern und Babys durch
diese Substanzen auf-
merksam gemacht. Die
Mittel, die heute verkauft
werden, vertreiben die
Mücken dennoch. Präpa-
rate von zu Hause sollte
man nicht auf die Reise
in den hohen Norden mit-
nehmen: Die Zusammen-
setzung mag eine mittel-
europäische Mücke das
Weite suchen lassen, ihre
nordeuropäischen Kolle-
gen schreckt sie nicht ab!

Nationalparks

Insgesamt gibt es in
Schweden 22 National-
parks. Bereits 1909
wurde im ersten schwedi

schen Naturschutzgesetz
festgelegt, daß verschie-
dene Landschaftsformen
in ihrem ursprünglichen
Zustand erhalten werden
sollen, Eingriffe durch
den Menschen finden in
den Nationalparks so gut
wie nicht statt, eine wirtschaftliche Nutzung des
Bodens ist strikt verbo-
ten. Der Besucher wird
aufgefordert, alles zu un-
terlassen, was einen Schaden in der Natur anrich-
ten könnte.
Die Nationalparks befin-
den sich nicht nur, wie
viele glauben, im hohen
Norden. Selbst in
Skåne / Südschweden gibt
es mit *Dalby Söderskog*
einen Naturpark. 36 Hek-
tar groß ist das Gebiet,
das nur gut zehn Kilome-
ter von Lund entfernt ei-
nen Märchenwald präsen-
tiert.
Die Hexen trafen sich in
der Walpurgisnacht auf
Blå Jungfru (Blaue Jungfrau), einer 66 Hektar
großen Insel mitten im
Kalmarsund zwischen
Öland und der ostschwe-
dischen Küste. Die aus einer seltenen roten Grani-
tart bestehende Insel er-
hebt sich majestätisch
ganze 86 Meter über die
Meeresoberfläche. Ob
sich die Hexen zum Tanz
in den vielen Höhlen und
Grotten trafen, ist nicht
überliefert.
Nicht Hexen, sondern
Trolle trieben ihr munte-
res Unwesen in den Wäl-
dern, Sümpfen und Moo-
ren von *Tiveden* in der
Provinz Närke. Auf fast

1400 Hektar erstreckt
sich zwischen den Seen
Vänern und Vättern eine
für diese Breiten sehr ungewöhnliche Landschaft.
Besonders die kleineren
Seen, die sich in der verwunschenen Gegend in
den tiefen Kiefernwäl-
dern verbergen, werden
bei Kanufahrern und
Paddlern als Geheimtip
gehandelt.
Abisko heißt einer der
bekanntesten schwedi-
schen Nationalparks.
Südlich des Sees Torne-
träsk in Lappland gele-
gen, zieht dieser Park
Jahr für Jahr viele Besu-
cher an. Das liegt unter
anderem an der leichten
Zugänglichkeit. Auch der
noch Unerfahrene findet
sich hier zurecht. Die einzelnen Wandertouren
sind gut ausgeschildert,
Hütten bieten auch bei
plötzlichen Unwettern
Schutz. An den Hängen
und Schluchten im
7700 Hektar großen Tal
des *Abisko-National-
parks* haben sich Bergbir-
ken festgeklammert. Im
Nationalpark werden in
einer naturwissenschaftli-
chen Station die Auswir-
kungen der Umweltzer-
störung gemessen. Die
besonders empfindliche
Natur 200 Kilometer
nördlich des Polarkreises
dient den Wissenschaft-
lern als Frühwarnsystem.
Nur für richtige Abenteu-
rer kann der National-
park *Sarek* empfohlen
werden. Die knapp
200 000 Hektar große Ge-
birgs- und Gletscherland-

schaft besteht aus tiefen Schluchten, reißenden Gebirgsbächen und Bergen mit über 2000 Metern Höhe. Gebirgserfahrung ist gefordert, außer dem am Rand des Nationalparks verlaufenden Kungsleden (Königsweg) gibt es keine Wanderwege. Zusammen mit den Nationalparks *Stora Sjöfallet* und *Padjelanta* bildet Sarek mit weit über 5000 Quadratkilometern Europas größtes zusammenhängendes Wildnisgebiet. Im Gegensatz zu Sarek sind die beiden anderen Nationalparks sehr leicht zugänglich. Eine imposante Hochgebirgslandschaft, dazwischen Gebirgsbäche, die Sommerdörfer der rentierzüchtenden Sami und eine vielfältige Tier- und Pflanzenwelt führen den Besucher in eine völlig andere Dimension. Hier gibt es Bären, Elche und Königsadler; von der Zivilisation wird man nur durch gewaltige Wasserkraftwerke eingeholt, die in den siebziger und achtziger Jahren gegen den massiven Widerstand der örtlichen Bevölkerung errichtet wurden. Detaillierte Auskünfte über alle Nationalparks bei: *Statens Naturvårdsverk* (Naturschutzbehörde) 17185 Solna Tel. 08/7991000 Fax 08/292382

Notruf

Einmal die Neun und viermal die Null, 90000 – so lautet die schwedische Notrufnummer. Bei Problemen größerer Art (Krankheit, Unfall, Brand, Kriminalität) ist das die Nummer, die man im ganzen Land wählt. Der gebührenfreie Notruf (auch von Telefonzellen) verbindet den Anrufer mit einer Zentrale, die das Gespräch an die betreffende Stelle (Polizei, Feuerwehr, Krankenwagen) weiterleitet.

Post

Post heißt auf schwedisch Post. Auch ansonsten unterscheidet sich dieser schwedische Dienstleistungsbetrieb kaum von seinen mitteleuropäischen Pendants: Man verkauft Briefmarken, Postkarten und zahlt Geld aus (Postsparbuch). Briefkästen sind in Schweden gelb, in einigen Städten gibt es zudem blaue Kästen nur für den innerstädtischen Postverkehr. Die Postämter haben werktags zwischen 9 und 18 Uhr geöffnet, samstags zwischen 9 und 12 Uhr. Aufpassen: In großen Postämtern gibt es das in Schweden sehr verbreitete «Nummernsystem». Man zieht aus einem kleinen roten Automaten einen Zettel, auf dem ein Computer die berechnete Wartezeit und die Zahl ausgedruckt hat, unter der man per Leuchtanzeige drankommt.

Radio

Radio Schweden, die deutsche Redaktion des Schwedischen Rundfunks, sendet täglich in deutscher Sprache internationale Nachrichten sowie Informationen und Musik aus Nordeuropa. In den Sommermonaten bietet man darüber hinaus spezielle Nachrichten sowie einen ausführlichen Land- und Seewetterbericht für deutschsprachige Touristen an. Genaue Sendezeiten und Frequenzen erhält man bei: *Radio Schweden* 10510 Stockholm Tel. 08/7840000 Fax 08/6676283

Reisezeit

Schweden ist ein ausgezeichnetes Winter- und Sommerurlaubsland. Sein gemäßigtes Klima verdankt es dem Golfstrom. In den Sommermonaten kann es demnach recht heiß werden, während die Winter, vor allem in den nördlichen Landesteilen, von einer trockenen Kälte geprägt sind. Frühjahr und Herbst sind in Schweden sehr kurze Jahreszeiten, manchmal dauert der Übergang vom Winter in den Sommer nur wenige Wochen. Allerdings ist Schweden mit fast 1 600 Kilometern Länge und einer Breite von über 400 Kilometern so groß, daß das Wetter in den einzelnen Landesteilen extrem unterschiedlich sein kann. Die Durchschnittstemperatur im Juli liegt in Stockholm bei 21,9 Grad C, in Kiruna nördlich des Polarkreises immerhin noch bei 17,6 Grad. Der August bietet ähnliche Temperaturen. Danach wird es schnell kühler: Im September werden in Stockholm im Schnitt 15,3 Grad gemessen, in Kiruna dagegen nur noch 8,7 Grad. Im Februar, dem kältesten Monat, kann es zwischen dem Süden und dem Norden zu Temperaturunterschieden bis zu 30 Grad kommen: In Kiruna werden dann im Schnitt –13 Grad gemessen, doch –25 Grad sind auch keine Seltenheit.

Schneesicher ist es in den Wintermonaten von Dalarna aufwärts. Lappland kann man selbst noch im Mai als weißes Paradies bezeichnen. Hier liegen auch die großen schwedischen Wintersportzentren, zum Beispiel Sälen. Große Liftanlagen und hervorragende Abfahrtsbedingungen ohne Gedränge, aber wenig Après-Ski – das zeichnet die schwedischen Skiorte aus. Langlaufloipen gibt es nicht nur im Norden, sondern überall, wo

Schnee liegt. Oft sind sie beleuchtet, so daß man auch noch spät abends auf die Piste gehen kann. Die Sommerferien der Schüler sind zehn Wochen lang, von Anfang Juni bis Mitte August. Die allgemeinen Betriebsferien, in denen fast jedes Unternehmen und jede Behörde geschlossen hat, laufen von Ende Juni bis Anfang August.

Sprache

Der überwiegende Teil aller Schweden spricht hervorragend englisch. In der Schule wird es ab der dritten Klasse unterrichtet, doch meistens können die Kinder schon vorher das Wichtigste auf englisch ausdrücken. Das Schwedische Fernsehen synchronisiert nicht, sondern zeigt alle, zumeist englischen oder amerikanischen Filme, im Original mit Untertiteln. Das führt zu einer frühen Begegnung mit dieser Sprache. Vor dem Zweiten Weltkrieg war Deutsch die erste Fremdsprache, weshalb es vor allem ältere Schweden noch recht gut sprechen. Seit der deutschen Vereinigung ist die Sprache wieder im Kommen. Die Deutsch-Kurse beim Goethe-Institut und in Volkshochschulen sind langfristig ausgebucht, Führungskräfte in der Industrie werden gleich nach Deutschland zum Pauken geschickt

Obwohl man in Schweden mit Englisch immer und mit Deutsch häufig durchkommt, hier ein paar nützliche «Überlebensformeln». Grundsätzlich gelten die folgenden Aussprache-regeln:
å wird wie *o* ausgesprochen
o gleicht in der Regel dem deutschen *u*
u ist oft ein *ü*
v wird wie ein weiches *w* gesprochen
dj, gj, hj und lj werden wie *j* ausgesprochen, g lautet vor e,i,y,ä und ö und nach l und r ebenfalls wie *j* (deswegen wird Göteborg zum Beispiel *Jöteborj* ausgesprochen)
k wird vor einem e,i,y,ö oder ä wird wie *sch* ausgesprochen, sj, skj oder stj am Wortanfang ist fast immer ein *sch*, dasselbe gilt für sk vor e,i,y,ä und ö. Förmliche Anreden kann man sich schenken, es sei denn, man trifft den König. Ihn redet man mit Ni (Sie) an, alle anderen mit du (du).

Allgemeines

ja / nein *ja/nej*
bitte sehr *var så god*
danke *tack*
vielen Dank *tack så mycket*
guten Tag / Hallo *hej*
tschüß / auf Wiedersehen *hej då*
entschuldigen Sie *ursäkta*
wie geht's? *hur mår du?*
mir geht's gut *jag mår bra*
ich heiße *jag heter*

sprechen Sie Deutsch / Englisch? *talar du tyska / engelska?*
wo finde ich *var hittar jag*
wo ist? *var är / ligger?*
wann? *när?*
wieviel? *hur mycket?*
wieviel kostet das? *hur mycket kostar det?*
es ist teuer *det är dyrt*
billig *billigt*
was bedeutet das? *vad betyder det?*
wie spät ist es? *hur mycket är klockan?*
links *vänster*
rechts *höger*
geradeaus *rakt fram*
fahr geradeaus *kör rakt fram*
wo kann ich Geld wechseln? *var kan jag växla pengar?*
ich möchte gern *jag skulle vilja ha*
ich suche *jag letar efter*
wo finde ich? *var hittar jag?*
ein Zimmer *ett rum*
ein Hotel *ett hotell*
eine Jugendherberge *ett vandrarhem*
eine Tankstelle *en bensinstation*
Polizei *polis*
geöffnet *öppet*
geschlossen *stängt*

Essen und Trinken

essen *äta*
trinken *dricka*
Prost! *skål!*
guten Appetit *smaklig måltid*
Bier *öl*
ich möchte ein Bier *en öl, tack*
Wein *vin*
eine Tasse Kaffee *en kopp kaffe*
Limonade *läsk*

Saft *juice*
Milch *mjölk*
Wasser *vatten*
Eis *glass*
Frühstück *frukost*
Mittagessen *lunch*
Abendessen *middag*
Nachtisch *efterrätt*
Kinderportion *barnportion*
Brot *bröd*
Butter *smör*
Käse *ost*
Fleisch *kött*
Hackfleisch *köttfärs*
Fisch *fisk*
Obst *frukt*
Gemüse *grönsaker*

Gesundheit

Arzt *läkare*
können Sie mir helfen? *kan du hjälpa mig?*
ich benötige einen Arzt *jag behöver en läkare*
Krankenhaus *sjukhus*
Apotheke *apotek*
ich habe Fieber *jag har feber*
es tut weh *det gör ont*
Zahnschmerzen *tandvärk*
Kopfschmerzen *huvudvärk*
Pflaster *plåster*
Blut *blod*
Kondom *kondom*
Tampons / Binden *tamponger / bindor*

Für unterwegs

(Auto-)Werkstatt *(bil-)verkstad*
Benzin *bensin*
Öl *olja*
Straße / Weg *gata / väg*
Stadt *stad*
Dorf *by*
Ort *samhälle*
Fähre *färja*

Führerschein *körkort*
Ausweis *legitimation / ID-kort*
Strafgebühr *böter*
Flughafen *flygplats*
Bahnhof *(tåg-)station*
Bus *buss*
Fahrkarte *biljett*
Fahrplan *tidtabell*
Brücke *bro*
Gebirge *fjäll*
Fluß *älv*
Bucht *vik*
Wald *skog*
See *sjö*
Insel *ö*

Tschernobyl

Am 27. April 1986 havarierte der Atomreaktor von Tschernobyl. Kurz nach dem Unglück wurden in Nordeuropa erhöhte Radioaktivität gemessen. Die schwedische Strahlenschutzbehörde versicherte jedoch, daß keine Gefahr für die Gesundheit bestehe. In diesem Glauben wiegt sich noch heute ein Großteil der Schweden. Und das, obwohl man mittlerweile weiß, daß das radioaktive Cäsium 137 vom Wind besonders in die Region Gävle an der Ostküste nördlich von Stockholm getragen wurde. Hier wiesen Wissenschaftler in Pilzen, Fischen und Rentierfleisch bis zu 70 000 Becquerel je Kilogramm nach. Auch in den Gebirgsregionen an der Grenze zu Norwegen rieselte der strahlende Regen nieder. Zehntausende Rentiere mußten notgeschlachtet werden, für einige Binnenseen galt Angelverbot.

Eine Panik brach dennoch nicht aus, da die staatlichen Strahlenschützer von vornherein erklärt hatten, der menschliche Körper könne kurzfristig diese hohen Konzentrationen ohne Schädigungen ertragen. Die meisten Schweden glaubten ihnen. Während man in Deutschland darüber stritt, ob 20 oder 30 Becquerel in der Schokolade schon zuviel seien, erhöhten die schwedischen Strahlenexperten den Grenzwert bei bestimmten Fleischsorten auf bis zu 1500 Becquerel je Kilogramm. Mittlerweile sind zwar immer noch leicht erhöhte Werte am Boden nachzuweisen, doch liegen sie nun tatsächlich auf einem sehr niedrigen Niveau. Wer vorsichtig sein möchte: Besonders belastet waren Pilze, Rentierfleisch und Fische aus Binnenseen. Wem die allgemeinen Angaben nicht reichen, der erhält von der Strahlenschutzbehörde die aktuellen Daten:

Statens Strålskyddsinstitut
Box 60 204
104 01 Stockholm

Wandern

In ganz Schweden sind in den letzten Jahren Wanderwege angelegt worden. Viele dieser Wege eignen sich auch für Familien mit Kindern. Allerdings sollte man sich vorher genau erkundigen, ob es am Wege Übernachtungsmöglichkeiten gibt. Auskünfte über die «Vandringsleder» erteilt:
Svenska Turistföreningen
Box 25
101 20 Stockholm
Tel. 08 / 790 31 00

Zoll

Nach Schweden dürfen pro Person außer Spirituosen, Wein, Bier, Tabak und Reiseausrüstung Waren im Wert von 1000 Kronen eingeführt werden. Personen über 20 Jahre können 1 Liter Wein, 1 Liter Spirituosen (2 Liter Wein, wenn keine Spirituosen mitgenommen werden) und 2 Liter Bier zollfrei einführen. Zur Freimenge zählen außerdem pro Person: 200 Zigaretten oder 100 Zigarillos oder 50 Zigarren. Pfeifenraucher dürfen 250 Gramm Tabak mitnehmen. Es besteht ein Einfuhrverbot für einige Frischwaren: Kartoffeln, Wurzelgemüse, Bohnen, Erbsen, Milch, Sahne, Quark, Frischkäse, Eier und Frischfleisch. Weitere Auskünfte erteilt:
Generaltullstyrelsen
Box 2267
103 17 Stockholm
Tel. 08 / 789 73 00
Fax 08 / 20 80 12

Der Süden

Regionale Tips

Das südlichste Schweden
umfaßt die Provinzen
Skåne (Schonen) und
Blekinge. Skåne ist gleich
von drei Seiten vom Meer
umgeben und bietet im
Westen kilometerlange
Sandstrände, die sich mit
hoch abfallenden Felsfor-
mationen abwechseln.
Entsprechend verträumt
und gemütlich sind die
Städtchen, die neben Ba-
defreuden auch kulinari-
sche Genüsse bereit hal-
ten. Schonen wird in
Schweden nicht zu Un-
recht der Landstrich der
Feinschmecker genannt.
Im Osten – Richtung
Öresund – sieht es etwas
rauher aus. Der «städti-
sche Underdog» Malmö
ragt wie ein Ellbogen ins
Meer. Während das Le-
ben im nahen Lund von
Studenten geprägt ist, hat
die drittgrößte Stadt
Schwedens zwar Tragflü-
gelboote nach Kopenha-
gen als Attraktion für die
Malmö-Bewohner parat,
doch die wichtige Rolle
als Fährenzentrum mußte
man an Helsingborg ab-
geben. Der Bau der Öre-
sundbrücke wird das zwar
ändern, doch die Frage
ist: Um welchen ökologi-
schen Preis? Das Binnen-
land Schonens bietet ne-
ben den typischen, weiten
Feldern und saftigen
Wiesen auch bewaldetes
Hügelland. Weitere Cha-
rakteristika der Provinz
sind die reizvollen Schlos-

271

ser und Herrensitze so-
wie die weißgekalkten
Kirchen.

Blekinge gehörte, genau
wie Skåne, 600 Jahre lang
zu Dänemark, und viele
behaupten, die Mentalität
der Südschweden hänge
mit diesem geschichtli-
chen Faktum zusammen.
Sicher ist, daß Blekinge
vor allem durch die süd-
lichsten Schären geprägt

ist. Karlshamn, Ronneby
und Karlskrona heißen
die drei Städte des «Gar-
ten Schwedens», wie die
Provinz wegen des frucht-
baren Bodens oft genannt
wird. Tatsächlich gilt dies
nur für die unterste Stufe
der Landschaftstreppe: Je
weiter nördlich sich die
Provinz erstreckt, desto
steiniger wird der Boden,
desto mehr dunkle Wäl-

der prägen das Bild.
Landwirtschaftlich läßt
sich «ganz oben» nichts
machen. An der Küste
sorgte die Werftenflaute
für ein weiteres Sorgen-
kind der südschwedischen
Arbeitsmarktpolitiker.
Nicht zuletzt aus diesem
Grund setzt man stark
auf den Fremdenverkehr.

HELSINGBORG

Information

Knutpunkten
Järnvägsgatan
254 24 Helsingborg
Tel. 042 / 12 03 10

Übernachten

*Vandrarhem
Helsingborg I*
Villa Thalassa
Dag Hammarskjölds väg
254 33 Helsingborg
Tel. 042 / 11 03 84
Die Jugendherberge ist
nur zwischen Anfang De-
zember und Mitte Januar
geschlossen.

*Vandrarhem
Helsingborg II*
KFUM-Nyckelbo Skol-
vägen
254 84 Helsingborg
Tel. 042 / 920 05
Geöffnet von Ende Mai
bis Ende August.

Hotell Kärnan
Järnvägsgatan 17

252 24 Helsingborg
Tel. 042 / 12 08 20
Fax 042 / 14 88 88
Das recht gemütliche Ho-
tel liegt äußerst zentral,
besonders nett ist es in
der Bibliotheksbar. Ein-
zelzimmer etwa 240 DM.
Es gibt drei speziell ein-
gerichtete Zimmer für
Körperbehinderte.

Sehenswertes

*Fredriksdals friluftsmu-
seum*
Das Freilichtmuseum ist
täglich von 10 – 18 Uhr
(Mai bis September)
geöffnet und beherbergt
alte Bauernhäuser und
Stadtviertel sowie ein Gut
aus dem Jahre 1787.
Außerdem gibt es Park-
anlagen und einen Bota-
nischen Garten, in dem
alle wildwachsenden
Pflanzenarten Schonens
zu sehen sind. Daneben
liegt die Freilichbühne
und besonders der Park
«Pålsjö» ist hervorragend
zum Spazieren geeignet.

Kärnan
Die Reste der Festung
von Helsingborg liegen
auf einer Anhöhe und
bieten eine wunderbare
Aussicht auf die Stadt
und den Hafen sowie auf
den Öresund.

Umgebung

Ramlösa Hälsobrunn
Der Gesundbrunnen in
dem kleinen Ort Ram-
lösa, aus dem das gleich-
namige Mineralwasser
kommt, wurde 1707 ange-
legt. Heute ist dort unter
anderem ein Kurhotel zu
sehen, das zu den größten
Holzbauten des Landes
gerechnet wird.

Sofiero
Eines der bekanntesten
Schlösser in Schweden.
Berühmt ist besonders
der Schloßgarten, in dem
Rosen und Hunderte ver-
schiedener Rhododen-
dron-Arten zu bestaunen
sind. Erreichbar von Hel-
singborg etwa fünf Kilo-

meter nördlich auf der
Landstraße 111. Geöffnet
täglich 10 – 18 Uhr (Mai
bis Mitte September).

Ven
Auf der kleinen Insel im
Öresund leistete der
Astronom Tycho Brahe
großes – und das noch
bevor kräftige Fernrohre
die Sternenforscher be-
glückten. Er wohnte im
Schloß Uranienborg, ließ
eine Papierfabrik und
Druckerei errichten und
baute das Observatorium
Stjärneborg. Heute sind
nur noch Reste der Anla-
gen zu besichtigen, doch
im Tycho-Brahe-Museum
gibt es verschiedene
Meßgeräte und Doku-
mente von damals zu se-
hen. Auch landschaftlich
ist die Insel, die man von
Landskrona aus mit einer
Fähre erreicht, interes-
sant: Sie bildet ein Pla-
teau, das zur Küste steil
abfällt. Auskünfte (Juni
bis August):
Vens Turistbyrå
Landsvägen 2
26013 S:t Ibb
Tel. 0418/72420

KARLSHAMN

Information

Karlshamns Turistbyrå
Ronnebygatan 1
37481 Karlshamn
Tel. 0454/16595

Übernachten

Björklidens Vandrarhem

37400 Asarum
Tel. 0454/29985
Jugendherberge, geöffnet
vom 1. Mai bis 30. Sep-
tember

Bäckaskog Slott
29034 Fjälkinge
Tel. 044/53250
Im Schloß von Bäcka-
skog, etwa vierzig Kilo-
meter westlich von Karls-
hamn, gibt es Zimmer
und Suiten, die zwischen
200 und 420 Mark pro
Nacht kosten (inklusive
Frühstück).

Vandrarhem Tjärö
37010 Bräkne-Hoby
Tel. 0454/60063
Die Jugenherberge in
den Schären von Ble-
kinge ist von 1. Mai bis
Mitte September geöff-
net und in früheren Bau-
ernhäusern unterge-
bracht. Bootsverbindung
von Karlshamn, Ronneby
und Järnavik.

Wer es noch abgeschiede-
ner will:
Vandrarhem Hanö
29400 Sölvesborg
Tel. 0456/53000
Die Jugendherberge auf
der Leuchtturm-Insel
Hanö ist ganzjährig
geöffnet, doch wer nach
September und vor Mai
kommen will, sollte
schriftlich oder unter Tel.
0454/53022 vorbuchen.
Nach Hanö kommt man
per Boot von Karlshamn
(nur im Sommer) und
Nogersund bei Sölves-
borg.

Trinken

«Carlshamns Flagg-
punsch» gehört zu den
schwedischen Alkohol-
Spezialitäten. Wie das
likörartige Getränk im
19. Jahrhundert herge-
stellt wurde, ist im
Punschmuséet zu sehen,
das im Kulturviertel liegt.
Wer das süße Getränk
kaufen will, muß zu «Sy-
stembolaget», dem staat-
lichen Alkoholverkaufsla-
den.

Festival

Baltic Festival
Beim jährlichen, dreitägi-
gen Ostsee-Volksfest
(Mitte Juli) wird das
Städtchen für Autos ge-
sperrt, und besonders die
Hafengegend verwandelt
sich in ein Meer von Bu-
den, Restaurants, Ver-
kaufsständen und
Straßenmusikanten. Ein
Jazzfest, der «Baltic Song
Contest» mit Vertretern
aus dem ganzen Ostsee-
raum, sowie ein südame-
rikanisch angehauchter
Karnevalsumzug sind ins
Programm eingebacken.

Sehenswertes

*Karlshamns
Kulturkvarter*
Die Ansammlung kleiner
Museen im Kulturviertel
umfaßt unter anderem
das «Holländarhuset», in
dem aus der Zeit der
holländischen Kaufleute
berichtet wird, eine

Kunstausstellung, ein
Druckereimuseum, eine
Tabakausstellung, wo ge-
zeigt wird, wie der schwedische «Snus» hergestellt
wurde und «Skottbergska
huset», ein sehr gut er-
haltenes Kaufmannshaus
aus dem 18. Jahrhundert.
Öffnungszeiten: Di bis
So, 10 – 17 Uhr (Mitte
Juni bis Anfang August),
ansonsten Mo bis Fr von
13-17 Uhr.

Umgebung

Laxens hus
Das Lachsmuseum etwa
zehn Kilometer nord-
westlich von Karlshamn,
verfügt über ein dreizehn
Meter langes Aquarium,
Fenster zur Lachstreppe
im Fluß, eine Diaschau
über das Leben dieser Fi-
sche und ein Modell der
Flußumgebung mit Bio-
topen und Tierwelt.
Informationen unter Tel.
0454/50123.

Tjärö
Die Insel mit abwechs-
lungsreicher Vegetation
ist ein beliebtes Ausflugsziel der örtlichen Bevöl-
kerung. Felsige Strände
und Badebuchten, Ei-
chen- und Buchenwälder
sowie saftige Wiesen
wechseln einander ab.
Das touristisch erschlos-
sene Gebiet bietet neben
Gästehafen, Zeltplätzen,
Bademöglichkeiten und
Streicheltieren auf den
Weiden auch Segelkurse,
Ausstellungen mit Kunst-
handwerk und «Gesund-

heitswochen». Informa-
tionen bei:
STF Turiststation Tjärö
37010 Bräkne Hoby
Tel. 0454/60063

Eriksbergs Viltreservat
In dem 1000 Hektar gro-
ßen wildreichen Gebiet
gibt es ein geschütztes
Reservat mit Elchen, Hir-
schen, Rehen, Wisenten,
Mufflons und Wildschwei-
nen. Außerdem hecken
dort mehrere seltene
Raubvogelarten. Entwe-
der man macht sich mit
dem eigenen Auto auf ei-
ne Rundtour (Aussteigen
ist verboten!) oder fährt
in einem «Safariwagen»
mit Führung mit. Die
meisten Tiere sieht man
am späten Nachmittag
und an kühleren, bewölk-
ten Tagen. Für Kinder
gibt es einen Mini-Zoo.
Öffnungszeiten: 12 – 20
Uhr, Mai bis September.
Informationen bei:
Eriksbergs Säteri
Karlshamn
Tel. 0454/60058

KARLSKRONA

Information

Blekinge Turistråd
Kungsbrogatan 5
37123 Karlskrona
Tel. 0455/19191
Fax 0455/19193

Übernachten

Vandrarhem Stensjö
Paviljongen
37034 Holmsjö

Tel. 0455/92310
Fax 0455/92114
Die Jugendherberge ist
vom 21. Juni bis 23. Au-
gust geöffnet und liegt
am See Stora Alljungen.
Ideal für Naturfreunde,
aber dreißig Kilometer
von der Stadt entfernt!

Dragsö Bad & Camping
Box 205
37124 Karlskrona
Tel. 0455/15354 oder
48481
Der Campingplatz liegt
am Meer, ist von Mitte
April bis Ende August
geöffnet und bietet zehn
kleine Sommerhäuschen
sowie vier Übernach-
tungszimmer.

Hotell Conrad
V Köpmangatan 12
37134 Karlskrona
Tel. 0455/82335
Fax 0455/18110
Gepflegtes Haus in zen-
traler Lage beim Bahn-
hof, Einzelzimmer etwa
140 DM (inklusive Früh-
stück).

Sehenswertes

Marinmuseet
Amiralitetsslätten
Öffnungszeiten: 12 – 16
Uhr, im Juni und August
10 – 16 Uhr und im Juli
10 – 18 Uhr.
Das Marinemuseum in
Karlskrona wurde bereits
1752 als Kammer für
Schiffsmodelle einge-
weiht. Schiffsteile aus
drei Jahrhunderten, Gal-
lionsfiguren, Modelle und

274

Waffensammlungen sind zu sehen.

Gubben Rosenbom
Unter dem Hut dieser Holzfigur versteckte sich der kleine Nils Holgersson in Selma Lagerlöfs bekanntem Buch. Die originelle Sammelbüchse für wohltätige Zwecke steht vor Amiralitetskyrkan, der größten Holzkirche Schwedens. Nach der Volkssage war der Mann mit dem langen Bart, Matts Rosenbom, ein verarmter Obergefreiter, der sich 1717 von einer Bettelrunde vor der Kirche ausgeruht hatte, einschlief und erfror.

Mehrere Sehenswürdigkeiten und Ausflugsziele sind wegen militärischer Sperrgebiete in der Kriegshafenstadt auf 33 Inseln nur für Schweden zugänglich. Bitte vorher beim Fremdenverkehrsamt erkundigen.

LUND

Information

Skånes Turistråd
Skiffervägen 38
22278 Lund
Tel. 046 / 12 43 50
Fax 046 / 12 23 72

Übernachten

*Vandrarhem Lund –
Tåget*
Vävaregatan 22

Bjeredsparken
22237 Lund
Tel. 046 / 14 28 20
Die Jugendherberge in Zugwaggons bietet Unterkünfte in Dreibett-Abteilen an.

Hotell FuruLund
Hambovägen 2
24402 Furulund
Tel. 046 / 5 81 20
Das kleine Hotel liegt in ruhiger Umgebung, etwa zehn Kilometer nordöstlich von Lund. Der Umweg lohnt sich, denn für ein Einzelzimmer werden hier rund 120 DM in Rechnung gestellt, in der Stadt selbst liegen die Preise doppelt so hoch. Neben Zimmern werden auch Appartements mit Selbstversorgung angeboten.

Essen und Trinken

Für Gaumenfreuden werden die Dörfer um Lund empfohlen. Echte, alte «gästgivargårdar» umkreisen die Universitätsstadt (Löddeköpinge, Hurva, Dalby, Staffanstorp). Dort kann man nicht nur das kalte Buffet «smörgåsbord» in gemütlicher Atmosphäre genießen, muß allerdings auf recht saftige Preise gefaßt sein!

Nachtleben

Krogen Chrougen
Sandgatan 2
Recht schicke Allround-

-Vergnügungs-Adresse: Disko, Parties und Restaurant.

Mejeriet
Stora Södergatan 64
Gute Konzerte, Disko und relativ preiswertes Essen, im Sommer auch draußen – und alles zu annehmbaren Preisen.

Sehenswertes

Kulturen
Tegnérsplatsen
Geöffnet täglich von 12 – 17 Uhr (Mai bis September), ansonsten 12 – 16 Uhr.
Das kulturhistorische Museum Lunds besteht aus einer Vielzahl alter Gebäude und Sehenswürdigkeiten: Ein Bauernhof, eine Kirche und ein Bürgerhaus wurden aufgebaut, Ausstellungen mit Porzellan-, Glas-, Silberschmiede- und Textilarbeiten sind zu sehen. Außerdem gibt es spezielle Kunstsammlungen, unter anderem von Carl Fredrik Hill.

Konstmuseet / Skissernas museum
Finngatan 2
Geöffnet Mo bis Fr, 12 – 16 Uhr und So 13 – 17 Uhr.
Das originelle Skizzenmuseum zeigt, wie sich Kunstlerideen zu fertigen Kunstwerken entwickelt haben.

275

Umgebung

Cykelturer
Bei Lunds Turistbyrå
(046/35 50 40) kann man
drei verschiedene Rad-
touren erfragen, durch
die man die Umgebung
mit Skånes National-
parks, Vogelseen, Troll-
wäldern und Schiffsset-
zungen am besten erkun-
det.

MALMÖ

Information

Malmö Turistbyrå
Skeppsbron 1
21120 Malmö
Tel. 040/34 12 70

Übernachten

Vandrarhem Malmö
Backavägen 18
214 32 Malmö
Tel. 040/82 22 0
Die Jugendherberge ist
das ganze Jahr über
geöffnet.

Sibbarps Camping
Strandgatan
216 11 Malmö
Tel. 040/15 51 65
Der Campingplatz ist das
ganze Jahr über geöffnet.
Zum Übernachten kön-
nen auch Wohnwagen ge-
mietet werden.

Hotell Neptun
Citadellsvägen 4
201 23 Malmö
Tel. 040/23 96 05
Fax 040/30 39 68
Zwar von außen nicht das

reizvollste Hotel im Zen-
trum, dafür aber gepflegt
und mit etwa 160 DM
fürs Einzelzimmer recht
preiswert.

Essen und Trinken

Zarathustras innergård
Simrishamngatan 14
Wohl eines der kleinsten,
aber auch originellsten
Restaurants im Innenhof.
Orientalisch angehauchte
Speisekarte zu humanen
Preisen (nur abends
geöffnet).

Anno 1900
N. Bulltoftavägen 7
Schonische Hausmanns-
kost, die man sich leisten
kann. Nicht ganz zentral
liegt das Haus «anno
1900» mit Garten, in dem
einfache Holzmöbel und
deftiges Essen das Bild
bestimmen.

Elysée
Lilla Nygatan 1
Restaurant mit sehr net-
ter Atmosphäre, das spe-
ziell für Fondue-Freunde
empfohlen wird und den
Geldbeutel schont.

Kockska krogen
Frans Suellsgatan 3
Im Haus von Jörgen
Kock, dem Bürgermei-
ster Malmös zu dänischen
Zeiten, findet man ein
Feinschmeckerlokal, das
nicht gerade billig ist. Im
Kellergewölbe geht es
stilvoll zu, die Speise-
karte bietet vor allem
Schwedisches vom Fein-
sten. Kaffee-Liebhaber-

können zwölf verschie-
dene Varianten zum Es-
sen bestellen.

Nachtleben

Etage
Stortorget 6
Eine der Top-Adressen
für Nachtschwärmer, die
typisches Disko-Am-
biente mit Stil suchen.

Kulturbolaget
Erikslustvägen 17
Zentrale für Konzerte
und junge Kultur sowie
Disko für etwas jüngeres
Publikum. «KB», wie die
Musikstätte im allgemei-
nen abgekürzt wird, bie-
tet unterschiedlichste
Musikrichtungen – von
Soul bis Hardrock. Das
Essen liegt in der mittle-
ren Preisklasse.

Festival

Malmöfestivalen
Das Volksfest mit Musik,
Essen und Vergügungs-
park umfaßt die ganze
Innenstadt und steigt
Mitte August.

Sehenswertes

Form/Design Center
Lilla Torg
Tel. 040/10 36 10
Die regionale Abteilung
der schwedischen Desi-
gner bietet einen span-
nenden Treffpunkt für
Gestalter, Konsumenten
und Hersteller. Die
‹Formsachen› von hun-

dert schwedischen Firmen werden gezeigt, außerdem organisiert man pro Jahr etwa dreißig Sonderausstellungen. Neben Informationen und einer Bibliothek gibt es einen Laden und eine Verkaufsstelle

Lilla Torg/Möllevångstorget
Lilla Torg, der kleine Marktplatz, zeigt wirklich, daß Malmö Kleinstadtidylle mit Großstadtflair vereint. Das Kopfsteinplaster aus dem Jahre 1591 wird von vielen Fachwerkhäusern aus dem 17. und 18. Jahrhundert umsäumt. Dort findet man eine Vielzahl an kleinen Geschäften und Kneipen. Ein weiterer Treffpunkt für die Malmöer ist Möllevångstorget, der nicht so historisch, dafür aber um so bunter ist. Gemüse und Früchte werden angeboten, eine Vielzahl origineller Geschäfte hält Nützliches, Orginelles und Kitschiges feil.

Malmö konsthall
St. Johannesgatan 7 und *Rooseum* Gasverksgatan 22 Geöffnet Fr und Mo, 11 – 17 Uhr, Di und Do 11 – 20 Uhr und Mi 11 – 21 Uhr.
Die Kunsthalle am Magistratsparken und das Rooseum im ehemaligen Elektrizitätswerk zeigen vor allem moderne Klassiker und junge schwedi-

sche sowie internationale Kunst.

Malmöhus slott
Geöffnet täglich 12 – 16 Uhr (Juni bis August), ansonsten an Mo geschlossen.
Das Wasaschloß ist in einem Mischstil aus Gotik und Renaissance angelegt und beherbergt heute das Malmöer Museum, unter anderem mit Kunst und Kunsthandwerk sowie Abteilungen für Stadtgeschichte, Archäologie und Naturgeschichte.

Pildammsparken
Dieser grüne Park ist mit seinen 200 000 angepflanzten Bäumen der größte Schwedens. Das Gelände um die künstlichen Pildammar-Seen beherbergt unter anderem einen Rosengarten, Pavillons, ein Freilichttheater und Restaurants. Ideal zum Erholen vom Stadtstreß.

YSTAD

Information

Ystads Turistbyrå
S:t Knuts torg
27142 Ystad
Tel. 0411 / 76 81
Fax 0411 / 115 85

Übernachten

Vandrarhem Ystad
Sandskog-Fritidsvägen
27160 Ystad

Tel. 0411 / 72 97
Die Jugendherberge liegt nahe bei einem Sandstrand und ist von Juni bis September geöffnet. Gruppen können auch zu den übrigen Zeiten Zimmer buchen (unter Tel. 0411 / 77 681)

Vandrarhem Backåkra-Löderup
270 20 Löderup
Tel. 0411 / 2 60 80
An der Küste zwischen Ystad und Simrishamn liegt diese Jugendherberge, die ein perfekter Ausgangspunkt für Ausflüge der Gegend ist. Geöffnet von Juni bis Mitte August. Gruppen können auch zu anderen Zeiten Zimmer mieten, müssen aber bei Ronny Larsson, Stagneliusvägen 32, 11259 Stockholm, Tel. 08 / 619 06 98, buchen (er spricht hervorragend Deutsch).

Anno 1793 Sekelgården
St Västergatan 9
271 23 Ystad
Tel. 0411 / 739 00
Fax 0411 / 189 97
Das Hotel ist in einem denkmalgeschützten Gebäude untergebracht und liegt idyllisch von Gärten und Holzhäusern umgeben. Einzelzimmer ab 120 DM.

Sehenswertes

Im Zentrum von Ystad sorgen mehrere hundert Fachwerkhäuser für Flair aus dem 16. Jahrhundert

277

Das bekannteste und älteste heißt «Pilgrändsgården».

Umgebung

Ystad ist ein perfekter Zwischenhalt, um die mächtige Schiffsetzung «Ales Stenar» bei Kåseberga, das kleine Fischerstädtchen Simrishamn und danach das vom Dänenkönig Christian IV. gegründete Kristianstad zu erobern.

Der Westen

Die bessere Seite Schwedens, das Fenster nach England – die plakativen Beschreibungen der Touristenwerber werden der schwedischen Westküste überhaupt nicht gerecht, die sich von Laholm im Süden bis nach Strömstad an der schwedisch-norwegischen Grenze über 300 Kilometer erstreckt. Klippen, Sandstrände und pittoreske Fischerorte, dazwischen die «heimliche» Hauptstadt, Göteborg – die Westküste bietet sicherlich die größte landschaftliche und kulturelle Abwechslung. Während neben dem Tourismus die Fischerei noch immer das Leben der Menschen an der Küste prägt, sorgt die Schwerindustrie um das Ballungszentrum Göteborg herum für Zehntausende von Arbeitsplätzen. Bei konjunkturbedingten Talfahrten geht's dementsprechend in diesen Gebieten auch am schnellsten bergab. Das erfuhren viele Tausend Werftarbeiter bitter, als Schweden in den siebziger Jahren seinen Platz unter den großen Schiffbaunationen nach Fernost abgeben mußte.
Die Landwirtschaft im Hinterland war für die meisten der arbeitslos gewordenen Werftarbeiter keine Alternative. Sie ließen sich lieber zum Autoschlosser umschulen: Die beiden schwedischen Automobilhersteller Saab und Volvo sind im Westen des Landes angesiedelt.

BENGTSFORS

Information

Dalslands Turistråd
Box 181
66200 Åmål
Tel. 0532/14366
Fax 0532/12130

Übernachten

Vandrarhem Bengtsfors
Gammelgården

66600 Bengtsfors
Tel. 0531/10148 oder 11075
Die Jugendherberge bietet ein Milieu des 19. Jahrhunderts und eine kilometerweite Aussicht. Geöffnet von Juni bis Mitte August.

Vandrarhem Åmål
Gerdinsgatan 7
66200 Åmål
Tel. 0532/10205

Jugendherberge am Vänern, Buchung von Mitte August bis Mitte Juni schriftlich oder unter Tel. 0532/15160

Dalia Sport & Country Club
66600 Bengtsfors
Tel. 0531/11650
Fax 0531/12789
200 Meter vom Dalslandkanal und 300 Meter vom Zentrum der Ortschaft entfernt liegt das mittel-

große, komfortable Hotel. Einzelzimmer etwa 210 DM, Zimmer für Allergiker, vegetarische Kost.

Sehenswertes

Gammelgården
Geöffnet von Juni bis August mit täglichen Führungen.
Das Freilichtmuseum in Bengtsfors liegt am Maiberg, der eine einzigartige Aussicht auf den Dalsland Kanal gewährt. Neben interessanten Gebäuden und Sammlungen aus verschiedenen Epochen ist dieses Museum in freier Natur zum Mittsommertag der Ort, wo echte Bauernhochzeiten abgehalten werden. Außerdem werden hier Kunsthandwerk und Theateraufführungen geboten.

Umgebung

Steneby jättegrytor
Fünfzehn Kilometer südlich von Bengtsfors trifft man am Fluß Stenebyälven auf Überbleibsel der Eiszeit: In dem Naturschutzgebiet gibt es riesige, durch Gletscherbewegungen entstandene Löcher zu entdecken. Das größte ist sieben Meter tief (also Vorsicht!) und hat einen Durchmesser von zehn Metern.

GÖTEBORG

Information

Turistbyrå
Kungsportsplatsen 2
41110 Göteborg
Tel. 031/100740
oder 031/117450 (Veranstaltungshinweise in englisch)
Fax 031/112177

Übernachten

Vandrarhem Kärralund
Olbersgatan
41655 Göteborg
Tel. 031/252761
Fax 031/254776
Zentral gelegene Jugendherberge am Rande eines Naturschutzgebietes.

Vandrarhem Ostkupan
Mejerigatan 2
41276 Göteborg
Tel. 031/401050
Sehr große Jugendherberge. Gute Verbindungen ins Zentrum.

St. Jörgens Pensionat
Gamla
Lillhagsvägen 127 B
42249 Göteborg
Tel. 031/553981
Fax 031/553982
Altbauvilla etwa 3,5 Kilometer vom Stadtzentrum entfernt. Zimmer für Nichtraucher!

Essen und Trinken

Ahlströms Konditori
Korsgatan 2
Kleines Café mit Kuchen aus eigener Backstube.

Mauritz Kaffe
Kaffehus
Fredsgatan 2
Alle möglichen Kaffeesorten und selbstgebackenes Brot werden hier in netter Atmosphäre tagsüber serviert.

Fiskekrogen
Lilla Torget
Wer in Göteborg weilt, muß Fisch essen! Hier gibt es alle Meeresfrüchte zu erträglichen Preisen.

Jazzhuset
Erik Dahlbergsgatan 3
Ab 20 Uhr gibt es Hausmannskost zu Jazzmusik.

Kino

Das Göteborger Filmfestival steigt seit 1977 jährlich Ende Januar/Anfang Februar, ist das größte des Landes und bietet neben aktuellen internationalen Produktionen auch Retrospektiven und Filme zu Spezialthemen. Informationen bei:
Göteborg Film Festival
Box 7079
40232 Göteborg
Tel. 031/410546
Fax 031/410063

Nachtleben

Magasinet
Magasinsgatan 3
Göteborgs bester Rockklub mit bekannten einheimischen, manchmal auch internationalen Bands. Rechtzeitig kommen!

279

Valand
Ecke Avenyn/Vasagatan
Fast täglich Live-Kon-
zerte. Das Programm
reicht von Rock bis Stand
up-Comedy.

Club Yaki-Da
Nya Allén
Oft Live-Musik unter-
schiedlicher Richtungen.
Bis 3 Uhr nachts geöff-
net.

Sehenswertes

Feskekyrkan
Die «Fischkirche» (der
Bau sieht tatsächlich aus
wie eine Kirche) war
früher Sammelplatz aller
Restaurantbesitzer: Hier
gingen die berühmten
Fischauktionen über die
Bühne. Heute wird Fisch
an jedermann und jede
Frau verkauft.

Kronhusbodarna
In diesem alten Stadtteil
wohnten früher die
Handwerker. Heute sind
sie wieder da: In den al-
ten Gebäuden haben sich
Uhrmacher, Kunst-
schmiede, Töpfer und
Glasbläser niedergelas-
sen. Alle Läden und
Werkstätten präsentieren
sich im Stil der Jahrhun-
dertwende. Das älteste
Gebäude, das holländisch
angehauchte Kronhus,
beherbergt jetzt Expo-
nate des Stadtmuseums.

Trägårdsföreningen
Großer Park mit Rosa-
rium und Palmenhaus.
Die dornenlose Rose

«Silvia» ist nur eines der
insgesamt 3 500 «Ausstel-
lungsobjekte».

Festung Elfsborg
1670 in der Mitte der Ha-
feneinfahrt von Göteborg
erbaut. In den Sommer-
monaten gehen vom Zen-
trum aus kleine Fähren
zur Festung.

Umgebung

Mit Bus, Bahn, Auto
oder Boot lassen sich
eine ganze Reihe typi-
scher Westküstenorte er-
reichen. Empfehlenswert
sind Besuche in Fiske-
bäcksil mit seinen kleinen
roten Fischerhäuschen,
Smögen mit dem Yacht-
und Fischerhafen in den
Felsen, Hunnebostrand
oder Marstrand, mittler-
weile mondänes Aus-
flugsziel vieler Götebor-
ger. Im Hinterland reizt
Vänersborg, eine Klein-
stadt mit hübschem Zen-
trum, großen Wald- und
Elchgebieten in der
Nähe!

HALMSTAD

Information

Hallands Turist
Box 68
30103 Halmstad
Tel. 035/10 95 60
Fax 035/12 12 37

Übernachten

Norre Park Hotel
Norra Vägen 7

302 31 Halmstad
Tel. 035/11 85 55
Fax 035/10 45 28
Einfaches, zentral gelege-
nes Hotel mit Sommer-
und Wochenendpreisen.
Nette Atmosphäre.

Essen und Trinken

Tre Hjärtan
Kyrkogatan 7
Nettes, kleines Café und
Restaurant. Günstiger
Mittagstisch.

Sehenswertes

Laholmbucht
Die Laholmbucht ist je-
den Sommer beliebtes
Ausflugsziel vieler
Schweden. Ein kilometer-
langer, feiner Sandstrand
lädt zum ausgiebigen
Sonnen und Baden ein.
Auch ein Ausflug ins
nahe gelegene Seebad
Tylösand bietet sich an.

Schloß
1615 vom Dänenkönig
Christian IV. gebaut.
Heute Sitz der Provinzial-
regierung. Pablo Picassos
Skulptur «Mann und
Frau» steht am Schloß.

Umgebung

Laholm
Die Kleinstadt, nur
knapp dreißig Kilometer
von Halmstad entfernt,
ist trotz zunehmender
Besucherzahlen ein Idyll
geblieben. Kleine, enge-

Kopfsteinpflaster-Gassen und Skulpturen namhafter schwedischer Bildhauer bieten willkommene Abwechselung nach ausgedehnten Strandtagen.

MARIESTAD

Information

Västergötlands Turistråd
Box 213
54125 Skövde
Tel. 0500/18050
Fax 0500/84086

Übernachten

Vandrarhem
Hamngatan 20
54230 Mariestad
Tel. und Fax 0501/10448
Jugendherberge in einem Landhaus aus dem 17. Jahrhundert. Nur Nichtraucherzimmer. Für Allergiker geeignet.

Bergs Hotell
Kyrkogatan 18
54230 Mariestad
Tel. 0501/10324
Kleines Hotel im alten Stadtkern.

Sehenswertes

Gamla stan
Die Altstadt mit ihren sehr gut erhaltenen Bürgerhäusern. Westlich der Stadt ein Freilichtmuseum mit den für die Gegend typischen Bauernhäusern. Auch der ehemalige Bischofssitz im

Zentrum der Stadt ist einen Besuch wert.

Umgebung

Von Mariestad aus werden täglich Schiffstouren auf dem See Vänern angeboten. Mit dem Boot oder dem Auto ist das Schloß Läckö zu erreichen, daß sich auf einer Landzunge südwestlich von Mariestad befindet. In der Nähe des Schlosses liegt der kleine Fischerort Spiken, ein Muß für Fischfreunde!

STRÖMSTAD

Information

Bohus Turist
Box 182
45116 Uddevalla
Tel. 0522/14055
Fax 0522/11796

Übernachten

Vandrarhem
Norra Kyrkogatan 12
45200 Strömstad
Tel. 0526/10193
Idyllische kleine Jugendherberge im Zentrum von Schwedens ältestem Badeort. Außerhalb der Feriensaison muß schriftlich vorbestellt werden!

Strömstads Fritidscentrum
Seläter
45200 Strömstad
Tel. 0526/12290
Fax 0526/12238
Vier Kilometer von

Strömstad entfernt liegt diese «Hüttenanlage». Sechzig der kleinen Häuser werden tage- oder wochenweise vermietet. Vier Hütten sind Allergikern vorbehalten. 900 Meter zum Meer.

Sehenswertes

Friluftsmuseum
Geöffnet: von Juni bis August täglich
16–20 Uhr.
Das kleine Freilichtmuseum im Zentrum zeigt die typische Architektur der Westküste.

Umgebung

Kosteröarna
Von Strömstad fahren täglich mehrere Fähren zu Schwedens westlichster Inselgruppe, die sich durch eine besonders eigenwillige Natur auszeichnet. Das Auto muß auf dem Festland bleiben; auf Syd- und Nordkoster darf nur spaziert oder geradelt werden. Mehrere «Hüttendörfer» bieten günstige Übernachtungsmöglichkeiten.

Tanums hällristningar
Südlich von Strömstad ist ein Geschichtsbuch in Stein geritzt: Die Felszeichnungen zeigen, wie die Menschen vor über 3000 Jahren gelebt haben. Ob Jagd, Ackerbau oder Liebesleben, die Künstler aus der Bronzezeit haben alles festgehalten.

Der Osten

Die Provinzen Småland und Östergötland werden geprägt vom zweitgrößten schwedischen See, dem Vättern, sowie den großen Waldgebieten, in denen sich Hunderte kleinerer Binnenseen verstecken. Småland ist bekannt für seine Glashütten und Kleinunternehmer. Hier wird für das Bruttosozialprodukt in die Hände gespuckt, was den Småländern auch den wenig schmeichelhaften Beinamen «schwedische Schotten» eingetragen hat. Die großen Töchter und Söhne dieser Region, von Astrid Lindgren bis Vilhelm Moberg, haben die abwechslungsreiche Landschaft ihrer Heimat in lyrischen Worten beschrieben, viele Schweden-Fans geben ihnen offenbar recht: Gerade in Småland, aber zum Teil auch schon in Östergötland, haben sich viele Europäer, zumeist aus der Bundesrepublik Deutschland, Sommerhäuschen gekauft.

Der Osten der beiden Regionen bietet zusammen mit der Provinz Södermanland noch mehr: Eine faszinierende Küstenlandschaft, einen «Schärengarten», der zu den schönsten des Landes zählt. Södermanland wird zusätzlich durch die weicheren Buchten des weitverzweigten Sees Mälaren geprägt, dessen Umgebung einst als zentrales Handels- und Machtzentrum für Wikinger und Großmachtkönige diente. Kein Wunder, daß es dort eine Unmenge historischer Sehenswürdigkeiten gibt, vom Schloß Gripsholm bis zur heutigen Königsresidenz Drottningholm.

JÖNKÖPING

Information

Smålands Turistråd
Västra Storgatan 18 A
551 11 Jönköping
Tel. 036 / 19 95 70
Fax 036 / 114 301

Übernachten

Vandrahem Spånhult
562 00 Norrahammar
Tel. 036 / 6 10 75
Jugendherberge, rund acht Kilometer südwestlich von Jönköping gelegen. Nur im Sommer geöffnet.

Park Hotel
Kyrkogatan 6

551 14 Jönköping
Tel. 036 / 11 19 95
Fax 036 / 16 19 20
Kleines Hotel mit sommerlichen Sonderpreisen direkt am Vättern.

Sehenswertes

Tändsticksmuseet
Västra Storgatan 18 A
Geöffnet Mo bis Fr,
10 – 17 Uhr, Sa und So,
10 – 15 Uhr (Juni bis August), ansonsten Di bis Do 13 – 17 Uhr, Sa und So 11 – 15 Uhr.
Jeder hat sie schon einmal in der Hand gehabt: die Streichhölzer des schwedischen Wirtschaftsmagnaten Ivar Kreuger! Swedish Match hatte bis vor ein paar Jahren das Weltmonopol für die Streichholzherstellung. In den ehemaligen Produktionsstätten ist heute das Streichholzmuseum untergebracht.

Länsmuseet
Dag Hammarskjölds plats 1
Geöffnet Mo bis Fr,
11 – 16 Uhr, Sa 10 – 14 Uhr, So 13 – 17 Uhr.
Die Werke von John Bauer werden hier ausgestellt: Er ist der Vater der berühmten schwedischen Trolle und Feen.

Vaxkabinet Huskvarna
Grännavägen 24
Geöffnet in den Sommermonaten täglich
10 – 19 Uhr.

Man muß nicht nach London, um die nationalen und internationalen Stars aus Politik, Wirtschaft und Kultur in Wachs gegossen bestaunen zu können. Am Ufer des Vättern gibt es ein kleines Wachskabinett.

NORRKÖPING

Information

Östergötlands Länsturistnämnd
Kungsgatan 34
58102 Linköping
Tel. 013/227600
Fax 013/120036

Übernachten

Vandrarhem Norrköping I
Ingelstadsgatan 31
60223 Norrköping
Tel. 011/101160
Fax 011/186863
Zentral gelegene Jugendherberge.

Hotell Kneippen
Kneippgatan 7
60236 Norrköping
Tel. 011/133060
Fax 011/167773
Das Gegenteil des sonst oft üblichen, schwedischen Betonklotz-Hotels liegt relativ zentral. Einzelzimmer ab 150 DM, im Sommer und an Wochenenden Rabatte!

Sehenswertes

Arbetets museum
Geöffnet täglich
11 – 17 Uhr

Das Museum der Arbeit ist in der ehemaligen Spinnerei «Strykjärnet» (Bügeleisen) einquartiert und zeigt, wie sich die Arbeitsbedingungen in Schweden im Laufe der Zeit verändert haben.

Norrkopings Konstmuseum
Kristinaplatsen
Geöffnet täglich
12 – 16 Uhr, Mo – Do
auch 19 – 21 Uhr.
Das Museum präsentiert vor allem schwedische Kunst des 20. Jahrhunderts.

Umgebung

Kolmårdens Djurpark
Der wohl bekannteste Zoo Schwedens ist gleichzeitig der größte des Nordens. Sowohl skandinavische als auch afrikanische und asiatische Tierarten sind in weitläufigen Gehegen zu sehen. Neben einem Safaripark ist vor allem die Delphinshow einen Besuch wert.

NYKÖPING

Information

Destination Sörmland
Repslagargatan 19
61188 Nyköping
Tel. 0155/245900
Fax 0155/288369

Übernachten

Vandrarhem Nyköping
Brunnsgatan 2

61132 Nyköping
Tel. 0155/211810
Jugendherberge, geöffnet von Mitte Mai bis Mitte September

Blommenhof
Blommenhof
61139 Nyköping
Tel 0155/62000
Fax 0155/11542
Nur 800 Meter vom Bahnhof entfernt liegt das kleine, schöne Hotel zentral und in reizvoller Umgebung. Einzelzimmer etwa 270 DM, im Sommer und an Wochenenden Billigpreise. Es gibt Zimmer für Nichtraucher und Körperbehinderte. Vegetarisches Essen kann bestellt werden.

Sehenswertes

Nyköpingshus
Die Burg mit dem Königsturm beherbergt Ausstellungen zur Stadtgeschichte (geöffnet tägl. 12 – 16 Uhr, Mo geschlossen). Auf dem Schloßhof wird jedes Jahr im Juli das Theaterstück «Nyköpings gästabud» aufgeführt, eine blutrünstige Abrechnung mit der Stadtgeschichte.

Umgebung

Rudolf Steiner seminariet
Die antroposophische Siedlung in Järna ist nicht nur architektonisch interessant. Hier können auch biodynamisch angebaute Produkte gekauft

werden. Informationen
bei:
Rudolf Steinerseminariet
153 00 Järna
Tel. 0755 / 5 0186 oder
5 03 25

VADSTENA

Information

Turistbyrå
Rådhustorget
592 00 Vadstena
Tel. 0143 / 1 51 25
Fax 0143 / 1 51 29

Übernachten

Vandrarhem
Skänningegatan 20
592 00 Vadstena
Tel. 0143 / 1 03 02
Sehr zentral gelegene,
kleinere Jugendherberge.
Ganzjährig geöffnet!

Vadstena Klosterhotell
592 00 Vadstena
Tel. 0143 / 1 15 30
Das Hotel ist im Nonnen-
kloster untergebracht.
Alle Zimmer sind für
Allergiker geeignet. Im
Restaurant kann vegeta-
rische Kost bestellt wer-
den.

Sehenswertes

Die ganze mittelalterliche
Kleinstadt ist sehenswert.
Ein Besuch im Schloß am
Hafen lohnt sich. Dort
finden im Sommer so-
wohl Rock-, Pop- und
Klassikkonzerte wie auch
Theateraufführungen

statt. Das Kloster der
heiligen Birgitta ist noch
heute in Betrieb.

Umgebung

Götakanal
Bei Motala mündet der
Götakanal in den Vät-
tern. Hier kann man
beim Schleusen der Frei-
zeitboote zuschauen oder
sich selbst ein Boot mie-
ten. In Motala gibt es ein
Kanalmuseum, das die
Strapazen beim Bau des
Jahrhundert-Projekts
veranschaulicht. Dort
liegt auch die Hauptver-
waltung der Kanalgesell-
schaft, die Auskunft über
recht teure, aber erlebnis-
reiche Touren mit einem
der alten Kanaldampfer
gibt:
AB Göta kanalbolag
Box 3
591 21 Motala
Tel. 0141 / 5 35 10

VÄXJÖ

Information

Turistbyrå
Kronobergsgatan 8
351 12 Växjö
Tel. 0470 / 4 14 10

Übernachten

Vandrarhem
Evedal
355 90 Växjö
Tel. 0470 / 6 30 70
Ganzjährig geöffnete Ju-
gendherberge, sechs Ki-
lometer nordöstlich von
Växjö.

Hotell Esplanad
Norra Esplanaden 21 A
352 31 Växjö
Tel. 0470 / 2 25 80
Fax 0470 / 2 62 26
Hotel mittlerer Preislage
im Zentrum. Extra Zim-
mer für Körperbehin-
derte.

Essen und Trinken

Evedals Värdshus
Evedal
Tel. 0470 / 6 30 03
Am Helgasee gelegenes
Gasthaus. Gutes Essen
zu annehmbaren Preisen
in idyllischer Umgebung!

Sehenswertes

Utvandrarnas Hus
Strandvägen
Geöffnet Mo bis Fr,
9 – 16 Uhr, Sa 11 – 15 Uhr,
So 13 – 17 Uhr.
Das Haus der Auswande-
rer gibt sinnvollen Nach-
hilfeunterricht: Auch die
Menschen aus dem «zivi-
lisierten Westeuropa» wa-
ren Mitte des 19. Jahrhunderts aufgrund von Ar-
mut gezwungen, ihr eige-
nes Land zu verlassen. 1,3
Millionen Schweden muß-
ten auswandern. Bevor-
zugtes Ziel war Amerika.
Das Haus der Auswande-
rer liefert eindrucksvoll
die Hintergründe der
Emigrationswelle.

Smålands Museet
Södra Järnvägsgatan 2
Geöffnet Mo bis Fr,
9 – 16 Uhr, Sa 11 – 15 Uhr,
So 13 – 17 Uhr.

Bevor man in die tiefen Wälder Smålands verschwindet und dem «Glasreich» mit den zum Teil weltberühmten Hütten einen Besuch abstattet, kann man sich im Museum über die wechselvolle Geschichte der Glasbläser informieren.

Umgebung

Glashütten
In der nahen Umgebung Växjös befinden sich fast alle berühmten Glashütten. Die meisten haben sich während der Hauptreisesaison auf Besuche eingestellt und organisie-

ren Führungen. Man hat gute Möglichkeiten, günstig Glaskunst mit winzigen Fehlern zu erstehen! Im Fremdenverkehrsamt erhält man detaillierte Informationen über das aktuelle Programm und die Öffnungszeiten der Hütten.

Die Inseln

Die beiden größten Inseln des Landes, Öland und Gotland, sind Ferienziele der ganz besonderen Art. Obwohl touristisch völlig erschlossen, haben sie ihren eigenen Charme behalten. Die Uhr schlägt hier ein wenig anders, wie es die Insulaner selbst ausdrücken. Auf beiden Inseln sind die Landwirtschaft und der Tourismus Haupterwerbszweige.

Auf dem knapp 140 Kilometer langen Öland hat die schwedische Königsfamilie ihren Sommersitz, das direkt benachbarte Borgholm zählt zu den beliebtesten Reisezielen der Schweden. Dazu hat nicht zuletzt das angenehme Klima beigetragen. Sowohl Öland wie auch Gotland liegen in der Rangliste der meisten Sonnenstunden auf den vordersten Plätzen.

Gotland mit seiner «Hauptstadt» Visby ist auch im 20. Jahrhundert noch Mittelalter! Die kleine Stadt an der Ostsee versetzt den Besucher zurück in die Zeit der Hanse, in den winzigen Kopfsteinpflaster-Gassen meint man noch das Traben der Pferde zu hören. Viele Ausgrabungen locken Archäologen auf diese größte Insel der Ostsee.

BORGHOLM (ÖLAND)

Information

Ölands Turist AB
Box 74
38600 Färjestaden
Tel. 0485/39000

Übernachten

Vandrarhem
Rosenfors
38700 Borghol

Tel. 0485/10756
Jugendherberge in schöner Umgebung. Fahrräder können in der Nähe ausgeliehen werden.

Hotell Guntårps Herrgård
38700 Borgholm
Tel. 0485/13000
Fax 0458/13319
In einem alten Gutshaus mit großem Garten drum herum ist das ruhig gelegene Hotel untergebracht. Einzelzimmer

etwa 170 DM, Zimmer für Körperbehinderte, Babysitter-Service und kleiner Pool im Freien.

Halltorps Gästgiveri
38792 Borgholm
Tel. 0485/85000
Fax 0458/85001
Das Gutshaus aus dem 17. Jahrhundert findet man neun Kilometer südlich von Borgholm an der Landstraße 136. Einzelzimmer 180 DM, Zimmer

285

für Allergiker und Kör-
perbehinderte. Vegetari-
sches Essen kann bestellt
werden.

Sehenswertes

Ölands Forngård
Köpmangatan
Geöffnet täglich
14 – 19 Uhr (Mitte Mai
bis Ende August).
Die bäuerliche Kultur der
Insel steht im Vorder-
grund der Ausstellung.

Borgholms Slottruin
1569 wurde der Schloß-
koloß gebaut. 1806
brannte er bis auf die
Grundmauern ab und
stellt heute die Kulisse
für viele kulturelle Ver-
anstaltungen. Im Som-
mer finden hier regel-
mäßig Rock- und Pop-
konzerte, manchmal in
Anwesenheit der Königs-
familie, statt!

Umgebung

Die gesamte Insel ist ein
Paradies für Radfahrer
und Wanderer. Die Ho-
chebene im Süden der In-
sel, die Grabfelder bei
Gettling und öländische
Fluchtburgen sollten als
Ziele für einen ganzen
Urlaub reichen.

VISBY (GOTLAND)

Information

Gotlands Turistförening
Färjeleden 3

62102 Visby
Tel. 0498 / 24 70 65
Fax 0498 / 27 89 40

Übernachten

Stiftelsen Fridhem
Box 1183
62122 Visby
Tel. 0498 / 26 40 10
Sechs Kilometer vom
Zentrum entfernt, direkt
an der Ostsee. Wird von
der Kirche betrieben.

Hotell Gute
Mellangatan 29
62199 Visby
Tel. 0498 / 24 80 80
Kleines Hotel mitten in
der Innenstadt. Erträg-
liche Preise.

Essen und Trinken

Lindgården
Strandgatan 26
In dem idyllischen Gast-
hof gibt es die gotländi-
schen Lammspezialitäten.
Mittleres Preisniveau.
Zimmer werden auch
vermietet!

Sehenswertes

Ganz Visby ist überaus
sehenswert. Zu empfeh-
len ist eine Tour mit der
kleinen Bahn. Man be-
kommt so den besten
Überblick über die Stadt.
Rund um Visby verläuft
die 3,5 Kilometer lange
Stadtmauer, die zu den
besterhaltenen in Europa
zählt.

Domkyrkan St. Maria
Als «Tempel der reisen-
den deutschen Kaufleu-
te» bekannt. Hier wur-
den die Hanseaten nicht
nur im Glauben bestärkt,
die Domkirche mußte
auch als Lagerhaus her-
halten.

Gotlands Fornsal
Strandgatan 14
Geöffnet täglich von
11 – 18 Uhr (Mitte Mai bis
Ende August), ansonsten
Di bis So von 12 – 16 Uhr.
Eine Ausstellung zur Ge-
schichte der Insel. Die
Schätze aus der Wikin-
gerzeit werden ebenso
präsentiert wie die Waf-
fen aus der Hansezeit.

Umgebung

Die ganze 120 Kilometer
lange und bis zu 45 Kilo-
meter breite Insel ist ein
Museum. Allein 94 Kir-
chen, unzählige Ausgra-
bungsfelder, Runensteine
und Schiffsetzungen zeu-
gen von der bewegten In-
selgeschichte. Lohnens-
wert sind Ausflüge nach
Lickershamn, wo der größte Raukenstein, ein
vom Meer aus dem Kalk-
stein herausgespülter Ko-
loß, steht. Auf der klei-
nen Nebeninsel Farö gibt
es weitere, noch imposan-
tere Gebiete mit Raukar.
Auch bei Ljugarn findet
man ein solches Feld mit
Felsformationen. Die
Lummelundagrotten sind
zwar winzig, doch nach
einer Radtour am Meer
entlang (Fahrrad-Aus-

leihstellen gibt es in Visby und vielen anderen Orten) freut man sich über die nette Führung

im kühlen Dunkel. Auf den Inseln Lilla und Stora Karlsö (mit der Fähre von Klintehamn

und Djupvik aus zu erreichen) präsentieren sich zwei Naturreservate mit reichem Vogelleben.

Stockholm

Die schwedische Hauptstadt liegt eingebettet zwischen Ostsee und Mälaren, zwischen Salz- und Süßwasser, wie die Schweden sagen. Die Metropole auf den sieben Inseln ist mit ihren gut 1.5 Millionen Einwohnern (Vororte mitgerechnet) die mit Abstand größte Stadt des Landes. Obwohl etwa die Hälfte aller Stockholmer in den Großsiedlungen der Vororte wohnt, die in den

siebziger Jahren hemmungslos hochgezogen wurden, gilt die Stadt zu Recht als eine der Perlen an der Ostsee. Vom Zweiten Weltkrieg völlig verschont, wie das übrige Schweden auch, präsentiert sich der Stadtkern in unvergleichlicher Schönheit. Die Altbauten in Östermalm und der Gamla Stan locken nicht nur Besucher an, sie sind auch zum Mekka für Häuserspekulanten und

Makler geworden. Umsonst und überall ist das Wasser, des Stockholmers wichtigstes Element. Die Stadt ist, wohin man schaut, vom Wasser umgeben. Im Zentrum kann geangelt, gebadet und gesegelt werden. Als eine der theater- und museenreichsten Hauptstädte Europas lockt die schwedische Metropole Jahr für Jahr Kulturinteressierte aus aller Welt an.

Information

Stockholm Information Service
Sverigehuset
Kungsträdgården
103 93 Stockholm
Tel. 08/789 20 00
Fax 08/789 24 50
Hier im «Schwedenhaus» sollte man sich auch nach «Stockholmkortet», der Stockholm-Karte, erkundigen. Sie bietet für eine relativ geringe Gebühr freien Eintritt zu Museen und Rabatte in Restaurants und Hotels. Außerdem können die öffent-

lichen Verkehrsmittel in der Stadt umsonst benutzt werden.

Übernachten

Für Schweden im allgemeinen und Stockholm im besonderen gilt: Übernachten ist eine teure Angelegenheit. Es bedarf keiner größeren Kunststücke, um in der Hauptstadt 300 DM für ein Einzelzimmer loszuwerden. Allerdings: Alle Hotels haben im Sommer und an Wochenenden Ra-

battpreise, die zum Teil erheblich unter dem üblichen Niveau liegen. Also unbedingt nachfragen, ob es «Holiday- oder Weekendtarife» gibt. Im Schwedenhaus (Adresse unter Information) bekommt man konkrete Tips. Dort werden auch Privatunterkünfte vermittelt.

Vandrarhem Långholmen
Box 9116
102 72 Stockholm
Tel. 08/668 05 10
Fax 08/841 09 96
Jugendherberge hinter

287

ehemaligen «schwedischen Gardinen» (254 Betten).

Vandrarhem af Chapman/Skeppsholmen
Västra Brobänken – Skeppsholmen
11149 Stockholm
Tel. 08/6795015
Fax 08/6117155
Jugendherberge auf einem Dreimaster (136 Betten), geöffnet von Anfang April bis Mitte Dezember, und im Gebäude daneben (152 Betten), nur über Weihnachten und Neujahr geschlossen.

Vandrarhem Zinken
Zinkens väg 20
11741 Stockholm
Tel. 08/6685786
Fax 08/6582900
Jugendherberge auf Södermalm (250 Betten).

Domus
Körsbärsvägen 1
11489 Stockholm
Tel. 08/160195
Fax 08/166224
Kleines, ehemaliges Studentenhotel an einer Ausfahrtstraße. Durch U-Bahn in der Nähe recht zentral gelegen. Zimmer für Nichtraucher vorhanden! Doppelzimmer für etwa 150 DM (im Sommer).

Prize Hotel
Kungsbron 1
11122 Stockholm
Tel. 08/149450
Fax 08/149848
Kleines Hotel in der Innenstadt, nur hundert Meter vom Hauptbahn-

hof entfernt. Doppelzimmer für rund 140 DM (im Sommer).

Essen und Trinken

Bistro Bohème
Drottninggatan 71 A
Kneipe und Restaurant mit witzigen, hohen Stühlen und sehr gemischtem Publikum. Gutes Essen zu anständigen Preisen, im Sommer auch draußen.

Café Opera
& Operakällaren
Operahuset
Eingang: Kungsträdgården.
Bar und Luxusrestaurant in alt-edler Opern-Atmosphäre. Im Café Opera versammeln sich die Größen der Szene, die Möchtegerns und sonstige. Das Bier ist teuer, dafür sieht man die Stockholmer Dekadenz. Ab 24 Uhr auch Disko auf der Minitanzfläche. Wer sich die tolle Opernkneipe nur mal anschauen will, kann am Nachmittag die Bar besuchen und ein Bierchen trinken. Operakällaren bietet hervorragendes Essen zu extrem teuren Preisen (gehört zum Image).

Café Tivoli
Hornsgatan 31
Kneipe und Restaurant mit freundlichen Türstehern! Essen auch nach 23 Uhr (vor allem mexikanisch).

Glen Miller café
Brunnsgatan 21 A
Kleine und lustige Kneipe mit billigem Essen, zum Beispiel «In the mood» (Hähnchenfilet in Portweinsauce) für etwa 15 Mark.

Studion
St. Eriksplan 4
Bar und Restaurant mit recht preiswertem Angebot, im Sommer auch draußen. Außerdem gibt es Kabarett und Stand up comedy. Halb-kulturelles Publikum.

Tre Backar
Tegnérgatan 12-14
Gemütliche Studenten-, Intellektuellen- und Undergroundkneipe mit riesigen Bücherwänden. Billiges Essen und Konzerte im Keller (meist Blues, Underground, Newcomer)

Tre Tunnor
Kreuzung Hornsgatan-Ringvägen
Schwedische Gerichte zu annehmbaren Preisen, gemischtes Publikum und meist gemütliche Atmosphäre.

Nachtleben

Berns salonger
Berzelii Park
Traditionsreicher Tanzsaal, in dem schon Strindberg die Personen für «Das rote Zimmer» fand. Mittlerweile ein Disko- und Eßtreff für Individualisten.

Café Gråmunken
Västerlånggatan 18
Gemütliches, kleines
Café in der Altstadt.
Man sitzt in einem Ge-
wölbe aus dem 15. Jahr-
hundert!

Daily News Café
Kungsträdgården
Restaurant und Disko,
teilweise kleinere Kon-
zerte. Relativ chic, aber
erträglich. Nur wer früh
kommt, braucht nicht in
der Schlange zu stehen.

Fasching Jazzclub
Kungsgatan 63
Von experimentellem bis
traditionellem Jazz ist alles geboten. Gute Atmo-
sphäre und gemischtes
Publikum.

Kaos
St. Nygatan 21 A
Ein Mekka für alle, die
Live-Blues lieben.

Mosebacke Etablissement
Mosebacke Torg 3
Neben relativ billigem
Essen werden im Keller
Rockkonzerte, Klein-
kunst oder Disko gebo-
ten. Im Sommer Tanz-
abende für die etwas Äl-
teren auf der Terrasse –
fantastische Aussicht auf
die Stadt.

Kino

Stockholms Filmfestival.
Das junge Filmfest, das
Mitte November steigt,
hat sich schnell zu einer
echten Attraktion ent-

wickelt. Informationen
bei:
*Stiftelsen Stockholms
Filmfestival*
Box 45015
104 30 Stockholm

Theater

Marionetteatern
Brunnsgatan 6
Tel. 08/11 71 12
Der in Deutschland ge-
borene Chef des Hauses
versucht, mit seinem Pro-
gramm Erwachsene wie
Kinder anzusprechen.
Zum Teil auch Gastspiele
ausländischer Marionet-
ten-Theatergruppen.

Folkoperan
Hornsgatan 72
Tel. 08/658 53 00
Die Volksoper will Alt-
bewährtes mit Neuem
vereinen. Die Inszenie-
rungen der alten Meister
haben zumeist Witz und
Originalität. Bei Kultur-
interessierten schon
lange kein Geheimtip
mehr.

Hoftheater
Schloß Drottningholm
Ekerö
103 92 Stockholm
Tel. 08/759 04 06
Das kleine Schloßtheater
am jetzigen Domizil der
schwedischen Königsfa-
milie wurde bereits 1766
erbaut. Bis heute finden
hier jeden Sommer ba-
rocke Aufführungen
statt. Das älteste
Hoftheater Europas, in
dem noch gespielt wird,
bietet eine Reise zurück

in die Vergangenheit.
Wermutstropfen: Karten
müssen Monate vorher
bestellt werden!

Dramaten
Nybrokaj/Strandvägen
Tel. 08/667 06 80
Fax 08/667 84 00
Hat man Glück, insze-
niert gerade Ingmar
Bergman am Königlichen
Dramatischen Theater zu
Stockholm. Das Kultur-
Prachtstück des Landes
setzt mal auf Klassiker,
mal auf die Moderne.

Sehenswertes

Wasa Museet
Djurgården
Geöffnet täglich 9.30 –
19 Uhr (von Juni bis Au-
gust), 10 – 17 Uhr (von
September bis Mai).
Schwedens publikums-
trächtigste Sehenswürdig-
keit. Trotz Massen-
ansturm während der
Hauptreisemonate ist das
bereits auf der Jungfern-
fahrt 1628 gesunkene und
später wieder gehobene
Flaggschiff einen Besuch
wert.

Millesgården
Carl Milles Väg 2
Geöffnet Di bis So,
11 – 17 Uhr.
Auf der Insel Lidingö
(per Auto, Bus und Bahn
zu erreichen) werden im
wunderschönen Garten
des Bildhauers Carl Mil-
les (1875-1955) seine
Skulpturen, aber auch
von ihm zusammengetra-
gene Kunstwerke gezeigt.

Moderna Museet
Skeppsholmen
Geöffnet Di bis Do,
11 – 20 Uhr, Fr bis So
11 – 17 Uhr.
Interessante Sammlung
moderner Kunst auf der
Insel Skeppsholmen
(kann nicht mit New
York konkurrieren!).

Skansen
Djurgården
Geöffnet täglich
9 – 17 Uhr, von Mai bis
August 9 – 22 Uhr.
Freiluftmuseum, Zoo und
Erholungsgebiet in ei-
nem. Dieses angeblich äl-
teste Freilichtmuseum
der Welt (Eigenwerbung)

zeigt einen folkloristi-
schen Querschnitt des ge-
samten Landes: über 150
alte Gebäude aus allen
Provinzen.

Mittelschweden

Wasser, Wald und Eisen.
Diese Begriffe haben die
Geschichte der schwedi-
schen Mitte jahrhunder-
telang geprägt. Das Herz
des Landes besteht aus
einem unendlichen Puz-
zle aus Inseln, Flüssen
und Kanälen inmitten
dichter Wälder. Holz be-
stimmte das tägliche Le-
ben der Bevölkerung
ebenso wie die Eisenerz-
funde: Beide Naturvor-
kommen wurden fleißig
ausgenutzt; das Wasser
diente als Transportmit-
tel. Noch heute sind das
blaue Naß sowie der
Reichtum an Bäumen die
charakteristischen Merk-
male der mittelschwedi-
schen Provinzen. Das gilt
um so stärker, je weiter
man sich von der Haupt-
stadt Stockholm entfernt.
Wassersportler und Er-
holungsurlauber verlei-
hen der Industrieregion
immer stärker das wirt-
schaftlich wichtige, zweite
Standbein. Städte wie
Uppsala mit seiner alten
Universitätstradition und

Örebro oder Västerås
durch ihre zentrale geo-
graphische Lage hatten
schnell noch den An-
schluß an die moderne
Zeit geschafft. Die Pro-
vinzen Värmland, Da-
larna, Gästrikland und
Hälsingland erwischte es
allerdings, als Ende des
letzten Jahrhunderts die
Eisenherstellung revolu-
tioniert wurde. Die Um-
stellung auf die Forst-
wirtschaft kam zu schlep-
pend in Gang, wodurch
große strukturelle Pro-
bleme entstanden und die
Bevölkerung oft das
Glück in Stockholm
suchte.
Landschaftlich hat die
Mitte Schwedens am mei-
sten zu bieten. An der
Ostküste umschließt
fruchtbarer Boden die
Hauptstadt in einem wei-
ten Bogen und erscheint
von oben wie ein ge-
sprenkeltes Band. Die fel-
sig zerklüftete Schären-
welt setzt zusammen mit
dem Inlandsee Mälaren
weitere Akzente. Rich-

tung Nordosten erheben
sich die Hügel in immer
luftigere Höhen und
stimmen sanft auf die
schwedischen Alpen ein,
denen die Flüße Klaräl-
ven und Dalälven ent-
springen. Die Bevölke-
rungsdichte nimmt im-
mer stärker ab, und einen
Hauch Bergland erahnt
man schon in Dalarna.
Die Geschäftigkeit des
Südens und der Groß-
stadtregionen erscheint
wie weggeblasen, auch
wenn in Sachen Sport ge-
rade in diesem Gebiet die
meisten Aktivitäten zu
finden sind.

GÄVLE

Information

Gästrike Turistråd
Hattmakaregatan 2
80107 Gävle
Tel. 026/129540
Fax 026/124325

Übernachten

Vandrarhem Gävle I
Södra Rådmansgatan 1
80251 Gävle
Tel. und Fax 026/621745.
Die Jugendherberge ist
ganzjährig geöffnet.

Hemlingby Friluftsgård
Hemlingbystugan
80257 Gävle
Tel. 026/117015
Fax 026/117014
Das rauchfreie, kleine
Hotel liegt etwa 3 Kilo-
meter vom Zentrum ent-
fernt mitten in der Natur.
Einzelzimmer etwa 70
DM (inkl. Frühstück).
Es gibt Mittagessen für
15 und Abendessen für 20
DM (Vegetarisches Essen
kann bestellt werden).

Sehenswertes

Silvanum
Kungsbäcksvägen 32
Das Waldmuseum mit ei-
nem waldbotanischen
Garten dürfte in Europa
einzigartig sein. Geöffnet
Di bis So, 10 – 16 Uhr.

Järnvägsmuseum
Rälsgatan 1
Im Eisenbahnmuseum,

das 1970 von Stockholm
nach Gävle umzog, findet
man neben Dampfloks
und Waggons auch Mo-
delle, Uniformen und an-
dere Gegenstände, die
das Herz von Eisenbahn-
fans höher schlagen las-
sen. Geöffnet täglich
10 – 16 Uhr (von Juni bis
August).

Umgebung

*Gysinge
Flottningsmuseum*
In Gysinge am Dalälven,
etwa vierzig Kilometer
südlich von Gävle, kann
man sich bei «Gysinge
bruk» über das Flößer-
handwerk informieren,
das jahrzehntelang diese
Gegend prägte und so
manchem frühen Schwe-
denurlauber unvergeß-
liche Eindrücke beschert
hat. Geöffnet täglich
10 – 17 Uhr (von Juni bis
August).

JÄRVSÖ

Information

Hälsinge Turistråd
Hattmakaregatan 2
82040 Gävle
Tel. 026/129540
Fax 026/124325

Übernachten

Vandrarhem Järvsö
Harsagården – Harsa
82040 Järvsö
Tel. 0651/49511
Fax 0651/49590

Jugendherberge am Har-
sasjön.

Motell Järvsö
Älvsätra 6005
82040 Järvsö
Tel. 0651/47265
Drei Kilometer südlich
von Järvsö liegt das recht
komfortable, aber preis-
werte Motel an der Land-
straße 83. Einzelzimmer
ab 65 DM. Es gibt Sauna
und Kanuverleih.

Sehenswertes

Järvsözoo
Nordische Vögel und Säu-
getiere, unter anderem
«järv», also Vielfraße,
werden in diesem 1992
eröffneten, modernen
Tierpark gezeigt, der den
Zwei- und Vierbeinern
angepaßt ist. Außerdem
werden vom Aussterben
bedrohte Tierarten ge-
halten, um sie später wieder in freier Natur auszu-
setzen. Auf «Europas
längsten Holz-
Gehsteigen» wandert
man durch die Natur des
Ljusnan-Tales.
Informationen bei:
Järzoo
Tel. 0651/41125

Umgebung

Källers Karamellmuseum
In Åsveden bei Hällbo,
etwa zwanzig Kilometer
südlich von Bollnäs, wird
gezeigt, wie früher Bon-
bons hergestellt wurden.
Im Tante-Emma-Laden
gibt es das gesamte Sorti-

ment. (Geöffnet an Werktagen im Juli, 11 bis 16 Uhr).

KARLSKOGA

Information

Värmlands Turistråd
Box 323
65108 Karlstad
Tel. 054/102160
Fax 054/180530

Übernachten

Vandrarhem Karlskoga
Grönfeltsudden
69141 Karlskoga
Tel. 0586/56780
Jugendherberge am See Möckeln, von Mitte September bis Mitte Mai vorher buchen.

Brogårdens Hotell & Gästgiveri
Kanalvägen 1
69154 Karlskoga
Tel. 0586/30520
Nettes Mini-Hotel mit neun Zimmern, umgeben von einer Parkanlage. Zum Strand sind es 500 Meter. Einzelzimmer um die 130 DM, Restaurant und Cocktailbar.

Sehenswertes

Nobelmuseum
Geöffnet täglich
13 – 17 Uhr (Juni bis August)
Björkborns herrgård liegt im Norden der Stadt und beherbergt das einzige Nobel-Museum der Welt.

Dort sieht man auch das Haus mit dem Laboratorium, in dem Alfred Nobel viele seiner Erfindungen machte und weiterentwickelte.

Umgebung

Långban
Dieser Ort, etwa fünfzig Kilometer nördlich von Karlskoga, ist einer der mineralienreichsten der Welt. Neben Kupfer, Silber und Wismut gibt es 300 zum Teil sehr seltene Mineralien. Eine Ausstellung zeigt die reichen Funde (geöffnet von Mitte Juni bis Mitte August, täglich 10 – 16 Uhr).

Kristinehamn
Auf der kleinen Landzunge Vålösundet im Vänern steht eine fünfzehn Meter hohe Picasso-Skulptur, die der Künstler der Stadt 1965 geschenkt hat.

ÖREBRO

Information

Örebro Turistbyrå
Drottninggatan 9
70135 Örebro
Tel. 019/211080
Fax 019/211104

Übernachten

Vandrarhem Örebro
Sanatorievägen
70228 Örebro
Tel. 019/240921

Hotell Ansgar
Järnvägsgatan 10
70362 Örebro
Tel. 019/100420
Fax 019/128448
Das saubere und zentral gelegene Hotel bietet neben einem reizvollen Innenhof vor allem humane Preise. Einzelzimmer etwa 70 DM. Man spricht Deutsch.

Good Morning Hotel
Stenbackevägen 2
70225 Örebro
Tel. 019/170707
Fax 019/330760
Von den zentral gelegenen Komforthotels noch das preiswerteste. Einzelzimmer circa 130 DM. Billig-Angebote zwischen Ende Juni und Mitte August.

Sehenswertes

Wadköping
Am östlichen Teil des Stadtparks liegt eine kleine Siedlung alter Holzhäuser, die man aus dem Zentrum der Stadt hierhin verpflanzt hat. Das älteste Haus, «Kungsstugan», stammt aus dem 16. Jahrhundert. Die denkmalgeschützten Häuser beherbergen Werkstätten von Kunsthandwerkern, Museen, eine Bäckerei und Korbflechterei, einen Kaufladen und ein Café. Das kulturelle Viertel erhielt seinen Namen aus einem Roman des Örebro-Schriftstellers Hjalmar

Bergman. Geöffnet täglich von 11 – 18 Uhr.

Umgebung

Bastedalens Kinapark
Der ehemalige Kalkbruch am See Vättern, etwa sechzig Kilometer südlich von Örebro, wurde in einen bunten chinesischen Park verwandelt, in dem man über verwinkelte Pfade und kleine Holzbrücken durch eine üppige Pflanzenpracht mit Pavillons und Teichen wandert. Geöffnet von Mai bis August.

Tysslingen
Der stark verschilfte See liegt fünfzehn Kilometer westlich von Örebro und bietet Vögeln einen idealen Brutplatz. Am südlichen und nördlichen Ende findet man Aussichtstürme, von denen man unter anderem heckende Singschwäne beobachten kann.

UPPSALA

Information

Uppresor
Smedsgatan 7
75148 Uppsala
Tel. 018 / 176500
Fax 018 / 176539

Übernachten

Vandrarhem Uppsala
Sunnerstavägen 24

75651 Uppsala
Tel. 018 / 324220
Jugendherberge in altem Herrenhaus, geöffnet von Mai bis August

Grand Hotell Hörnan
Bangårdsgatan 1
75320 Uppsala
Tel. 018 / 139380
Das alte Haus mit Türmchen und geschwungenem Giebel liegt im Zentrum der Studentenstadt. Einzelzimmer rund 180 DM.

Essen und Trinken

Zwei Cafés bieten einen Einblick in das Studentenflair der Stadt: Die *Hovkonditori Ofvandahls* in der Nähe des Doms ist mit uralten Möbeln bestückt und mit Ölschinken geschmückt, das *Slottscafe* am Fuße des Schlosses dagegen eher modern eingerichtet.

Odinsborg
Gamla Uppsala
Im Wirtshaus neben den mächtigen Hügelgräbern kann man «mjöd», das Wikinger-Bier Met, aus Hörnern trinken (nach Originalrezept gebraut).

Sehenswertes

Domkyrka
Der Dom zu Uppsala gehört zu den historisch interessantesten Kirchen des Landes, vor allem weil im Inneren geschichtliche Größen wie

Gustav Wasa oder kluge Köpfe wie der Botaniker Carl von Linné bestattet sind und ein Rundgang zu einer Wanderung durch die Jahrhunderte wird.

Universitetet
Die älteste Universität Schwedens wurde 1477 eingeweiht und ist vor allem durch die Bibliothek «Carolina Rediviva» mit über drei Millionen Büchern und 28.000 handschriftlichen Aufzeichnungen bekannt. Außerdem wird dort die vermutlich erste Bibelübersetzung in eine germanische Sprache, die Silberbibel «Codex Argenteus», gezeigt. Der lichtgebende Seziersaal «Gustavianum/Anatomiska teatern» ist eine makabre wissenschaftliche Sehenswürdigkeit (geöffnet von Februar bis November, täglich außer montags). Außerdem kann man in Uppsala auf den Spuren von Celsius und Linné wandeln.

Umgebung

Skokloster
Das ehemalige Zisterzienser-Kloster, etwa dreißig Kilometer südlich von Uppsala, wurde im Auftrag von Reichsmarschall Wrangel zu einem Schloß umgebaut und ist eine Symbol für die schwedische Großmachtzeit und ihren Größenwahn, der zum Scheitern verurteilt

war. Das Schloß verfügt über eine guterhaltene Inneneinrichtung aus dem 17. Jahrhundert mit wertvollen Gemälden, gewebten Tapeten, Möbeln und Büchern. Der Bankettsaal hat allerdings immer noch unverputzte Wände, grobgeschlagene Dachbalken, und die Werkzeuge der Handwerker von vor 300 Jahren liegen wie vergessen im Raum. Geöffnet von Mai bis August, stündliche Führungen zwischen 11 und 16 Uhr.

RÄTTVIK

Information

Siljan Turism AB
Box 21
795 00 Rättvik
Tel. 0248 / 3 06 70
Fax 0248 / 3 04 09

Übernachten

Vandrarhem Rättvik
Centralgatan
795 00 Rättvik
Tel. 0248 / 1 05 66

Hotell Gärdebygården
795 00 Rättvik
Tel. 0248 / 1 29 75
Fax 0248 / 1 02 57
Das Hotel liegt zwei Kilometer südlich der Stadt stimmungsvoll an der Schlucht zum Siljansee und wird von der Kirche betrieben. Alkohol- und rauchfrei, Zimmer für Allergiker und Körper-

behinderte. Einzelzimmer ab 90 DM (inklusive Frühstück).

Festivals

Musik am Siljan
Anfang Juni steigt das Volksmusik-Fest um den Siljan, weltweit eines der größten seiner Art.

Rättviksdansen
Ein internationales Volkstanzfest, das alle zwei Jahre im Juli stattfindet (wenn die Jahreszahl gerade ist).

Sehenswertes

Siljan
Von Rättvik aus kann man den siebtgrößten See Schwedens mit Ausflugsbooten entdecken. Fast alles dreht sich um dieses kühle Naß: Ab Mittsommer faszinieren besonders die geschmückten Kirchboote, mit denen die Rättviker zur Kirche auf einer kleinen Landzunge rudern. Solche Boote entdeckt man auch in den Nachbargemeinden Mora, Leksand und Orsa.

Umgebung

Styggforsen
Der senkrechte Wasserfall mit seiner imposanten Höhe von 35 Metern etwa 20 Kilometer nördlich von Rättvik tat es einst Ingmar Bergman so

an, daß er dort den Film «Die Jungfrauenquelle» drehte.

VÄSTERÅS

Information

Westmanna Turism
Hållgatan 2
721 51 Västerås
Tel. 021 / 17 46 40
Fax 021 / 17 46 41

Übernachten

Vandrarhem Västerås
Lövuddens konferens- och fritidscenter
725 91 Västerås
Tel. 021 / 18 52 30
Jugendherberge am Mälaren.

Klipper Hotell
Kungsgatan 4
722 11 Västerås
Tel. 021 / 11 00 00
Fax 021 / 14 26 70
Kleines und recht charmantes Hotel mitten in der Stadt. Einzelzimmer etwa 180 DM.

Sehenswertes

Vallby Friluftsmuseum
Über vierzig alte Gebäude spiegeln die Kultur in der Provinz Västmanland wider, unter anderem ein Bauernhof mit Haustieren, ein Stadtviertel, Handwerkerschuppen, ein typisches Herrenhaus aus der Zeit der Eisenproduktion und ein nachgebautes Wikinger-

haus. Das ganze Jahr über geöffnet, von 8 Uhr bis zum Sonnenuntergang.

Umgebung

Ekomuseum Bergslagen Das Öko-Museum ohne Eingang erstreckt sich von Strömsholms Schloß am Mälaren bis Finnmark im südwestlichen Dalarna. Öko kommt dabei vom griechischen oikos = Haus und soll den Zusammenhang zwischen Menschen und der Umgebung, Arbeit und Freizeit beschreiben. Es geht vor allem um die große Bedeutung des Eisenerzes für die gesamte Region. Über vierzig Kulturdenkmäler wie Gruben, Eisenproduktionsstätten, Schmiedewerkstätten oder Stabeisenfabriken liegen meist mitten in der Natur. Unter welch schwierigen Bedingungen früher gearbeitet wurde, zeigen häufige Vorführungen. Informationen unter Tel. 0223/14700

Trinken

«Hässlö Sauvignon Blanc» aus Västerås ist einer der wenigen Weine, die in Schweden hergestellt werden. Ohne Zucker geht's allerdings nicht! Gibt es in allen besseren Restaurants.

Der Norden

Kein anderes Definitionsproblem ist in Schweden so andauernd wie die Abgrenzung Nordschwedens vom übrigen Land. Wo die Linie beginnt, ist unklar, auch wenn im schwedischem Atlas die ganze nördliche Hälfte als Norden bezeichnet wird. Dem scheinen sich zumindest die Fremdenverkehrsbehörden gebeugt zu haben, denn die Provinzen Medelpad und Härjedalen sind mit den nördlicheren Regionen kurzerhand touristische Zweckehe eingegangen. Die Probleme sind schließlich in diesen Gebieten dieselben. Im Abseits der zentral geregelten Politik kämpft man gegen die Abwanderung junger Leute und für neue Arbeitsplätze. Naturressourcen wie Wald, Eisenerz oder Wasserkraft machen den Norden zwar zu einem wichtigen Teil Schwedens, doch die Automatisierung und der dadurch bedingte stetige Abbau von Arbeitsplätzen tragen zur weiteren Entvölkerung bei. Die endlose Weite wird immer einsamer. In vielen Gebieten prallt moderne Technik auf unberührte Natur. Die Zeit spielt kaum eine Rolle, und Entfernungen zählen in Nordschweden nicht. Das hat natürlich auch seine Reize: An der Küste zur Bottensee und zum Bottenvik zieht sich ein schmaler, fruchtbarer Streifen Richtung Polarkreis und bietet ein seltenes Schauspiel der Natur gewalten. Die reißenden Flüsse führen stromaufwärts ins Gebirgsland, wo neben der Natur mit Wandertouren, Nationalparks und Wintersport auch die Urkultur fasziniert: Die Sami versuchen in diesem Gebiet, der Zivilisation auf ihre eigene Weise zu trotzen. Als Rentierzüchter mit Helikopter gehen sie mit der Zeit, ohne ihre Identität den Forderungen der modernen Zivilisation zu opfern. Allein: Das ist – so wird bei der Reise durch Nordschweden immer deutlicher – selbst in Gebieten nicht so einfach, in denen sich nur drei Einwohner einen Quadratkilometer Fläche teilen müssen.

KIRUNA

Information

Kiruna Turistbyrå
981 85 Kiruna
Tel. 0980 / 188 80

Übernachten

Vandrarhem Kiruna
Vilan –
Skyttegatan 16 A och B
981 37 Kiruna
Tel. 0980 / 171 95 oder
127 84
Zentral gelegene Jugendherberge, geöffnet von Mitte Juni bis Ende August.

Hotell Ferrum
Lars Janssonsgatan 15
981 21 Kiruna
Tel. 0980 / 186 00
Fax 0980 / 145 05
Das erste Hotel am Platz, ein viereckiger Klotz, der innen mit Komfort aufwartet. Einzelzimmer etwa 290 DM (inklusive Frühstück). Zimmer für Allergiker, Körperbehinderte und Nichtraucher.

Hotell Vinterpalatset
Järnvägsgatan 18
981 21 Kiruna
Tel. 0980 / 831 70
Fax 0980 / 130 50
Genauso zentral, teuer und komfortabel wie das Hotell Ferrum.

Gullriset Lägenhetshotell
Bromsgatan 12
981 36 Kiruna
Tel. 0980 / 190 37
Fax 0980 / 147 00
73 Wohnungen mit zwei

bis vier Betten und Küche zur Selbstversorgung. Zweibett-Wohnung etwa 90 DM (Bettzeug wird gestellt).

Essen und Trinken

Ferrum
Lars Janssongatan 15
Das «Eisenhotel» betreibt ein ausgezeichnetes Restaurant, in dem auch Nicht-Hotelgäste norrländische Spezialitäten wie zum Beispiel Rentierfleisch genießen können. Außerdem gibt es im ersten Hotel am Platz eine Cocktailbar samt Casino.

Vinterträdgården
Järnvägsgatan 18
Im Hotel Vinterpalatset findet man das nicht ganz billige Restaurant mit dem sinnigen Namen «Wintergarten», in dem hervorragendes Essen bei toller Aussicht auf das lappländische Gebirge gereicht wird. Eine Bar versorgt diejenigen, die nur Durst haben.

Sehenswertes

In Kiruna geht die Sonne zwischen 28. Mai und 15. Juli nie unter.

Esrange
45 Kilometer östlich von Kiruna liegt das Haus der Raumfahrt, Europas einzige zivile Raketenabschußrampe. Von dem Zentrum werden Satelliten kontrolliert und ge-

steuert. Neben der Satelliten-Überwachung von KSZE-Abrüstungsvereinbarungen wird auch Ozonforschung betrieben. Studienbesuche werden vom Fremdenverkehrsamt organisiert.

Kiirunavaara
Das größte Untertagebergwerk der Welt bildet seit jeher die Existenzgrundlage der Stadt. Es kann teilweise besichtigt werden, Kinder unter zehn Jahren dürfen allerdings nicht teilnehmen – aus Sicherheitsgründen. Geöffnet im Sommer, Führungen Mo bis Fr um 16.15 Uhr.

Umgebung

Riksgränsen
Das Skigebiet bereitet Wintersportlern meist bis Mittsommer Schneefreuden. Wo sonst kann man beim Anblick der Mitternachtssonne den Berg hinabrasen? Die längste Abfahrt ist drei Kilometer lang, es gibt sieben Lifte, 19 verschiedene Abfahrten, Kinderpisten, beleuchtete Hänge, Helikopter-skiing, Skischulen, aber auch Winterangeln und 7,5 Kilometer präparierte Langlaufloipen. Im Sommer werden Wanderungen und Bergsteigerkurse angeboten.

Karesuando
Schwedens nördlichstes Kirchendorf ist 180 Kilometer von Kiruna ent-

fernt, gehört aber noch zur Gemeinde. Der Knotenpunkt der Nordkalotte hat eine ganz besondere Eigenheit: Dort ist der Bevölkerungsanteil der Sami größer als in allen anderen Gebieten Schwedens. Am Ortsrand von Karesuando liegt der Aussichtsberg Kaarevaara. Von dort aus kann man den Berg Pältsa mit Schwedens einziger Tundra sehen.

Jukkasjärvi
Das nur achtzehn Kilometer von Kiruna entfernt gelegene Samidorf ist auf jeden Fall einen Besuch wert. Am ehemaligen Markt- und Handelsplatz der Sami hat man die Hütten und Getreidespeicher auf Pfählen in einem Museumsdorf erhalten. Wo früher Fischer, Jäger und Rentierzüchter um die Wette feilschten, steht heute ein kleines Heimatmuseum, in dem Kunstgewerbe der Sami ausgestellt und verkauft wird.

LULEÅ

Information

Norrbottens Turistråd
Sandviksgatan 53
951 32 Luleå
Tel. 0920/9 40 70
Fax 0920/1 40 84

Übernachten

Vandrarhem Luleå

Örnvik – N:a Gäddvik
2646
951 90 Luleå
Tel. 0920/5 23 25
Jugendherberge am Fluß Lule älv.

Hotell Nordkalotten
Lulviksvägen 1
951 62 Luleå
Tel. 0920/8 93 50
Fax 0920/1 99 09
Teures, aber originelles Hotel mitten in der Natur, am Wald und an einem kleinen See gelegen. Die Gebäude sind aus finnischer Trockenkiefer und teilweise als achteckige Blockhütten angelegt. Hoher Komfort, etwa vier Kilometer zum Zentrum. Einzelzimmer ab 250 DM, im Sommer und an Wochenenden billiger.

Sehenswertes

Gammelstad
Das größte erhaltene Kirchstubendorf des Landes liegt elf Kilometer vor der Stadt, in Alt-Luleå. Es wurde von Kirchgängern erbaut, die den Weg zum Gottesdienst und nach Hause nicht an einem Tag schafften und deshalb übernachten mußten. Museum geöffnet von Mitte Juni bis Mitte August, täglich von 11–17 Uhr.

Umgebung

Pite havsbad
Etwa sechs Kilometer

südöstlich von Piteå hat sich eine rege Badeaktivität entwickelt. Die Küste Nordschwedens ist eine der sonnenreichsten im Land und verfügt in dieser Gegend über kilometerlange Sandstrände. Wenn es im Bottenvik zu kalt sein sollte, kann man in den Swimmingpool ausweichen.

ÖSTERSUND

Information

Jämtlands Turistinformation
831 82 Östersund
Tel. 063/14 40 01
Fax 063/12 70 55

Übernachten

Die Jugendherberge in Östersund ist nicht besonders idyllisch, weswegen ein Ausweichen nach Oviken oder Åsarna empfohlen wird:
Vandrarhem Persåsen
840 44 Oviken
Tel. 0643/4 01 05
Jugendherberge im Kunsthandwerker-Zentrum, von Mitte August bis Mitte Juni vorher buchen unter Tel. 0643/4 01 41

Vandrarhem Åsarna
840 31 Åsarna
Tel. 0687/3 02 30
Fax 0687/3 03 60

Hotell Britania
Prästgatan 26
831 31 Östersund

297

Tel. 063/117840
Fax 063/117842
Kleines Hotel in der
Fußgängerzone mitten in
Östersund. Einzelzimmer
etwa 120 DM (inklusive
Frühstück).

Hotell Östersund
Kyrkgatan 70
83134 Östersund
Tel. 063/117640
Fax 063/106386
Im Zentrum der Stadt
liegt das große Komfort-
hotel mit Sauna, Sola-
rium, Restaurant mit
Tanz für die Älteren,
Piano- und Cocktailbar,
Gourmetveranda und ei-
genem Weinkeller. Ein-
zelzimmer rund 210 DM,
Doppelzimmer 240 DM,
wobei ein Kind gratis im
Extrabett übernachten
darf. Zimmer für Nicht-
raucher, Allergiker und
Körperbehinderte.

Sehenswertes

Jämtli
Rund sechzig historische
Gebäude gibt es in dem
Freilichtmuseum zu se-
hen. Im Sommer ist im-
mer etwas los. Von der
Flintenschmiede übers
Gerichtshaus bis hin zu
einem Museum, das eine
Fangschere beherbergt,
gibt es hier alles, was für
die Provinz Jämtland ty-
pisch ist. Mit der Fang-
schere versuchte man
übrigens im 19. Jahrhun-
dert (vergeblich!) das
Seeungeheuer im Storsjö
zu fangen! Außerdem
findet man im Jämtli

«Överhogdalsbonaden»,
ein gewebtes Bild, das um
das Jahr 800 hergestellt
wurde, und zu Europas
ältesten dieser Art ge-
hört. Das ganze Jahr über
geöffnet, von Mitte Juni
bis Mitte August Führun-
gen und Vorführungen
zwischen 10 und 18 Uhr.

Umgebung

Hoverberget
Der Berg bei Stenstavik
ist nicht nur durch seine
charakteristische Silhou-
ette und die tolle Aus-
sicht vom Gipfel bekannt,
sondern vor allem durch
seine 81 Meter lange und
teilweise 25 Meter hohe
Grotte. Daneben geht ein
400 Meter langer, huf-
eisenförmiger Riesenriß
durch den Fels.

Gärde
Die Felszeichnungen am
Fluß «Gärdeforsen»,
etwa fünfzehn Kilometer
nordwestlich von Offer-
dal, sind vermutlich 4000
Jahre alt und zählen zu
den merkwürdigsten
Schwedens. Auf einem
Fels im Fluß sind drei Elche in natürlicher Größe
abgebildet, und am
Strand findet man wei-
tere Bilder dieser Vier-
beiner mitsamt ihren
Fußspuren in Stein ge-
ritzt.

Ankarede
Der Kirchen- und Sam-
melplatz mit den hölzer-
nen Katen der Sami liegt
etwa sieben Kilometer

östlich des Stora Blåsjön.
Am Mittsommerfest
kann man die Sami-Mes-
sen besuchen, auf denen
sie ihre hübschen
Schmuck-, Leder- und
Stoffarbeiten verkauften.

Information

Mitt Sverige Turism
Box 77
87122 Härnösand
Tel. 0611/29030
Fax 0611/22107

Übernachten

Vandrarhem Sundsvall
Box 430
85106 Sundsvall
Tel. 060/112119
Jugendherberge auf
«Norra Stadsberget»,
dem nördlichen Berg der
Stadt, mit nahe gelege-
nem Aussichtsturm.

Vandrarhem Härnösand
Box 107
87123 Härnösand
Tel. 0611/10446
Jugendherberge, geöffnet
von Mitte Juni bis An-
fang August.

Hotell Södra Berget
Södra Stadsberget
Box 858
85124 Sundsvall
Tel. 060/123000
Fax 060/151034
Das moderne Hotel liegt
am Gipfel des «südlichen
Stadtberges», drei Kilo-
meter vom Zentrum ent-
fernt, dafür aber mit ei-

ner kilometerweiten Aussicht auf Wälder und Hügel. Einzelzimmer etwa 260 DM. Sauna, Wirlpool, Solarium, Fitneßraum, Restaurant mit Tanzabenden und Bar. Zimmer für Körperbehinderte. Vegetarisches Essen kann bestellt werden.

Wifstavarfs Herrgård
Vivstavarvsvägen
86100 Timrå
Tel. 060/575160
Mitten in einem riesigen Park am Wasser liegt das wunderschöne Gutshaus, das zum Hotel umfunktioniert wurde. Nach Timrå sind es zwei Kilometer, nach Sundsvall 13. Einzelzimmer etwa 210 DM. Restaurant, Babysitter-Service, Fahrradvermietung.

Sehenswertes

Kulturmagasinet
Vier alte Hafenspeicher aus dem späten 19. Jahrhundert wurden 1984 bis 1986 renoviert und teilweise eingeglast. Neben der architektonischen Eleganz ist auch das «Innenleben» sehenswert: Man findet die Stadtbibliothek, Sundsvalls Museum, das Archiv der Provinz Medelpad und ein Café, das sich zu einem kleinen Kulturzentrum entwickelt hat. Museum geöffnet von Mo bis Do, 10–20 Uhr, Fr 10–18 Uhr, Sa und So 11–16 Uhr.

Nacksta kyrka
Im Westen der Stadt findet man die blaue Kirche in der Form eines riesigen Bootes. Die Kirche wurde von Peter Celsig gezeichnet und 1969 fertiggestellt.

Umgebung

Höga kusten
Die Hohe Küste zum Bottenmeer erstreckt sich zwischen Härnösand und Örnsköldsvik und gilt als einer der schönsten Küstenabschnitte Schwedens. Entweder erobert man die klippige Pracht mit verträumten Fischerdörfern per Auto, oder man unternimmt eine Bootstour von Ullånger, Docksta, Mjällomslandet, Örnsköldsvik, Gullvik oder Köpmanholmen. Die Insel Trysunda ist noch nicht soviel besucht wie Ulvön.
Ulvön gilt traditionell als das schwedische Sauerheringzentrum, selbst wenn auf der Insel heute vor allem für den Eigenbedarf «surströmming» eingelegt wird. Im August werden nicht
nur auf der Insel, sondern an vielen Orten der Hohen Küste «surströmmingsklämma», stark riechende Heringe in Brot, billig angeboten. Unbedingt ausprobieren, aber vorher etwas zum Hinterherkippen besorgen!

Biberkolonien bei Ramsele
Für Naturfotografen und Tierinteressierte werden Bibersafaris angeboten. Informationen bei: Ramsele Tourist Information
Tel. 0623/10510
In Ramsele benutzt man den Duftstoff, den die Biber zum Markieren ihres Reviers benutzen, um Schnaps zu würzen. Das Ergebnis soll zwar die Zunge schocken, aber zu einem längeren Leben führen.

UMEÅ

Information

Västerbottens Länsturistnämnd
Box 113
92322 Storuman
Tel 0951/14110
Fax 0951/14109

Übernachten

Vandrarhem Umeå
Järnvägsallén 22
90247 Umeå
Tel. 090/121498
Zentral gelegene Jugendherberge, geöffnet von Mitte Juni bis Mitte August.

Sehenswertes

«Björkarnas stad», Stadt der Birken, wird Umeå genannt, und das hat seine historischen Gründe: 1888 brannte fast die gesamte Innenstadt mitsamt der erwerbgebenden Werft ab. Danach wurde Umeå erneut in Holz aufgebaut, diesmal allerdings legte man die Wohnviertel luftiger an und pflanzte an den Straßen Birken an. Das hatte nicht nur ästhetische Gründe: Das Birkenlaub sollte bei einem eventuellen Brand als Funkenbremse dienen.

Skidmuseet
Gammliavägen
Geöffnet von Ende Juni bis Ende August, Mo bis Fr 11 – 19 Uhr, Sa und So 11 – 18 Uhr, ansonsten Mo bis Fr 9 – 16 Uhr, Sa und So 12 – 16 Uhr.
Nordöstlich vom Stadtzentrum liegt das Skimuseum, in dem alle möglichen Bretter ausgestellt sind, die für Schneefreaks die Welt bedeuten; vom vermutlich ältesten Ski der Welt bis hin zu Ingemar Stenmarks «fahrbaren Untersätzen». Das Skimuseum ist ein Teil des Freilichtmuseums Gammlia, wo sich ansonsten vor allem ein Besuch beim Tunnbröd-Backen lohnt – schließlich ist dieses harte Brot eine norrländische Spezialität, die viel über die frühere Lebensweise der Nordschweden verrät.

Umgebung

Holmön
Die Insel, zu der man gratis mit Fähren des Straßenamtes kommt (Autos werden nicht befördert!), bietet neben einem Strandbad und einem Leuchtturm auch Grabstätten aus dem 9. Jahrhundert und sogenannte «Russenöfen», in denen vermutlich Fisch getrocknet wurde. All das kann man mit gemieteten Rädern erkunden. Wer will, kann auch in einer Hütte übernachten.

Lycksele
Das regionale Zentrum Süd-Lapplands ist eines der großen, schneesicheren Skizentren Schwedens. Neben dem Slalomhang und den Langlauf-Loipen gibt es auch eine Skisprungschanze.
Außerdem ist der Ort ein Eldorado für Segelflieger; wer lieber auf dem Boden bleibt, findet hier eine Gokart-Strecke und den nördlichsten Tierpark Europas, unter anderem mit einer Moschusochsen-Farm.
Die Gegend um Lycksele gilt als sicherer Fundort für «hjortron», die gelblich-goldenen Multbeeren, die für viele Feinschmecker Gold wert sind.

Bildnachweis

Atlas Filmverleih 74
Karim el Attár 20/21, 22/23, 40, 54, 62/63, 152/153, 166/167, 196, 202, 216/217
Bahco 100
Till Bartels 10, 224/225, 226, 227, 233, 244, 245
Gesche–M. Cordes 48/49, 169
Peter Damman 52/53, 126/127, 238, 239, 240/241
Destination Sörmland/Bo Björkdahl 191
Dick Gillberg/Greenpeace 34/35
Gotlands Turistförening 162
Håkan Hendriksson 6, 161, 179, 213
Ann-Christine Jansson/G.A.F.F. 2/3, 4/5, 46/47, 58/59, 76/77, 104/105, 106, 108/109, 112, 113, 116/117, 122/123, 132, 170/171, 188/189, 198/199, 208/209, 248/249
Leif R. Jansson/Verlag Friedrich Oetinger 82
Jugendfilm-Verleih 64/65
Joe Kirwin 230/231
Elke Krüger 8/9, 28/29, 31, 42/43, 56/57, 130/131, 156, 158, 180/181, 197, 211
Norstedts Förlag/Ulla Montan 79
Thorsten Persson/Skånes Turistråd 138
Mats Samuelsson/Greenpeace 36/37
Scandinavia 96, 205
Claudia Schneider 118/119, 194
Andreas Schönefeld 27
Skånes Turistråd 134
Smålands Turistråd 88/89, 140/141, 145, 147, 150/151
Helmut Steuer 174
Stockholm Information Service 12/13
Svenska Bandyförbundet 124
Svenska Turistföreningens 16, 220/221
Tago-Förlaget 87
Tobis Filmkunst 66/67
Lars Torstensson 128
Västergötlands Turistråd 183, 186/187
Värmlands Turistråd 218/219

Register